Inhalt

W0034223

Geleitwort
Friedemann Schulz von Thun

Dass wir miteinander gute Gespräche führen können, durch die wir in der Sache weiter- und einander menschlich näher kommen: Das ist eine Errungenschaft von höchstem Wert und größter Bedeutung auf Erden. Aber wann haben Sie zuletzt ein «wirklich gutes Gespräch» geführt, zu zweit oder in einer Gruppe, privat oder im Beruf? Es ist schon lange her? Ihnen fällt auf Anhieb keines ein?

Es scheint, dass der Mensch auf einer Stufe seiner Entwicklung steht, wo diese Errungenschaft zum Greifen nahe ist und doch noch häufig verfehlt wird. Dabei steht und fällt so viel damit, ob unsere Kontakte zielführend und unsere Beziehungen tragfähig sind, ob unsere Problemlösungen aus dem Dialog, bei dem die Wahrheit zu zweit beginnt, hervorgehen und ob wir überhaupt einen Draht zueinander finden. Jeder lebt auf seinem Stern, in seinem System von Welterfahrung, Deutungsmustern, Wirklichkeitskonstruktionen, Werten und Prioritäten. Aber es ist einsam auf diesem Stern, und ohne Kontakt und Begegnung gibt es kein Überleben, körperlich nicht und seelisch erst recht nicht.

Dies gilt auch und besonders dann, wenn es schwierig wird. Berufliche Kooperation und Wettbewerb sind keine Schönwetterveranstaltungen. Zwar hängt alles vom gelungenen Mannschaftsspiel ab, keiner kann das Spiel allein gewinnen. Aber der Mannschaftskamerad ist nicht nur Freund und Helfer, er ist auch Konkurrent und Versager: will das Tor selbst schießen, statt zu flanken, oder schießt ein Eigentor nach dem anderen, jedenfalls aus meiner Sicht. Oder er ist mein ständiger Spielverderber, nörgelt und krittelt herum und nagt an meiner Lebenslaune. Und statt einsichtig sein Fehlverhalten zu bedauern und Besserung anzustreben, klagt er mich auch noch als Urheber seiner Missgriffe an, dreht den Spieß um und kommt am Ende auf den Gedanken, dass eine(r) zu viel auf dem Platz sei. Wer Kollegen hat, braucht keine Feinde – so die zynische Bilanz. Wo bleibt der Schiedsrichter, der das Foulspiel am eigenen Mannschaftskameraden mit der gelben und notfalls der roten Karte ahndet?

Es hilft alles nichts, auf Gedeih und Verderb müssen wir miteinander reden, auch wenn Gespräche eine eigenartige Doppelrolle im Zwischenmenschlichen spielen. Auf der einen Seite enthalten sie die Verheißung auf Klärung, Verständnis und Lösung, wenn es sachlich und menschlich kompliziert geworden ist. Auf der anderen Seite tragen sie nicht selten dazu bei, dass menschliche Beziehungen nun erst recht den allergischen Punkt erreichen – wir könnten von «kommunikagenen Beziehungsstörungen» sprechen. Manch harmlose, harmlos gemeinte, Kritik löst vielleicht äußerlich eine gute Miene aus, innerlich aber ein Schlachtfeld aus Selbstzweifel und Wut, Ohnmacht und Racheimpuls, Ansporn und Kränkung.

Ein böses Spiel nimmt seinen Anfang. Und ob der Kritisierende zu unsensibel oder der Kritisierte zu empfindlich ist: darüber kann man sich auf der Meta-Ebene des Geschehens erneut in die Haare kriegen. Solange noch Menschen und nicht Computer miteinander zu tun haben, sind neben den knallharten Sachfragen die «knallweichen» Fragen der Anerkennung, der Zugehörigkeit, der Gerechtigkeit berührt. Diese Fragen werden auch dann zwischen den Zeilen verhandelt, wenn wir uns bemühen, «das Persönliche herauszuhalten». Insofern ist das Gespräch, das wichtigste Führungsinstrument überhaupt, ein «Instrument» mit unweigerlicher Tiefenwirkung auf beiden Seiten. Nicht selten gehört Mut dazu, sich seiner zu bedienen. Mut und Kompetenz. Denn wenn ich mir beispielsweise die Fähigkeit angeeignet habe, Kritik mit menschlicher Würdigung und Fürsorge zu verbinden und/oder die Kritik aus der eigenen Betroffenheit herauszuarbeiten und als Wunsch zutage treten zu lassen, dann stehen die Chancen besser, dass ich den anderen erreiche, statt ihn zu verletzen oder an seiner Abwehrmauer abzuprallen.

Mit Bedacht spreche ich davon, sich solche Fähigkeiten «anzueignen», statt sie bloß zu erwerben. Denn Kompetenzen, von denen wir hier sprechen, sind von besonderer Art: Sie wollen mit der je eigenen, so oder so gearteten und gewordenen Menschlichkeit verschmolzen werden. Andernfalls nehmen sie die elende Gestalt eines antrainierten Gehabes an und wirken kontraproduktiv.

Dies ist der Grund, weshalb Karl Benien uns keine Verhaltensrezepte anbietet, sondern bei allen Gesprächtypen zunächst das Wesen der Sache herausarbeitet, um daraus dann eine Handlungsorientierung abzuleiten. Zum Beispiel beim Mitarbeiter-Coaching durch den Vorgesetzten (Kapitel 2.3): Welcher Grundgedanke steckt hinter diesem Schlagwort? Welche innere Haltung setzt er bei der Führungskraft voraus? Welche kniffeligen Rollenaspekte sind dabei berührt, wenn man einen kundigen Blick auf das Schachbrett der Organisation wirft? Welche immanenten Chancen und Gefahren stecken in dem Vorhaben, den Mitarbeiter nicht oder nicht vorrangig zur schnellstmöglichen Lösung zu führen, sondern zur bestmöglichen Entwicklung seiner Fähigkeiten anhand dieses konkreten Problems? Welche Themen eignen sich dafür, welche nicht?

Erst dann wird es sehr «praktisch»: Ein idealtypischer Phasenverlauf der Gesprächsführung sorgt auch dann für Orientierung, wenn man aus situativen oder menschlichen Gründen davon abweicht; wunderbare Praxisbeispiele aus der Erfahrungswelt des Beraters sorgen für Konkretisierung und Veranschaulichung des Prinzips auf der Verhaltensebene. Dem Leser, der Leserin kommt zugute, dass der Autor Betriebswirt, Kommunikationstrainer und Psychotherapeut war und in einem ist: So bleiben beruflicher Kontext, äußeres Verhalten und innerer Mensch stets im Blick, gestalten sich nie losgelöst voneinander. Der Optimismus, dass auch schwierige Gespräche gelingen können, strahlt uns aus diesem Buch entgegen, aber nicht naiv, sondern fundiert aus diesem dreifachen Blickwinkel heraus.

Die Leser von «Miteinander reden» (Schulz von Thun, 1981; 1989; 1998) betreten, was die kommunikationspsychologische Grundausrichtung angeht, vertrautes Gelände – Neueinsteiger werden in knapper Bündelung vertraut gemacht. Karl Benien greift, auf der Grundlage der Stimmigkeitslehre, u. a. auf das Kommunikationsquadrat und das Innere Team zurück, um relevante Wahrnehmungskanäle für das Geschehen aufzuschließen. Erstmals versuchen wir, das Innere Team für das heikle Führungsthema «Alkoholabhängigkeit» nutzbar zu machen, mit deutlichen Konsequenzen für die Gesprächsführung.

Leser(innen) unseres knapp gehaltenen «Miteinander reden: Kommunikationspsychologie für Führungskräfte» (Schulz von Thun, Ruppel und Stratmann, 2000) finden hier nun Ergänzungen und Vertiefungen, vor allem auch eine systematische Unterscheidung der Gesprächsanlässe. Karl Beniens Handbuch ist umfangreich, aber nicht nur reich an Umfang, sondern auch an Erkenntnissen und Anregungen. Am ergiebigsten stelle ich mir die Lektüre der Kapitel 2.2 bis 2.6 über Konflikte, Beratung, Kritik, Mitarbeitergespräch, Teambesprechung und über den schwierigen Sonderfall Alkoholabhängigkeit als Vor- und Nachbereitung eines akuten Gespräches vor. Dann begegnen sich Theorie und selbst erfahrene Praxis an einem anschaulichen Treffpunkt Ihres Lebens. Wir dürfen gespannt sein!

Vorwort

Warum habe ich dieses Buch geschrieben und welche Einflüsse haben es geprägt?

Ich habe dieses Buch geschrieben, da ich in meinem Berater- und Traineralltag immer wieder erlebe, dass Seminarteilnehmer fragen, wo sie das Gelernte zur Vertiefung und Nachbearbeitung nachlesen können. Haben sie doch erlebt, dass manche Theorie eine hilfreiche Orientierung geben kann, der Teufel jedoch häufig im Detail steckt und das rechte Wort am richtigen Platz erst noch gefunden werden musste.

Sie haben vielleicht auch bemerkt, dass ich als Trainer bei übenden Rollenspielen zu konkreten Gesprächsabläufen einen «roten Faden» vor Augen hatte, den ich an geeigneten Stellen dann auch öffentlich gemacht habe. Typische wiederkehrende Probleme wie «Lösungslosigkeit aushalten im Beratungsgespräch» oder «Gutes Zuhören im Konfliktklärungsgespräch» waren nicht nur für das aktuell besprochene Thema von Bedeutung, sondern konnten auch auf andere Situationen übertragen werden. Für mich als Trainer stellte sich im Lauf meiner Seminararbeit heraus, dass viele Gespräche eine ähnliche Grundstruktur aufweisen. Ich begann diese auszuformulieren und mit Kollegen zu diskutieren.

Viele Erfahrungen, die ich als Berater und Seminarleiter gesammelt habe, fließen so in dieses Buch ein. Vieles von dem, was ich beschreibe, entspringt jedoch nicht nur meiner persönlichen Einsicht und ist nicht auf eigenem Mist gewachsen. Ich erlebe mich eingebettet in einen Erkenntnis- und Suchprozess, an dem viele Menschen teilhaben und mitarbeiten. Vor allem denke ich da an meine Kollegen im «Arbeitskreis Kommunikation und Klärungshilfe im beruflichen Bereich». Hier handelt es sich um einen Zusammenschluss von Psychologen an der Universität Hamburg. Zusammen mit und unter der Leitung von Prof. Dr. Friedemann Schulz von Thun besteht dieser Kreis aus Eberhard Stahl, Stephan Bußkamp, Regine Heiland, Gabriele Manneck, Johannes Ruppel, Roswitha Stratmann, mir selbst und als Außenstelle Dr. Christoph Thomann (Schweiz), durch dessen Art der Klärungshilfe wir entscheidend mitgeprägt wurden.

Da wir im Arbeitskreis einen regen fachlichen und kollegialen Austausch über inhaltliche Grundsatzfragen, Theorien und Konzepte pflegen, ist so mancher Grundsatz im Zweiergespräch geboren und in einer kollegialen Diskussion verdichtet worden. Ich weiß im Einzelnen oft nicht, wer der ursprüngliche Vater (oder die Mutter) des Gedankens war und wer als Urheber oder Urheberin erwähnt werden müsste. Deshalb seien hier alle als potenzielle Urheber mit Dankbarkeit erwähnt.

Außerdem sind Ideen und Gedanken von Kollegen aus anderen beruflichen Zusammenhängen außerhalb des Arbeitskreises in dieses Buch eingegangen. Zu erwähnen sind besonders Maren Fischer-Epe, Jens Hager und Karin van der Laan.

Im Übrigen habe ich im Text zitiert, wenn ich genau weiß, von welchem Kollegen oder Autor ich im Einzelnen beeinflusst wurde, abgeschrieben oder geborgt habe.

Besonders unterstützt wurde ich durch Beate Falt, Maud Winkler und Katrin Poplutz, die mich durch Ermutigung und kritisches Stirnrunzeln zur fachlichen Auseinandersetzung gezwungen haben – allen herzlichen Dank an dieser Stelle!

Einleitung

Der Weg ins Verhängnis ist bekanntlich mit guten Vorsätzen gepflastert – und fast immer auch mit schlechten Gesprächen. Natürlich ist Kommunikation nicht die Lösung aller Probleme, aber ohne klare Kommunikation gibt es keine klaren Lösungen. Das Bewusstsein von der Tragweite gelungener Kommunikation ist in letzter Zeit gestiegen. Auch wenn die meisten Gesprächssituationen im beruflichen Alltag zur Routine gehören, so gibt es doch immer wieder Themen und Situationen, in denen die Kommunikation schwierig wird.

Vielleicht soll ein seit längerer Zeit unter der Oberfläche schwelender Konflikt so angesprochen werden, dass einerseits der heikle Punkt und die Problemursache deutlich auf den Tisch kommen und andererseits die Beziehung nicht noch mehr darunter leidet. Im Gegenteil, sie soll durch die Aussprache verbessert werden. Vielleicht muss ein Kollege einen anderen Kollegen kritisieren, mit dem er sich menschlich sehr verbunden fühlt. Vielleicht trägt jemand einen stillen Vorwurf mit sich herum und weiß nicht, wie er ihn ansprechen soll, ohne Porzellan zu zerschlagen.

Wie auch immer, schwierige Gespräche sollten nicht mal eben zwischen Tür und Angel geführt werden. Sie brauchen

- eine sorgfältige Vorbereitung,
- Wachsamkeit für die Gesprächsatmosphäre,
- Achtsamkeit für die leisen Zwischentöne und Feingefühl für die Nuancen zwischen den Zeilen,
- Wissen um einen folgerichtigen Gesprächsablauf,
- eine Wortwahl, die den beteiligten Personen, dem Thema und der Gesamtsituation entspricht.

Diese «Kunst der Gesprächsführung» unterliegt Regeln und Gesetzmäßigkeiten. Dabei geht es weniger um rhetorische Kniffe und nicht um raffinierte Finten aus der kommunikationspsychologischen Trickkiste. Durch solche zweifelhaften Mittel wird der Mitmensch zum Objekt gemacht, den man mit geschickten Strategien behandeln muss, damit er richtig (und das meint dann häufig: «in meinem Sinn») funktioniert.

Kooperative Gesprächsführung nimmt den Mitmenschen als Subjekt in seinem verantwortlichen beruflichen Handeln ernst. Sie ist die Fähigkeit, soziale Prozesse so zu gestalten, dass Informations- und Abstimmungsprozesse das gemeinsame Arbeiten fördern und erleichtern.

Dieses Buch wendet sich deshalb insbesondere an Führungskräfte, die Führen nicht als bevormundendes Fordern und rein zielorientierte technokratische Verhaltenssteuerung verstehen. Soll das Arbeitsklima durch Miteinander statt Gegeneinander, durch Transparenz statt Geheimniskrämerei, durch Offenheit statt Hintenherum und durch Ehrlichkeit statt Vermeidung von Unangenehmem geprägt sein, so braucht es eine Kommunikationskultur, die sich auch den heißen Themen mutig stellt. In einem offenen Klima, in dem Respekt, Akzeptanz und offene Konfliktaustragung zu den leitenden Werten gehören, arbeiten die meisten Menschen gerne. Das Arbeitsklima als einer der hauptsächlichen Faktoren der Motivation ist Voraussetzung dafür, dass Kreativitätspotenziale freigesetzt und die vorhandenen Kapazitäten eingesetzt werden können.

Wie kommuniziert man richtig?

Um über «gute» und «richtige» Kommunikation nachzudenken, sollen zwei Beispiele zur Anregung dienen.

Glaubt man dem Guinness-Buch der Rekorde, so fand der kürzeste Briefwechsel der Menschheitsgeschichte im Jahr 1862 statt. Nach dem Erscheinen seines Buches «Les Misérables» war der Dichter Victor Hugo aufs Land gefahren, wo ihm aber die Ungewissheit über den Erfolg seines Werkes keine Ruhe ließ. Also schrieb er seinem Verleger: «?»

Der Empfänger dieser Nachricht konnte das Zeichen in den richtigen Zusammenhang stellen und dem Brief damit Bedeutung verleihen. Postwendend bekam Hugo die hoch befriedigende Antwort: «!»

Das zweite Beispiel ereignete sich in einem größeren Versicherungsunternehmen. Dort war die Stelle eines Verkaufsleiters frei geworden. Herr Bilz und Herr Silkus, zwei hervorragende Verkäufer der Firma, machten sich Hoffnungen auf diese Stelle. Herr Bilz bekam die Stelle und wurde somit Vorgesetzter von Herrn Silkus.

Nach einiger Zeit in der Rolle des Verkaufsleiters bemerkte Herr Bilz, dass Herr Silkus immer mal wieder Geschäfte hinter seinem Rücken machte. Nachdem er dieses Verhalten einige Zeit beobachtet hatte, fuhr er schließlich zu Herrn Silkus, um mit ihm zu reden.

Ohne große Vorrede begann er das Gespräch: «*Ich will gar nicht lange um den heißen Brei reden. Seit einiger Zeit beobachte ich, dass Sie Geschäfte an mir vorbei machen. Sie haben jetzt zwei Möglichkeiten: 1. Sie arbeiten weiterhin gegen mich, oder 2. wir arbeiten ab jetzt kooperativ zusammen. Wenn Sie weiterhin gegen mich arbeiten, bedeutet das Kampf, und ich verspreche Ihnen, dass ich am längeren Hebel sitze. Ich werde Ihnen dann das Leben schwer und die Arbeit zur Hölle machen. Sollten Sie sich für eine kooperative Zusammenarbeit mit mir als Ihrem Vorgesetzten entscheiden, so können wir ab heute offen und kollegial an einem Strang ziehen. Sollte ich es noch einmal erleben, dass Sie ein Geschäft heimlich machen, werde ich dies so interpretieren, dass Sie sich für den Kampf entschieden haben. So, das war's auch schon. Das wollte ich Ihnen nur sagen.*»

Herr Silkus hatte im gesamten Gespräch wenig gesagt, sondern die Konfrontation nur zur Kenntnis genommen. Er hatte sich nicht verteidigt, hatte keine Rechtfertigungen oder Ausflüchte gesucht und war auch nicht zum Gegenangriff übergegangen. Er war nur bemüht, das Gespräch irgendwie zu beenden.

Wie kann man die beiden Kommunikationsbeispiele beurteilen? Welche Aspekte und Kriterien können wir heranziehen, um ein Gespräch als positiv oder negativ zu bewerten?

(In der Realität hat sich nach dem zweiten Gesprächsbeispiel eine 15-jährige kooperative Arbeitsbeziehung entwickelt und beide Kollegen sind seit 10 Jahren fast freundschaftlich miteinander verbunden. Frage: Ist der Ausgang und die spätere Beziehungsform ein Kriterium für ein gutes Gespräch und heiligt der Zweck die Mittel?)

Also: Was kennzeichnet gute Kommunikation? Kann man überhaupt gute Kommunikation abstrahierend beschreiben und sie von schlechter abgrenzen?

Der direkte Weg

Vielleicht sollte man grundlegende Merkmale anführen, die gute Gespräche kennzeichnen, wie zum Beispiel:

Klar und **explizit** statt verwickelt, einseitig und unklar;

situationsangemessen statt die Wahrheit und Logik der Situation zu verleugnen;

metakommunikatorisch statt unreflektiertes automatisches Vorantreiben ohne Notbremse;

zuhören statt sich automatisch rechtfertigen und verteidigen, ständig selbst reden und abschweifen;

sich ausdrücken statt mauern, eisig schweigen, sich abkapseln und herunterschlucken;

selbstgeklärt statt inneres Durcheinander und Doppelbotschaften;

gute Wahrnehmung nach innen und außen statt unbemerkte Projektionen und Übertragungen;

«ich» und die Sprache der Verantwortung statt nur *man, es, wir* und *du*;

Wünsche statt Vorwürfe, Manipulation und Taktik;

ehrlich und **wahrhaftig** statt listig, gerissen und fintenreich;

selektiv authentisch statt ungeschützte, grenzen- und verantwortungslose Offenheit;

konkret bleiben statt ablenken, ausweichen und um den heißen Brei herumreden;

direkt statt hinten herum, Tratsch, Klatsch und üble Nachrede;

achtungsvoll dem anderen gegenüber und mit Selbstachtung sich selbst gegenüber.

Natürlich sind solche Kriterien nicht belang- und wahllos. Mir scheint aber, dass man noch sehr viel mehr Kriterien auflisten könnte, die gute Kommunikation beschreiben. Als gedankliche Starthilfe mag dies hilfreich sein, aber letztlich droht dieser Ansatz ein Holzweg zu werden, da die enorme Kriterienfülle bald die Übersicht verlieren lässt. Außerdem ist Kommunikation sicherlich nur dann «gut», wenn neben einer Kombination positiver Kommunikationsmerkmale vor allem die atmosphärischen Bedingungen stimmen. Die Atmosphäre eines Gesprächs wird wiederum durch die inneren Gegebenheiten der Personen und ihrer

Beziehung zueinander bestimmt. Es reicht demnach nicht aus, wichtige Kommunikationsmerkmale mit musterschülerhaftem Gehabe einzuhalten und ihnen formal zu entsprechen. Sie können helfen, einige Kontakthindernisse aus dem Weg zu räumen, und bieten Möglichkeiten zu Klimaveränderungen in Gesprächen, wobei sie die Atmosphäre weder garantieren noch erzwingen können.

Vielleicht fällt es leichter, eine gestörte Kommunikation zu beschreiben als eine gute. Man könnte beispielsweise sagen: Eine Kommunikation ist dann gestört, wenn einer der Beteiligten sie als gestört erlebt. Diese allgemeine Aussage gilt aber in der Umkehrung schon nicht mehr. Auch dann nicht, wenn beide sie als gute Kommunikation erleben. Es kann ja sein, dass beide seit Jahren aneinander vorbeireden, ohne es zu bemerken. Auch dieser Weg ist nicht gangbar, und es scheint, dass wir auf dem direkten Weg der Definition in eine Sackgasse geraten.

Der indirekte Weg
Wenn wir uns dem Ziel, «gute» Kommunikation zu beschreiben, anscheinend direkt nicht nähern können, müssen wir eine andere indirekte Herangehensweise suchen. Wir könnten versuchen, die wichtigsten *Einflussgrößen* zu beschreiben, die auf Kommunikationsprozesse wirksam werden, um durch ihre positive Beeinflussung «gute» Kommunikation zu ermöglichen.

Die wesentlichen Einflussgrößen, die auf ein Kommunikationsgeschehen wirken und zu Störungen führen können, sind

1. der gesellschaftliche Rahmen, in dem die Begegnung stattfindet (Kultur, Organisation, Zeit, Vorgeschichte, Ort, Räume etc.):
   Entspricht die Art und Form der Gesprächseinladung dem gemeinsamen Beziehungsverständnis?
   Ist für alle Themen so viel Zeit vorgesehen, dass man sie angemessen besprechen kann, oder kommen die Beteiligten mit Zeitdruck zusammen?
   Sind Störquellen soweit es geht ausgeschaltet?
   Sitzen die Beteiligten an einem runden Tisch oder wird durch die Sitzordnung deutlich, wer Heimrecht und das Sagen hat?
2. die soziale Deutung und die persönliche Bedeutung der Situation:

Befinden sich alle «innerlich auf der gleichen Veranstaltung»? Haben alle das gleiche Sinn- und Zweckverständnis der Begegnung und sind positiv dazu eingestellt (Interesse), oder steht das eigentliche Thema, das, was wirklich ansteht, nicht auf der Tagesordnung?

Was sind die offiziellen und was sind die heimlichen Ziele der Einzelnen? Wissen alle, wie der Hase läuft (Gepflogenheiten, Vertrautheit), und sind sich darin einig, um was es jetzt gehen soll? Oder sieht der eine die Situation als willkommenen Anlass, um sich für eine anstehende Beförderung zu profilieren, während ein Zweiter das Treffen als wichtigen Austausch von Sachinformationen begrüßt und ein Dritter das Treffen für überflüssig hält und am liebsten an seinem Schreibtisch sitzen würde, wo sich die Arbeit türmt?

3. die Rollenbeziehungen der Anwesenden:

Sind alle für den Inhalt wichtigen Personen anwesend? Wer ist in welcher Funktion, in welcher Rolle, mit welchem Interesse, in wessen Auftrag hier? (Wer Gastgeber, wer Einladender, wer Moderator, wer Protokollführer, wer Betroffener, wer Experte, wer Informationslieferant, wer Informationsempfänger, wer interessierter Unbeteiligter usw.? Stimmen die wechselseitigen Rollenerwartungen überein und weiß jeder, was sein Beitrag zur Situation sein sollte? Wie sind die hierarchischen Beziehungen und Kompetenzen?

4. Stimmung und Persönlichkeitsstrukturen der Kommunikationspartner:

Was bringt jeder Einzelne an inneren Voraussetzungen mit (Erfahrungshintergrund, aktuelle Lebenssituation und Stimmung, persönliche Eigenarten, Stärken, Schwächen, Werte, Überzeugungen, Vorlieben, Ziele, Motive etc.)? Wie ist die jeweilige persönliche Wirklichkeit und subjektive Wahrnehmung? Können die Einzelnen den jeweils anderen mit Achtung gegenübertreten und sich selbst Achtung schenken? Welchen Projektionen, Übertragungen und Gegenübertragungen unterliegen die Beteiligten? Welche alten oder aktuellen Konflikte und Beziehungsstörungen sind wirksam?

Die Summe der aktuellen Einflussgrößen bestimmt die jeweilige Situationswahrheit.

Das Leitbild

Auf der Suche nach einem übergeordneten Kriterium für «gute Kommunikation» mit entsprechender Situationswahrheit bietet Schulz von Thun (1981, 1998) das Ideal der Stimmigkeit an. Kommunikation ist für ihn dann stimmig, wenn sie die inneren Gegebenheiten und die äußeren Gegebenheiten berücksichtigt. Sie muss somit einer doppelten Übereinstimmung entsprechen: sowohl der Übereinstimmung mit der Person als auch mit dem Charakter der Situation und der ihrem Sinngehalt innewohnenden Logik. Schulz von Thun schaut also in zwei Richtungen. Mit dem einen Auge blickt er nach außen auf den situativen Kontext, damit Kommunikation «situationsgerecht» ausfallen kann und dem Gehalt der Situation entspricht (siehe oben Punkte 1., 2. und 3.). Mit dem anderen Auge schaut er auf den Menschen und den inneren Kontext der Person, damit Kommunikation «authentisch» ist, der Mensch zu dem stehen kann, was er wie sagt, und sich selbst nicht verfehlt (siehe Kapitel 2.5).

Gute Kommunikation muss beiden Aspekten gerecht werden, sodass sich ein Ergänzungs- und Spannungsfeld von *authentisch* und *situationsgerecht* ergibt, welches eine ständige Such- und Entwicklungsrichtung bedingt. Das übergeordnete Kommunikationsideal der Stimmigkeit wirft also zwei Fragen auf. Erstens: Was ist situationsgerecht? Und zweitens: Wann und wie bin ich in Übereinstimmung mit mir selbst?

Die erste Frage ist bedeutsam, damit sich die beteiligten Personen auf ein und dieselbe Situation nicht einen unterschiedlichen Reim machen und die Situation unterschiedlich definieren. Die Leitfragen zur Sicherstellung einer gemeinsamen Situationsdefinition sind nach Schulz von Thun (1998, S. 285)

– *Wie kommt es* (Vorgeschichte!) und
– *welchen Sinn macht es* (Zielsetzung!), dass
– *ausgerechnet ich* (in welcher Rolle?)
– *ausgerechnet mit Ihnen* (in welcher Zusammensetzung?)
– *ausgerechnet dieses Thema* (wie hat es sich ergeben?) besprechen möchte?

Die zweite Frage der Übereinstimmung mit sich selbst ist bedeutsam, da der Mensch mit sich selbst nie ein Herz und eine Seele ist. Fast immer melden sich innere Kräfte und Stimmen zu Wort, die miteinander ringen und gegeneinander Politik betreiben. Wie wir von einem «inneren Haufen» als normale Ausgangslage zum «Inneren Team» gelangen und welche innere Dynamik dabei eintreten kann, beschreibt Schulz von Thun in «Miteinander reden 3» (1998).

Die Metapher des Inneren Teams ist gut geeignet, sich dem Ziel «In Einklang mit sich selbst» anzunähern. Dieses Ziel ist aus zwei Gründen bedeutsam.

Einmal braucht es innere Klarheit (*Was* ist meine Meinung dazu?), um bei schwierigen Gesprächen einen tragfähigen Standpunkt und eine klare Linie zu gewinnen. Und zum anderen sollte neben dem Was auch das Wie berücksichtigt werden, um den Gesprächsprozess und den richtigen Ton, den ich anschlagen möchte, finden zu können. Auch wenn die Kommunikationspsychologie lange das Wie als Schwerpunkt im Blickfeld hatte, so hat doch das Was zumindest Gleichberechtigung, wenn nicht Vorrang. Kommt beispielsweise ein Mitarbeiter mit einem Verbesserungsvorschlag zu seinem Vorgesetzten, so ist zunächst einmal die Frage, was der Vorgesetzte über den Verbesserungsvorschlag denkt. Ist es wirklich eine Verbesserung oder hat der Vorschlag an anderer Stelle bisher nicht bedachte Nachteile, welche letztlich die Vorteile stark relativieren? Welche (kurz- und langfristigen) Konsequenzen hat der Vorschlag auf andere Arbeitsgebiete? Bin ich der richtige Ansprechpartner? Was sieht unser «Belohnungssystem» für solche Vorschläge vor? Hier einen klaren Standpunkt zu haben ist bedeutsam. Das Wie ist zunächst sekundär, es muss zum Was passen und ergibt sich häufig aus der eigenen Haltung.

Wenn wir keinen klaren Standpunkt habe, ist das Wie immer schwierig. Dabei gilt es zu bedenken, dass der eigene Standpunkt keine festgeschriebene Größe ist – er entwickelt sich manchmal erst im Gespräch. Die Standpunktbildung vollzieht sich nicht nur im Dialog, sie ist auch im Dialog revidierbar. Entsprechend stellt sich im Gespräch vielleicht die Frage: Was brauche ich jetzt an Informationen, um meine noch nicht festgeformte Haltung zum Thema zu finden?

Das Wie umfasst neben dem Tonfall und der Art und Weise, wie ich meinem Gesprächspartner gegenübertrete, vor allem die *situationslogische Reihenfolge* der unterschiedlichen Gesprächsbeiträge. So manche Gespräche scheitern, da sie einer unheilvollen Dynamik unterliegen und im

Gesprächsverlauf nicht die angemessene, folgerichtige Vorgehensweise berücksichtigen oder einige wichtige Aspekte sogar ganz unterschlagen. Dieses Buch beschreibt daher idealtypische Gesprächsverläufe, die als Orientierung für gute Gesprächsführung dienen können.

Wie können Sie dieses Buch benutzen?
Da ich mich immer wieder auf das Kommunikationsquadrat von Schulz von Thun (1981) und die Metapher des «Inneren Teams» (Schulz von Thun, 1998) beziehe und nicht davon ausgehen kann, dass jeder Leser diese Konzepte kennt, habe ich in Kapitel 1 in einer Kurzfassung die psychischen Vorgänge in der zwischenmenschlichen Kommunikation beschrieben. Dem Leser, dem diese Zusammenfassung zu knapp erscheint und der sich deshalb eingehender damit beschäftigen möchte, seien «Miteinander reden 1» und «Miteinander reden 3» ans Herz gelegt. Der Leser, der mit diesen Modellen bereits vertraut ist, kann direkt mit dem Kapitel 2 beginnen, in dem es um die Gesprächsführung in unterschiedlichen Gesprächssituationen geht. Dieser Teil ist im Sinn eines Nachschlagewerks aufgebaut, sodass der Leser je nach Bedarf die Kapitel für sich erarbeiten kann.

Da so manche unangenehme Überraschung im realen Gesprächsverlauf durch eine sorgsame Vorbereitung vermieden werden kann, geht es zunächst darum, welche Aspekte zu einer differenzierten Gesprächsvorbereitung gehören (Kapitel 2.1).

Im beruflichen Feld gibt es aus Sicht der Führungskraft sehr unterschiedliche Gesprächsformen und -anlässe. Im Kapitel 2.2 geht es um das Thema Konflikte und im Kapitel 2.3 um das Thema Beratung. In beiden Kapiteln beschreibe ich zunächst grundlegende Aspekte, um dann auf die idealtypischen Abläufe von Konflikt- und Beratungsgesprächen einzugehen. Anschließend gehe ich auf die Abläufe von gut geführten Kritikgesprächen (Kapitel 2.4), Mitarbeitergesprächen (Kapitel 2.5) und Teambesprechungen (Kapitel 2.6) ein.

Zum Abschluss (Kapitel 3) thematisiere ich das Problemfeld Alkoholabhängigkeit und werde neben dem ersten Gespräch zwischen Führungskraft und betroffenem Mitarbeiter eine mögliche Interventionskette beschreiben, die bei diesem heiklen Thema angemessen ist und in ähnlicher Form von vielen Beratungsstellen empfohlen wird.

Meine Themenauswahl ist dabei eine pragmatische: Sie orientiert sich an den häufigsten Fragestellungen und Unsicherheiten von Führungskräften, wie ich sie in meinen kommunikationspsychologischen Seminaren erlebe.

1 Psychische Vorgänge in der zwischenmenschlichen Kommunikation

Kommunikation und partnerschaftlich-kooperativer Umgang mit anderen scheint vielen Menschen privat und beruflich ein erstrebenswertes Ziel zu sein. Dies wahrscheinlich nicht nur, weil es dem Zeitgeist entspricht oder eine Modeerscheinung ist. Viele Menschen kennen die schmerzliche Erfahrung, dass in der Kommunikation manches schief gehen kann. So mancher hat «gestörte Kommunikation» am eigenen Leibe erlebt und die Erfahrung gemacht, dass Kommunikationsprobleme die sachliche Arbeit erschweren und manchmal sogar unmöglich machen können. Wenn sich in Zweiergesprächen, in Arbeitsgruppen und Teamprojekten das Miteinander zum Gegeneinander entwickelt, können die Störungen in der Kommunikation zu teuren «Reibungsverlusten» führen, da Information, Motivation, Produktivität und Kreativität sinken.

Wir Menschen stehen der Kommunikation häufig ähnlich gegenüber wie unserer Gesundheit: Solange alles gut läuft und funktioniert, wird sie wenig beachtet. Wird es jedoch schwierig im Miteinander und ist der zwischenmenschliche Karren sogar festgefahren, dann reicht oft ein Reagieren aus dem Bauch oder mit dem gesunden Menschenverstand nicht aus, um sich aus einer Sackgasse zu befreien. Im Gegenteil, manchmal führen solch spontane Rettungsversuche nur tiefer in das Problem. Um wieder in guten Kontakt zum Kommunikationspartner zu kommen und um das Gespräch wieder in Bewegung zu bringen, kann es hilfreich sein, eine Orientierung vor Augen zu haben, die sowohl als Landkarte als auch als Pannenwerkzeug dienen kann. Um dieses theoretische Rüstzeug soll es jetzt gehen.

In der Kommunikationspsychologie bezeichnen wir (Schulz von Thun, 1981) denjenigen, der sich äußert und spricht, als *Sender* und denjenigen, der zuhört, als *Empfänger*.

Der *Sender* ist derjenige, in dem die Absicht heran«reift», etwas mitzuteilen. Dieses innere «Reifen» beim Sender meint den Vorgang im Menschen, der stattfindet, *bevor* wir uns äußern, betrifft also die «subjektive Bedeutungswelt» des Gesprochenen, das «innere Erleben» des Gesagten. Das, um was es dem Sender geht, ist im Vorfeld häufig noch ein diffuses Gemisch aus Gefühlen, Gedanken, Bildern, Phantasien und Absichten und liegt der Äußerung unmittelbar zugrunde. Um es von der «Äußerung» abzugrenzen, nennen wir es «Innerung». Aspekte dieser Innerung sind dem Sender häufig unbewusst oder vorbewusst, besonders wenn sie dem idealisierten Selbstbild des Senders zuwiderlaufen und dieser in der Kunst der Selbstwahrnehmung (Introspektion) nicht sehr geübt ist. Auch wenn diese un- oder vorbewussten Aspekte dem Sender nicht direkt zugänglich sind, so können wir sie trotzdem in seinen Äußerungen wiederfinden. Und vielleicht hat der Empfänger ein feines Gespür für gerade diese unbewussten Signale des Senders und reagiert stärker auf sie als auf die explizit geäußerten Worte des Senders. Dieser fühlt sich dann aber missverstanden, weil er diese oft heiklen Punkte abgespalten hat, sie nicht wahrnehmen kann oder sie sich nicht eingestehen will. Deshalb besteht ein «Training in Kommunikation» manchmal im ersten Schritt in der Hilfe zur Selbstklärung und erst im zweiten Schritt in der Hilfe zur besseren Formulierung oder zur Kontaktklärung.

Um von der *Innerung* zur *Äußerung* zu kommen, muss der Sender seine zu übermittelnden Gefühle, Gedanken, Absichten, Kenntnisse – kurz: einen Teil seines inneren Zustandes – in vernehmbare Zeichen, in unsere Sprache verschlüsseln und übersetzen. Diese Übersetzungstätigkeit wird *kodieren* genannt. Der Prozess vollzieht sich bei Erwachsenen normalerweise in Bruchteilen von Sekunden. In Beratungs- und Trainingssituationen, wo der Prozess langsamer und dadurch sorgfältiger wird, können wir manchmal sehen, wie mühsam dem Sender dieser Vorgang ist, vor allem dann, wenn er seine Innerung nicht in Worte fassen kann. Dieses «innere Ringen um Worte» könnte sich beispielsweise so anhören: *«Ja, wissen Sie … äh, öh, … jaaa, … es … es ist wie ein Vulkan in mir … und da will was raus, aber … da ist eine dicke Platte obendrauf und behindert dies … und … äh, mmh …»*

Der Sender benutzt ein Bild (hier die Metapher eines Vulkans mit Platte), um sich verständlich zu machen, da er sein Erleben nicht anders ausdrücken kann.

Das gesprochene Wort, die Äußerung oder die *Botschaft*, trifft nun auf den *Empfänger* und entfaltet dort ihre *Wirkung*. Dieser muss nun wiederum die geäußerten Worte *dekodieren*, das heißt sie mit eigener Bedeutung, eigenen Bildern, Assoziationen und Erleben verbinden, um sie verstehen zu können. Manchmal hören wir allerdings nur, was wir zu hören wünschen. Das wird «selektive Dekodierung» genannt. Manchmal hören wir nicht richtig zu, weil wir, während der andere spricht, damit beschäftigt sind zu überlegen, was ich denn gleich sagen kann. In diesem Fall ist «dein Ausdruck mein Einsatzsignal für meinen Auftritt.» Wenn der Empfänger durch seine (auch nonverbale) Reaktion zurückmeldet, *was* er *wie* verstanden hat, entsteht eine Feedback-Schleife.

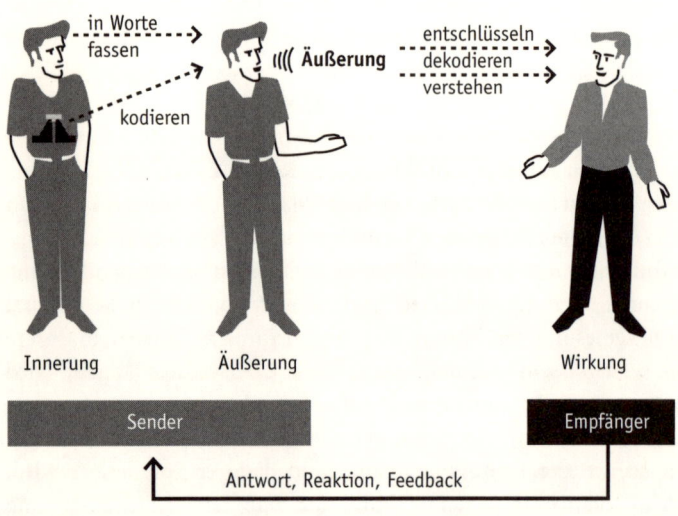

Grundvorgang in der Kommunikation

Ich werde jetzt zunächst auf die «Äußerung» eingehen (Kommunikationsquadrat), die der Sender mitteilt und der Empfänger aufnimmt, und dann die «Innerung» des Senders (Inneres Team) etwas näher beleuchten, da diese beiden Aspekte für eine gute Gesprächsführung von zentraler Bedeutung sind.

Das Kommunikationsquadrat

Das Modell von Schulz von Thun (1981) besagt, dass immer, wenn jemand etwas von sich gibt, die Äußerung (ausdrücklich oder zwischen den Zeilen) vier Aspekte enthält, die sowohl für ihn als Sender als auch für den Empfänger von Bedeutung sind. Kommunikation ist somit *immer* ein vierfaches Geschehen, da alle vier Aspekte immer gleichzeitig im Spiel sind:

Die Sach-Ebene. Auf dieser Ebene informieren wir über den Sachverhalt, tauschen Argumente aus und wägen Entscheidungen ab. Häufig stimmt die Sachebene mit dem wörtlich genommenen Inhalt der Äußerung überein.

Die Selbstkundgabe-Ebene. Sie enthält alles, was der Sender von sich, seiner Persönlichkeit und aktuellen Befindlichkeit zu erkennen gibt – ob er will oder nicht. Diese Selbstkundgabe kann mehr oder minder betont, mehr oder minder bewusst, mehr oder minder zur Schau getragen oder auch so weit wie möglich vermieden sein. Sie reicht von der gewollten Selbstdarstellung (zum Beispiel Imponiergehabe) bis zur unfreiwilligen Selbstenthüllung. Diese Seite der Kommunikation ist für jeden Sender von großer Bedeutung: «*Wie stehe ich in den Augen der anderen da? Was denken die von mir?*»

Die Beziehungs-Ebene. Auf dieser Ebene sagt der Sender etwas über sein Gegenüber aus; was er von ihm hält und wie sie beide seiner Meinung nach zueinander stehen. Die Klage: «*Sie mögen Recht haben, aber Sie hätten das auch anders sagen können!*» deutet an, dass auch bei sachlicher Zustimmung auf der Beziehungsebene Frostschäden eintreten können. Oft zeigt sich der Beziehungshinweis in der gewählten Formulierung, im Tonfall und anderen nichtsprachlichen Begleitsignalen wie zum Beispiel Gestik und Mimik. Für diese Seite der Kommunikation hat der Empfänger oft ein besonders empfindliches Ohr; denn hier fühlt er sich als Person in bestimmter Weise behandelt oder auch misshandelt, geachtet, geschätzt und akzeptiert oder abgelehnt und gedemütigt («*Wie redest du eigentlich mit mir!?*»).

Die Summe aller Beziehungshinweise bestimmt im privaten Bereich die Familienatmosphäre, im Beruf das Betriebsklima, die Atmosphäre in Abteilungen und Projekten und in der Vorgesetztenrolle den persönlichen Führungsstil: «*Wie gehe ich als Vorgesetzter mit meinen Mitarbeitern um?*»

Im beruflichen Bereich ist die Beziehungsebene komplex und häufig differenzierungsbedürftig. Hier müssen wir manchmal drei Arten von Beziehung gleichzeitig beachten

– <u>Basisbeziehung.</u> Die persönlich/menschliche Ebene fragt beispielsweise: «*Was halten wir voneinander? Mögen wir uns, sind wir uns gleichgültig, rivalisieren wir usw.?*»
– <u>Rollenbeziehung.</u> Die hierarchische Ebene fragt beispielsweise: «*Wer ist weisungsbefugt und wer hat wem was zu sagen?*»
– <u>Kompetenzbeziehung.</u> Die sachlich/fachliche Ebene kann fragen: «*Wer hat vor wem welchen Wissensvorsprung?*»

Die drei Ebenen werden dann zum Problem, wenn sie sich beißen, was zum Beispiel in einem Projektteam zum Problem werden kann. Nehmen wir den Fall, dass ein Versicherungsunternehmen ein Projekt zur Datenverarbeitung plant. Zielvorstellung: Aktualisierung und Flexibilisierung der Hard- und Software im PC-Bereich. Das Projekt hat im Unternehmen große Bedeutung und stellt für den Projektleiter einen wichtigen Karriereschritt dar. Das Projekt soll aus ca. 10 Mitarbeitern bestehen und der Leiter soll auf Grund seiner hohen Fachkompetenz im Bereich der Datenverarbeitung der Gruppenleiter Herr Dr. Müller (36 Jahre) werden. Sein Vorgesetzter und Abteilungsleiter, Herr Großschuh (59 Jahre), wird in diesem Projekt gebraucht, da er die Firma auf Grund seiner dreißigjährigen Firmenzugehörigkeit in allen Einzelbereichen kennt und einen guten Gesamtüberblick besitzt. Außerdem soll noch aus den Einzelabteilungen (Verkauf, Kundenservice, Buchhaltung usw.) jeweils ein Gruppenleiter anwesend sein.

Zwischen Herrn Dr. Müller und Herrn Großschuh besteht eine <u>Basisbeziehung</u> auf der persönlich/menschlichen Ebene: *Sympathie mit Vater-Sohn-Anklängen.* Die <u>Rollenbeziehung</u> besagt, dass Herr Großschuh der disziplinarische Vorgesetzte von Herrn Dr. Müller ist. Dr. Müller ist aber Leiter dieses Projektes. Die <u>Kompetenzbeziehung</u> besagt, dass Herr Dr. Müller zu dem Projektthema wegen seines fachlichen Wissens (er hat

Informatik studiert und kennt den Markt sowie innovative Softwareprogramme genau) die höchste Kompetenz hat.

Im Laufe der Projektarbeit kann die Beachtung der Beziehungsebene für Herrn Dr. Müller von entscheidender Bedeutung werden. Was macht er zum Beispiel, wenn Herr Großschuh häufig andere in ihren Wortbeiträgen unterbricht? Wie reagiert er, wenn Herr Großschuh ständig mit ausschweifenden Reden allen die Zeit stiehlt? Wie konfrontiert er Herrn Großschuh, wenn dieser sich nicht an Vereinbarungen hält? Schweigen und großzügig darüber hinwegsehen kann er sich nicht erlauben, da die Projektgruppe womöglich durch die schwelende Unruhe und ansteigende Unmutsäußerungen über Herrn Großschuh gesprengt wird. Jetzt wird jeder Zungenschlag von Herrn Dr. Müller gegenüber Herrn Großschuh und der Gruppe bedeutsam.

Die Appell-Ebene. Sie umfasst die Wirkungsabsicht des Senders. Hier wird deutlich, welchen Einfluss der Sender auf den Empfänger nehmen will. Schließlich wird kaum etwas «nur so» der reinen Information wegen gesagt – fast alle Nachrichten haben den Zweck oder die tatsächliche Wirkung, auf das Denken, Fühlen oder Handeln des anderen auch Einfluss zu nehmen. Ist die Appellseite explizit, so formulieren wir klare und offene Aufforderungen, Anordnungen und Wünsche. Bleibt der Appell implizit zwischen den Zeilen versteckt, so übt der Sender seinen Einfluss auf den Zuhörer indirekt aus.

Auch wenn im Berufsleben die Sachlichkeit betont wird, so wird die seelische Qualität zwischenmenschlicher Interaktion vor allem durch die oft unausgesprochenen Botschaften auf den unteren drei Seiten der Nachricht bestimmt. Da alle vier Seiten immer gleichzeitig im Spiele sind, muss der kommunikationsfähige Sender sie alle mehr oder minder gut beherrschen. Grundregel: *Einseitige Beherrschung stiftet Kommunikationsstörungen!*

Die vier Seiten der Nachricht (nach Schulz von Thun, 1981)

Die Botschaften auf den vier Seiten des Kommunikationsquadrats werden durch den jeweiligen situativen Kontext und den entsprechenden «Erwartungsraum» qualifiziert. So wird der Satz: «*Hände hoch!*», von einem Polizisten während einer Fahndung ausgesprochen, eine andere Bedeutung haben als von einem Lehrer im Turnunterricht, und der Satz: «*Es geht dem Ende zu!*» eines Lehrers bei der schriftlichen Abiturprüfung meint etwas anderes als die gleichen Worte, wenn sie ein Arzt bei der Diagnose zu seinem Patienten sagt. Der kommunikative «Erwartungsraum», welcher durch die Situation definiert und durch Konvention abgesteckt wird, eröffnet Interpretationsspielräume. Wir können zwar gegen den Erwartungskontext verstoßen, sollten ihn uns aber zumindest bewusst machen. Menschen, die sich häufig anders verhalten, als es der allgemeine Erwartungskontext nahe legt, werden von anderen schnell als taktlos erlebt, da ihr Verhalten deplatziert erscheint. Erspüren wir nicht die mit einer bestimmten Situation verknüpften Erwartungen, so können wir häufig auch nicht verstehen, warum unsere Gesprächspartner unsere Botschaften anders interpretieren, als wir sie gemeint haben. Dies gilt nicht zuletzt für Kommunikationssituationen, in denen Gesprächspartner aus unterschiedlichen Kulturen zusammentreffen.

Ein Beispiel zum Kommunikationsquadrat
aus dem Berufsalltag

Stellen Sie sich vor, Sie sind Gruppenleiter eines Versicherungsunternehmens und haben gerade mit einem Kunden gesprochen, der besondere Vertragskonditionen wünscht, die in keinem der angebotenen Tarife vorgesehen sind. Da Sie in diesem Falle nicht alleine entscheiden wollen, inwieweit ihre Firma den Wünschen dieses Kunden entgegenkommen kann und will, gehen Sie zu Ihrem Abteilungsleiter. Dieser macht einen ziemlich gehetzten Eindruck. Den Telefonhörer zwischen Schulter und Ohr geklemmt blättert er in mehreren Akten, während gleichzeitig das zweite Telefon klingelt. Nachdem er Sie auffordernd angeschaut hat, tragen Sie ihm Ihre Frage vor. Er antwortet ungeduldig: *«Also das können Sie doch wirklich selbst entscheiden. Die Ausnahmeregelungen stehen doch fest. Mit solchen Detailentscheidungen müssen Sie mich nicht auch noch belasten.»*

Jetzt haben Sie als Empfänger alle Ohren voll zu tun. Sie können auf diese Äußerung Ihres Chefs auf vier Ebenen reagieren. Theoretisch bräuchten wir als Empfänger «vier Ohren» – ein Ohr für jede Seite der Nachricht.

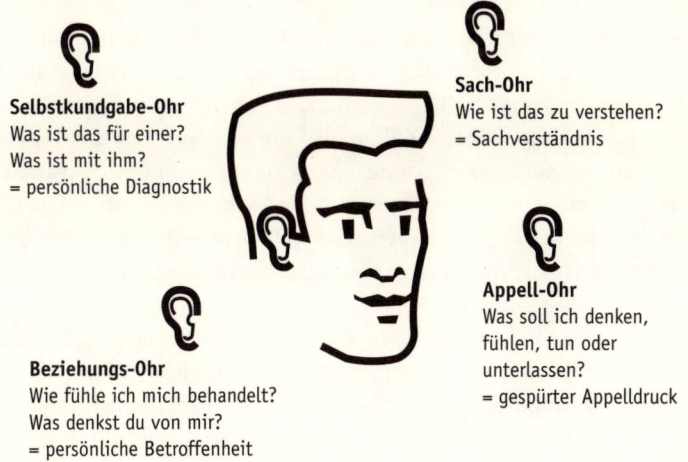

Selbstkundgabe-Ohr
Was ist das für einer?
Was ist mit ihm?
= persönliche Diagnostik

Sach-Ohr
Wie ist das zu verstehen?
= Sachverständnis

Appell-Ohr
Was soll ich denken,
fühlen, tun oder
unterlassen?
= gespürter Appelldruck

Beziehungs-Ohr
Wie fühle ich mich behandelt?
Was denkst du von mir?
= persönliche Betroffenheit

Der «vierohrige Empfänger» (nach Schulz von Thun, 1981)

Für den Empfänger gilt der kommunikationspsychologische Grundsatz: *Was eine Nachricht beim Empfänger anrichtet, richtet dieser selbst an!*

Wie geschieht das?

Der Empfänger hat prinzipiell die freie Wahl, auf welche Seite der Nachricht er reagieren und worauf er eingehen will. In Abbildung S. 31 (Vierohriger Empfänger) sind die Ohren gleich groß gezeichnet, was einen Idealzustand andeuten soll. In der Realität unterliegen wir Menschen jedoch häufig einseitigen Empfangsgewohnheiten. Je nach Erfahrungsschatz und persönlicher Entwicklung, je nach Einschätzung der Situation und je nach unserer momentanen Stimmung (Gefühle, Hoffnungen, Befürchtungen etc.) kommt das Gesagte bei uns an und hören wir etwas anderes heraus.

Der Sender bietet zwar vierfach an, aber der Empfänger stellt durch seine Reaktion die Weichen, was davon wie verwertet wird. Da unsere Wahrnehmung aktiv ist, liegt es im Entscheidungsbereich des Empfängers, mit welchem Ohr er eine Nachricht bevorzugt hört.

Je nachdem, welches seiner vier Ohren der Empfänger vorrangig auf Empfang geschaltet hat, nimmt das Gespräch einen sehr unterschiedlichen Verlauf. Dies möchte ich an unserem Beispiel (Gruppenleiter im Versicherungsunternehmen) verdeutlichen:

– So mancher Mensch (hier Sie als Gruppenleiter), der auf den sachlichen Gehalt einer Äußerung gepolt ist, wird in erster Linie auf die mitgeteilten Tatbestände reagieren. Die reine *Sach*information besteht hier im Werturteil über die Entscheidungskompetenzen und im Hinweis auf die Ausnahmeregelung. Hören Sie vor allem diese Botschaften heraus, werden Sie den Vorgesetzten vielleicht darauf hinweisen, dass Sie laut der bisherigen Anweisungen nicht berechtigt sind, ohne Rücksprache mit dem Vorgesetzten über solche gravierenden Abweichungen von den Tarifen zu entscheiden. Da Sie für diesen Fall gerade neue Informationen über Ihre Kompetenzen und den Umgang mit Ausnahmeregelungen bekommen, wollen Sie vielleicht wissen, ob dies grundsätzlich gelten soll oder nur auf diesen Einzelfall bezogen bleibt.

Allgemein: Mit dem ***Sachohr*** versucht der Empfänger den sachlichen Informationsgehalt zu verstehen, informiert sich über Hintergründe, fragt sachlich nach Daten und Fakten oder liefert diese selbst. Gefühls- und Beziehungsunsicherheiten werden ausgeblendet.

Höchstwahrscheinlich wird der gestresste Vorgesetzte auf den Versuch, in dieser Situation eine Grundsatzdiskussion zu führen, ziemlich ungehalten reagieren. Da Sie kommunikationspsychologisch geschult sind, werden Sie deshalb die Äußerung Ihres Vorgesetzten mit einem anderen Ohr auf einer anderen Ebene empfangen.

– Wenn Sie dazu neigen, auf Kritik empfindlich zu reagieren, haben Sie wahrscheinlich Ihr sensibles *Beziehungsohr* geöffnet. Mit dieser Reaktion *beziehen* Sie die Nachricht auf sich selbst und reagieren zum Beispiel auf den mitschwingenden oder vermeintlich herausgehörten Vorwurf. Sie würden sich in diesem Fall fragen, was die mürrische Reaktion Ihres Chefs über sein Verhältnis zu Ihnen aussagt. Womöglich wirft er Ihnen vor, unselbstständig zu sein und mit jeder Kleinigkeit zu ihm zu laufen. Sie fühlen sich zu Unrecht getadelt und abgefertigt.

Allgemein: Hört jemand mit dem **Beziehungsohr**, so fühlt er sich als Mensch direkt betroffen. Er ist sensibel für den Tonfall und nimmt auf, wie der Sender mit ihm umgeht, ob der Inhalt beispielsweise freundlich oder unverschämt gemeint ist. Das Beziehungsohr empfängt, wie der Sender zu jemandem steht und was er von ihm hält. Der Empfänger fühlt sich entsprechend behandelt (gerügt, beschämt, beschuldigt, bevormundet, gewürdigt, akzeptiert, anerkannt usw.). Bei einseitiger Ausrichtung des Empfängers auf diese Seite der Kommunikation nimmt er alles persönlich, fühlt sich leicht angegriffen, ist empfindlich, schnell beleidigt und wirkt mimosenhaft. Die Besonderheit bei Überspezialisierung des Beziehungsohres liegt u. a. darin, dass der Empfänger eher negative Botschaften heraushört. Wenn der Sender wütend wird, bekommt er Schuldgefühle, lacht der andere, fühlt er sich ausgelacht, schaut man ihn an, fühlt er sich kritisch gemustert, und schaut man in eine andere Richtung, fühlt er sich abgelehnt. Je nach charakterlicher Entwicklung kann die Reaktion depressiv, sich selbst anklagend oder aggressiv-ablehnend sein, entweder mit der Haltung: «*Entschuldige, dass es mich gibt!*» oder mit ständiger «*Kritik-Lauer*».

Die meisten Menschen reagieren, wenn sie einen Vorwurf hören, mit Verteidigung oder Angriff. Sie könnten Ihren Vorgesetzten darauf hinweisen, dass Sie vor einigen Tagen wegen einer eigenständigen Entscheidung in einem ähnlich gelagerten Fall kritisiert wurden. Oder Sie weisen darauf hin, dass die Ausnahmeregelungen, die von ihm abgefasst wurden, so schwammig formuliert sind, dass sie keinem wirklich eine Hilfe sind.

Diese Reaktion wird womöglich den Vorgesetzten dazu veranlassen, sich wiederum gegen Ihre Verteidigung oder Ihren Angriff zu verteidigen: «*Jetzt weichen Sie nicht aus. Sie sind doch kein Anfänger. Sehen Sie zu, dass Sie diesem Mann eine befriedigende Antwort geben, damit wir nicht noch so einen wichtigen Kunden verlieren. Aber schaffen Sie bitte keinen Präzedenzfall!*»

Das Gespräch endet womöglich in einem unangenehmen Streit, welcher sich kaum förderlich auf das Arbeitsklima auswirkt.

– Nehmen wir an, Sie hätten mit dem Selbstkundgabeohr gehört und sich gefragt: Was sagt die Mitteilung von ihm über ihn selbst aus? Sie wissen vielleicht, dass Ihr Vorgesetzter im normalen Berufsalltag ein ganz umgänglicher Mensch ist, der jedoch in Stresssituationen zu Äußerungen neigt, die ihm nachher Leid tun. Als Mitarbeiter, der ihn gut kennt, können Sie dann seine Worte nicht mit dem Beziehungsohr aufnehmen und daher nicht als Kritik, sondern eher als Überlastungsäußerung, deren Unmut sich zufälligerweise an Sie gerichtet hat.

Allgemein: Mit dem **Selbstkundgabeohr** ist der Empfänger personal-diagnostisch tätig: «*Was ist das für ein Mensch? Was ist mit ihm los? Welche Ich-Botschaften sendet er von sich?*»

Er versucht entweder einfühlsam und verständnisvoll die Stimmung des Senders wahrzunehmen: «*Könnte es sein, dass Sie (genervt, gestresst, empört) sind?*» Oder er nimmt diagnostizierend-entlarvend wahr: «*Unter Stress sind Sie wie ein Pulverfass. Sie können sich dann nicht mehr kontrollieren und explodieren bei jeder Kleinigkeit!*»

Steht hinter der einfühlsam-verständnisvollen Reaktion des Selbstkundgabeohres die fragende Haltung «*Ich bin mir nicht sicher, aber meine Wahrnehmung sagt mir, dass du ... Könnte das sein? Stimmt das vielleicht?*», so steht hinter der diagnostizierend-entlarvenden Variante im

Tonfall schnell ein Rufzeichen und eine bestimmende Haltung: «*Dein Verhalten hat folgenden psychischen Hintergrund* ... Da du das selbst nicht bemerkst, muss ich es dir ja wohl sagen!»

Als guter Zuhörer sollte die Wahrnehmung des Selbstkundgabeohres besonders geschult sein. So können wir differenziert die Tonlage und Stimmgeschwindigkeit, die gezeigte oder zurückgehaltene Gestik und Mimik, die gesamte Körperhaltung und -ausstrahlung, die emotionale Färbung der Worte und den unterschiedlichen Ausdruck des Blickkontaktes wahrnehmen. Wir bemerken, dass die Faust geballt ist, während der Sender scheinbar gelassen und ruhig von einem kränkenden Vorfall berichtet, und registrieren die Randbemerkungen, welche die Inhalte begleiten. Wir überprüfen so die emotionale Bedeutung für den Sender. Verbunden mit Respekt und Wertschätzung führt diese Haltung letztlich zum «aktiven Zuhören».

Da Sie erkennen, dass Sie nicht der Grund, sondern nur der Auslöser sind, können Sie in der obigen Situation antworten: «*Sie scheinen unter Stress zu stehen und gerade keine Zeit für dieses Problem zu haben.*» Vielleicht antwortet der Vorgesetzte: «*Ja wirklich. Heute wollen aber auch alle etwas von mir. Zuerst der Vorstand und dann auch noch die Revision. Und alles ist eilig und dringend. Außerdem ist überhaupt keine Systematik in diesen Akten. Wie soll man denn da etwas finden!*» Durch Ihre Antwort haben Sie ihm die Möglichkeiten gegeben, seinen Ärger auszusprechen. Vielleicht schießt der Vorgesetzte noch einen kleinen Satz hinterher: «*Und da kommen Sie gerade jetzt mit so einer Lappalie!*» Als kommunikationspsychologisch geschulter Mensch hören Sie vielleicht diesen Zusatz mit dem Appellohr.

- Die vierte Möglichkeit reagiert mit dem **Appellohr** und hört heraus, dass man gerade jetzt stört und es etwas später noch einmal versuchen soll.

Allgemein: Mit dem *Appellohr* hört der Empfänger die Aufforderung heraus, die er an sich gerichtet spürt, und den Druck, unter den er sich gesetzt fühlt. Bei Überspezialisierung ist dieser Empfänger immer auf «Appell-Sprung», da er es allen Menschen recht machen will. Er nimmt die Wünsche anderer überwertig wahr und verliert dadurch schnell den Kontakt zu sich selbst. Seine Wahrnehmungsantennen sind bei den Bedürfnissen anderer, nicht bei seinen eigenen. Durch seinen Wunsch, es allen recht machen zu wollen, ist im Lauf der Zeit die Fähigkeit, seine eigenen Wünsche und Anliegen wahrzunehmen und zu artikulieren, verschüttet worden. Er übergeht sich selbst. Dies kann zum Beispiel zu einer bedrängenden Gastgeberhaltung mit Stress, Unruhe und Hektik führen *(«Wollen Sie noch etwas trinken? Saft oder Wasser... oder lieber beides... ein paar Nüsse... ein paar Chips... etwas Süßes?»)* und die Selbstlosigkeit einer ständigen Helferhaltung kann in ein Burnout-Syndrom münden. Schwierig ist also nicht, dass wir den Wunsch des Gesprächspartners heraushören, schwierig wird es dann, wenn die innere prüfende Zwischeninstanz fehlt, welche überprüft, ob wir dem herausgehörten Appell auch gehorchen wollen.

Vielleicht hört Ihr Appellohr auch heraus, dass Ihr Vorgesetzter wünscht, dass Sie allein mit dem Kunden die Vertragsbedingungen gestalten, aber so, wie er es selbst getan hätte. Damit bringt er Sie in eine schwierige Rolle. Der widersprüchliche Doppelappell lautet jetzt: Entscheide selbstständig! – und – Entscheide, wie ich es für richtig halten würde! Um aus diesem Dilemma herauszukommen, könnten Sie zum Beispiel überprüfen, ob Ihr Appellohr auch wirklich das gehört hat, was Ihr Vorgesetzter an Appellen gemeint hat: *«Ich bin jetzt etwas verunsichert. Wollen Sie, dass ich das selbst entscheide? oder wollen Sie, dass ich in Ihrem Sinne entscheide? Im zweiten Fall müssen Sie sich den Fall etwas genauer anschauen.»* Sie könnten aber auch die Appellseite verlassen und auf die Meta-Ebene gehen und genau das ansprechen, was gerade zwischen Ihnen geschieht: *«Ich versuche, diese Angelegenheit im Interesse unserer Firma optimal zu regeln. Da dieser Fall kompliziert ist und ich meine Kompetenzen nicht überschreiten will, brauche ich klare Anweisungen von Ihnen. Wenn Sie mir sagen, dass ich das selbstständig entscheiden soll, stellt sich die Frage, welchen Entscheidungsspielraum ich in diesem Fall habe und wer letztlich die Verantwortung trägt. Wenn Sie sagen wollen, dass ich das in Ihrem Sinne entscheiden soll, ohne mir zu verraten, was das konkret bedeutet, empfinde ich das als unfair. Vielleicht passt Ihnen der Zeitpunkt ja nicht. Dann sollten wir heute Nachmittag nochmal darüber sprechen.»*

Auch wenn es in unserem Beispiel so scheinen mag, als ob manche Reaktionen «schöner» und angemessener sind als andere, lässt sich doch allgemein sagen: Mit jeder Reaktionsweise sind ganz bestimmte Chancen und Gefahren für den weiteren Gesprächsverlauf und die Beziehungsgestaltung verbunden. Die Gefahren überwiegen dann, wenn wir innerlich auf eine oder zwei Reaktionsweisen festgelegt sind.

Im Berufsleben gibt es viele Bereiche, in denen der sachliche Aspekt im Gespräch überwiegen muss. Dann sind die Beteiligten gut beraten, wenn sie ihre persönliche Betroffenheit und ihre Emotionen (Gekränktheit, Ärger, Empörung, Beleidigt-Sein etc.) eine Weile zurückstellen. Geht es aber beispielsweise in einem Konflikt- oder in einem Kritikgespräch um den Beziehungs- oder Selbstkundgabeaspekt, wäre Sachlichkeit möglicherweise ein falsches Ziel. Manchmal ist es völlig unangemessen, mit distanzierter Sachlichkeit über persönliche Kritikpunkte zu sprechen. Vor allem wenn die Situation eher emotionsgeladen ist und sich die Gesprächspartner mit Offenheit und Leidenschaft begegnen sollten. Aber auch in einem Gespräch, bei dem der Sachaspekt im Vordergrund steht, kann die persönliche Betroffenheit des Einzelnen mit hineinspielen und atmosphärisch wirksam werden. Grundsätzlich gesehen kommen wir um das Quadrat der Äußerung nicht herum – und da ist die Sachlichkeit immer nur ein Aspekt.

Das Kommunikationsmodell kann also zur Analyse konkreter Mitteilungen und zur Gliederung des gesamten Problemfelds der Kommunikation sowie zur Aufdeckung möglicher Störungen dienen. Es ist weniger ein Alltagsmodell, mit dem man beruflich und privat alles und jeden analysieren sollte, sondern eher ein *Störungsmodell*. Immer dann, wenn es schwierig wird in der zwischenmenschlichen Kommunikation, wenn ich nicht den Kontakt bekomme, den ich mir wünsche, oder wenn ich eine komplizierte Situation vor mir habe, eignet es sich als Hilfe zur Vorbereitung auf schwierige Gesprächssituationen (siehe Kapitel 2.1, S. 46 ff.) und als Mittel der Störungssuche im Nachhinein (siehe S. 67, Nachbereitung).

Neben einer Klarheit im Sinne des Quadrats nach außen ist eine sensible Bewusstheit nach innen wichtig, denn hier gilt das Prinzip: Die Innerung bestimmt die Äußerung! Häufig ist die innere Haltung, mit der wir in ein

Gespräch gehen und mit der wir das Gespräch dann führen, ausschlaggebend für das Was und Wie der Äußerung. Schulz von Thun hat mit der Metapher des Inneren Teams ein Modell entwickelt, mit dem dieser Aspekt der Kommunikation gut beschrieben und verstehbar wird.

Das Innere Team

Die Metapher des Inneren Teams (Schulz von Thun, 1998) hat sich in der praktischen Arbeit als sehr nützlich erwiesen. Sie hilft, die inneren Teammitglieder zu identifizieren und wenn nötig auch zu problematisieren. Vor allem in schwierigen Gesprächssituationen hat es sich bewährt, ein Bewusstsein davon zu erlangen, was in einem vorgeht und wie sich dieses «innere Geschehen» auf den äußeren Gesprächsverlauf auswirkt.

Eine Grundannahme im Modell des Inneren Teams ist die innere Pluralität der menschlichen Persönlichkeit. Unsere Reaktion auf einen Menschen, auf ein Ereignis oder auf eine anstehende Entscheidung ist häufig nicht eindeutig und klar, denn der Mensch ist mit sich selbst selten ein Herz und eine Seele. Oft melden sich vielfältige und widersprüchliche innere Stimmen, die in ihrer Gesamtheit das Innere Team darstellen.

Welche inneren Regungen und Haltungen könnten beispielsweise bei unserem Gruppenleiter, Herrn Dr. Müller, aktiviert sein? Vielleicht meldet sich der «Gekränkte», der die Verletzung spürt, welche durch die Art des Vorgesetzten auslöst wird. Vielleicht auch der «Unzufriedene» oder der «Empörte», der keine Lust hat, immer dann, wenn der Chef Stress hat, die Prügel abzubekommen. Vielleicht aber auch der «Verständnisvolle» oder «Souveräne», der weiß, wie er selbst unter Stress reagiert, und deshalb die Reaktion des Vorgesetzten tolerieren kann. Vielleicht spürt er auch den «Zornigen» in sich, der sich diese Art einfach nicht mehr länger bieten lassen will – oder den «Enttäuschten», der sich daran erinnert, dass sein Chef schon mal zugesichert hat, dass er an seinem Stressverhalten arbeiten will, und nun bekümmert feststellen muss, dass dies noch nicht viel gefruchtet hat. Vielleicht hat er auch einen «Unsicheren» in sich, der verzagt anfragt, ob der Vorgesetzte nicht auch Recht damit hat, dass er zu häufig bei ihm um Rat nachfragt.

An dieser kleinen Aufzählung lässt sich schon erkennen, dass die Inneren Teammitglieder oftmals als gegenläufige Strömungen wirksam sind und dass wir als Ausgangspunkt der inneren Selbstklärung häufig zunächst einen zerstrittenen Haufen vorfinden. Manchmal bedeutet das innere Durcheinander eine lästige Komplikation, manchmal wird es als qualvolles Hinundhergerissensein oder als völlige Lähmung erlebt. Damit wir klar und kraftvoll kommunizieren können, ist das Entwicklungsziel eine geklärte Teammannschaft, die anstatt eines inneren Durcheinanders oder sogar Gegeneinanders zum inneren Miteinander fähig ist. Für jede Gesprächssituation ist ein geklärtes Inneres Team von Bedeutung, da ein undurchschautes inneres Durcheinander zu unklarer Kommunikation führt.

Nehmen wir als Beispiel den Besitzer einer Apotheke, der als Vorgesetzter sechs Mitarbeiter zu führen hat. Die Abrechnung seiner Apothekenprodukte geschieht über Rezeptabrechnungen von Patienten und von Ärzten. Ein sehr guter Kunde seiner Apotheke ist ein niedergelassener Arzt, der seine Praxis in der Nähe der Apotheke hat. Dieser Arzt kauft seinen ganzen Sprechstundenbedarf wie zum Beispiel Spritzen, Pflaster, Handschuhe und andere medizinische Produkte, die er zur Behandlung seiner Patienten braucht, in großen Mengen bei ihm ein. Er kauft jedoch auch nicht-medizinische Artikel und Produkte für den persönlichen Bedarf wie Kosmetik und Pflegemittel in dieser Apotheke. Die Apotheke braucht zur Quartalsabrechnung von diesem Großkunden Rezepte, die an die Krankenkasse geschickt werden. Unser Arzt stellt nun eine Rezeptabrechnung so aus, dass der Bedienung in der Apotheke sofort deutlich wird, dass auch nicht-medizinische Artikel über die Krankenkasse abgerechnet werden sollen. Die Angestellte geht mit den Rezepten zu ihrem Chef und fragt diesen, wie damit verfahren werden soll.

Wie wird ihr Vorgesetzter reagieren? Vielleicht antwortet dieser spontan ablehnend: «*Nein, das kommt gar nicht in Frage! Das können wir nicht machen. Er soll seine Rezeptabrechnung neu einreichen und dabei die persönlich-privaten Artikel herauslassen und als Eigenbedarf kennzeichnen. Sagen Sie ihm das bitte – freundlich aber bestimmt.*» Vielleicht kommen dem Vorgesetzten später Zweifel, da sich in ihm eine Gegenstimme meldet: «*Ich bin ja auch Geschäftsmann und will diesen Großkunden nicht verlieren. Er kann ja jederzeit seinen Sprechstundenbedarf in einer anderen*

Apotheke kaufen und diese Umsatzeinbuße hätte drastische Folgen für meine gesamte Apotheke.»

Vielleicht reagiert er aber auch im Gespräch mit der Angestellten zustimmend: «*Na ja, derartige Vertuschungen machen ja alle mehr oder weniger. Solange es bestimmte Größenordnungen nicht übersteigt, werden wir beide Augen zudrücken und so tun, als wüssten wir von nichts.*» Vielleicht kommen ihm auch bei dieser Erstreaktion am Abend Bedenken, und sein schlechtes Gewissen trägt gewichtige Einwände vor: «*Ich bin ein rechtschaffener Apotheker und möchte nicht zum Mittäter bei solchen betrügerischen Manipulationen werden. Außerdem leidet die Allgemeinheit schon genug unter der Kostenlast im Gesundheitssektor und muss nicht auch noch die eigennützigen Betrügereien Einzelner ausbaden. Letztlich muss ich womöglich seine Suppe mit auslöffeln und gefährde so auch noch meine berufliche Existenz.*»

In beiden Fällen wohnen «zwei Seelen, ach!» in seiner Brust. Beide Teammitglieder werden in unterschiedlichem Tempo wach und melden sich zeitversetzt. Die eine Stimme meldet sich im Kontakt zur Mitarbeiterin, die andere Stimme später zu Hause. Genauso gut wäre es aber auch möglich, dass beide *gleichzeitig* oder innerhalb kürzerer Zeitabstände wirksam werden. Vielleicht zögert der Chef mit der Antwort, legt die Stirn in Falten, wiegt den Kopf hin und her und murmelt halblaut: «*Hm*», «*Na jaa*», «*Eventuell*» vor sich hin, wird wütend: «*Warum mutet der mir so etwas zu?! Unverschämt!*» und sagt schließlich zu seiner Mitarbeiterin: «*Nein das geht nicht. Das können wir nicht machen. Geben Sie mir mal die Rezepte. Das regle ich selbst.*» Einige Tage später bemerkt die Angestellte, dass die Rezepte auf geschickte Art und Weise mit der Krankenkasse abgerechnet wurden. Ihr Chef hatte aufgrund seiner Erfahrung Mittel und Wege gefunden, die Rezepte bei der Krankenkasse einzureichen, ohne dass seine eigene Bilanz verfälscht wurde. Die Mitarbeiterin ist verwirrt – hat doch der Chef zu ihr gesagt, dass er es nicht machen würde, und es dann doch hinter verschlossener Bürotür getan. Vielleicht wird aus der Irritation der Mitarbeiterin moralische Empörung oder sogar Ablehnung, die zu einer Beziehungsstörung ihrem Chef gegenüber führt, da sie sich zum einen von ihrem Vorgesetzten hinters Licht geführt fühlt und zum anderen, da sie unfreiwillig zur Mitwisserin eines Betruges gemacht wurde. Die Beziehungsstörung kann folgenreiche Kon-

Inneres Durcheinander führt zu unklarer Kommunikation
(nach Schulz von Thun, 1998, S. 53)

sequenzen für die Zusammenarbeit haben und ist womöglich nur schwer und mühsam durch ehrlich-offene Gespräche aus der Welt zu schaffen. Die Irritation kann sich auflösen, wenn sich die Mitarbeiterin bewusst macht, dass bei ihrem Chef «zwei Seelen» wirksam waren. Die eine fand durch Worte im Gespräch ihren Ausdruck, die andere kam durch Handlung im stillen Kämmerlein zur Geltung.

Die Erarbeitung innerer Klarheit ist Voraussetzung und Bedingung für gute Gesprächsführung. Deshalb lautet ein zentraler Leitsatz:

«Menschenführung beginnt bei mir selbst (wenn sie auch dort nicht endet)!» (Schulz von Thun, 1998, S. 54)

Dies gilt besonders für Situationen, die einen inneren Teamkonflikt nahe legen. So kann es sein, dass sich sowohl beim Gruppenleiter der Versicherung als auch bei unserem Apotheker nicht nur zwei, sondern viele inneren Stimmen zu Wort melden, die alle etwas anderes sagen und wollen. Solch inneres Durcheinander führt häufig zur unklaren Kommunikation.

Ein gut geführtes Inneres Team entspricht einem gesunden Selbstbewusstsein und ist in der Lage, je nach Situation, Thema und Gesprächspartner mit passender Mannschaftsaufstellung aufzutreten. In einer ungezwungenen Smalltalk-Situation kann das «Oberhaupt» des Inneren Teams den «netten Kerl», den «lustigen Unterhalter» und die «ungezwungene Plaudertasche» aktivieren und den «verschlossenen Miesepeter» oder den «sachlich Kühlen» auf dem hinteren Teil seiner inneren Bühne lassen. Im Kritikgespräch kann er seine innere Mannschaft so aufstellen, dass der «Urteilssichere», der «Tadelnde» und der «Konsequente» und im Konfliktfall beispielsweise der «Erboste», der «Grenzwächter» oder der «Kämpfende» in den Kontakt geschickt wird. In einer Beratungssituation werden der «menschlich Interessierte», der «einfühlsame Zuhörer» und der «ruhige Gelassene» an der zugewandten Kontaktfront gebraucht, während der «hektisch Betriebsame», der unter ständigem Zeitdruck steht, der «ungeduldig Ehrgeizige», der sich selbst gnadenlos antreibt und immer bis an die obere Leistungsgrenze pusht, sowie der bewertende und verurteilende «strenge Moralist» hoffentlich in den Hintergrund getreten sind. Trotz der großen Bedeutung einer dynamischen Variabilität sollten einige Teammitglieder zur Grundaufstellung der Stammmannschaft einer Führungskraft gehören wie zum Beispiel der «Strukturierte», der vor Verzettelung schützt, oder der «Rollenbewusste», der zum Beispiel im Gespräch mit einem alkoholkranken Mitarbeiter dafür sorgt, dass die Führungskraft nicht durch den inneren «besorgten Seelendoktor» zum Koalkoholiker wird (siehe Kapitel 3).

Situationsgerechte Kommunikation setzt also voraus, dass es gelingt, eine dem Gehalt der Situation entsprechende Mannschaft aufzustellen. Zwei Probleme können auftauchen:

— *Innere Vakanz.* Jemand (in mir) fehlt, der in dieser Situation (und für meine Rolle in ihr) angebracht wäre.
— *Innere Fehlbesetzung.* Jemand (in mir) kommt dazwischen, der in dieser Situation (und für meine Rolle) unangebracht ist.

Hinzu kommt die Fähigkeit, seine eigene Mannschaftsaufstellung, mit der man ins Gespräch einsteigt, bei Bedarf so umzustellen, dass sie der Dynamik des Gesprächsverlaufs und der eigenen Zielsetzung entspricht.

Außerdem gilt es zu bedenken, dass nicht nur die Führungskraft mit einer ganz persönlichen Mannschaftsaufstellung in ein Gespräch geht. Auch ihr Gesprächspartner ist kein menschlicher Hohlkörper, in den sie einfach ihre Worte hineinschütten kann. Sie trifft vielmehr auf einen Menschen, der auf seiner inneren Bühne ein ganz bestimmtes Empfangskomitee aufgestellt hat. Ob und wie die Botschaften der Führungskraft bei einem Veränderungswunsch ankommen, hängt manchmal viel weniger davon ab, wie sie die Worte wählt, als davon, wer im Inneren Team des Gesprächspartners sie in Empfang nimmt. Ein inneres Empfangskomitee, das aus einem kleinen «Aufgeschlossenen» («Ich bin neugierig und interessiert, was da auf mich zukommt. Letztlich kann man aus jeder Situation nur lernen!»), einem großen «Veränderungsfeindlichen» («Bisher ging es doch gut und überhaupt, dieser ganze neumodische Kram!»), einem starken «Misstrauischen» («Warum jetzt, warum diese Art und überhaupt: warum ich? Welches heimliche Interesse steckt dahinter?») und einem ständig in Bereitschaft stehenden «Autonomiebedachten» («Das bestimme immer noch ich selbst!») besteht, bedeutet mehrheitlich eine Abwehrmannschaft, an der man nicht ohne weiteres vorbeikommt. Der häufig stattfindende Versuch, mit Engelszungen auf den «Aufgeschlossenen» einzureden und sich nicht um die Grenzwächter zu kümmern, wird schnell zum Bumerang. Irgendwann später bekommen wir es umso mehr mit denen zu tun, die sich nicht angesprochen und übergangen gefühlt haben. «Wer also jemanden für etwas gewinnen will, ist gut beraten, auch diejenigen im Team des Gegenübers anzusprechen, die das Nein! in sich tragen; und zwar nicht, indem er ihnen etwas auszureden versucht, sondern – paradoxerweise – indem er ihre Daseinsberechtigung bestätigt und um ihre Mitarbeit bittet.» (Schulz von Thun, 1998, S. 255) Eine Führungskraft könnte bei Verdacht auf innere Abwehr beim Mitarbeiter zu ihm sagen: *«Ich würde mich freuen, wenn Sie meinen Vorschlägen zustimmen könnten und sie umsetzen werden. Aber vielleicht haben Sie ja Bedenken und es melden sich Gegenstimmen zu meinen Ideen. Die zu hören, daran wäre ich sehr interessiert, da Sie ja schließlich für die Umsetzung meiner Vorschläge verantwortlich sind. Wie reagieren Sie also auf meine Vorschläge?»* Hat die Führungskraft, da sie den Mitarbeiter möglicherweise gut kennt, schon einen konkreten Verdacht, so kann sie auch diesen ansprechen: *«Ich könnte mir vorstellen, dass ich Ihnen mit meinen Ideen einiges zumute. Betonen Sie doch bisher immer die Vorzüge der alten Strategie. Können Sie meinen Veränderungsvorschlag mit tragen oder regt sich Widerspruch?»*

2 Gesprächsführung

2.1 Allgemeiner Gesprächsverlauf (Überblick)

Durch das Quadrat können wir uns dafür sensibilisieren, welchen Ton wir selbst anschlagen und welchen Beiklang wir beim Gesprächspartner heraushören. Dadurch besitzen wir die Möglichkeit, Gespräche und Auseinandersetzungen als vierfaches Wechselspiel zu begreifen und Gesprächsstörungen auf die Ebene ihrer Entstehung zurückzuverfolgen. Wir können also die Untersuchungslupe auf jeden Zeitpunkt im Gesprächsverlauf legen und jeden gesprochenen Satz als «Vierklang-Akkord» mit seinen Ober- und Untertönen verstehen. Durch die Metapher des Inneren Teams erhalten wir ein Bewusstsein der inneren Voraussetzungen und Vorgänge vor und während eines Gesprächs. Wir kennen oder ahnen auch die Herkunft der unterschiedlichen Stimmen, die den Tonfall und die Wortwahl mitbestimmen.

Aber was ist mit der Summe der vielen einzelnen Akkorde? Wie müssen diese aneinander gereiht werden, damit sich eine dem Thema und der Situation angemessene Gesprächsmelodie ergibt? Lässt sich ein erkennbares Grundmuster für situationslogische Gesprächsabläufe beschreiben, auch wenn dieses Muster je nach Thema und Anlass des Gesprächs variieren wird?

In «Anna Karenina» schrieb Leo Tolstoi (1997): «Alle glücklichen Familien ähneln einander; jede unglückliche Familie ist auf ihre eigene Art unglücklich.» Ähnliches kann von einem guten und einem schlechten Gespräch gesagt werden. Es gibt viele Arten, ein Gespräch in eine Sackgasse zu führen, aber klare und effektive Gespräche haben bestimmte einheitliche Charakteristika und ähnliche Verlaufsstrukturen. Häufig ist es hilfreich, einen idealtypischen Gesprächsablauf als Wegweiser vor Augen zu haben, der einem die Richtung zeigt und sagt, welcher Schritt als nächster folgen könnte. Natürlich verläuft jedes Gespräch anders, und es kann verhängnisvoll sein, sich an einen bestimmten Ablauf zu halten, ohne die aus der Situation kommenden Gesprächseinflüsse zu berücksichtigen. Eine Grobstruktur kann jedoch als Orientierung dienen. Wenn jemand ein Haus baut, so muss er zwar Stein für Stein aufeinander setzen, trotzdem sollte vorher einmal das Haus als Ganzes im Kopf und als Plan entstanden sein, sodass die nötigen einzelnen Phasen und Schritte aufeinander abgestimmt werden können.

Die folgenden Vorgehens- und Strukturvorschläge wollen nicht so verstanden werden, dass man sich musterschülerhaft an die einzelnen Punkte hält. Sie stellen keine Patentrezepte dar, sondern sollen als idealtypischer roter Faden zur Orientierung verstanden werden.

Die Architektur und Grundstruktur der meisten Gespräche lassen sich neben Vorbereitung und Nachbereitung in fünf Phasen gliedern:

Vorbereitung
1. Anfangsphase
2. Informationsphase
3. Argumentationsphase
4. Beschlussphase
5. Abschlussphase
Nachbereitung

Die Abbildung soll diesen Ablauf und den Spannungsbogen des Gesprächs verdeutlichen:

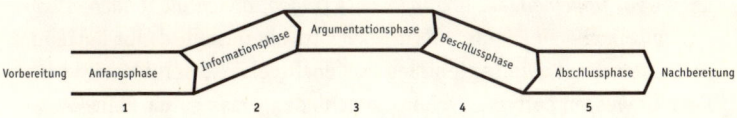

Die Gesprächsphasen im Überblick

Dieser Gesprächsablauf wird je nach Gesprächsanlass inhaltlich anders ausfallen, je nach Thema neu gefüllt und je nach Situation modifiziert werden müssen. Die einzelnen Phasen werde ich in den Kapiteln zu den Themen Konfliktgespräch (Kapitel 2.2), Beratungsgespräch (Kapitel 2.3), Kritikgespräch (Kapitel 2.4), Mitarbeitergespräch (Kapitel 2.5) und

Teamgespräch (Kapitel 2.6) jeweils inhaltlich füllen. Da die Vorbereitung und die Nachbereitung von wichtigen Gesprächen allgemein gültigen Charakter hat, stelle ich sie diesen Kapiteln voran.

Sechs Aspekte der Vorbereitung

Bevor wir auf die Vorbereitung im Einzelnen eingehen, ein Beispiel:

Ein Abteilungsleiter, Herr Graves, sitzt mit anderen Abteilungsleitern und dem Vorstand in einer Besprechung. Beim Thema «Kosten-reduzierung» gerät Herr Graves unter Druck und wird vom Vorstands-vorsitzenden zu einschneidenden Kostenreduzierungen aufgefordert. Herr Graves geht nach der Besprechung in sein Büro und macht sich an die Tagesarbeit. Nach einiger Zeit klopft es an der Tür und Herr Schreiner, einer seiner Mitarbeiter, schaut ihn erwartungsvoll an: *«Kann ich schon reinkommen?»* Herr Graves erinnert sich jetzt, dass sie vor vierzehn Tagen diesen Gesprächstermin vereinbart hatten. Er bittet Herrn Schreiner in sein Büro. Nachdem dieser Platz genommen hat, fragt ihn Herr Graves, was er denn auf dem Herzen habe. Herr Schreiner, der seit einem halben Jahr in dieser Abteilung arbeitet, sagt: *«Na ja, ich bin ja noch nicht so lange in dieser Abteilung ... und die Sache ist die ... die anderen Kollegen, die schon länger dabei sind, haben fast alle einen Laptop. Dieser Computer erleichtert die Arbeit unterwegs ungemein ... und ich wollte fragen, ob ich nicht auch einen Laptop bekommen könnte.»* Herr Graves ist überrascht, damit hatte er nicht gerechnet. Die Laptopfrage war doch geklärt. Gefühlsmäßig ist Herr Graves empört und schon entschieden, dass es da keine Aus-nahme gibt. Er fragt aber Herrn Schreiner noch nach den Gründen dafür, dass er eine Ausnahmeregelung wünscht. Dies jedoch nur der Form halber, um im Anschluss daran gereizt und in scharfem Tonfall unmissverständlich darzulegen, dass er das Ansinnen des Mitarbeiters zurückweist. Enttäuscht verlässt Herr Schreiner das Büro.

Dieses Gespräch hat vielleicht 15 Minuten gedauert – aber die Wirkung bei Herrn Schreiner hält womöglich über Monate an. Hat er das «Nein» des Vorgesetzten womöglich auf der Beziehungsebene empfangen, fühlt er sich abgelehnt, abgewertet und ist vielleicht demotiviert.

Was ist schief gelaufen? Zum einen wusste Herr Graves anscheinend nicht, dass das Mitarbeitergespräch anstand und auch nicht, was das Thema des Gesprächs war. Er reagierte entsprechend überrascht. Zum Zweiten entstand bei Herrn Graves durch den Druck des Vorstandes zur Kostenreduzierung und dem Wunsch von Herrn Schreiner eine explosive Gefühlsmischung. Hätte Herr Graves das Thema des Mitarbeitergesprächs gekannt, dann hätte er sich in der Vorbereitung auf das Mitarbeitergespräch selbst besinnen können und hoffentlich zu Beginn des Gesprächs eine entsprechende Selbstkundgabe über seine innere Ausgangslage für das Gespräch gemacht. Und drittens hätte er in der Vorbereitung gemerkt, dass Herr Schreiner ein für die Zukunft wichtiger Mitarbeiter ist, und er hätte sein Nein auf der Sachebene mit einer motivierenden Beziehungsbotschaft verbinden können.

Hoffentlich bereitet Herr Graves seine Gespräche nach, denn dann könnte er in diesem Fall feststellen, dass er auf der Beziehungsebene Herrn Schreiner vor den Kopf gestoßen hat und bei nächster Gelegenheit mit ihm ein klärendes Gespräch führen muss, um das zerschlagene Porzellan auf der Beziehungsebene zu kitten.

Dies Beispiel soll verdeutlichen, dass einige Minuten gesparte Vorbereitung möglicherweise lange negative Nachwirkungen haben können.

Wichtige Gespräche sollten also vorbereitet werden. Ziel der Vorbereitung ist es, sich innerlich mit Ruhe, Abstand und Übersicht auf das Gespräch einzustimmen. In wichtigen Gesprächen kommt es häufig nicht darauf an, möglichst viele wohlklingende Worte zu machen. Mit vielen Worten lässt sich auch viel vernebeln, und das Gespräch entwickelt sich womöglich zu einer Redeschlacht, bei der keiner mehr wirklich zuhört und niemand auf den anderen eingeht. Da die Qualität eines Gespräches nicht mit der Wortflut zunimmt, kommt es eher darauf an, das Richtige zum rechten Zeitpunkt zu sagen. Diese Fähigkeit beruht auf einer inneren Klarheit, zu der man durch gute Vorbereitung gelangen kann. Dazu sechs Aspekte.

1. Anlass klären und den richtigen Gesprächspartner suchen

- Wer hat Gesprächsbedarf? Ich, mein Gesprächspartner, wir beide oder noch jemand anderes?
- Welche Beweggründe veranlassen mich, dieses Gespräch zu führen? Welche negativen Folgen hat das anzusprechende Thema/Problem, wenn ich es nicht anspreche?
- Ist es unbedingt notwendig, dieses Gespräch zu führen? Wie dringlich ist es? Was würde geschehen, wenn dieses Gespräch nicht geführt würde? Kann ich überhaupt noch verbergen, dass ich der Meinung bin, es gebe ein Problem, oder sende ich bereits Signale aus, dass etwas nicht stimmt (zum Beispiel ironische Bemerkungen, spitze Andeutungen, körpersprachliche Hinweise, die Unzufriedenheit zu verstehen geben)?
- *Will* ich das Gespräch führen? Wenn ja, warum? Oder:
- *Muss* ich das Gespräch führen? Als Vorgesetzter muss ich beispielsweise unabhängig von Lust und Laune Mitarbeitergespräche führen. Ich kann mich somit nicht auf die Position zurückziehen: Meine Tür steht immer offen – leider kommt niemand. Hier zwingt Personalverantwortung und Rollenverpflichtung den Vorgesetzten, die Initiative zu ergreifen.
- Sollte ich vorher die Meinung und Sichtweise anderer einholen?
- Ist es strategisch besser, ein Gruppengespräch zu führen, da das Problem im Team entsteht und die Auswirkungen das Team betreffen, oder sollte ich lieber ein Einzelgespräch führen?
- Wer ist der richtige Gesprächspartner? (Diese Frage ist vor allem in Konflikten von Bedeutung. Nicht immer ist derjenige, der mich stört, beeinträchtigt, behindert und mir Schwierigkeiten macht, auch derjenige, mit dem ich den Konflikt austragen muss. Vielleicht delegiert jemand seine Verantwortung an andere, sodass sorgfältig überprüft werden muss, wer der eigentliche Konfliktpartner ist.)

2. Selbstklärung

In dem Bewusstsein, dass sich in jedem Gespräch vier Herausforderungen gleichzeitig stellen, kann das Quadrat hier als Orientierung dienen.*

---

* In Anlehnung an Friedemann Schulz von Thun: Was geschieht, wenn wir predigen? – Ein kommunikationspsychologisches Kolloquium (1989)

Sachinhaltsseite

Hier stellt sich die Frage:

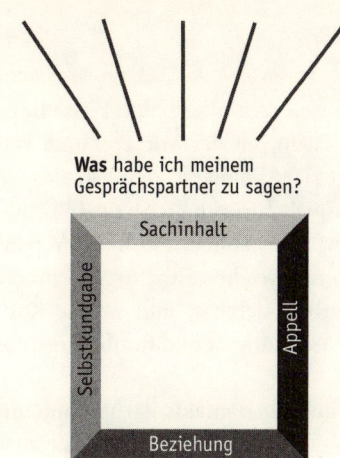

Was habe ich meinem
Gesprächspartner zu sagen?

Vorbereitungsfrage auf der Sachseite

Dabei geht es um Fragen des inhaltlichen Standpunktes, der logischen Argumentation oder der schlüssigen Beweisführung:

- Welche Themen will ich ansprechen?
- Rangfolge und Auswahl der Themen, da ich nicht alles in einem Gespräch sagen muss. Manchmal ist weniger eben doch mehr!
- Welche Dimensionen hat das Thema? Welche Erscheinungsformen hat das Problem? Was sind die Konsequenzen des Problems?
- Wie ist meine Sichtweise und mein genauer Standpunkt?
- Welche schlüssigen Begründungen und Argumente habe ich dafür?

Besonders im Kritikgespräch ist es wichtig, dass man seine Beanstandung auf der Grundlage von Fakten und mit sachlichen Argumenten vorträgt. Deshalb hier die Empfehlung, vorher Beispiele und konkrete Beobachtungen zusammenzutragen. Dies gilt vor allem bei Problemen im Sozialverhalten. Hier sollte es die Regel sein, das Problem aus vier Blickrichtungen zu beleuchten, um es zu konkretisieren:

- Häufigkeit,
- Ausdrucksformen,
- situativer Kontext,
- Konsequenzen.

Dass jemand nicht teamfähig ist, wäre eine sehr allgemeine Feststellung und bedarf einer konkretisierenden Klärung in der Vorbereitung: Wie häufig tritt das Problem auf? Wie zeigt sich die mangelnde Fähigkeit in der Zusammenarbeit genau (zum Beispiel Zurückhalten von Informationen, eigene Meinungen durchboxen, nicht zuhören können, Vereinbarungen nicht einhalten, sich isolieren)? In welchen Situationen wird die mangelnde Fähigkeit zur Zusammenarbeit sichtbar, und welche Konsequenzen hat dies für die Stimmung, für das Klima und für das Ergebnis der Zusammenarbeit?

Da die Qualität des zwischenmenschlichen Kontakts darüber mitentscheidet, ob sich jemand für meine Inhalte öffnet – oder ob er sie zum einen Ohr hinein- und zum anderen hinausgehen lässt –, müssen wir die drei anderen Seiten der Kommunikation mit betrachten.

Selbstkundgabeseite
Hier lautet die Frage:

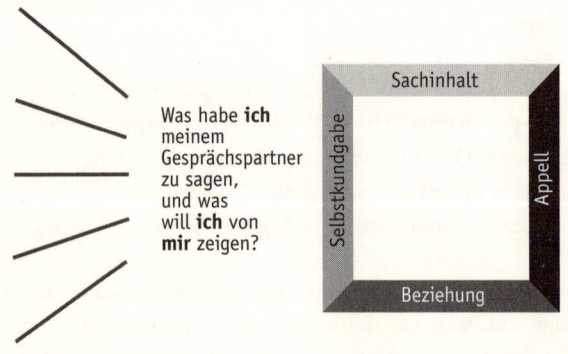

Vorbereitungsfrage auf der Selbstkundgabeseite

In jedem Gespräch werden wir auch als Mensch erkennbar – hoffentlich! Ansonsten würden wir als neutrale Rollenträger von Amts wegen agieren, und die menschliche Dimension käme im Gespräch zu kurz. Die Gefahr ist dann aber nicht nur, dass die Kommunikation zu veröden droht; häufig entfaltet die psychische Realität umso mehr Macht, je intensiver man versucht, sie zu ignorieren.

Deshalb geht es auf der Selbstkundgabeseite um die Frage: *Welche Inhalte bedeuten **mir** etwas und **was** bedeuten sie **mir**?* Um objektive Tatsachen und subjektive Meinungen zu trennen, sollte das «Meinige» auch als solches gekennzeichnet und nicht als Tatsache oder der Weisheit letzter Schluss dargestellt werden.

Das Entscheidende in diesem Zusammenhang liegt wohl in der Vorarbeit, wo wir uns fragen müssen: Wie ist mein empfundener Erlebnishintergrund und was davon sollte ich mitteilen? Dies entspricht dem Motto:

> Willst du ein guter Gesprächspartner sein,
> dann schau auch in dich selbst hinein!

Damit wir in einem wichtigen Gespräch nicht plötzlich überrascht werden, sollten wir uns vorher klären:

– Wie erlebe ich die (Auslöser-)Situation? Wie geht es mir damit? Bin ich zum Beispiel irritiert oder stocksauer, gekränkt oder verletzt, verunsichert, empört, misstrauisch etc.? Warum? Wodurch?
– Welcher Anteil meiner Reaktion auf mein Gegenüber ist realitätsangemessen und klar – und welcher Anteil hat möglicherweise wenig oder nichts mit meinem Gegenüber zu tun, sondern hauptsächlich mit eigenen Projektionen und Übertragungen, Überempfindlichkeiten, Vorurteilen, Beeinflussung durch die Meinung anderer etc.?

Besonders bei schwierigen Gesprächen (meist in Konflikt- oder Kritikgesprächen und überall da, wo ich selbst persönlich betroffen bin oder das Thema bzw. der andere für mich schwierig ist) sollte ich vorher klären:

– Wozu bin ich bereit, um den Konflikt friedlich zu regeln? Wie weit will ich dem anderen entgegenkommen?

- Wie sieht mein Inneres Team jetzt und in Bezug auf das Gespräch aus? Welche Stimmen melden sich?
- Welche Teammitglieder wollen das Gespräch, welche wollen es nicht und warum nicht?
- Welche Teammitglieder stellen für das Gespräch Bedingungen und welche sind das genau? (Es könnte zum Beispiel der Verletzte sagen: «Nur, wenn der andere mich in meinem Anliegen ernst nimmt und bereit ist, mir zuzuhören, bin ich für ein ernsthaftes Gespräch bereit!»)

Nicht zuletzt im Kritikgespräch erfordert diese Seite Mut zur Selbstoffenbarung. Indem der Vorgesetzte seine persönlichen Vorstellungen zur Beurteilung von Arbeitsverhalten und Arbeitsergebnissen ausdrückt, übernimmt er auch die persönliche Verantwortung für seine Erwartungen an den Mitarbeiter oder für seine Kritik. Durch Formulierungen wie: «*Sie wissen doch, es ist bei uns im Hause üblich…*» oder: «*Von Ihnen kann man doch wohl erwarten…*» versteckt er sich jedoch und schiebt Verantwortung ab.

Mit Ich-Botschaften (*«Ich erwarte von Ihnen…»*, *«Mir geht es gegen den Strich, wenn Sie…»*) gibt der Vorgesetzte seine Haltungen und Wertvorstellungen preis. Er zeigt etwas von sich, macht sich dadurch greifbar – und auch *an*greifbar (*«Der hat vielleicht Ansichten!»*). Sein Kooperationsangebot liegt im Vertrauensvorschuss.

Der Mitarbeiter wird die Offenheit in aller Regel honorieren, indem er jetzt auch offener über seine Hintergründe und Motive spricht. Aus diesem Grunde sollte ein Vorgesetzter sich vorher überlegen, welche Maßstäbe und Wertvorstellungen hinter seiner Kritik stehen, und die innere Bereitschaft entwickeln, auch die Selbstkundgabe des Gegenübers mit Interesse zu erforschen.

Beziehungsseite
Durch eine erneute Verschiebung der Betonung lautet die Vorbereitungsfrage jetzt:

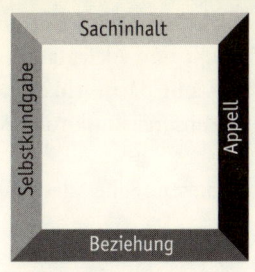

Vorbereitungsfrage
auf der Beziehungsseite

Was habe ich meinem
Gesprächspartner zu sagen?

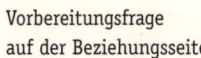

Ging es eben noch um den Kontakt zu sich selbst, so geht es jetzt um den Kontakt zum Gesprächspartner. Da jeder Empfänger einer Botschaft in der Regel ein sehr feines Gespür dafür hat, wie er angesprochen wird, gehört in die Vorbereitung eines Gesprächs die Frage, was ich tun kann, um eine gute Gesprächsatmosphäre zu ermöglichen (in der ich auch bei Kritik den anderen nicht unnötig kränke).

Angesichts der großen Empfindlichkeit des «Beziehungsohres» ist es fast unmöglich, hier alles richtig zu machen. Besonders in Konfliktsituationen liegt der Empfänger immer ein wenig auf der Lauer: Entspricht deine Einschätzung von mir meiner Selbsteinschätzung – oder liegst du daneben? Zur Gesprächsführung gehört es deshalb auch, sich vorher auf den anderen einzustimmen und sich bewusst zu machen, wie man seine Themen an den Mann und die Frau bringen will. Rutscht einem im Gespräch unbeabsichtigt ein belehrender Tonfall heraus, so können die Inhalte trotz logischer Argumentation und objektiver Richtigkeit am anderen abprallen. Indem er sich gegen die Beziehungsdefinition (z. B. Oberlehrer – Hilfsschüler) sträubt, lässt er auch die Inhalte nicht mehr an sich heran, denn: Wo das Herz verweigert, hat der Verstand keinen Zutritt!

Diese Überlegungen sollen nicht zum Schluss führen, dass wir immer und jedem übervorsichtig und mit Samthandschuhen begegnen müssen, damit wir auch ja keine Empfindlichkeiten provozieren. Im Gegenteil, zum vollwertigen Kontakt gehören neben Respekt und Akzeptanz auch die Konfrontation und der Mut, Gegensätze mit Deutlichkeit auszutragen. Vor allem im Konflikt sollten wir auch unserer Empörung, Wut und Kritik Ausdruck geben können.

Der Leitvers für die Vorbereitung auf dieser Seite des Kommunikationsquadrats könnte lauten:

> Willst du ein guter Gesprächspartner sein,
> dann lass dich auf den anderen ein …

… und zwar auf seine Sichtweise der Dinge, auf seine Gedanken, Gefühle und Ambivalenzen.

Hilfreiche Fragen zum Beziehungsaspekt in der Vorbereitung sind:

- Wie sehe ich meinen Gesprächspartner? Wie stehe ich zu ihm?
- Wie sehe ich unsere Beziehung (symmetrisch, komplementär, metakomplementär)?
- Um welche Themen geht es in unserer Beziehung zurzeit, und was handeln wir gerade aus: Überlegenheit, Macht, Rache, Schonung, Verantwortung, Rollen etc.?
- Welche Taktiken, Kunstgriffe, Winkelzüge oder «Beziehungsmanöver» konnte ich bisher erkennen? Was will ich ändern?
- Welche offenen/verdeckten Regeln, «Verträge» oder Abmachungen entdecke ich in unserer Beziehung?
- Wie kann ich mein Beziehungsangebot verdeutlichen?
- Habe ich einen innerlichen Vorwurf und welchen konkreten Anlass gibt es dafür?
- Welche Interessen und Bedürfnisse könnte ich beim anderen bedrohen?
- Kann ich Beziehungsfallen erahnen (zum Beispiel Honig um den Bart oder nett-aber-unverbindlich)?

Grundsätzlich gilt für Beziehungen, dass ein offener Umgang mit Macht-
strukturen, Verantwortungsbereichen und Grenzen der Mitbestimmung
greifbarer und förderlicher ist als Scheindemokratie.

Im Konfliktfall kann man sich fragen:

– Was ist meine Hauptbeschwerde gegenüber dem Konfliktpartner?
– Wie weit blendet mich mein Misstrauen gegenüber meinem Konflikt-
  partner?
– Gebe ich ihm überhaupt eine Chance, sich mit mir friedlich zu einigen?
– Setze ich ihn unter Druck (vielleicht mit meinen Erwartungen), will ich
  das und kann ich dazu stehen?
– Kann ich mich für ihn und seine Sichtweise interessieren oder steht
  meine Meinung über ihn schon fest?
– Was kann ich tun, dass er seine Würde wahren kann?

Im Beziehungskonflikt wird die Beziehung selbst zum Thema, und in
Kritikgesprächen stellt die Beziehung eine Brücke dar, über welche die
Kritik transportiert werden kann. Ist die Brücke stabil, kann durchaus
heftige Kritik geäußert werden. Ist die Beziehung brüchig oder gestört, so
ist die Brücke kaum belastbar und die Kritik kommt womöglich nicht
beim Gesprächspartner an («*Von dem lasse ich mir nichts sagen!!*»). Deshalb sollten bei einem Kritikgespräch schon im Vorfeld die sensiblen
Beziehungsfühler ausgefahren werden. Bei kritikempfindlichen Menschen sollte in der Vorbereitung sorgfältig geschaut werden, welcher Zeitpunkt passt und wie die kritischen Punkte formuliert werden können.
Wird hier unbedacht bestimmtes Verhalten beanstandet, so verschließen
sich diese Menschen, gehen in aktiven oder passiven Beziehungsstreik,
blocken ab, erfinden Ausreden oder suchen spitzfindige Gegenargumente.
Eventuell ist zu Beginn des Kritikgesprächs eine metakommunikatorische
Gesprächsphase angemessen, in der über die sich wiederholenden
Schwierigkeiten bei bisherigen Kritikgesprächen zwischen beiden Gesprächspartnern gesprochen wird: «*Ich möchte einen kritischen Punkt mit
Ihnen besprechen. Bevor wir darüber reden, möchte ich jedoch einmal auf
die Schwierigkeiten eingehen, die wir in den letzten Gesprächen hatten, bei
denen ich Sie kritisiert habe. Aus meiner Sicht reagieren Sie dann … und das*

macht es für mich schwierig. Vielleicht provoziere ich ja auch unbeabsichtigt etwas bei Ihnen. Mein Bestreben ist es ... Wie sehen Sie das?»

Appellseite
Hier stellen sich die Fragen:

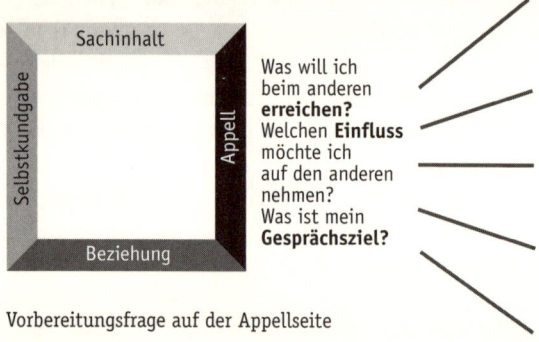

Vorbereitungsfrage auf der Appellseite

Da wir immer Appelle aussenden, gehört es zu einer fundierten Vorbereitung, dass wir uns die Frage stellen, wie wir den anderen erreichen können und was wir beim anderen erreichen wollen. Wirkungsvolle Einflussnahme, Überzeugen und Veränderung von Einstellungen und Verhaltensweisen anderer Menschen stellen ein komplexes Geschehen dar, sodass es sich lohnt, in der Vorbereitung sorgfältig zu sein. Zunächst ist es eine offene Frage, ob dem Gesprächspartner unser Appell in den Kram passt oder ob er ihm gegen den Strich geht, und nicht zuletzt, ob er es uns zugesteht, ihm Vorhaltungen, Ratschläge oder sanfte Hinweise geben zu dürfen oder ob er unsere ausgesprochenen oder unausgesprochenen Appelle als Verletzung seines Hoheitsgebietes empfindet und sich genervt hinter einer Nun-erst-recht-nicht-Haltung einmauert. Vielleicht handelt es sich im letzteren Fall um eine Appellallergie, die ständig überbesorgt um die eigene Autonomie bangt. Vielleicht haben wir aber auch unbemerkt das Königreich der Selbstbestimmung bei unserem Gesprächspartner betreten und dabei nicht mitbekommen, dass wir dem anderen unzulässigerweise hineingeredet haben. Sind wir uns in der Vorbereitung unserer Appelle bewusst, so sollten wir sorgsam unterscheiden, ob es sich dabei um eine Empfehlung (Ich will etwas für dich!), um einen Wunsch

(Ich will etwas für mich!) oder um einen berechtigten Anspruch handelt. Ein Anspruch hat im Gegensatz zu einem Wunsch die psychische Qualität einer Forderung, eines einklagbaren Rechts. Wenn ein Wunsch nicht erfüllt wird, sind die Folge vielleicht Enttäuschung, Ärger oder Traurigkeit, also authentische Gefühle. Wird ein Anspruch nicht erfüllt, so wird der andere nach unserer Meinung juristisch oder moralisch schuldig. Dies führt häufig zur Klage über moralische Schwächen, Uneinsichtigkeit sowie zur Zuweisung von Schuld. Wenn eine Person nun an Stelle eines Wunsches einen Anspruch an eine andere Person erhebt (zum Beispiel wenn sie den Wunsch nach Zusammenarbeit als Anspruch auf Kooperation definiert), ist die Gefahr einer konflikthaften Entwicklung der Beziehung groß, weil die Enttäuschung nicht angesprochen, sondern durch moralische Vorwürfe und Klagen ersetzt wird. Mit einer Anspruchshaltung sprechen wir kaum über unsere authentischen Gefühle, um zu einem gegenseitigen Verständnis zu kommen, sondern akzeptieren die Beziehungsregeln des anderen nicht.

Mögliche Fragen zur Vorbereitung auf der Appellseite könnten sein:

- Welches Teammitglied von mir formuliert mein Gesprächsziel? Wie lautet dieses? Gibt es mehrere Ziele? Sind sie miteinander vereinbar?
- Welche inneren Teammitglieder wollen diese Ziele boykottieren?
- Wie würde ich selbst das Problem lösen?
- Welche Wünsche und Forderungen habe ich an den anderen (minimal – maximal)?
- Was soll er tun oder lassen? Welche Stärken hat der Gesprächspartner und welche Potenziale kenne ich von ihm, die ihm bei der Bewältigung des Problems helfen könnten?
- Was davon mag ich offen aussprechen, was nicht? Warum? (Vorsicht: Nicht ausgesprochene Wünsche [verdeckte Appelle] von heute sind die Vorwürfe von morgen!)
- Wie kann ich mich unmissverständlich ausdrücken und wie kann ich feststellen, ob meine Wünsche richtig verstanden wurden?
- Was soll bei dem Gespräch herauskommen?

Beispiele: «*Herr Dill soll seine Arbeit ordentlich und zuverlässig machen!*»
«*Wir sollten einmal die Abteilungsverantwortungen deutlicher abgrenzen!*»

Von Wünschen kann man sich durch die Gesprächsdynamik leicht ablenken lassen. Wenn einem aber in einem wichtigen Gespräch etwas sehr am Herzen liegt, ist die Fähigkeit, sich eigene Ziele zu setzen, von zentraler Bedeutung. Diese Ziele sollten einmal vorformuliert sein. Deshalb könnte die nächste Vorbereitungsfrage lauten: «*Welche konkreten Ziele kann ich aus meinen Wünschen ableiten?*» Und: «*Woran werde ich nach dem Gespräch erkennen können, dass ich mein Ziel erreicht habe?*»

Regeln für die Formulierung von Zielen:

- So präzise und konkret wie möglich!
- Es sollte ein Kriterium geben, anhand dessen ich entscheiden kann, ob mein Ziel erreicht ist!
- Es sollte einen klaren Zeitrahmen geben, innerhalb dessen das Ziel erreicht werden soll!

Beispiele: «*Herr Dill soll ab Montag immer zuerst den Bestand mit der Liste vergleichen!*»
«*Die Abteilungsleiter sollen bis zum Ende des Monats aufschreiben und an den Hauptabteilungsleiter senden, wo sie die Aufgaben und Verantwortungen ihrer Abteilung sehen!*»

Da ich sehr häufig erlebt habe, dass Menschen vor dem Gespräch zwar ziemlich genau wissen, welche Ziele sie verfolgen, jedoch im Gespräch durch die dann eintretende Dynamik ihre eigenen Zielvorstellungen aus dem Auge verlieren und nach dem Gespräch enttäuscht über sich selbst sind, kann folgende Hilfsregel unterstützen: In der Vorbereitung Ziele schon so in Worte fassen, dass die Formulierung genau das enthält, was auch im Gespräch gesagt werden will.

Dieses Blatt kann man dann mit in das Gespräch nehmen, dem Gesprächspartner kurz erklären, warum man es vor sich liegen hat (zum Beispiel: «Ich habe mir einige wichtige Gedanken aufgeschrieben, damit ich sie hier im Gespräch nicht vergesse ...») und es als Orientierung und Sicherheitsanker benutzen.

Beachte: In der althergebrachten Form des Kritikgesprächs verlegt der Kritikführende häufig seine Hauptenergie auf die Appellseite seiner Botschaften. Der kommunikationspsychologisch kundige Vorgesetzte kennt allerdings die Schwierigkeiten mit dieser Seite der Kommunikation. Es macht bekanntlich wenig Sinn, einem Menschen, der unter Arbeitsstörungen leidet, zu sagen: «*Sie müssen sich mehr zusammenreißen. Das wird Ihnen doch wohl nicht schwer fallen ...*!» So mancher Vorgesetzte ist deshalb inzwischen verunsichert. Geht es im Kritikgespräch um viele kleinere und größere Appelle und ist die Situationswahrheit so, dass der Vorgesetzte seinen Einfluss geltend machen will, dann reagieren viele Menschen auf zu viel Eingriff in die eigene Sphäre der Selbstinitiative und Arbeitsverantwortung mit Widerstand. Diese Verunsicherung sollte Vorgesetzte nicht dazu verleiten, die Erwartungen in umwegige Formulierungen zu verkleiden («*Vielleicht liegt eine Möglichkeit darin, dass wir unter Umständen ...*») oder Appelle ganz zu vermeiden.

Dadurch würde eine gleichwertige Partnerschaftlichkeit vorgegaukelt und Scheindemokratie vorgetäuscht, obwohl die Beziehungswirklichkeit dieses Kritikgesprächs überwiegend hierarchisch ist. In der Vorbereitung eines Kritikgesprächs sollten die eigenen Appelle geklärt werden, im Gespräch selbst sollten, nach Formulierung der Vorstellungen, Forderungen und Ziele vor allem auf die Reaktion des Mitarbeiters eingegangen und seine Zustimmung zu den Zielen eingeholt werden, da sonst die Vereinbarung nicht tragfähig ist (siehe Kapitel 2.4).

Neben der Anlass- und Selbstklärung ist es für eine gute Vorbereitung auf ein schwieriges Gespräch empfehlenswert, einmal die Rolle mit dem Gesprächspartner zu tauschen und seine Sichtweise einzunehmen.

3. Identifikation mit dem Gesprächspartner
Jedes Gespräch hat zwei Perspektiven und jeder Konflikt hat zwei Sichtweisen der sachlichen Thematik, zwei unterschiedliche Innenleben (Begegnung von zwei Inneren Teams), zwei verschiedene Sichtweisen der Beziehung und zwei Erwartungsrichtungen und Ziele (Appellseite).

Diese Unterschiedlichkeit legt einen Perspektivwechsel nahe. Indem wir uns vor einem wichtigen Gespräch mit dem Gesprächs- oder Konfliktpartner identifizieren und in die Haltung gehen: «Wenn ich mich mal in deine Rolle versetze und die Situation von deiner Warte aus betrachte ...», können wir uns fragen:

- Wie wird der andere das Thema sehen? Was wird er für wichtig halten? Welche Argumente wird er vermutlich vorbringen? Wo sieht er wahrscheinlich offene Fragen und Problemstellungen? Wodurch ist er beeinflusst und wie kommt er zu seiner Meinung? Vor welche Alternativen sieht er sich gestellt? (Achtung! Diese Frage unterscheidet sich von: «Welche Alternativen hat mein Gesprächspartner?»!)
- In welcher Stimmung wird er sein? Wie wird sein Inneres Team aussehen?
- Was schürt bei ihm den Konflikt?
- Wie wird der Gesprächspartner die Beziehung sehen? Welche Gefühle hat er mir gegenüber? Was weiß er von mir und meinen Absichten?
- Welche Erwartungen, Forderungen und Ansprüche spüre oder vermute ich seitens des anderen? Was wünscht er sich wohl von mir, inhaltlich und menschlich?

Wenn die Identifikation nicht gelingen will, sollte man unbedingt einem Projektions- und Übertragungsverdacht bei sich selbst nachgehen. Bei der Projektion lehne ich den anderen ab, weil er etwas auslebt und ein Verhalten zeigt, das ich mir selbst verbiete. Bei der Übertragung lehne ich den anderen ab, da er irgendwelche Ähnlichkeiten mit Personen aufweist, mit denen ich schlechte Erfahrungen gemacht habe. Beide unbewussten psychischen Phänomene verhindern auf Grund der inneren Ablehnung, dass ich mich mit jemandem identifizieren kann.

4. Gedankliches Durchgehen des Gesprächs

Wenn ich das Gespräch einmal in meiner Phantasie gedanklich durchgehe: Welche Stromschnellen und Schwierigkeiten sind absehbar? Welches Vorgehen wäre dann angemessen oder notwendig? Wenn ich meinen Gesprächspartner gut kenne: Welche typischen Reaktionen kann ich erwarten und mit welchen Antworten, Argumenten oder Gesprächsmustern ist zu rechnen? Was wird mir davon Schwierigkeiten machen und wie will ich damit umgehen? Wie kann ich zu Beginn eine positive oder für mich und das Thema stimmige Gesprächsatmosphäre herstellen?

5. Rahmen klären und organisieren
Ein klarer äußerer Rahmen ist die Grundvoraussetzung eines guten Gesprächs. Beachtet werden sollte deshalb:

– Wann wäre der geeignete Zeitpunkt für das Gespräch?
– Wie viel Zeit braucht das Gespräch, wenn man es ohne Hektik und Zeitdruck führen will?
  Regel: Je anfälliger die Beziehung, desto mehr Zeit!
– In welchem Raum sollte das Gespräch stattfinden? Muss «Heimrecht» bedacht werden oder braucht das Gespräch neutralen Boden?
– Ist ein Flipchart vorhanden, sodass wir, wenn angebracht und nötig, visualisieren können?
– Können absehbare Störquellen ausgeschaltet werden? (Telefon, Lärmbelästigungen, Hunger etc.)

6. Sich Gedanken über die Gesprächseinladung machen
Wie will ich zum Gespräch einladen oder will ich den Kontakt spontan aufnehmen, wenn es passt? Frühzeitige Terminabsprache und knappe Vorinformation über den gewünschten Gesprächsinhalt ist bei wichtigen Gesprächen ein faires Angebot des partnerschaftlich-kooperativen Umgangs. Es bewahrt den Gesprächspartner vor (häufig unzutreffenden) Fantasien darüber, was der Einladende wohl von einem will. Solche Fantasien sind schnell verbunden mit Zweifel und schwächenden Unsicherheiten. Salopp ausgedrückt: Es wird jemand weich gekocht. Das kann dazu führen, dass der Gesprächspartner entweder trotzig-verschlossen, aggressiv oder unterwürfig ins Gespräch geht. Deshalb ist es ratsam, Transparenz über das, worum es in dem Gespräch gehen soll, zu schaffen. Dies schenkt Sicherheit und ermöglicht Vorklärung beim Gesprächspartner.
  Vor allem im Konfliktfall ist ein sensibler Umgang mit der Gesprächs-

einladung wichtig. Damit die Beziehung keinen (größeren) Schaden nimmt, sollte die Einladung so ausgesprochen werden, dass der andere nicht überrumpelt wird. Häufig hat im Konfliktfall derjenige, der die Initiative ergreift, sich vorher mit dem Konflikt beschäftigt. Er hat sich seine Gedanken gemacht, wichtige Aspekte aufgeschrieben, vielleicht mit seinem Lebenspartner oder einem Freund darüber gesprochen und sich mehr oder weniger intensiv mit dem Thema auseinander gesetzt. Zum Zeitpunkt der Gesprächseinladung kann es jedoch sein, dass sein Konfliktpartner mit ganz anderen Themen beschäftigt ist. Vielleicht ist er durch Termindruck, durch überhöhte Arbeitsanforderungen oder private Probleme stark belastet. Das zur Rede stehende Konfliktthema ist bei ihm weit in den Hintergrund getreten. Diese ungleiche Ausgangslage für ein Gespräch muss berücksichtigt werden. Der Konfliktpartner sollte aus Gründen der Fairness die gleiche Chance bekommen, sich auf das Gespräch vorzubereiten, wie derjenige, der die Initiative ergreift. Eine angemessene Gesprächseinladung könnte lauten: «*Ich würde gerne noch einmal mit Ihnen über...(Thema)... sprechen. Wäre Ihnen das recht und wann würde es Ihnen passen?*»

Falsch wäre zum Beispiel: «*Wir sollten nochmal...!*» (Verantwortungsabgabe), «*Wir sollten unbedingt nochmal...*» (moralischer Druck) oder «*Ich würde gerne nochmal über... sprechen, und zwar war ich ziemlich verärgert, als Sie... Meiner Meinung nach...*» (Überrumpeln, da schon mitten im Thema)

Besonderheiten im Kritikgespräch

Vor allem im Kritikgespräch kann eine gründliche Vorbereitung das Gespräch wesentlich erleichtern. Viele Menschen gehen mit einem diffusen Unbehagen in ein solches Gespräch. Wenn man diffuses Unbehagen in die Metapher des Inneren Teams übersetzt, bedeutet dies, dass es mehrere Teammitglieder gibt, die unterschiedliche Standpunkte haben, und dass das Oberhaupt keinen genauen Überblick über die innere Vielfalt besitzt. Eine innere Stimme will vielleicht die kritischen Punkte unbedingt und in aller Klarheit ansprechen. Sobald sich diese Stimme äußert, melden sich jedoch mehrere Gegenstimmen: Eine Gegenstimme will dem anderen nicht wehtun, eine zweite will es mit ihm nicht verderben, eine dritte hat Angst vor der Reaktion des anderen und eine vierte möchte vielleicht nur die bisher heruntergeschluckten Kränkungen loswerden. Bleibt das innere Stimmengewirr ungeklärt, so tragen wir unsere Kritik häufig unklar vor und führen das Gespräch in der Hoffnung, dass der Gesprächspartner schon irgendwie herausfinden wird, was gemeint ist.

Natürlich kann es sein, dass auch die sachlichste Kritik und fairste Gesprächsführung nicht zur gewünschten Veränderung beim Gesprächspartner führt. Ein Kritikgespräch ist aber nicht nur dazu da, eine Änderung beim Gegenüber zu veranlassen, sondern es dient auch dazu, dass wir aussprechen können, was wir auf dem Herzen haben. Ein Kritikgespräch lohnt sich also auch dann, wenn wir die Befürchtung haben, dass der andere sich sowieso nicht ändern wird. An dieser Stelle ist es wichtig, sich noch einmal vor Augen zu führen, dass wir andere Menschen nicht gegen deren Willen verändern können. Ein gutes Kritikgespräch kann lediglich eine Einladung zur Veränderung sein. Ob der andere die Einladung annimmt oder nicht, liegt nicht in unserer Macht.

Folgende Fragen sollten vor einem Kritikgespräch geklärt sein:

— Wo liegt der Kern meiner Kritik?
— Welche Störungen und konkreten Leistungsmängel sind aufgetaucht? Was sind die Folgen davon?
— Welche selbst beobachteten Verhaltensweisen stören den Arbeitsablauf?
— Was ärgert oder irritiert mich an der Arbeitsweise des Gesprächspartners besonders?

Persönliche Kritik sollte vorrangig am Verhalten, weniger an Eigenschaften der Person orientiert sein.

— Worauf kommt es mir in Zukunft vor allem an?
— Welche Verhaltensänderungen sind meiner Einschätzung nach möglich und realistisch?
— Was kann ich selbst zur Veränderung der Situation beitragen?
— Welche Unterstützung und Hilfen kann ich anbieten?
— Wie kann ich meine Kritik vortragen, ohne dass ich den anderen verletze oder in den Widerstand treibe?

- Will ich auch Lob und Anerkennung aussprechen? Passt das zur Situation oder ist das nur «Honig um den Bart», um es mir leichter zu machen?
- Was ist mein Ziel für dieses Gespräch?

Damit die Führungskraft nicht in Gefahr gerät, gegebenenfalls «leere Drohungen» und unrealistische Konsequenzen auszusprechen, sollte sie sich auch die Frage beantworten:

- Welche sinnvollen Konsequenzen will ich ziehen und welche Sanktionsmöglichkeiten habe ich im äußersten Fall? (siehe Kapitel 2.2)

Besonderheiten im Konfliktgespräch

Da zur Klärung eines Konflikts der Konfliktdiagnose (Auf welcher Ebene befindet sich der Konflikt?) besondere Bedeutung zukommt, gehe ich auf dieses Thema im Kapitel 2.2 näher ein.

An dieser Stelle sei jedoch erwähnt, dass es im Vorfeld wichtig sein kann, sich zu überlegen, ob der gewählte Konfliktpartner auch wirklich der richtige Gesprächspartner ist, mit dem wir etwas klären müssen. So mancher Ärger wird von einem Menschen ausgelöst, der jedoch nicht die Ursache des Konflikts darstellt. Dieser zur Vorbereitung gehörende Aspekt soll an einem Beispiel erläutert werden:

Beispiel:
Ein stellvertretender Gruppenleiter ist über seine Kollegin verärgert. Er hat das Gefühl, dass er oft ihre schlechte Laune abbekommt und von ihr als «seelischer Mülleimer» benutzt wird. Sie wird häufig zum gemeinsamen Vorgesetzten, dem Gruppenleiter, gerufen und kommt vielfach unzufrieden und wütend aus dem Gespräch heraus. Um zu ihrem Schreibtisch zu kommen, muss sie an seinem Arbeitsplatz vorbei. Da sie zumeist aufgebracht aus den Gesprächen kommt, entlädt sie ihre schlechte Stimmung über seinen Schreibtisch und er bekommt jeweils die Frustrationsladung ab («Ich muss dir mal eben erzählen, was ich gerade erlebt habe ...»). Die Beziehung zwischen

ihm und seiner Kollegin ist ansonsten gut und sie hat sich auch schon bei ihm für seine Bereitschaft bedankt, sich ihren Kummer über den Gruppenleiter anzuhören. Der stellvertretende Gruppenleiter empfindet jedoch die Situation zunehmend als anstrengend und belastend. Da er nicht weiß, wie er diesen Konflikt mit ihr ansprechen kann, kam er in eine Konfliktberatung.

Im Beratungsprozess stellt sich heraus, dass sein Vorgesetzter, der Gruppenleiter, den Dauerkonflikt mit seiner Mitarbeiterin nicht klären kann und den Konflikt (unterschwellig) an seinen Stellvertreter delegiert hat. Der Vorgesetzte hat die Haltung: *Ich weiß, dass die Beziehung zwischen mir und meiner Mitarbeiterin schwierig ist. Irgendwie knallt es zwischen uns sehr häufig, und ich weiß auch nicht weiter. Aber ich gehe ja bald in vorzeitigen Ruhestand und mein Stellvertreter wird meine Position einnehmen. Soll er sich doch jetzt schon mit ihr auseinander setzen und mich dadurch entlasten.*

Nachdem sich im Beratungsprozess herausgestellt hat, dass der ursächliche Konflikt nicht zwischen dem Ratsuchenden und seiner Kollegin, sondern zwischen dem Vorgesetzten und der Kollegin und zwischen ihm selbst und seinem Vorgesetzten liegt, konnte geklärt werden, welche Themen in einem Gespräch mit dem Vorgesetzten angesprochen werden müssen (Konfliktdelegation, Einführung in die Rolle des Gruppenleiters usw.) und welche Themen mit seiner Kollegin.

Nachbereitung

Bleibt nach einem wichtigen und schwierigen Gespräch ein schaler Nachgeschmack, ist man mit dem Gesprächsverlauf oder dem -ergebnis unzufrieden, kann es sinnvoll sein, das Gespräch noch einmal Revue passieren zu lassen.

Wenn man zur Nachreflexion die einzelnen Phasen noch einmal vor seinem geistigen Auge vorüberziehen lässt und rückschauend betrachtet, kann wieder das Kommunikationsquadrat helfen:

Sachinhalt
– Habe ich meinen Standpunkt und meine Sichtweise verdeutlichen können?
– Habe ich den inhaltlichen Standpunkt und die Sichtweise meines Gesprächspartners begriffen?
– Hat sich meine Sichtweise verändert? Wenn ja, was denke ich jetzt? Wenn nein, warum nicht? Liegt der andere wirklich völlig daneben?

Erleben und Selbstkundgabe
– Welchen emotionalen Nachklang hat das Gespräch bei mir?
– Welche Gefühle verbinde ich mit der erzielten Lösung?
– Bin ich zufrieden mit der Art und Weise, wie ich mich gezeigt habe? Wenn nein, warum nicht? Was brauche ich jetzt noch?
– Was habe ich über meinen Gesprächspartner Neues gehört und verstanden?

Beziehung
– Wie hat sich unsere Beziehung im Gespräch entwickelt? Was ist mein Anteil daran und was ist der Anteil meines Gesprächspartners?
– Mussten wir um die Beziehungsdefinition ringen?
– Welche Beziehungsangebote habe ich offen und/oder verdeckt abgelehnt und warum?
– Welche Beziehungsangebote hat der andere offen und/oder verdeckt abgelehnt und warum?
– Inwieweit stimmt für mich der jetzige Stand der Beziehung – oder will ich daran noch etwas ändern?

Appelle, Wünsche und Ziele
– Habe ich meine Appelle klar ausdrücken können? (Wenn nein: warum nicht?)
– Habe ich meine Ziele formulieren können, und hat sie mein Gesprächspartner verstanden?
– Wie bin ich mit den (offenen und verdeckten) Appellen des Gesprächspartners umgegangen?
– Sind mir die Wünsche und Ziele meines Gesprächspartners deutlich geworden?

– Bin ich mit dem Resultat und Ergebnis zufrieden?
– Stehe ich hinter dem, was beschlossen wurde?
– Muss noch etwas nachgeklärt werden?

Auch wenn die hier aufgeführten Vor- und Nachbereitungsaspekte grundsätzlich immer beachtenswert sind, so müssen sie nicht bei jedem Gespräch im Einzelnen durchgegangen werden. Häufig reicht es, wenn man sich das Kommunikationsquadrat vor Augen führt und das anstehende Gespräch mit dieser Brille betrachtet. Welche Punkte von den oben aufgeführten Aspekten dann wichtig werden, wird meist schnell deutlich.

Die folgenden Kapitel widmen sich den einzelnen Phasen des Gesprächs im Konfliktklärungsgespräch, im Kritikgespräch, im Mitarbeitergespräch und bei einer Teambesprechung. Da Konflikte und Beratung komplexe Vorgänge darstellen, werde ich auf diese beiden Bereiche ausführlicher eingehen.

2.2 Konflikte

Im Umgang mit Konflikten ist es nicht immer so, dass sich sofort zwei Kampfhähne gegenüberstehen und die Fetzen fliegen. Der Umgang mit Konflikten ist abhängig von der Persönlichkeitsstruktur, davon, in welcher Situation wir uns begegnen, und von der Kultur, in der wir uns bewegen (Landeskultur, Familienkultur, Firmenkultur, Gesellschaftsschicht). Wir Menschen haben deshalb sehr unterschiedliche Strategien, um Konflikte zu bewältigen, und sehr verschiedenartige Muster, um mit unseren Aggressionen umzugehen. Die einen versuchen an Ort und Stelle auszutragen, was angerichtet wurde, andere versuchen sich auf dem Sportplatz oder im Wald abzureagieren. Manche beruhigen sich, indem sie klassische Musik hören, andere schlucken viel runter (und müssen vielleicht häufig nachspülen und wollen vielleicht mit Alkohol ihren Ärger ersäufen).

Wünschenswerte Haltungen zu Konflikten

Konflikte stellen eine Grundtatsache unseres Lebens dar, der wir nicht entgehen können, denn «Allen Menschen recht getan, ist eine Kunst, die niemand kann!». Deshalb sollten wir sie als Teil des Lebens akzeptieren:

> Menschen, die miteinander zu schaffen haben,
> machen einander zu schaffen! (Schulz von Thun, 1989)

Häufig wird ein Konflikt jedoch als peinliche Panne erlebt, als unangenehmer Störfall, der «wegoperiert» werden muss. Die Haltung ist dann: «Kontakt ohne Konflikt, bitte!» und dies in der Hoffnung, dass durch Konfliktvermeidung die ersehnte Harmonie eintritt. Diese Haltung ist trügerisch, da Konfliktvermeidung letztlich Kontaktverlust bedeutet. Es gibt keinen *echten* Kontakt ohne Konflikt! Konflikte sind kein Defekt und nicht unnormal, sondern zu akzeptierende Realität und unentbehrlich für Korrekturprozesse. Neue Entwicklungen sind notwendigerweise an Konflikte gebunden. Entscheidend dafür, ob Konflikte zu Wachstum und Entwicklung oder zu Stagnation und Bruch führen, ist die Art, wie sie gelöst werden. Der durch Globalisierung und Wachstumsorientierung vorangetriebene Wettbewerb verändert ständig den sozialen Charakter unserer Arbeit. Neben Kooperation (Arbeit *mit* anderen) und Orientierung am Kunden (Arbeit *für* andere) bringt die Konkurrenz ein kämpferisches Element ins Spiel: Arbeit *gegen* andere. Zu den modernen «Managementtugenden» gehört nicht zuletzt deshalb auch das Ertragen von Widersprüchen und Konflikten. Insgesamt gilt der Appell, in sich selbst und in Beziehungen eine Konfliktfähigkeit zu entwickeln.

Der Sinn von Konflikten liegt darin,

1. dass vorhandene Unterschiede zugelassen, verdeutlicht und durch konstruktive Bearbeitung fruchtbar werden können;
2. dass eine Differenziertheit entwickelt wird, die der realen Komplexität Rechnung trägt, sodass die Vielfalt der Aspekte und Bedürfnisse gesehen und berücksichtigt werden kann;
3. dass notwendige Veränderungsprozesse und Weiterentwicklung von Gruppen, Organisationen und Kulturen ermöglicht werden und Bestehendes auf seine Alltagstauglichkeit hin überprüft werden kann.

Dabei sollte allerdings nicht vernachlässigt werden, dass Konflikte auch schmerzhaft sein können. Sie sind nicht nur eine üble Notwendigkeit, sondern auch ein notwendiges Übel. Sie können Auslöser von Angst sein, da sie einen tief treffen, schwer kränken oder an die Nieren gehen können. Konflikte können zu Gesichtsverlust, Schlaflosigkeit, Schuldgefühlen und Angst vor Beziehungsverlust führen.

Aber wir kennen auch die fruchtbare Wirkung, wenn Konflikte wirklich ausgetragen werden; wenn zwei, die wie Hund und Katze sind, endlich mal ihre Unterschiede austragen und ihr Hühnchen rupfen oder wenn die Frischluftwirkung von klaren und offenen Worten endlich die dicke Luft reinigt. Wenn also nicht mehr durch geschickte Strategien versucht wird, den Deckel auf einem Konflikt zu halten. Ständiges Deckeln, Nachgeben und Vermeiden weicht nicht nur der Klärung aus, sondern führt außerdem zu einer paradoxen Wirkung, ähnlich dem Verhältnis von Rasiermesser und Bart: Es schafft für kurze Zeit weg, was an der Oberfläche ist, verstärkt aber sein Wachstum. Das Aussitzen von Konflikten mit der inneren Haltung «Die Zeit arbeitet für mich» führt in den seltensten Fällen zu wirklicher Klarheit, konstruktiven Lösungen und gutem Kontakt. In den meisten Fällen des Lebens gilt: «Die Zeit arbeitet nicht für mich, ich muss es schon selber tun!»

Das offene Ansprechen des Konflikts ist meist die beste Intervention, um wieder guten Kontakt und offene Kommunikation zu ermöglichen. Wir verhalten uns allerdings im Konflikt häufig so, dass wir nicht viel überlegen, wir agieren intuitiv und reagieren spontan. Das bedeutet überwiegend, dass wir uns unbewusst an den Verhaltensmustern unserer Vorbilder orientieren. Die wichtigsten sind dabei unsere Eltern und Lehrer. Unsere frühen Bezugspersonen waren aber nicht auch unbedingt vorbildhafte Helden in Auseinandersetzungen und nicht immer nachahmenswerte Ideale für gute Konfliktklärung. Deshalb haben viele nicht in ihrer Lebensschule gelernt, wie eine konstruktive Konfliktgestaltung (Klärung der Ursachen – Eingrenzung der Dynamik – Aushandeln der Möglichkeiten etc.) gelingen kann. Wir müssen nachlernen, denn es wäre gut, wenn jeder Kenntnisse entwickeln würde

- über sich selbst (S. 72)
- über Konfliktprophylaxe (S. 73 f.)
- über Konfliktdiagnostik (S. 74 ff.)
- über Konfliktvermeidung durch Verlagerung (S. 100 ff.)
- über Umgang mit aggressiven Gefühlen (S. 117 ff.)
- über Konfliktphasen (S. 120 ff.)
- über konstruktive Konfliktbewältigung und Klärung (S. 124 ff.).

Kenntnisse über sich selbst

Kenntnisse über sich selbst und sein persönliches Konfliktverhalten erwirbt man kaum über das Lesen eines Buches. Dazu gehört vielmehr eine kritische Selbstreflexion des eigenen Verhaltens in Konflikten und das Einholen von Rückmeldungen (Feedback) über eigenes Verhalten im Konfliktfall. Außerdem ist es hilfreich, ein Bewusstsein der eigenen Konfliktgeschichte zu entwickeln, da unser Konfliktverhalten ja zum großen Teil auch von unseren Vorbildern gelernt wurde. Hilfreiche Fragen sind hier zum Beispiel:

- Wie wurden in meiner Ursprungsfamilie Konflikte ausgetragen?
- Wer wurde laut, wer niemals?
- Wer war dominant und mächtig? Woran konnte man das bemerken? Wer war weniger dominant und woran konnte man das bemerken?
- Wie wurde früher mit meinem eigenen Willen umgegangen? Wie reagierten die frühen Bezugspersonen, wenn ich nicht so wollte, wie sie es sich gedacht hatten?
- Wie habe ich mich früher als Junge unter Jungen und als Mädchen unter Mädchen verhalten?
- Welche Konflikterfahrungen habe ich in der Schule mit Lehrern und Mitschülern gemacht?
- Welche Erfahrungen habe ich in der Auseinandersetzung mit dem anderen Geschlecht gesammelt?
- Wie wurde in den ersten Berufsjahren mit Konflikten umgegangen?

Auch wenn Konflikte häufig notwendig sind, um sinnvolle Veränderungs-prozesse einzuleiten, so gibt es doch immer wieder Konflikte, die zu unnötigen Reibungsverlusten führen. Dagegen kann man im Vorfeld schon einiges tun.

Zur Konfliktprophylaxe gehört zunächst einmal, dass man mit sich selbst im Reinen ist. Ausgeglichene Menschen, die in sich selbst ruhen, haben weniger Konflikte als Menschen, die mit sich selbst unzufrieden sind und nicht im Einklang mit ihrem Wesenskern leben. Die Metapher des Inneren Teams deutet jedoch an, dass der Mensch je nach Situation und Thema unterschiedliche Innere Teammitglieder spürt, die jeweils unterschiedliche Standpunkte und Interessen verfolgen. Der Mensch ist also selten mit sich selbst ein Herz und eine Seele. Zur Konfliktprophylaxe gehört deshalb, dass wir diesen Tatbestand akzeptieren und ein möglichst genaues Bewusstsein unserer inneren Vorgänge entwickeln. Hier gilt der Grundsatz: Je klarer ich nach innen bin, umso weniger lasse ich mich nach außen in unnötige Konflikte verwickeln. Habe ich selbst zu einem klaren Standpunkt gefunden, so bedeutet das natürlich nicht, dass es zu keinem Konflikt kommen kann. Im Gegenteil. Aber die Verwicklung in unheilvolle Konfliktdynamiken und destruktive Teufelskreise wird ge-ringer.

Ein anderer wichtiger Punkt der Konfliktprophylaxe ist das Aufdecken von Missverständnissen. Häufig entstehen Konflikte deshalb, weil die Be-teiligten im Vorfeld nicht bemerken, dass sie sich falsch verstanden haben. Im Lauf einer Konfliktklärungsarbeit wird dann deutlich, dass der eine etwas verstanden hat, was der andere gar nicht so gemeint hat.

Zur Konfliktprophylaxe gehört hier

- «quadratische» Klarheit,
- Zuhören auf der Ebene des Meinens (und nicht nur das hören, was gesagt wurde),
- Sensibilisierung für die Möglichkeiten von Missverständnissen,
- Nachfragen bei möglichen Unklarheiten.

Als dritte Möglichkeit der Konfliktprophylaxe soll hier noch die Metakommunikation erwähnt werden. Mit Metakommunikation ist die Kommunikation über die Kommunikation gemeint, also das Gespräch über den alltäglichen Umgang miteinander. So kann die Führungskraft beispielsweise zu Beginn einer Abteilungsbesprechung sagen: «*Ich möchte, bevor wir über die vier Tagespunkte sprechen, eine Runde machen, in der jeder etwas dazu sagt, wie es ihm in der Abteilung geht. Wie seine Stimmung ist. Wo es Schwierigkeiten in den Arbeitsabläufen und bei der Zusammenarbeit gibt. Wo Irritationen, Unzufriedenheiten, Frustrationen, Probleme oder Konflikte aufgetreten sind. Aber auch, wo es Erfolge zu feiern gibt. Ich beginne mal die Runde. Mir ist in letzter Zeit aufgefallen, dass Sie, Herr Druschak, nicht mehr so häufig zu mir kommen wie früher. Ich habe den Verdacht, dass dies mit unserem Gespräch vor zwei Wochen zusammenhängt. Aber vielleicht täusche ich mich auch. Gleich, wenn Sie dran sind, können Sie ja etwas dazu sagen. Sehr zufrieden bin ich ...*»

Wird die Metakommunikation wahrhaftig und ehrlich durchgeführt, werden so manche innere Unzufriedenheiten, leise Kränkungen, angesammelte Frustrationen und Beziehungsstörungen allein dadurch entgiftet, dass sie angesprochen werden. Nach der metakommunikatorischen Runde kann besprochen werden, ob Klärungsbedarf besteht und die Tagesordnungspunkte erweitert werden müssen. Werden die Konfliktpotenziale nicht angesprochen, erhöhen sie ihr destruktives Gift, welches dann aus dem Verborgenen wirkt. Ist die Beziehung gestört, so wird das Miteinander mühselig, kleine Meinungsverschiedenheiten werden zu großen Konflikten und der Sachertrag der Arbeit sinkt.

Konfliktdiagnose

Um bei der diagnostischen Blickrichtung nicht nach dem Schrotschussverfahren vorgehen zu müssen (irgendetwas wird schon treffen!), ist es notwendig und hilfreich, Unterscheidungen vornehmen zu können: *Um was wird eigentlich gestritten? Was gilt es zu lösen? Um was für einen Konflikt handelt es sich und welche Schritte sind deshalb angemessen?* Angesichts der häufigen Sprachlosigkeit gegenüber Konflikten ist der Versuch einer Namensgebung für den Konflikt oft der erste Schritt zu dessen dia-

Sachkonflikte

Rechtskonflikte
Bewertungskonflikte
Verteilungskonflikte

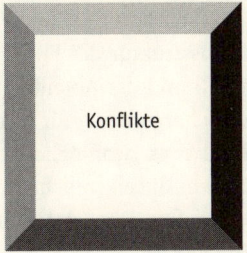

Innere Konflikte

Selbstkritik
Ambivalenzkonflikte
Innere Teamkonflikte

Konflikte

Bedürfniskonflikte

Interessenkonflikte

Beziehungskonflikte

Grenzkonflikte
Persönlicher Angriff
Vertrauenskrise
Rollenkonflikte

Konflikteinteilung mit Beispielen*

gnostischer Identifizierung. Außerdem kann bei der Einleitung von Veränderungsprozessen die Diagnose eine wichtige Intervention darstellen, die Wandlung, Einsicht, Beruhigung oder Klärung ermöglicht.

Damit bei der Vielfalt der Konflikte nicht die Übersicht verloren geht, ist es hilfreich, ein Einteilungssystem als Orientierung zur Verfügung zu haben. Als Grundlage eignet sich das Kommunikationsquadrat.

Dieses Einteilungssystem ordnet nicht nur, sondern deutet auch schon die Interventionsrichtung an: Wo ist der erste Schritt anzusetzen? Zur Diagnose eines Konflikts können wir zunächst den Konflikt der zuständigen Seite des Quadrats zuordnen und anschließend eine weiterführende Differenzierung vornehmen. An dieser Stelle sei aber schon

---

* Die hier aufgeführten Konflikte sind als Beispiele gedacht und erheben nicht den Anspruch auf Vollständigkeit. Außerdem werden strukturelle Konflikte (Konflikte über administrative Abläufe, logistische Faktoren, Zeitressourcen etc.), die in größeren organisatorischen Einheiten und Unternehmen entstehen können, bei dieser Einteilung nicht berücksichtigt.

erwähnt, dass ein und dasselbe Symptom auf verschiedene Konflikte hinweisen kann und dass in der Realität häufig mehrere Aspekte in einem Konflikt verwoben sind. Handelt es sich bei den Konfliktpartnern beispielsweise um den neuen Vertriebsvorstand eines Unternehmens und einen seiner Abteilungsleiter, so kann das sachliche Thema der Auseinandersetzung die neue Vertriebsstruktur der Firma sein, die der neue Vorstand unbedingt einführen will und der Abteilungsleiter so für nicht sinnvoll hält. Beide haben gute Sachargumente für ihre jeweiligen Standpunkte. Sachliche Lösungen gibt es womöglich, vielleicht ist das angeführte Konfliktthema aber nicht die eigentliche Konfliktursache und nicht der ursprüngliche Auslöser dafür, dass die Auseinandersetzung der beiden sehr destruktiv verläuft. Der neue Vertriebsvorstand kehrt seit seiner Einstellung vor drei Monaten mit eisernem Besen, und die bisher gute Arbeitsatmosphäre im Vertrieb wird deutlich kälter und härter. Der Abteilungsleiter hat es außerdem schon zweimal erlebt, dass sein neuer Chef ihn vor versammelter Mannschaft attackierte, indem dieser seine Vorschläge zur Kostenreduktion unwirsch so lange zerpflückte, bis er kleinlaut schweigen musste. Diese Demütigung führte zu einem emotionalen, zwischenmenschlichen Konflikt, der den Abteilungsleiter jeden Vorschlag des neuen Vorstandes zur Umstrukturierung verbittert und trotzig boykottieren lässt. Jetzt haben beide sowohl einen Sachkonflikt (neue Vertriebsstrukturen) als auch einen Beziehungskonflikt (Demütigung durch Vorstand).

Als erster Schritt ist also eine saubere Konfliktdiagnose nötig, um anschließend entscheiden zu können, wo die ersten Lösungsschritte anzusetzen sind.

Zu den Sachkonflikten zählen unter anderem:

Rechtskonflikte
Hier steht die Frage im Raum, wer von zwei miteinander Streitenden Recht hat. Die Frage «Wer von uns beiden hat Recht?» kann dazu führen, dass einer oder sogar alle Beteiligten unbedingt Recht haben *wollen*. In diesem Fall geht es dann eher darum, wer sich durchsetzen kann, also um einen Beziehungskonflikt. Im Rechtskonflikt ist «Wer *ist* im Recht?» gemeint, im Sinne von: Wer hat objektiv gesehen die rechte (richtige) Aussage getroffen? Der Unterlegene verliert nicht sein Leben, seine Stellung

oder sein Gesicht, sondern nur sein Recht-Haben. Die Austragung des Konflikts geschieht meist darüber, dass jeder für seine Meinung und Auffassung gute Gründe, Indizien, Beweise oder sogar Zeugen sucht.

Beispiel:
«Sie behaupten, dass Sie in dieser Spalte des Formulars die Summe ihrer Einkünfte eintragen müssen. Ich meine jedoch, dass hier Ihr Einkommen maßgebend ist.»
«Sie machen es aber kompliziert, und außerdem ist es doch das Gleiche!»
«Nein, das stimmt nicht, es gibt einen kleinen, aber wichtigen Unterschied. Der Begriff Einkommen umfasst den Gesamtbetrag der Einkünfte minus Sonderausgaben. Da die Sonderausgaben manchmal recht hoch sein können, ist das Einkommen dann viel weniger als die Summe der Einkünfte.»
«Nein, ich glaube, dass Einkommen meine Einnahmen minus Kosten sind.»

Beispiel:
«Wir betreiben unsere CD-ROMs direkt über die Festplatte. Dazu richtet das Programm automatisch neue CD-ROM- und DVD-ROM-Laufwerksymbole ein.»
«Der Zugriff auf die Daten erfolgt aber nicht über die virtuelle CD, ohne dass die jeweilige CD und DVD eingelegt wurde. Außerdem unterstützt die Virtual CD nicht CSS-verschlüsselte DVDs.»

Ob Einkommen oder Einkünfte, ob Festplatte oder CD, die Entscheidung darüber ist eine Rechtsfrage, da es eine autorisierte Entscheidungsinstanz gibt, welche in der Streitfrage recht-sprechen kann. Um in Rechtskonflikten eine Lösung herbeizuführen, müssen sich beide Parteien auf eine anerkannte Autorität einigen. Das kann ein Gesetzbuch (zum Beispiel Steuerrecht), ein Fachbuch, ein Zeuge oder ein Fachmann (zum Beispiel Computerexperte) sein, der eine Aussage darüber treffen kann, wer Recht hat. Die Beziehung der Parteien untereinander ist dabei weniger bedeutend als die jeweilige Beziehung zum «Entscheider»: «Du darfst und kannst kraft deines Fachwissens sagen, wer von uns beiden Recht hat!»

Bewertungskonflikte

Hier lassen sich alle Wahrnehmungs- und Wertekonflikte zuordnen, bei denen es um unterschiedliche Sichtweisen, Eigenschaften und Verhaltensweisen geht, ohne dass jemand objektiv und sicher wissen kann, was richtig oder falsch ist. Dazu zählen u. a. alle Konflikte, wo es sich um eine unterschiedliche Bewertung der Wichtigkeit oder unterschiedliche Rangfolge der Dringlichkeit von anfallenden Arbeiten handelt (zum Beispiel Zielkonflikte). Besteht Einigung über die Ziele, so können trotzdem die Konsequenzen einer Handlungsweise unterschiedlich bewertet werden.

Außerdem gehören unterschiedliche Beurteilung und Einschätzung (zum Beispiel Kreditsicherungen), Interpretation der Brauchbarkeit, Sinnhaftigkeit, Verantwortlichkeit, Schönheit, Nützlichkeit, Eignung oder Zweckmäßigkeit von Gegenständen, Ideen, Plänen und Auftretenswahrscheinlichkeiten (zum Beispiel Aktienentwicklung) zur Kategorie der Bewertungskonflikte. Eine innovative Reorganisation des Unternehmens kann zu heftigen Auseinandersetzungen führen, da die Bewertung der neuen Unternehmensstrukturen sehr unterschiedlich sein kann.

Beispiel:
«Wir müssen eine Stechuhr und leistungsbezogene Bezahlung einführen, das würde die Produktivität erhöhen!»
«Auf keinen Fall. Das würde die Atmosphäre, das Klima und die Arbeitszufriedenheit sehr verschlechtern. Lediglich die Fehlzeiten durch Krankheiten würden zunehmen!»
Beispiel:
«In diesem Projekt sollten wir sofort als nächsten Schritt die Phase 4 einleiten!»
«Das hat noch etwas Zeit. Wichtiger ist, dass wir zunächst eine Planungskonferenz einberufen, um zu schauen, wo die einzelnen Werksleiter genau ihre Umsetzungsprobleme haben!»

Typisch, aber falsch im Falle eines Bewertungskonflikts sind Formulierungen wie: «*Es ist doch klar, dass ...*» oder «*Das sehen Sie völlig falsch, realistischerweise sollte doch ...*» Derjenige, der so spricht, geht wie selbstverständlich davon aus, die richtige Sicht der Dinge zu haben und dass, wenn der andere nur endlich Vernunft oder Einsicht annehmen würde, er der eigenen Einschätzung zustimmen müsse. Im Gegensatz dazu macht die Formulierung: «*Ich glaube ...*» oder «*Nach meiner Einschätzung ist ...*» oder «*Mir scheint ...*» die subjektive Bewertungsfrage von vornherein deutlich. Auch jetzt kann ein Konflikt entstehen, aber die Chance, dass die hinter der Bewertung stehenden Bewertungskriterien ausgetauscht werden und so die unterschiedliche Sichtweise verständlich wird, ist erhöht worden.

Verteilungskonflikte
Dieser ökonomische Konflikt beim Kampf um knappe Güter tritt immer dann ein, wenn Anforderungen, Wünsche und Bedürfnisse größer sind als die zur Verfügung stehenden Mittel (Finanzen, Mitarbeiter, Gegenstände usw.) oder wenn mehrere Personen Anspruch auf die gleiche Sache erheben, wie zum Beispiel: Wer bekommt die bessere Position oder wer den neuen Schreibtisch? Wer darf die angenehmen Aufgaben übernehmen, wer ist für die unangenehmen Arbeiten zuständig? Hierzu gehören auch alle Konflikte, in denen um Marktanteile gerungen wird, wo zu klären ist, welcher Hersteller das Recht hat, offizieller Lieferant der Olympiade zu werden, in denen beim Umzug einer Abteilung noch offen ist, wer den Arbeitsplatz am Fenster bekommt und wie drei PC auf sieben Mitarbeiter verteilt werden können.

Beispiel:
«Kann *ich* heute Nachmittag den Besprechungsraum haben?»
«Nein, *ich* brauche ihn heute den ganzen Tag!»

Beispiel:
«Da wir die Produktionsanlagen erweitert haben, brauche ich möglichst schnell zwei neue qualifizierte Mitarbeiter.»
«Das wird aus zwei Gründen nicht gehen. Erstens gilt aus Kostengründen für dieses Jahr ein genereller Einstellungsstopp. Zweitens finden wir so schnell auf dem Stellenmarkt keine qualifizierten Mitarbeiter.»

Innere Konflikte
Auf der Persönlichkeitsseite des Kommunikationsmodells bestehen die Konflikte nicht zwischen zwei oder mehreren Personen, sondern zwischen verschiedenen Strebungen innerhalb ein und derselben Person. Um sie von den *inter*psychischen Konflikten abzugrenzen, werden sie *intra*psychische Konflikte genannt.

Wie bei der Theorie des Inneren Teams (S. 38 ff.) aufgezeigt wurde, haben wir viele innere Stimmen in uns, die sich je nach Situation zu Wort melden können. Im Inneren Team kann harmonischer Gleichklang herrschen und es kann zu inneren Auseinandersetzungen und Spannungen kommen. Drei Konflikte sollen dies beispielhaft verdeutlichen:

Einer gegen alle
Im Inneren Team kann sich eine Dynamik entwickeln, durch die ein Teammitglied eine besonders einflussreiche Rolle einnimmt. In seiner machtvollen Dominanz unterdrückt es alle anderen Teammitglieder.

Vielleicht wollen wir einen kooperativen Führungsstil leben, aber der innere «Draufgänger» lässt uns immer wieder ungeduldig werden oder der innere «Schweinehund» verführt doch zum Anknurren der Mitarbeiter. Vielleicht gebietet uns dieses dominante Teammitglied, dass wir uns immer nur auf eine bestimmte Art und Weise zu verhalten haben und in unseren sozialen Rollen immer dem gleichen Muster folgen. Auf Nummer sicher zu gehen ist für den inneren «Angsthasen» vielleicht das oberste Gebot geworden und alle lebendigen Teammitglieder, die gegen die Dominanz dieses inneren Despoten in Opposition stehen, werden von diesem Teammitglied unterdrückt und klein gehalten.

Vielleicht haben wir einen «Kleinmacher» in uns, der im inneren Gesamtteam sehr dominant und mächtig ist, sodass wir häufig sehr wirksame Ohnmachtsgefühle entwickeln. Nehmen wir an, dass wir zum ersten Mal eine Präsentation vor dem Vorstand halten könnten. Aber da sagt dann sogleich die allzu bekannte innere Stimme: «*Ja, andere könnten das vielleicht, aber du doch nicht. Du wirst dann unsicher, hast Lampenfieber, verlierst den roten Faden und blamierst dich bis auf die Knochen. Also bilde dir ja nichts ein und versuch es erst gar nicht.*»

Vor allem die Selbstvorwürfe, Selbstanklagen und Selbstanschuldigungen eines inneren «Niedermachers», «Kritikers» oder «Richters» sind weit verbreitet. Häufig drückt sich dieser innere Vorgang schon über unsere Sprache aus: «Ich gehe mit mir selbst ins Gericht». Nicht die anderen richten oder machen einen fertig, das machen wir selbst – nicht die anderen hindern uns daran, uns neuen Herausforderungen zu stellen, das erledigen wir ganz alleine.

Innerer Aufruhr und Rebellion der anderen Teammitglieder nützen nichts, der dominante Teil setzt sich immer wieder durch und bestimmt unser Verhalten nach außen.

Zwei gegeneinander: Ambivalenzkonflikt
Beim Ambivalenzkonflikt handelt es sich um zwei innere Teammitglieder, die sich nicht einig sind und miteinander etwas austragen. Dann fällt es uns schwer, einen eindeutigen Standpunkt zu finden oder eine klare Haltung einzunehmen, da wir uns zwischen beiden Seiten hin- und hergerissen fühlen. Beide Seiten haben gute Gründe und wichtige Argumente.

> Beispiel:
> Die eine Stimme sagt vielleicht drängend: *«Du weißt, dass du seit längerem nicht mehr zufrieden mit deiner Arbeit bist. Nun kündige doch endlich und arbeite freiberuflich. Dann bist du endlich dein eigener Herr!»*
> Worauf eine zweite Stimme antwortet: *«Du hast gut reden, das ist doch völlig unrealistisch. Der Markt ist so eng und dicht, dass ich als Newcomer erst einmal keine Chance habe. Wie willst du denn da die Familie ernähren?!»*
> Vielleicht sagt die erste Stimme wieder: *«Hör doch auf! Erstens bist du kein Newcomer, und zweitens spielst du hier den verantwortungsvollen Familienvater, wobei es in Wirklichkeit nur um deine Angst geht, dass du am Markt und an der Konkurrenz scheitern könntest!»* Usw.

Die Haltung zu einem Konflikt mit einem Kollegen kann ebenfalls eine innere Ambivalenz auslösen. Vielleicht sagt eine Stimme konfliktfreudig: *«So, jetzt ist Schluss. Das lass ich mir nicht länger bieten. Das spreche ich jetzt an, und zwar klar und deutlich!»* Vielleicht sagt jedoch eine zweite Stimme zaghaft, aber nicht weniger Einfluss nehmend: «*Nun mal langsam. Bleib mal auf dem Teppich. Du kannst in deiner Position sowieso nichts erreichen. Du wirst wahrscheinlich doch den Kürzeren ziehen. Also schweige lieber und nimm die Angelegenheit nicht so wichtig!»*

Im Ambivalenzkonflikt sind die beiden Stimmen manchmal so verstrickt, dass auf Grund der inneren Konfusion keine klare Kommunikation nach außen stattfinden kann. Wir zeigen im Konflikt mit einem Mitmenschen vielleicht ein nettes Gesicht, zwischen den Zeilen spürt der Gesprächspartner aber unsere Faust in der Tasche. Oder wir wollen streiten, konfrontieren aber nur halbherzig.

Alle Durcheinander: Konflikt im Inneren Team
Sind wir verwirrt und völlig durcheinander, so handelt es sich wahrscheinlich um einen inneren Teamkonflikt, bei dem sich nicht nur zwei, sondern viele Stimmen zu Wort melden. Bei Entscheidungen, wichtigen Lebensthemen oder Herausforderungen ist es bedeutsam, dass sich all die Stimmen auch melden dürfen, die zum aktuellen Thema etwas zu sagen haben.

Ein Entschluss ist erst dann *stimmig*, wenn alle wesentlichen *Stimmen* berücksichtigt wurden und eine *weise* Entscheidung vorher *abgeklärt* hat, wer sich da im Inneren zu Wort meldet.

Beispiel:
Ein Gruppenleiter im Innendienst einer Bank fragt sich, ob er weiterhin dort seiner Arbeit nachgehen oder ob er sich für den Außendienst bewerben soll. Der innere «Neugierige» sagt: *«Das ist doch ein Feld, wo du noch keine Erfahrungen hast. Das ist doch bestimmt spannend!»* Der innere «Sicherheitsminister» sagt: *«Hier hast du dein geregeltes Einkommen. Im Außendienst wirst du hauptsächlich provisionsabhängig bezahlt. Das Risiko ist heutzutage zu groß!»* Der innere «Familienminister» sagt: *«Wenn du das machst, bist du sehr viel unterwegs. Dann siehst du deine Frau und die Kinder kaum noch. Lass es lieber!»* Der «Karriereminister» sagt: *«Du hast hier alles ausgereizt. Hier geht es nicht mehr weiter. Wenn du dich draußen bewährt hast, hast du nachher überall große Chancen. Mach es ruhig!»*

Beziehungskonflikte

Da mit den Beziehungskonflikten häufig unangenehme Gefühle verbunden sind, werden diese Konflikte häufig als Sachkonflikte getarnt und selten als Beziehungskonflikte offen ausgetragen. Wird die Klärung eines Beziehungskonflikts vermieden, so können unter sauber geharkter Oberfläche Gefühle von Angst, Wut, Enttäuschung, Macht, Vergeltung oder Rache wuchern und ein vertrauensvolles Miteinander erschweren bis unmöglich machen. Zu den Beziehungskonflikten gehören beispielsweise:

Grenzkonflikte

Herr Müller und Herr Furth sind Kollegen in der Darlehensabteilung einer Bank. Da sie sich gut verstehen, verabreden sich beide nach der Arbeit zum Abendessen. Nach dem ersten Glas Wein fragt Herr Müller: *«Ich habe gehört, dass Sie sich von Ihrer Frau getrennt haben. Was war denn der Grund für diesen doch großen Schritt?»* Herr Fürth antwortet: *«Das Thema ist mir etwas zu persönlich. Darüber möchte ich lieber nicht sprechen.»*

Eine Beziehung definiert sich durch ihre Grenzen und durch die Antworten auf die Fragen «Wie stehen wir zueinander und wie wollen wir miteinander umgehen?». Der psychologische Leitsatz «Kontakt findet an der Grenze statt!» will darauf hinweisen, dass wir Menschen nur dann gute Verbindung zu anderen Menschen haben, wenn wir uns unserer persönlichen Grenze bewusst sind. Um sich im Umgang miteinander wohl zu fühlen, ist eine Grenzbereinigung manchmal sinnvoll.

Die Art des Miteinanderumgehens ist von vielen Aspekten abhängig, nicht zuletzt von der Zeitdauer und der Intensität der Begegnungen. Jede Beziehung muss klären, was geht und was nicht geht. Ist es in unserer Beziehung drin, vom «Sie» zum «Du» zu wechseln, den anderen zur Begrüßung zu umarmen, über Persönliches oder Familiäres zu sprechen, laut zu werden, wenn ich wütend bin, oder den anderen ohne Voranmeldung zu besuchen usw.? Da jedes Verhalten dem anderen gegenüber den impliziten Versuch einer Beziehungsdefinition enthält, ist es auch unvermeidbar, dass die Reaktion (akzeptieren, durchgehen lassen, zurückweisen, ignorieren) eine Gegendefinition anbietet: Was lass ich mir gefallen, wo ziehe ich meine Grenze und wie sehe ich unsere Beziehung?

Unser Ärger unterbricht zunächst den normalen Fluss der Beziehung. Der Ärger wird zum Beispiel ausgelöst, wenn wir uns übervorteilt, missbraucht, ausgenutzt, ungerecht behandelt fühlen; wenn wir die Erfahrung machen, dass Zuwendung entzogen wird, uns absichtlich Schmerz zugefügt wird, der Platz im Leben beschnitten wird oder wir nicht bekommen, was uns zusteht. Der Ärger zwingt uns zum Anhalten in der Beziehung, die sonst ihren gewohnten Gang nimmt. Er zwingt uns zum Innehalten und zum fragenden Reflektieren: Worüber ärgere ich mich genau? Handelt es sich um einen kleinen Anstoß zur Veränderung der angebotenen Beziehungsdefinition oder um einen ernsthaften Konflikt? Was ist nötig: eine Grenzziehung, eine Grenzbereinigung oder eine Grenzverteidigung?

Bei Grenzkonflikten streiten wir auch um soziale Normen: «Wer hat sich inakzeptabel verhalten und wo ziehe ich mit meinen Normen und Moralvorstellungen die Grenze?», um Henne-oder-Ei-Fragen: «Bin ich Opfer und du Täter oder umgekehrt?» oder um die «richtige» Art des sozialen Umgangs miteinander: «Welche sozialen Verhaltensregeln sollen zwischen uns gelten und unseren ‹zwischenmenschlichen Grenzverkehr› regeln?»

Beispiel:
Abteilungsleiter: *«Ich schlage vor, dass Sie einen Kurs machen, in dem es um Präsentationstechniken geht.»*
Gruppenleiter: *«Wieso denn das? Meine Präsentationen sind doch in Ordnung.»*
Abteilungsleiter: *«Das sehe ich nicht ganz so. Daran könnte man noch einiges professionalisieren. Sie haben zwar die Technik im Griff, aber Ihre Art wirkt recht kalt und unbeholfen. Sie müssten irgendwie mehr mit Ihrer Person in den Kontakt zu den Kollegen treten. Deshalb würde ich Sie gerne zu diesem Kurs schicken. Da kann man so etwas lernen und bei sich selbst entwickeln.»*
Gruppenleiter: *«Ich hätte mehr Interesse an einem Computerkurs.»*
Abteilungsleiter: *«Den können Sie ja immer noch machen. Dass Sie zunächst diesen Präsentationskurs besuchen, das möchte ich jetzt einmal bestimmen!»*
Gruppenleiter: *«Das können Sie gar nicht bestimmen. Sie können mir*

Vorschläge und Empfehlungen machen, aber letztlich möchte ich doch die Entscheidung tragen, wann ich welche Fortbildung machen möchte. Dies gilt vor allem bei Kursen, wo meine Person in den Vordergrund gestellt wird. Darauf kann ich mich nur einlassen, wenn ich das freiwillig entschieden habe und mich nicht unter Druck gesetzt fühle.»

Persönlicher Angriff

Hier ist das Konfliktthema: *Wie sehe ich dich – und passen du (deine Nationalität, deine ethnische Zugehörigkeit etc.) und dein Verhalten in mein Weltbild?*

Und/oder: *Wie siehst du mich – und passt das in mein Bild von mir?*

In vielen Situationen, die Ärger auslösen, geht es um Angriffe auf das Selbstwertgefühl und die Identität. Ein Angriff auf das eigene Selbstkonzept ärgert uns vor allem dann, wenn wir uns in unserer Integrität nicht gesehen, in unserer Individualität nicht gewürdigt und als Mensch nicht respektiert fühlen. Es geht um das Gefühl, entwertet, beleidigt, beschimpft, vor den Kopf gestoßen, gekränkt oder verletzt zu sein und um Angriffe körperlicher Art und andere Übergriffe. Der Sinn dieses Ärgers besteht darin, die Situation so zu verändern, dass Würde, Selbsterhaltung und Selbstentfaltung bestehen bleiben oder wieder neu ermöglicht werden können. Im Ärger steckt auch die Energie, diese Veränderung anzugehen.

Beispiel:
«Manchmal, wenn ich mit einer Frage zu dir komme, ist deine Antwort mürrisch und abweisend. Bis ich etwas in den Akten finde, brauche ich mindestens 30 Minuten. Du könntest es mir in vier Minuten schnell erklären. Deine Hinweise erlebe ich wie eine Abfuhr. Das machst du zwar nicht immer, aber wenn du einen schlechten Tag hast, dann bist du sehr abweisend und behandelst mich nicht wie einen neuen gleichwertigen Kollegen, sondern wie ein lästiges Übel.»

Du-Botschaften werden vor allem dann schnell als verletzende Angriffe erlebt, wenn sie nicht in das Selbstbild des Empfängers passen. Sagt ein Mitarbeiter in der Kantine zum Vorgesetzten «*Am Montagmorgen, als Sie die Ergebnisse des Projekts zur Kostenreduzierung präsentiert haben, schienen Sie befangen und unsicher zu sein!*», so hängt die innere und äußere Reaktion des Empfängers (hier des Vorgesetzten) nicht nur davon ab, wie er die Präsentation erlebt hat, sondern auch davon, welches Bild er von sich selbst besitzt (Selbstbild) und wie er sein möchte (Idealbild). Hat er die verinnerlichte Erwartung an seine Vorgesetztenrolle «Als Chef muss man immer perfekt, souverän und sicher sein!» und gehören Ängste und Anfangsunsicherheiten nicht in sein Selbst- und Rollenbild, so wird er die Äußerung des Mitarbeiters wahrscheinlich als kränkenden Vorwurf erleben – wie auch immer seine innere Realität in der Präsentation war. Die Du-Botschaft wurde zum Angriff auf sein Selbstkonzept und mobilisiert deshalb Richtigstellung, Verteidigung, sogar Gegenangriffe. Braucht er jedoch Anfangsängste nicht vor sich selbst zu verleugnen, so ist sein Selbstkonzept in diesem Punkt nicht in Gefahr. Er braucht deshalb die Äußerung des Mitarbeiters nicht als persönlichen Angriff zu interpretieren, sondern kann sie so nehmen, wie sie vielleicht auch gemeint war: als etwas ungeschickten Kontaktversuch beim Mittagessen.

Der Satz «*Sie denken nicht sozial, sondern egoistisch und sind auf Ihren eigenen Nutzen bedacht!* wird vor allem dann als beleidigende Attacke gewertet, wenn vorhandener Egoismus nicht als zu mir gehörig akzeptiert werden kann. Eine Antwort wie «*Stimmt, manchmal bin ich mir selbst der Nächste*» kann ungemein entwaffnend sein und ist meist nur dann möglich, wenn jemand zu sich selbst stehen kann (auch zu den unerwünschten und sozial nicht so anerkannten Gefühlen und Impulsen). Die Bemerkung «*Nun werden Sie nicht persönlich!*» deutet womöglich nicht nur den Wunsch nach Sachlichkeit an, sondern auch, dass sich der Widerhaken des Vorwurfsstachels im Selbstbild verfangen hat.

Vertrauenskrise
Hier ist die Beziehung durch den Verdacht belastet, dass der andere nicht aufrichtig und wahrhaftig ist. Vielleicht fragt der Manipulationsverdacht misstrauisch: Spielst du mit offenen oder mit verdeckten Karten? Legst du mich gerade rein? Bist du ehrlich oder verheimlichst du etwas? Was willst du wirklich von mir? Ist deine Nettigkeit ehrlich gemeint oder nur scheinheilige Diplomatie? Ist dein freundlicher Ton glaubwürdig oder nur Schmieröl für die Beziehung? Sind deine lobenden Worte wirklich anerkennend gemeint oder soll mich dein berechnendes Lob lediglich bei Laune halten?

Wird nicht ehrlich und offen, sondern taktisch-geschickt und listig miteinander umgegangen, so wird die Kommunikation dadurch geprägt, dass Sachinformationen bewusst verschleiert und Appelle hauptsächlich verdeckt formuliert werden. Ich- und Du-Botschaften werden gezielt eingesetzt, und die Beziehungsebene wird funktionalisiert.

Führt der Misstrauensvirus anfänglich vielleicht nur zu einer «Beziehungserkältung», so kann sich daraus schnell eine massive Beziehungskrise entwickeln. Der Empfänger, der den Braten riecht, fühlt sich psychologisch «geschickt» behandelt und zum Objekt der Interessen des anderen gemacht.

Eine Vertrauenskrise kann auch dadurch entstehen, dass sich jemand wiederholt nicht an Vereinbarungen hält. Der Verdacht, dass wiederholte Zusagen nur scheinbar zu verlässlichen Absprachen führen, die letztlich aber immer wieder nicht eingehalten werden, kann verschiedene Gründe haben. Zum einen kann es sein, dass die Vereinbarung nicht realitätsgerecht war, sodass der Alltag jemanden zwingt, gegen die Vereinbarung zu handeln. Zum anderen ist die Vereinbarung vielleicht nicht wirklich klar getroffen worden, sodass für die Beteiligten unterschiedliche Interpretationsspielräume offen blieben. Drittens ist es möglich, dass die Vereinbarung für den anderen Gesprächspartner nicht wirklich stimmte, er sich jedoch nicht getraut hat, seine Bedenken im Gespräch offen zu äußern. Deshalb kann er seinen Widerstand nur durch den Boykott der Vereinbarung artikulieren. Eine vierte Möglichkeit kann sein, dass das Nichteinhalten einer Vereinbarung ein Hinweis darauf ist, dass die Sache oder der Gesprächspartner nicht ernst genommen wird.

Rollenkonflikte

Rollenkonflikte werden gemeinhin unterteilt in *Intra-* und *Inter*-Rollenkonflikte (so Reimann u. a., 1975).

Sobald der Mensch eine Rolle einnimmt, zum Beispiel die Rolle der Führungskraft, so wird er unweigerlich mit den Erwartungen seiner Rollenpartner konfrontiert. Wenn diese Erwartungen aufgrund der unterschiedlichen Interessen der Rollenpartner vielfältig und widersprüchlich sind, entsteht ein **Intra-Rollenkonflikt**.

Beispiel:

Sind die Rollenpartner eines Abteilungsleiters seine unmittelbaren Mitarbeiter und der Vorstand, so kann sich beispielsweise dann ein Rollenkonflikt für den Abteilungsleiter ergeben, wenn eine frei gewordene Stelle in der Abteilung besetzt werden soll. Die Mitarbeiter erwarten von ihrem Vorgesetzten vielleicht, dass er sich mit ihren Wünschen und Vorstellungen auseinander setzt und sie entsprechend an der Entscheidung beteiligt. Ihre Hoffnung dabei ist, dass einer aus ihrem Kreis die höher dotierte Stelle bekommt. Der Vorstand des Unternehmens hat die Entscheidung jedoch längst getroffen: Ein Mitarbeiter aus einer anderen Abteilung soll aufgebaut werden. Dafür soll er jetzt erstmals Personalverantwortung und später die Stelle eines Abteilungsleiters übernehmen. Der Vorstand erwartet von dem Abteilungsleiter, dass er diese Entscheidung gegenüber seinen Mitarbeitern durchsetzt.

Ein Intra-Rollenkonflikt kann auch entstehen, wenn ein Sachbearbeiter zum Gruppenleiter aufsteigt und damit zum Vorgesetzten seiner ehemaligen Kollegen geworden ist. Der Abteilungsleiter und der Vorstand erwarten, dass er im Kontakt zu seinen Mitarbeitern jetzt vom Du zum Sie wechselt. Dies soll den zur Führung nötigen Abstand demonstrieren und sichern. Seine ehemaligen Kollegen erwarten jedoch, dass er sie «aus alter Freundschaft und Verbundenheit» nach wie vor mit «du» anspricht. Jeder Wechsel in der Anrede würde ihren Vorwurf der Überheblichkeit auslösen.

Inter-Rollenkonflikte entstehen dann, wenn eine Person zwei oder mehrere Rollen gleichzeitig einnimmt und diese Rollen teilweise unvereinbar sind. Diese Lage entsteht zum Beispiel bei einem Mitarbeiter der Personalabteilung, der in den Betriebsrat gewählt wird. Als Angehöriger der Personalabteilung muss er vielleicht bei bestimmten Verhandlungen einen anderen Standpunkt einnehmen, als er es als Betriebsratsmitglied tun würde.

Beispiel:

In einem Unternehmen war für einige Zeit die Position für das Finanzressort im Vorstand vakant. Als der Vorstand, der bisher für den Einkauf zuständig war, diese Stelle übergangsweise zusätzlich übernahm, kam er unweigerlich in Rollenkonflikte. Soll er die teuren aber nötigen Anschaffungen befürworten (Einkauf), auch wenn sie die Kosten weiter in die Höhe treiben (Finanzen)?

Ein anderes Rollenproblem resultiert daraus, dass in vielen Sozialgebilden manche Rollen antagonistisch angelegt sind. Häufig ist das Bühnenstück, in dem wir in unserer jeweiligen Rolle agieren, so angelegt, dass die Konflikte durch die entsprechenden Rollen schon vorprogrammiert sind. Die Interessenlage der Person in der einen Rolle muss per Aufgabenanweisung und Funktion im Gegensatz zur Person in der anderen Rolle stehen und muss per Rollenauftrag den Widerspruch führen. Man gerät immer wieder aneinander, da die unterschiedlichen Rollen-Brillen die unterschiedliche Sichtweise, den Einspruch oder das Veto verlangen.

Beispiel:
Revisor versus Angestellte,
Stadtrat (verbeamtet) versus Politiker (gewählt)
Innendienst versus Außendienst (Wir müssen auslöffeln, was ihr angerichtet habt!)

Auf der Appellseite stehen z. B.
Bedürfnisauseinandersetzungen und Interessenkonflikte
Mancher Sachkonflikt könnte durch die Erkundung der dahinter liegenden Bedürfnisse entschärft oder sogar gelöst werden. Häufig wird die Konfliktform der Bedürfnisauseinandersetzung auch Interessenkonflikt genannt. So können die einzelnen Familienmitglieder eines Familienunternehmens unterschiedliche geschäftliche Interessen verfolgen. Den einen geht es um möglichst hohe Dividenden, den anderen um die Erweiterung des Unternehmens durch Reinvestitionen. Die gegensätzlichen Interessen und Ziele der Familienmitglieder führen zum Konflikt über Dividenden contra Reinvestitionen.

Eine Bedürfnisauseinandersetzung liegt dann vor, wenn zwei Kommunikationspartner ihre jeweiligen Bedürfnisse wahrnehmen, die Unterschiedlichkeit der Anliegen und Wünsche anerkennen und die entstehende Auseinandersetzung beziehungsfreundlich austragen.

Diese Konfliktform finden wir selten. Ist es doch häufig nur ein kleiner Schritt von der Auseinandersetzung über unterschiedliche Interessen zum Beziehungsstreit, in dem darüber gestritten wird, dass der eine sich mit seinen Interessen immer durchsetzt und so auf seine Kosten kommt, während der andere als Dauerverlierer ewig nachgeben muss. Falsche Schritte bei dieser Konflikt-Gratwanderung haben ihren Ursprung häufig auf der Selbstkundgabeseite (zum Beispiel die Angst vor Selbstoffenbarung, die mit direkter Bedürfnisäußerung verbunden ist).

Manche wollen die Verantwortung für ihre Bedürfnisse nicht übernehmen oder können nicht zu ihren Wünschen stehen, weil sie diese für unmoralisch halten, sich schämen und sie dem anderen nicht zumuten wollen. Im Hintergrund kann hier die Lernerfahrung stehen, dass wir häufig bei offen vorgetragenen Wünschen den Vorwurf gehört haben, zu egoistisch zu sein, oder der Spruch «Kinder, die was wollen, kriegen was auf die Bollen» nicht nur eine Drohung blieb. Eine mögliche innere Ambivalenz lässt uns vielleicht unklar, umständlich und indirekt formulieren, sodass der andere nie genau weiß, woran er ist und entsprechend genervt reagiert. Wir können auch Angst vor ablehnender Zurückweisung haben oder unser Selbstwertgefühl ist so unsicher, dass wir uns keinen Korb einhandeln wollen. Vielleicht äußern wir deshalb unsere Bedürfnisse in Form von Klagen, was schnell wie Anklagen erlebt wird und zur Gegenklage verführt.

Andere Menschen spüren ihre Bedürfnisse genau, müssen aber aufgrund ihrer zu geringen Frustrationstoleranz Bedürfnisse auch möglichst schnell durchsetzen.

Die Voraussetzungen für eine «reine» Bedürfnisauseinandersetzung sind innere Klarheit von beiden und auf beiden Seiten die Haltung: «Das Äußern unserer Bedürfnisse stellt keine Zumutung für den anderen dar. Es ist gestattet und erwünscht, Bedürfnisse ehrlich auszudrücken und es ist erlaubt, dem Appell, der in einer Bedürfnisäußerung steckt, nicht nachkommen zu wollen.»

Wird diese Haltung gelebt, so besteht die Chance, einen Bedürfniskonflikt nicht auf andere Seiten des Kommunikationsquadrats zu verlagern.

Beispiel:

Kollege X (neu in der Abteilung): «*Wir haben zurzeit nicht so viel zu tun und können zum Glück die flexible Arbeitszeit nutzen. Ich hätte Lust auf ein Bier. Gehst du mit?*»

Kollege Y: «*Ich muss leider noch etwas arbeiten, da ich die Stunden für die nächste Woche brauche. Da habe ich ein Grillfest geplant und möchte dann etwas früher gehen.*»

Kollege X: «*Das Wetter lädt doch geradezu ein. Wer weiß, wie es nächste Woche wird. Komm doch mit.*»

Kollege Y: «*Nein, heute wirklich nicht. Außerdem will ich diesen Vorgang noch zu Ende bearbeiten, damit ich ihn endlich vom Tisch habe!*»

Kollege X: «*Dann komm doch morgen eine Stunde früher. Da klingelt noch kein Telefon und du kannst das in Ruhe erledigen.*»

Kollege Y: «*Nein, heute habe ich einfach keine Lust dazu. Tut mir Leid.*»

Doppel- und Mehrfachkonflikte

Bei manchen Konflikten ist es schwer, auf den ersten Blick eine klare Konfliktdiagnose vorzunehmen, da wir es mit zwei Ebenen des Kommunikationsquadrats *gleichzeitig* tun haben. Eine bedeutsame Unterscheidung lässt sich zwischen der Sachebene und der Beziehungsebene vornehmen.

Das Vierfelder-Schema der Konflikte (entwickelt nach Schulz von Thun, 1991)

91

Auf beiden Ebenen können sich die Partner einig oder uneinig sein, was zu einem Vierfelder-Schema führt.

Quadrant 1

In diesem Quadranten sind sich die Konfliktpartner sowohl in der Sache einig als auch in der Art, wie sie miteinander umgehen. Diese doppelte Einigkeit lässt die Erwartung von eitel Sonnenschein entstehen. Aber auch auf der Grundlage einer doppelten Einigkeit kann es durchaus zur konflikthaften Auseinandersetzung und Konfrontation kommen: Das, was du sachlich vertrittst und mir vorhältst, finde ich, das muss ich zugeben, auch selbst nicht gut (wir sind uns auf der Sachebene also einig) – und die Art, wie du mir das vorhältst, finde ich angemessen und nicht etwa deplatziert oder unverhältnismäßig grob (also auch auf der Beziehungsebene sind wir uns einig). Vielleicht gebe ich dir Recht und antworte mit einer Gegenkonfrontation, bezogen auf einen anderen Konfliktgegenstand. Und wiederum kann es sein, dass auch du mir Recht gibst und auch du das Gefühl hast, dass mein Ton der Sache entspricht, um die es geht, und in Übereinstimmung ist mit der Art und Weise, wie wir miteinander reden können.

Gefahr: Wenn Konfliktpartner A Konfliktpartner B konfrontiert (vielleicht sogar lautstark und vorwurfsvoll), so gibt Konfliktpartner B Konfliktpartner A sachlich vielleicht Recht und auch den vorwurfsvollen Tonfall kann er akzeptieren – er ärgert sich allerdings über sich selbst, dass er einen Fehler gemacht hat. B hat aber den Anspruch an sich selbst, keine Fehler zu machen. Da er sich damit schwer tut, kann er sich und anderen Fehler nur schwer eingestehen. Fehler machen ist für ihn schlimm, da er dann seinen Ansprüchen an sich selbst nicht genügt – sie bedrohen seinen Selbstwert. Die Kritik von A ist für ihn zwar nachvollziehbar, trifft aber auf diesen wunden Punkt. Da sein Selbstwert erschüttert wird und sein Selbstbild in Gefahr gerät, muss er sich rechtfertigen, verteidigen oder sogar zum Gegenschlag ausholen. Die doppelte Einigkeit ist verloren.

Empfehlung: B müsste sich darüber klar werden, dass seine seelische Bodenbeschaffenheit durch seine Ansprüche an sich selbst «gedüngt» wird. Darüber hinaus sollte er sich bewusst machen, dass deshalb die

Kritik von A in seiner Innenwelt eine «psychochemische Reaktion» auslöst, die ihn entsprechend reagieren lässt. Nach dieser Selbstklärung ist er vielleicht in der Lage, klar zu kommunizieren: «*Ich muss Ihnen leider Recht geben – auch wenn es mir schwer fällt. Was mir daran schwer fällt, ist vor allem, dass ich mir eingestehen muss, diese Aufgabenstellung trotz meiner ehrlichen Bemühungen noch nicht so gut zu beherrschen, wie Sie es, aber vor allem, wie ich es selbst von mir erwarte. Daher mache ich mir selbst Vorwürfe. Der Vorfall tut mir Leid.*»

Jetzt besteht die Chance, dass es trotz einseitiger Konfrontation bei einer «doppelten Einigkeit» bleibt. Außerdem besteht die Chance, die eigenen und gegenseitigen Erwartungen und Ansprüche offen zu besprechen.

Quadrant 2
In diesem Quadranten liegen die beiden Kontrahenten sachlich gar nicht so weit auseinander, aber die Art und Weise, wie A seinen Standpunkt vorbringt (vielleicht penetrant belehrend), bringt B auf die Palme. Es ist also mehr der Ton, der ihn ärgert. Sachlich könnte man sich schnell einig werden.

Die *Gefahr* ist hier, dass dieser Beziehungskonflikt auf der falschen Ebene ausgetragen wird, nämlich auf der Sachebene, mit zahlreichen Pseudo-Scharmützeln um Kleinigkeiten und aufgeblähten Marginalien.

Häufig müssen die heißen Eisen auf der Beziehungsebene angefasst und geklärt werden, damit sich die Beteiligten nicht mehr über Scheinthemen anzugiften brauchen. Geschieht dies nicht, dann sitzt man sich nur noch mit gewetzten Messern gegenüber und kann nur schwer konstruktiv über Sachthemen sprechen. Womöglich entwickelt sich sogar die Haltung: «Da du dich immer so rücksichtslos und egoistisch verhältst, gebe ich diesmal in der Sache nicht nach. Ich habe auch viele gute Argumente, mit denen ich meinen Standpunkt sachlich, aber hartnäckig vertreten kann!»

Empfehlung: In diesem Fall sollten die Konfliktpartner vorübergehend die Sachebene verlassen und die Art und Weise des Miteinander-Redens, den Ton (den persönlichen Angriff, die Grenzübertretung etc.) zum Gegenstand des Konflikts machen: «Inhaltlich bin ich mit dir ziemlich auf einer

Linie, aber dein Ton macht mir zu schaffen! Ich empfinde deinen Ton als unverschämt! Außerdem möchte ich von dir nicht mit Kleinkindern oder geistigen Irrläufern auf eine Stufe gestellt werden! Das verbitte ich mir!»

Quadrant 3

In diesem Quadranten sind sich die Kommunikationspartner zwar auf der Beziehungsebene darin einig, wie sie miteinander reden, aber auf der Sachebene stehen sich unterschiedliche Meinungen und Standpunkte gegenüber, die ausgefochten werden müssen.

Gefahr: Die hier geforderte dialogische Fähigkeit ist leider nicht sehr weit verbreitet. Zu schnell geraten die Beteiligten auf die schiefe Beziehungsebene, da sie nicht nur den Standpunkt des anderen ablehnen, sondern ihm auch verübeln, dass oder wie er mit ihnen darüber spricht. Entsprechend wird die sachliche Auseinandersetzung mit vorwurfsvollem Tonfall oder entwertenden Äußerungen über den Konfliktpartner geführt. Der Meinungsgegner ist nicht nur sachlich anderer Meinung, sondern auch zwischenmenschlich Gegner. Das Verhängnisvolle daran ist nicht nur, dass die Beziehung dadurch gefährdet wird – auch der Fortschritt auf der Sachebene leidet darunter, was bei wichtigen Themen folgenschwere Auswirkungen haben kann.

Diese Schwierigkeit kann man in privaten, in beruflichen und in öffentlichen Gesprächen erleben. So mancher Politiker stellt in dieser Hinsicht ein Negativvorbild dar. Zu viele heiße Eisen der öffentlichen Diskussion werden so besprochen, dass in eine sachliche Aussage zugleich eine Diffamierung, Entwertung und Brüskierung des Meinungsgegners eingeschmuggelt wird, entweder direkt oder atmosphärisch.

Empfehlung: Das hier erwünschte Verhalten folgt dem Prinzip der «konfrontativen Konzilianz». Die dazu nötige Haltung: Ich werde meinen Standpunkt klar und deutlich vertreten, bleibe hart in der Sache und werde die Auseinandersetzung notfalls auch konfrontativ ausfechten. Dabei werde ich getragen von einer versöhnlichen und toleranten Haltung, die den anderen gelten lässt und seinen Standpunkt erforscht, ohne ihn zu entwerten oder als irrsinnig darzustellen. Ich werde so zuhören, dass die Punkte, wo Zustimmung und Übereinstimmung herrschen, herausgearbeitet werden und über die Unterschiede und Gegensätze gestritten werden kann. Dies verbinde ich mit der Hoffnung auf synergetische Weiterentwicklung, sodass wir beide nach dem Meinungsaustausch klüger sind als vor dem Gespräch.

Quadrant 4
Die Kontrahenten sind sich weder in der Sache einig noch in der Art, wie sie miteinander umgehen. Wir haben es mit einem Doppelkonflikt zu tun, nämlich mit einem Konflikt auf der Sachebene und gleichzeitig mit einem Konflikt auf der Beziehungsebene.

Gefahr: Hier besteht die Gefahr, dass jede Sachauseinandersetzung zum feindseligen Gezänk eskaliert und jeder Versuch, das Problem auf der Beziehungsebene anzusprechen, in einem Sachstreit versandet. Die Streitgespräche wechseln ständig zwischen Sachthemen und Beziehungsaspekten. Keine Ebene wird wirklich geklärt. Auf der Sachebene wird es schwierig, da die Beziehungsstörung keine offene Kommunikation zulässt und Kränkungen eine konstruktive Auseinandersetzung verhindern. Die Beziehungsstörung wird nicht geklärt, da das heiße Thema der Beziehung vermieden wird oder da man bei den Klärungsversuchen nicht auf den schlimmen Punkt kommt und nicht das anspricht, was einen im Grunde stört, nervt oder verletzt hat. Dies führt zu einem Streit-Kuddelmuddel, das eine Klärung auf beiden Ebenen verhindert.

Empfehlung: Da es sich hier um einen Doppelkonflikt handelt, besteht die Notwendigkeit der Entflechtung, sodass die Erörterung der Sachlage abgelöst von dem zwischenmenschlichen Problem betrachtet und behandelt werden kann.

Dazu ein Beispiel aus dem Lehrerberuf:
Zwei Lehrer, Herr Alsch und Herr Birk, planten mit einer Klasse eine Klassenfahrt. Es sollte mit dem Fahrrad durch Polen gehen. Im Vorfeld wurde gemeinsam mit der Klasse besprochen, welche Route und welche Programmpunkte sich für diese Klassenfahrt eignen. Außerdem wurden auf Drängen von Herrn Alsch acht Regeln vereinbart, die während der Fahrradtour gelten sollten.

Herr Alsch hatte nämlich vor Jahren bei einer anderen Klassenfahrt vom Schuldirektor den Vorwurf bekommen, dass er seiner Aufsichtspflicht nicht genügend nachgekommen sei. Aufgrund dieser Vorerfahrungen war ihm zum Beispiel Regel 4 wichtig: Der schwächste Fahrradfahrer fährt an der Spitze und bestimmt somit das Tempo der Gruppe! Er hoffte, dass sich dadurch während der Tagesfahrten die 24-köpfige Klasse nicht so weit auf der Straße auseinander zieht und die Truppe zu unübersichtlich wird.

Während der Klassenfahrt bemängelten nach einigen Tagen die schnellen Radfahrer der Klasse, dass sie immer so «lahm» und nur mit «angezogener Handbremse» fahren durften. Herr Alsch bestand jedoch auf Einhaltung der Regel 4. Die bisher gute Stimmung drohte umzuschlagen. Da griff Herr Birk ein und schlug vor, dass er mit den «Schnellen» morgen vorwegfahren und Herr Alsch mit den «Gemütlichen» hinterherfahren könnte. An einem gemeinsamen Punkt würden sich dann alle wieder treffen. Aufgrund der großen Begeisterung der «Schnellen» war es Herrn Alsch nicht möglich, seine Regel durchzusetzen.

Als Herr Alsch und Herr Birk anschließend allein in ihrem Zimmer waren, entwickelte sich ein heftiger Streit zwischen ihnen. Was diesen Konflikt verkomplizierte und spannungsreich machte, war, dass die Lehrer es gleichzeitig mit einer Sach- und einer Beziehungsauseinandersetzung zu tun hatten.

Im Sachkonflikt ging es um Umgang mit Gruppenregeln, Verabredungen und ordnende Bestimmungen. Herr Alsch hielt seinem Kollegen vor, dass er die vereinbarten Regeln nicht respektieren würde, und zitierte Jean-Jacques Rousseau: «Gehorsam gegen das Gesetz, das man sich selbst gegeben hat, ist Freiheit.» Nach dem Motto «Wehret den Anfängen» dürfe man beschlossene Prinzipien nicht vorschnell bei jeder kleinen Stimmungskrise über Bord werfen. Wenn jeder nach eigenem Gutdünken und aufgrund seiner aktuellen Stimmung sinnvolle Gruppenregeln verwerfen würde, leiden zum Schluss immer die Schwächsten darunter. Außerdem lernen die schnellen Schüler nicht, dass Rücksichtnahme wichtig ist. Herr Birk konterte damit, dass ein starres Regelkorsett die gute Laune der Gruppe einschnüren würde. Wenn Regeln nicht mehr passen, sollte man auch nicht mehr an ihnen festhalten. Die bisherige Vereinbarung würde die Gruppe zu sehr einengen, und er habe keine Lust, sich ständig am Gängelband der Verabredungen zu fühlen.

Auf der Beziehungsebene besteht der Konflikt darin, dass Herr Alsch den Vorwurf äußert, Herr Birk höhle seine Autorität aus. Er fühle sich von seinem Kollegen verraten. Er habe nicht ohne Grund vor der Gruppe darauf bestanden, dass die Regel eingehalten würde, und Herr Birk sei ihm vor allem dadurch in den Rücken gefallen, dass er – ohne vorher mit ihm darüber zu sprechen – der Gruppe den neuen Vorschlag gemacht habe. Es sei einfach und unfair, mit dem gerade aktuellen Gruppenwind zu segeln und sich so die Sympathie der Gruppe zu sichern. Dadurch würde er der Klasse Gelegenheit geben, die Lehrersolidarität aufzuspalten und das Spiel «Guter Lehrer – schlechter Lehrer» zu eröffnen. Er habe keine Lust, in die schlechte Position gedrängt zu werden. Er erwarte von Herrn Birk, dass er dann, wenn er mit getroffenen Verabredungen nicht mehr einverstanden sei, diese Einstellungsveränderung mit ihm bespreche. Und zwar bevor er die Vereinbarung einseitig und mit Unterstützung der Gruppenstimmung vor der Klasse aufkündigt. Herr Birk verteidigte sich, indem er seinem Kollegen Übervorsichtigkeit, Unflexibilität und starren Verabredungsgehorsam vorwarf.

Das Vorgehen in diesem Quadranten muss häufig zuerst die Beziehung ins Auge fassen und dort klären, wie die Beteiligten miteinander umgehen wollen und was sie dabei berücksichtigt haben möchten. Oftmals kann erst nachdem dies geklärt und sichergestellt ist oder nachdem zumindest die Beziehungsstörung benannt wurde, die Auseinandersetzung auf der Sachebene konstruktiv gelingen.

Manchmal ist es jedoch auch sinnvoll, zunächst den Sachkonflikt anzugehen und dort eventuell hart zu verhandeln. Vielleicht wollen die Beteiligten dadurch überprüfen, wie haltbar und strapazierfähig die Beziehung zwischen ihnen ist. Die Übereinkunft, die schließlich getroffen wird, kann als neu gefundene Gemeinsamkeit die Beziehung stärken und neu beleben. Bildet sich ein Team gerade neu oder finden sich zwei Partner erst zusammen, so ist die Beziehung zwischen ihnen zu Beginn häufig noch nicht so, dass man die ruhige Gewissheit und das nötige Vertrauen haben kann, die noch zarte Kontaktpflanze halte schon einen Beziehungssturm aus. Das gerade wachsende Beziehungsfundament verträgt einen derartigen Konflikt womöglich noch nicht. Vielleicht müssen die Beteiligten erst einmal durch einen Sachkonflikt testen, wie stabil die Beziehungsgrundlage ist und ob das Beziehungsnetz schon einem handfesten Beziehungskrach standhält.

Besteht jedoch Verdacht auf ein unergiebiges Sachgefecht, gilt als Reihenfolge:

1. Runter von der Sachebene. Auf der Beziehungsebene klären, worin dort genau der Konflikt besteht.
2. Sich selbst klären und dem anderen authentisch mitteilen:
   - Wo sind meine wunden Punkte? Was löst du bei mir aus und was richtest du bei mir an?
   - Wo will ich meine Grenze ziehen?
3. Dem Konfliktpartner mitteilen, wie man sich den gemeinsamen Umgang wünscht und welche Erwartungen man an den anderen hat.

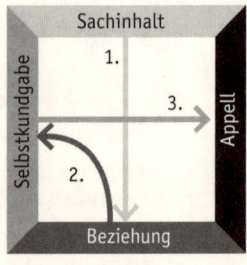

Interventionsrichtung und -reihenfolge
bei Doppelkonflikten
(nach Schulz von Thun, 1981, S. 201)

Mehrfachkonflikte

In manchen Problemsituationen besteht nicht nur auf zwei, sondern sogar auf mehreren Ebenen ein Konflikt.

Beispiel:
Der Angestellte einer Bank berichtet, dass er ein Zeitproblem hat. Er sagt: «*Ich bin in unserer Bank der Fachmann für Versicherungsfragen bei der Kreditsicherung. Wenn beispielsweise ein Schiffskredit durch*

eine Versicherung abgesichert werden soll, werde ich als Berater hin-zugezogen. Da immer mehr Versicherungsfragen bei Krediten gestellt werden, werden an mich immer mehr Anfragen gerichtet. Ich stehe seit längerer Zeit unter starkem Arbeitsdruck. Letztlich ist mein Gefühl: Alle wollen was von mir, und ich bin ständig überfordert.»

Das formulierte Problem deutet an, dass auf mehreren Ebenen Konflikte bestehen können:

1. Vielleicht handelt es sich um einen inneren Ambivalenzkonflikt, da sich der Bankangestellte nicht durchringen kann, einem Kollegen zu sagen, dass seine Anfrage noch warten muss, da er immer nur eine Tätigkeit zur selben Zeit erledigen kann. Sein innerer «Service-Mensch» möchte es allen Kollegen recht machen und sie in ihrer Arbeit unterstützen. Sein innerer «Abgrenzer», der auch einmal «Nein!» oder «Kann ich machen, aber nicht sofort!» sagen will, soll dafür sorgen, dass keine Überlastung und kein Arbeitschaos entsteht. Vielleicht wird jedoch der innere «Abgrenzer» vom «Service-Menschen» immer wieder zum Schweigen gebracht. Dass Druck und Arbeitsüberlastung die Folgen sind, bleibt nicht aus.
2. Vielleicht besteht aber zugleich auch ein Bewertungskonflikt, da der Bankangestellte keine klaren Kriterien besitzt, nach denen er die Dringlichkeit der einzelnen Anfragen werten kann.
3. Vielleicht ist es jedoch eher ein Rollenkonflikt, da nicht klar beschrieben wurde, was zu seiner Rolle als «Fachmann für Versicherungsfragen bei der Kreditsicherung» und den dazugehörigen Aufgabenfeldern genau gehört.
4. Vielleicht hat er über diese Themen auch schon mehrfach mit seinem Vorgesetzten gesprochen. Da die Beziehung zwischen dem Angestellten und seinem Chef jedoch durch einen Vorfall vor zwei Jahren in Mitleidenschaft gezogen wurde, können sie weder über die Bewertung von Dringlichkeit noch über mögliche Rollenunklarheit konstruktiv sprechen. In diesem Fall hat er auch noch einen Beziehungskonflikt mit seinem Vorgesetzten.

Im schlimmsten Fall hat der Bankangestellte auf allen vier Kommunikationsebenen einen Konflikt.

Die bisher beschriebenen Einteilungen sollen dem lesenden Praktiker helfen, einen bestehenden Konflikt richtig einzuschätzen, ihn in der Nachbetrachtung zu verstehen und die entsprechenden Maßnahmen treffen zu können. In der Realität kommt zur möglichen Verschachtelung verschiedener Konfliktformen, die unterschiedliches Vorgehen erfordern, erschwerend hinzu, dass manche Menschen dazu neigen, Konflikte nicht offen anzugehen, sondern sie möglichst zu vermeiden. Wer Konflikte immer unter den Teppich kehrt, muss sich jedoch nicht wundern, wenn er laufend stolpert. Häufig bedeutet Konfliktvermeidung, dass der vorhandene Konflikt verlagert wird. Darum soll es im nächsten Kapitel gehen.

Konfliktvermeidung durch Verlagerung

Im zwischenmenschlichen Konflikt sind die Kontrahenten häufig in einem wirren Knäuel emotional miteinander verbunden und verstrickt. Bei destruktiver Eskalation wird mit Unterstellungen, Misstrauensäußerungen, subtilen Beziehungsstichen, schroffen Anklagen, massiven Angriffen, verteidigender Rechtfertigung oder rächenden Vergeltungsmaßnahmen die Beziehung belastet und das gedeihliche Miteinander erschwert und schließlich unmöglich gemacht. Die Beteiligten sind kreisartig miteinander verbunden und teufelskreisartig voneinander getrennt. Die Folge treibt den Anlass vor sich her – beide leiden und finden doch kein Ende. Beide sind verletzt, lehnen sich gegenseitig ab und können doch nicht voneinander lassen. Für die Beteiligten ist der jeweils andere ein rotes Tuch geworden. Allein dessen Anblick kann einen schon auf die Palme bringen. Als beobachtender Dritter ist man vielleicht irritiert über die Heftigkeit der Vorwürfe. Uns selbst erscheint der andere gar nicht so unmöglich, spießig, dumm, geizig, borniert usw. Auch die Verbissenheit des Kampfes ist uns unverständlich. Da wir keinen Anlass sehen, der die Heftigkeit erklären könnte, verstehen wir die emotionale Wucht nicht. Man sieht den Kampf und hört die Explosionen, fragt sich aber, woher die emotionale Munition kommt.

Um die Heftigkeit und Dynamik von derart eskalierenden Konflikten zu verstehen, ist es hilfreich, sich bewusst zu machen, dass Menschen gefährliche Konflikte oft auf eine andere, zunächst weniger heikel erscheinende Ebene verlagern. Wir verleugnen dabei den eigentlichen Konfliktherd, verschieben den Austragungsort und umgehen damit die schmerzhafte Auseinandersetzung dort, wo der Konflikt ursprünglich entbrannte. Die häufigsten Richtungen der Konfliktvermeidung sind (Schulz von Thun, 1991):

- die Konfliktverlagerung von der *Beziehungsebene auf die Sachebene,*
- die Konfliktverlagerung von *außen nach innen,*
- die Konfliktverlagerung von *innen nach außen,*
- die Konfliktverlagerung in Teams durch *Feindbilder nach innen,*
- die Konfliktverlagerung in Teams durch *Feindbilder nach außen.*

Konfliktverlagerung von der Beziehungsebene auf die Sachebene
Da es manchen Menschen zu heiß ist, einen Beziehungskonflikt offen auszutragen, umgehen sie diesen, indem sie auf der Sachebene einen Streit ausfechten. Der Sachstreit kann dabei sehr heftig geführt werden, ist letztlich jedoch eine Vermeidung, da die eigentliche Konfliktursache auf der Beziehungsebene liegt. Der dann ausgefochtene Streit führt schnell zu einem Pseudo-Scharmützel.

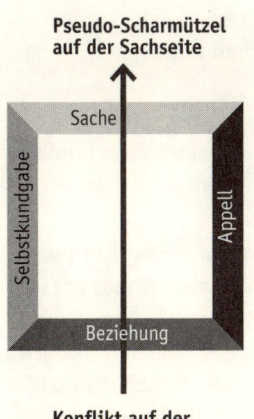

Konfliktverlagerung von der Beziehungsebene
auf die Sachebene

Beispiel:

Zwei Geschäftsführer einer Softwarefirma arbeiten in letzter Zeit mehr gegeneinander als miteinander. Ihre Beziehung ist gekennzeichnet durch Rivalitätskämpfe und unausgesprochene Vorwürfe, die nur gelegentlich als vergiftete Bemerkungen laut werden. Bei der Einrichtung einer kleinen Küche für die Mitarbeiter streiten sie sich heftigst über die Art der Fliesen: Marmor oder Granit. Herr Grün möchte gerne Granit und argumentiert: «*Marmor sieht nach einiger Zeit nicht mehr so gut aus. Außerdem ist es ein weicher Stein und deshalb empfindlich gegen Kratzer jeglicher Art und vor allem gegen chemische Einflüsse. Wenn da Coca-Cola, Essig-Reiniger oder Kalkablagerungen draufkommen, sieht Marmor schnell schäbig und verunstaltet aus.*»

Herr Fuchs möchte jedoch gerne Marmor und führt lautstark an, dass in Griechenland und Italien schon seit Jahrhunderten Marmor benutzt wird und immer noch toll aussieht. Gerade das Alte daran sähe ja nach historischem Leben aus. Marmor wirke immer elegant und nobel.

Die Mitarbeiter wundern sich über die Heftigkeit der Auseinandersetzung über dieses Thema. Gibt es doch in der Firma wirtschaftliche Probleme von großer Tragweite, die es zu bewältigen gilt. Außerdem ist laut Kostenvoranschlag der Preis kein Argument, und sie selbst wurden auch nicht gefragt. Sie verstehen nicht, warum keiner von beiden auf den anderen zugehen kann und warum beide mit unerbittlicher Härte diesen Scheinkrieg über Wochen führen.

Konfliktverlagerung von außen nach innen

Bei dieser Konfliktverlagerung wird das zwischenmenschliche Konfliktpotenzial nicht im sozialen Umfeld ausgefochten, sondern nach innen, ins eigene Seelenleben verlagert und dort ausgetragen.

Dafür kann es viele Gründe geben: Vielleicht war jemand in jungen Jahren nicht in der Lage, ausgesprochene oder unausgesprochene negative Beziehungsaussagen (zum Beispiel «*Du* bist lästig!», «*Du* bist ein Versager!», «Was hast *du* denn hier für eine dicke Lippe zu riskieren? Bring *du* erst mal was zustande …!») und normative vergiftete Botschaften seiner Umwelt (zum Beispiel «Das kann man auch anständig sagen. Du weißt

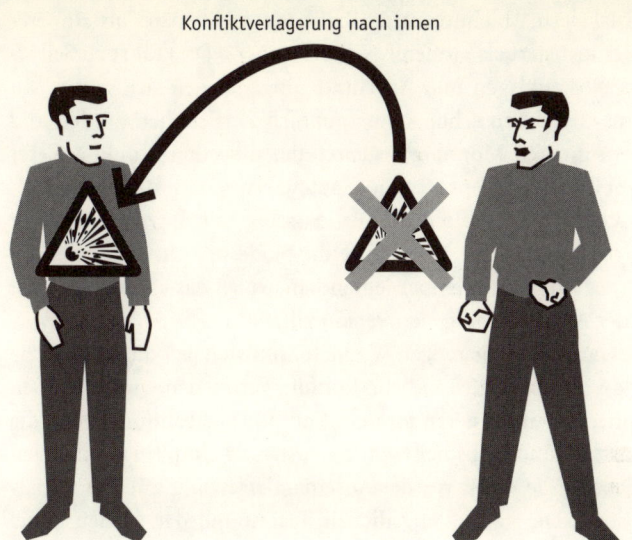

Konfliktverlagerung nach innen

Konfliktverlagerung von außen nach innen

doch: Wer laut wird, hat Unrecht!») abzuwehren. Er hat die Stigmatisierungen, vielleicht weil sie so massiv waren oder weil sie als Dauerberieselung wirkten, in sich aufgenommen und verinnerlicht. Das, was ursprünglich außen war, ist jetzt innen. Das Etikett «Nichtsnutz» ist zum Selbstkonzept *«Ich bin zu nichts nütze»* geworden. Die giftigen Introjekte machen ihm jetzt als innere Teammitglieder zu schaffen. Vielleicht hindern sie ihn heute daran, für seine Bedürfnisse zu kämpfen oder sich bei Bedarf energisch abzugrenzen, da ein inneres Teammitglied ihm dies ständig verbietet. Vielleicht hat er auch früher häufig gehört «Kinder, die was wollen, kriegen was auf die Bollen», sodass er sich abgewöhnt hat, seinen Willen zu spüren, seine Meinung zu sagen und sich für eigene Interessen deutlich einzusetzen. Diese Vorgänge sind vor allem in den Lebensphasen hoch wirksam, in denen wir unsere Identität aufbauen, also den frühen Kinderjahren (Wer bin ich überhaupt?), der Pubertät (Wer bin ich als heranwachsender Mann und heranwachsende Frau?) und den ersten Berufsjahren (Wer bin ich als erwachsener Berufstätiger?).

Die internalisierte Ablehnung und Kritik verurteilt später als «Innerer Richter» oder kritisiert als «Innerer Niedermacher». Dies führt zu Selbstvorwürfen, Selbstanklagen und Anschuldigungen gegen sich selbst. Mit sich selbst ins Gericht zu gehen kann zum Sich-Zerfleischen werden und ist von einem inneren Monolog begleitet, der ursprünglich ein äußerer Dialog sein sollte. Der innere Monolog lautet etwa: «Hättest du doch …», «Immer machst du alles falsch, immer dasselbe mit dir …!», «Du bist doch wirklich der dümmste Hornochse/die blödeste Kuh, den/die es auf Erden gibt ….» Da greift offenbar jemand an, wobei das «Du» sich selbst meint und der Angriff der eigenen Person gilt.

Wird dies zu einem gängigen Verhaltensmuster, ist die äußerliche Folge, dass der zwischenmenschliche Konflikt vermieden wird. Draußen herrscht Ruhe, aber im Inneren tobt ein Kampf. Die Teammitglieder, die für Selbstachtung und Selbstbehauptung zuständig sind, ringen mit den Teammitgliedern, die Angst vor der Auseinandersetzung mit den Sozialpartnern haben. Die konfliktängstlichen Teammitglieder spielen dabei häufig ein falsches Spiel. Sie geben sich schwach, sind jedoch sehr dominant und spielen ihre Überlegenheit gegenüber den anderen Teammitgliedern gnadenlos aus. Sie können uns zu verschiedenen Handlungen nötigen. Das Ergebnis ist jedoch immer ähnlich: Das ursprüngliche Konfliktpotenzial zwischen uns und anderen Menschen wird umgeleitet, verfälscht und letztlich gegen uns selbst gerichtet.

Psychodynamisch ist dann häufig folgender Prozess auszumachen: Identifiziert mit dem Angreifer bestraft der autoaggressive Mensch sich selbst. Die bestraften und unterdrückten Teammitglieder werden ärgerlich, da ihr grundlegendes Bedürfnis nach Selbsterhaltung und Selbstentfaltung verletzt ist. Dieser Ärger wird jedoch nicht zugelassen, sondern abgewehrt. Das bedeutet noch mehr Aggression gegen sich selbst. Es entsteht ein innerer Teufelskreis, aus dem schwer auszusteigen ist. Menschen, bei denen ein solcher psychodynamischer Kreislauf festzustellen ist, sagen oft, sie hätten eine unbeschreibliche Wut in sich, die sie ausdrücken möchten, aber nicht auszudrücken wagen. Manchmal führt dann dieser unterdrückte Aggressionszirkel zu einem antriebslosen Depressionszirkel.

Die inneren Teammitglieder, die dabei ihre Fäden spinnen, sind vielleicht:

- der «Verletzte», der in jedem äußeren Konflikt eine neue Bedrohung für seine alten Wunden sieht und im heutigen Kontrahenten den übermächtigen Richter von damals vermutet;
- der «Unsichere», der sich jedoch mit Arroganz tarnt und häufig das Motto lebt: Der Klügere gibt nach! (Auch wenn er zum Schluss der Dümmere ist);
- ein innerer «Niedermacher», der uns ständig einreden will, dass wir wertlos und überflüssig sind;
- ein innerer «Deprimierter», der unseren Optimismus raubt und uns runterzieht, sodass wir uns nur noch niedergeschlagen hängen lassen;
- ein «Ängstlicher», der jeden aggressiven Impuls zurückhält, sodass wir antriebslos werden und ständig müde sind;
- ein «Somatisierer», der uns durch Flucht in die Krankheit hilft, ein (selbst-)bestimmtes Verhalten zu vermeiden.

Die Flucht in die Krankheit kann sich auf psychischer und somatischer Ebene vollziehen. Auf geistig-seelischer Ebene zeigen sich vielleicht depressive Stimmungen, wobei zu beachten gilt, dass Depression eine Form der Aggression gegen sich selbst sein kann! Was wir im Leben unter äußerem oder innerem Zwang nicht ausgedrückt haben, das drückt nach innen, das erdrückt. Aus einer verhinderten Expression kann so eine Depression werden.

Auf körperlicher Ebene bekommen wir vielleicht Probleme mit dem Magen, dem Blutdruck, dem Herzen oder leiden unter Migräne, Appetitlosigkeit, Verstopfung, Potenzverlust, Schlafstörungen oder dem Ausbleiben der Periode.

Konfliktverlagerung von innen nach außen
Die umgekehrte Richtung der Verlagerung ist ebenso möglich und wirksam. Hier wirkt sich unsere innere Befindlichkeit auf unser Verhalten und damit auf unsere Umwelt aus. Häufig handelt es sich dabei um die Hemmung von innerem Ärger und um die Abwehr von eigenen, gegen sich selbst gerichteten aggressiven Impulsen.

Stellen wir uns einmal einen in sich ruhenden, ausgeglichenen Menschen vor. Er hält seine Ambivalenzen aus, und innere Zweifel erlebt er nicht als Qual, sonder als stimulierende Herausforderung. Seine innere

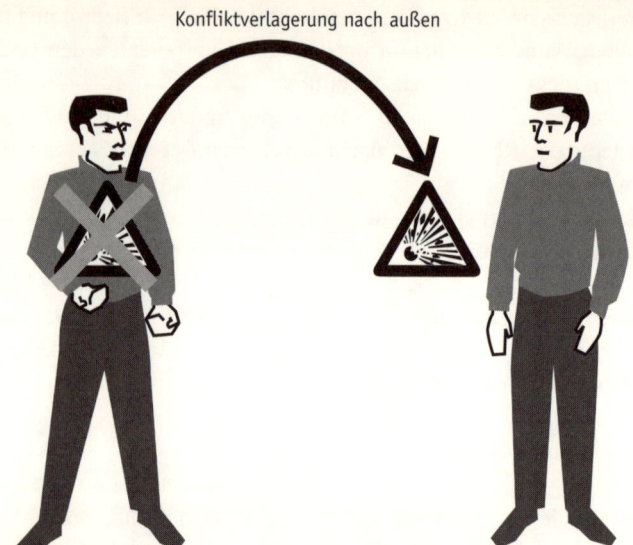

Konfliktverlagerung nach außen

Konfliktverlagerung von innen nach außen

Stimmenvielfalt bewertet er als persönlichen Reichtum individueller Differenzierungsfähigkeit. Sein Ich erkennt die Zugehörigkeit der vielen Persönlichkeitsanteile an und wird weder zum «Verkäufer» noch zum «Falschspieler» des Inneren Teams, welche das Image der Person frisieren und aufwerten wollen, wie manche ihr Auto. Im Gegenteil, das Ich erfasst die Pluralität seiner Person und hat vor der Klammer seiner persönlichen Gleichung ein bejahendes Wahrheitszeichen gesetzt: «Ja, so bin ich, und es ist in Ordnung!» Vagheiten, Unsicherheiten und Vieldeutigkeiten der Gefühle werden von ihm nicht nur toleriert, sondern auch gesucht, da sie als notwendige Voraussetzungen für die folgende Entscheidungsgewissheit anerkannt werden. Zweifel bedeuten ihm Respekt vor den Aufgaben, die das Leben ihm stellt. Die inneren Gegensätze sind weitgehend aufgelöst, da sie im Inneren letztlich zur Ganzheit verschmelzen, und die uralten Gegensätzlichkeiten (zum Beispiel Kopf und Herz, männlich und weiblich etc.) werden eher synergetisch als antagonistisch erlebt. Er lebt in Einklang mit sich selbst und ist mit seiner Lebensgeschichte weitgehend versöhnt. Bisherige Erfahrungen stellen somit kaum Altlasten dar, eher Kompostböden mit Wachstumschance.

Diese Daseinsform würde sich wohltuend auf die Umwelt auswirken. Das Verhalten wäre beispielsweise so flexibel, dass dieser Mensch sich in Beziehungen nicht auf *eine* Rolle (die des Starken, die des Dominanten, die des Abhängigen oder des Gruppenclowns usw.) festlegen muss. Innere Ausgeglichenheit lässt ihn anderen gegenüber großzügig sein. Er kann verständnisvoll kleine Schwächen verzeihen und sich erlauben, Zugeständnisse zu machen. Er kann aber auch für seine Rechte kämpfen und andere deutlich mit seinen Bedürfnissen konfrontieren.

Die Realität lehrt uns jedoch, dass dies ein idealer und für die meisten Menschen nur kurzfristig zu erreichender Zustand ist. Wir leben nicht immer in innerer Harmonie und sind nicht dauernd mit uns im Reinen. Manchmal sind wir unter der alltäglichen Dauerbelastung unausgeglichen, angespannt und hadern mit uns und unseren Unzulänglichkeiten. Unsere Diskrepanzen und Abweichungen vom Idealbild quälen uns. Wir leben nicht in innerem Frieden, sondern leiden unter verinnerlichten Ansprüchen an uns selbst. Wir lieben uns nicht, sondern sind uns selbst gegenüber überkritisch. Wir akzeptieren uns nur unter ganz bestimmten Bedingungen, sonst lauert der innere Vorwurf. Ein schlechtes Gewissen plagt, Schuldgefühle peinigen oder Perfektheitsansprüche nagen an uns. Auf unsere innere Vielfalt reagieren wir verwirrt, konfus und erleben sie als Qual und Zerrissenheit. Die leidvolle Aufspaltung in gute und böse Teile der eigenen Person zwingt uns, die bösen zu kontrollieren. Sozial nicht erwünschte Tendenzen versuchen wir zu verbergen und die entsprechenden inneren Stimmen zu unterdrücken. Da wir innere Widersprüche nur schwer aushalten, werden Zweifel nicht zugelassen. Über Trauer, Enttäuschungen und Angst wollen wir uns hinwegtrösten, sie beschönigen oder entschuldigen. Wir ärgern uns darüber, dass wir uns ärgern. Wir kämpfen dagegen an und reißen uns zusammen. So wird manche negative Erfahrung nicht verarbeitet, sondern verdrängt. Die Beziehung zu uns selbst ist eingeengt und gestört.

All diese menschlich-allzumenschlichen Bewältigungsmechanismen haben Auswirkungen auf die Art, wie wir mit unserer Umwelt kommunizieren. Wir sind im Kontakt mit anderen Menschen vielleicht schnell eingeschnappt, verbissen, rechthaberisch, verzagt, engstirnig oder kleinmütig. Wir neigen dazu, den quälenden inneren Konflikt nach außen zu verlagern und hoffen, uns damit zu entlasten. Der Bewusstheitsgrad unserem Tun gegenüber ist dabei unterschiedlich hoch. Häufig bleibt der innere Konflikt unbewusst, der äußere Konflikt ist uns jedoch sehr wohl bewusst. Wir suchen ihn und leiden zugleich unter ihm.

Zu den Mechanismen, innere Konflikte zu verlagern, gehören vor allem die Projektion und die Übertragung.

Projektion

Wenn ich meine Gefühle und Impulse ablehne und innerlich bekämpfe, und wenn ich diese abgelehnten Gefühle (häufig unbewusst) auf einen anderen übertrage und sie dann dort ablehne und bekämpfe, so nennt man diesen Vorgang Projektion.

Nicht: *Ich* bin unehrlich, sondern: *Du* bist unehrlich! Nicht: *Ich* bin verschlossen und vorsichtig, sondern: *Du* solltest dich etwas mehr öffnen und nicht so vorsichtig taktieren! Nicht: *Ich* lass mich häufig hängen, sondern: *Du* solltest dich mal mehr zusammenreißen! Oder: *Ich* will ja nicht konkurrieren, aber *die anderen* haben nichts anderes im Sinn! Nicht: *Ich* bin wütend!, sondern: *Du* bist so aggressiv!

Das seelische Prinzip der Projektion lautet: Wie ich mir, so ich dir! Oder besser:

> Wozu ich nicht recht stehen kann,
> das häng ich einem anderen an!
> (nach Friedemann Schulz von Thun, 1998, S. 224)

Im Modell des Inneren Teams gesprochen, handelt es sich um die abgelehnten und verdrängten Teammitglieder, die wir weder hören noch erhören wollen. Sie zeigen sich selten direkt, häufig verschlüsselt zum Beispiel in der Traumsprache oder in der Vorwurfssprache an einen Mitmenschen. Die Menschen, die wir ablehnen, bekämpfen, verurteilen oder deren Verhalten wir abstoßend finden (auch solche, die wir bewundern), sind oft Repräsentanten für unsere abgelehnten und verdrängten Teammitglieder. Wir neigen dazu, das, was in unserem eigenen Seelendunkel an verborgenen und destruktiven Mächten lebt und wühlt, auf andere zu projizieren, da es leichter ist, nach außen abzulehnen und bewertend zu kämpfen, als nach innen zu akzeptieren.

Projektion

Wir erkennen jedoch häufig in unserer Vorwurfshaltung nicht, dass der ablehnenswerte Mensch vor uns lediglich unsere eigenen, uns selbst entfremdeten Wesenszüge zeigt. Es ist eine lohnenswerte Übung, sich einmal zu fragen:

- Worüber tratsche ich besonders gern?
- Was bringt mich bei anderen mit Sicherheit auf die Palme?
- Wo finde ich besagte Wesenszüge und Verhalten bei mir wieder?
- Wie gehe ich innerlich damit um?

Projektionen dienen neben der inneren Entlastung von Seiten, die wir bei uns verleugnen, auch der Verschleierung und Verantwortungsabgabe: Es ist leichter, dich abzuwerten, als mir meine Selbstverachtung einzugestehen. Wir verschleiern, indem wir von uns weg auf den anderen zeigen. Wir vernebeln beispielsweise unser Schuldgefühl, verdrehen es zum Vorwurf und klagen den anderen an. Somit drehen wir den Spieß um und verlagern den Schulddruck von uns auf andere.

Entsprechend liegt der eigene seelische Schwerpunkt nicht bei mir, sondern beim Partner, ich mache nicht deutlich, was *ich* fühle, sondern

109

interpretiere, wie *du* fühlst, ich übernehme nicht die Verantwortung für *meine* Impulse, Wünsche und Gefühle, sondern werfe sie *dir* projektiv vor. Ich sehe deine Splitter, aber nicht meine Balken. Vielleicht motiviert durch die unbewusste Hoffnung, dass der zu erwartende Beziehungslärm die eigene innere Wahrheit schon übertönen werde. Indem ich meinen Ärger, die Wut und Aggression projiziere, habe ich den intrapsychischen Konflikt aufgespalten und einen Teil davon externalisiert. Davon werde ich nun bedroht und fühle mich im Recht, wenn ich mich gegen diese Bedrohung wehre. Nicht ich greife an, sondern ich werde angegriffen und muss mich natürlich verteidigen – ich bin nicht Aggressor, sondern Opfer.

Dieser Umgang mit sich und dem anderen entwickelt sich meist zum Schwarze-Peter-Spiel. Der andere will den schwarzen Peter wieder loswerden. Er kann ihn zurückschieben oder das Mitspiel verweigern. Beides führt zu Beziehungskonflikten, deren Ursache jedoch ein innerer Konflikt ist.

Beim Thema «Projektion» ist allerdings zu beachten, dass es immer auch ein Verhalten des Gegenübers unabhängig von uns gibt und wir die Erlaubnis haben, auch mal etwas ablehnen zu dürfen, ohne die Ablehnung sofort als Produkt unserer eigenen unhinterfragten Projektionsmechanismen abwerten zu müssen. Es bleibt jedoch immer Auftrag an uns selbst, ein Bewusstsein für unsere Projektionsmechanismen zu entwickeln und eine prüfende Einstellung einzunehmen, die kritisch untersucht, in welchem Maße unsere eigenen abgewehrten Anteile an unserem Vorwurf oder Hass beteiligt sind. Damit aus dem «Nein zu dir» ein «Ja zu mir» werden kann, ist jede schwierige Beziehung ein Lehrmeister und mahnt die überprüfende Frage an: «Was hat mein Vorwurf an dich mit mir zu tun?» – jedoch nicht in der strengen Einseitigkeit: «Ich lehne ab – also vermeide ich auch etwas.»

Übertragung

Ohne die Möglichkeit, Erfahrungen aus früheren Situationen auf neue Situationen zu übertragen, könnten wir nicht lernen. Wir lernen u. a., indem wir entdecken, dass bestimmte Merkmale sich gleichen, und entwickeln dadurch die Fähigkeit, zu generalisieren und zu verallgemeinern. Wir finden uns in neuen Situationen umso besser zurecht, je mehr Möglichkeiten wir besitzen, in unserem biographischen Archiv erlebter

Situationen zu blättern und unsere Erfahrungen auf die aktuelle Situation zu übertragen.

Im Falle der Fehlübertragung haben wir es jedoch mit einer unberechtigten Verallgemeinerung und Situationsübertragung zu tun. Nur weil mein früherer Lehrer, der eine Autoritätsperson für mich war, eine Hornbrille trug und bei Gegenargumenten der Schüler zu einem harten Richter wurde, so muss mein jetziger Chef, ebenfalls eine Autoritätsperson mit Hornbrille, nicht auch bei Gegenargumenten hart und fies werden. Im Falle der neurotischen Übertragung reagiere ich jedoch ebenso ängstlich oder trotzig bei meinem Chef wie als kleiner Junge dem früheren Lehrer gegenüber.

Das Hauptmerkmal der Übertragung ist, gegenüber einer Person Gefühle zu erleben, die sich in Wirklichkeit auf eine andere Person beziehen. Jede Begegnung zwischen Menschen löst bei beiden Partnern Gefühle aus. Unsere früheren Beziehungserfahrungen disponieren uns zu gefühlsmäßigen Stellungnahmen. Wir reagieren deshalb auf eine Person in der Gegenwart oft so, als sei sie eine Person aus der Vergangenheit, weil sie uns aus irgendeinem Grunde unbewusst an jemanden erinnert.

Übertragung ist somit eine Wiederholung; die Neuauflage einer alten Beziehungserfahrung. Sie ist ein Anachronismus, ein Irrtum in der Zeit und ein Versehen in der Person. In der Übertragung findet eine Verlagerung statt: Ich verlagere, ohne es zu bemerken, meine Impulse und Gefühlsreaktionen, die sich auf eine Person in der Vergangenheit beziehen, auf eine Person in der Gegenwart. Ich nehme den aktuellen Partner also nicht so wahr, wie er ist, sondern nur gefälscht und gefiltert durch meine Übertragungsbrille. Er muss für etwas herhalten, was ihn ursprünglich gar nicht betrifft, da ich ihn mit meiner Übertragung belagere.

Bei einem Verdacht auf Konfliktverschiebung ist es bedeutsam, eine klare Unterscheidung zwischen Projektion und Übertragung vornehmen zu können. Wenn ein Mensch projiziert, verlagert er das, was er in sich selbst ablehnt, in einen anderen Menschen. Wenn ein Mensch überträgt, verlagert er Verhalten, Eigenschaften und Gefühle von einem Menschen aus seiner Vergangenheit auf einen Menschen in seiner Gegenwart. Übertragung dient der unbewussten Dynamik, Vertrautes oder noch nicht Abgeschlossenes wieder zu finden, Projektion dient der inneren Konfliktentlastung. Friedemann Schulz von Thun (Praxisberatung in Gruppen,

1996, S. 167) brachte es auf die griffige Formel: Übertragung heißt: «Ich kenne jemanden, der war so wie du und hat mir zu schaffen gemacht.» Projektion heißt: «Ich kenne jemanden – nämlich mich –, der hat diese Teile auch, so ungern ich es wahrhaben möchte!»

Konfliktverlagerung in Teams durch Feindbilder nach innen

In manchen Teams oder Abteilungen spült die Gruppendynamik ein Teammitglied an den Rand der Gruppe. Wenn das Team es nicht schafft, diese Randfigur wieder zu integrieren, wird dieses Mitglied in seiner Rolle festgelegt, zum Außenseiter gemacht und als Sündenbock abgestempelt. Es wird dazu ausersehen, alle Schande, Schmach, Sticheleien und Bloßstellungen auf sich zu nehmen. Alle stimmen in ihrem Hohngelächter darin überein, dass dieser Kollege auf irgendeine Weise falsch, blöd, doof, fehlerhaft, egoistisch, böse oder schuldig ist. Der gemeinsame Schulterschluss des Teams verbindet. Alle, bis auf den Außenseiter, schauen in die gleiche Richtung und sind sich einig. Die gemeinsame Aktivität lässt die eigene Problematik vergessen, eigene Spannungen nicht mehr spüren und Konflikte nicht mehr thematisieren.

Wie die systemische Familientherapie eindrucksvoll nachweist, hat diese Dynamik häufig einen tieferen Sinn, eine Funktion. Wenn ein Kind

Feindbild nach innen

krank wird oder sonst wie psychisch leidet, wird der Zusammenhalt der Familie vielleicht dadurch gewährleistet, dass das Kind sich als «Symptomträger» anbietet. Das symptomatische Verhalten zeigt sich für die Erhaltung des Gesamtsystems auf verborgene Weise als unentbehrlich.

Ein Team übersieht vielleicht, dass der «Thementräger» etwas für die Gesamtgruppe leistet (s. Stahl, 2002, S. 312). Dieser übernimmt womöglich eine Rolle als Blitzableiter. Vielleicht ist das, was als flippig verschrien und abgelehnt wird, der unglückliche (aber sinnvolle) Versuch, etwas mehr Spontaneität ins Gruppenleben einzuführen, da in der Gruppe eine so rigorose und eiserne Gruppennorm herrscht, dass diese schon zum Zwang wird. Nur der Außenseiter wagt es, aus dem starren Käfig auszubrechen.

In einem anderen Team ist «Offenheit» gewünscht, und derjenige, der nicht mitmacht, wird als verschlossener Eigenbrötler ausgegrenzt. Im dritten Team steht «kühle Sachlichkeit und Distanziertheit» auf der hochgehaltenen Gruppen-Fahne, und derjenige, der sich öffnet und ehrlich über sich und sein Erleben spricht, wird als «Weichei» oder «Psycho-Heini» abgestempelt.

Das systemische Denken, welches keinen Anfang und keine Ursache, sondern nur Wechselwirkungen kennt, denkt nicht in kausalen Täter-Opfer-Kategorien, es fasst das ganze Team als zusammenhängendes System ins Auge. Eine zentrale Frage lautet deshalb: *Was leistet der Außenseiter für die Gesamtgruppe?*, und die Erkundung *Was haben die Beteiligten davon, dass sie einen in dieser leidvollen Rolle festhalten?* führt oftmals auf eine heiße Spur.

Vielleicht übertreibt der Außenseiter sein Verhalten. Dies geschieht jedoch häufig nur aus der Not des Unverständnisses heraus. Werden ihm Verständnis und Akzeptanz entgegengebracht und wird ihm die Last abgenommen, als Einziger für ein bestimmtes Verhalten, eine bestimmte Haltung oder einen Wert zuständig und verantwortlich zu sein, so kann er sich wieder in das Team integrieren. Wird dem Team der Sinn der Außenseiterproduktion so verdeutlicht, dass die Beteiligten die Funktion einsehen können, so sind häufig einige bereit, das Startsignal für Veränderung zu geben.

Konfliktverlagerung in Teams durch Feindbilder nach außen

In manchen Teams und Abteilungen entwickelt sich eine Dynamik, die die Beteiligten verführt, andere außerhalb der eigenen Gruppe befindlichen Menschen oder andere, außerhalb des eigenen Systems bestehende Teams zum Gegner werden zu lassen.

Auch hier wird über den vermeintlichen Gegner und Außenfeind gelästert, geschimpft und abfällig gesprochen. Er wird diffamiert, angeklagt und diskreditiert. Häufig hat auch hier der gemeinsame Außenfeind die Funktion, dass die eigenen Konflikte ausgeklammert werden dürfen und letztlich gar nicht mehr gespürt werden müssen. Diese Dynamik ist also ebenfalls eine unbewusste Konfliktvermeidungsstrategie. Alle sind sich einig: Wir verstehen uns wunderbar. Wir sind ein Herz und eine Seele, aber die anderen, die sind dumm, unkooperativ und verhalten sich falsch. Das Konfliktpotenzial wird nach außen getragen und dort ausgetragen. Man braucht den Außenfeind, um die eigene Kohäsion aufrechtzuerhalten.

So manche Führungskraft auf höherer Organisationsebene kann ein Lied von diesem «Abteilungsegoismus» singen. Es gibt aber auch Vorgesetzte, die diese Dynamik nutzen und irgendwelche anderen (oder sogar sich selbst) als Außenfeind aufbauen, um das harmonische Zusammengehörigkeitsgefühl innerhalb des Teams zu gewährleisten und zu stärken. Häufig funktioniert dies über eine gewisse Zeit, wird aber letztlich zu einer gefährlichen Strategie. Sobald der Außenfeind wegfällt (da er zum Beispiel wegen Krankheit oder Kündigung nicht mehr da ist), bricht alles auf. Jetzt kommt all das hoch, was bisher im Team unter den Teppich gekehrt wurde, und das ist nur sehr schwer in konstruktive Bahnen zu lenken. Außerdem entgeht einer auf solche Art «zusammengeschweißten» Gruppe das konstruktive Entwicklungspotenzial, das in den eigenen, unterdrückten Konflikten gebunden ist.

Dass im gesellschaftlichen Leben Feindbilder auf andere Kulturen, Religionen und über die Grenzen des Landes hinweg bewusst aufgebaut werden, um zum Beispiel von innenpolitischen Konflikten abzulenken und den inneren Frieden zu erhalten, davon spricht unsere Geschichte und politische Gegenwart Bände.

Feindbild nach außen

Beispiel:

In vielen Workshops für Fernseh- und Rundfunkanstalten konnte ich erleben, wie negativ die Produktion gegen die Redaktion und die Redaktion gegen die Produktion eingestellt war. In der Workshop-Phase der Seminare für die Produktion wurde zu Beginn immer beklagt, dass dieses Seminar mit den falschen Teilnehmern besetzt sei. Die schwierigen anderen seien ja nicht anwesend. Dies geschah auch umgekehrt.

Produktion: «*In der Redaktion, das sind doch alle kleine Steven Spielbergs. Sollen eine Nachrichtensendung drehen und spielen sich auf, als ob es der anspruchsvollste Spielfilm sei. Die mit ihrem kreativen Größenwahn denken sich die tollsten, aber völlig unrealistische Sachen aus. Hauptsache, sie fahren mal wieder tolle Lorbeeren ein. Wir sind ja nur für die Umsetzung zuständig und müssen uns als Lichttechniker und Toningenieure die Köpfe zerbrechen, wie wir ihre Ideen realisieren.*»

Redaktion: «*Da überlegt man sich stundenlang, wie man diese oder jene Szene haben will, damit der Inhalt auch entsprechend rüberkommt, und da mosern die von der Produktion, weil sie dafür eine Lampe mehr aufstellen müssen. Die wollen doch nur in ihrem Übertragungswagen sitzen und ein wenig an ihren Reglern spielen. Was eine gute Sendung machen bedeutet, das übersteigt ihren Horizont . . . »*

Es dauert immer eine Zeit, bis es gelingt, die jeweilige Blickrichtung auf sich selbst zu richten und die in der eigenen Abteilung herrschenden Probleme und Konflikte zu thematisieren.

Ein zweites Beispiel liefert der Konflikt in einem Industrieunternehmen zwischen Produktion und Verkauf, der vielleicht so klingt:

Produktion: *«Wir produzieren nach neuesten Erkenntnissen der Wissenschaft, beachten Umweltanforderungen, Verpackungsgesetze usw., aber die im Verkauf werden die Produkte ja nicht los. Fahren zwar einen Firmenwagen mit Telefon, aber sollten sich nicht immer auf dem Spruch ausruhen: ‹Der Kunde ist König!› Die verhalten sich doch selbst wie kleine Könige . . . »*

Verkauf: *«Wir stehen an der Front und müssen die Sachen verkaufen, die die Produktion entwickelt. Die Produkte sind entweder qualitativ gut, dann aber zu teuer, oder sie sind billig, dann aber auch so schlecht, dass sie kein Mensch kaufen will. Die sollten uns doch mal fragen, welche Produkte sich auf dem Markt verkaufen lassen. Wir könnten sie schon mit den nötigen Informationen versorgen . . . »*

Bei diesen Konflikten haben meistens beide Parteien Recht und Unrecht zugleich. Sie haben Recht darin, dass ihre Interessen unterschiedlich sind und die abteilungsspezifischen Aufgaben sich nicht decken. Sie haben Unrecht darin, dass sie das Positive, den Wert der Aufgabe des anderen übersehen und nur noch auf die negativen Seiten des Verhaltens blicken.

Die gemeinsame Aufgabenstellung liegt zum einen darin, die unterschiedlichen Verhaltensziele und differierenden Wertvorstellungen unter einen Hut zu bekommen – nämlich den Hut des übergeordneten Firmenziels – und zum anderen darin, die im eigenen System auftretenden Konflikte nicht zu verschleiern.

Wollen wir Konflikte nicht vermeiden, sondern uns ihnen stellen, so müssen wir uns auch unseren aggressiven Gefühlen stellen. Darum soll es im Folgenden gehen.

Hat sich zwischen zwei Menschen ein tiefer Graben aufgetan, der mit Enttäuschungen, Verletzungen, Ärger, Wut, Zorn und Aggression angefüllt ist, so wird es schwierig und anstrengend, neue Brücken aufzubauen. Ein psychologisch und sozial verträglicher Umgang mit aggressiven Gefühlen ist deshalb für viele Menschen der Dreh- und Angelpunkt im Konfliktfall. Darum ist ein kurzer Ausflug zu dem Umgang mit Ärger und Aggression an dieser Stelle angemessen.

Der Begriff «Aggression» bezieht sich vor allem auf das Verhalten – das zugrunde liegende Gefühl ist der Ärger. Mit der Unterscheidung zwischen der emotionalen Komponente, dem Ärger, und der häufig daraus folgenden Handlung, der Aggression, haben wir für den Umgang mit aggressivem Verhalten viel gewonnen, denn die Emotion Ärger kann sich in Aggressionen ausdrücken, muss aber nicht. Aggression muss auch nicht unbedingt ärgerbedingt sein, lässt sich aber als natürlicher Ausdruck der Emotion Ärger verstehen.

Da das Thema «Konstruktiver Umgang mit Ärger und Aggressionen» in den Unterrichtsfächern unserer Schulen teilweise oder gänzlich fehlt, lernen wir den Umgang mit diesen schwierigen Gefühlen wohl hauptsächlich auf dem Schulhof, zu Hause und in den Lehrplänen unserer ganz persönlichen Lebensschule. Wenn wir erwachsen sind, greifen wir dann immer wieder auf dieses selbst gestrickte Verhaltensmuster als unser persönliches Hausmittel zurück.

Theoretisch können wir zwischen drei Aggressionsformen unterscheiden:

- «explosive» Aggression, zum Beispiel vor Wut kochen und Geschirr zerschlagen, einen dicken Hals bekommen und losbrüllen, Raserei, Aggressionsausbrüche sowie Wut- und Tobsuchtsanfälle;
- «implosive» Aggression und gegen sich selbst gerichtete Wut, Selbstvorwürfe, Schuldgefühle, Verbitterung, Selbstmitleid und Selbsthass;
- verdeckte Aggression, indirekte Formen und subtile Aggressionsverstecke wie Spott, Sarkasmus, heimtückisch oder hinterhältig sein, sich lustig machen, lästern, mit spitzer Zunge hinterrücks reden, diffamie-

ren oder abfällig über jemanden sprechen, jammern, lamentieren, nörgeln, mit Leidensmiene wortlos erpressen oder «konsequent, unerbittlich und kompromisslos das Notwendige und Richtige tun!».

Einen gesunden Umgang mit Ärger und ein konstruktives Verhalten im Konfliktfall musste ich selbst mühsam lernen und bin immer noch dabei.

Als *Mensch* kenne ich die Schwierigkeiten, mit Ärger und Wut auf eine förderliche Art umzugehen, und bin dabei, mich von meiner erlernten Konfliktallergie über die Konfliktverträglichkeit zur Konfliktoffenheit zu entwickeln. Heute habe ich kaum noch Angst, wenn jemand mir gegenüber wütend ist. Heute bekomme ich Angst, wenn sich Menschen über mich ärgern und das nicht ausdrücken, denn ich weiß, dass unterdrückter Ärger, der sich in blinde Wut verwandeln kann, das destruktivste aller Gefühle ist. Einem Gegner im offenen Schlagabtausch kann ich inzwischen begegnen, mit lächelnden Terroristen habe ich meine Mühe.

Als *Betriebswirt* weiß ich, dass einem im beruflichen Umfeld häufig zum Dreier-Schritt geraten wird:

1. «Bis 100 zählen» oder als Alternative die Soldatenregel «Eine Nacht drüber schlafen». Dies folgt der Empfehlung des Philosophen Francis Bacon: Wer den Ärger eines Augenblicks unterdrücken kann, erspart sich vielleicht einen Tag des Bedauerns.
2. Sich zu Hause im privaten Bereich durch Gespräche mit Freunden oder dem Lebenspartner von Ärger entlasten oder sich durch körperliche Aktivitäten wie Sport, Fahrradfahren, Holz hacken oder sonst wie emotional zu entsorgen, um dann
3. beruhigt und gemäßigt den Konfliktherd anzufassen, ohne sich die Finger zu verbrennen.

Da Ärger und Wut häufig explosive und energiereiche Emotionen sind, stellt sich die Frage der Kontrolle dieser Gefühle. Vor allem in beruflichen Feldern ist es wichtig, dass wir nicht etwas schnell aus Ärger heraus sagen, was wir nicht sagen wollen und hinterher bedauern. Es geht darum, die Emotion so weit zu kontrollieren, dass wir mit der Emotionsäußerung nicht ständig anecken und dann von außen die Kontrolle aufgezwungen bekommen. Es geht aber auch darum, die Emotion nicht zu stark zu kontrollieren, weil sonst die Lebendigkeit verloren geht und der Sinn, der in jeder Emotion steckt, nicht mehr wahrgenommen werden kann. Ständige Kontrolle und Selbstbeherrschung macht es unter Umständen schwierig, mit dem eigenen Ärger konstruktiv umzugehen.

Als *Psychotherapeut* denke ich, dass Ärger, Wut und Zorn genau so wichtige Gefühle sind wie Angst oder Liebe. Dass sich aber oft hinter unseren harten Gefühlen andere, weiche und verletzte Gefühle verbergen, wobei die harten Gefühle die weichen Gefühle schützen. Ich weiß auch, dass wir keines der Grundgefühle empfinden können, selbst die «schönen» nicht, wenn wir nicht *alle* Gefühle in uns spüren und zulassen dürfen (auch die «hässlichen»). Emotionen sind unterschiedliche Formen von Energie. Wenn diese im Körper gebunden bleiben, bilden sie dort Blockaden und Verspannungen zum Beispiel in Kreuz, Schultern, Magen, Kiefer, Stirn oder den Genitalien. Diese Absperrungen lassen andere Gefühle kaum noch durch, sodass unsere Erlebnisvielfalt eingeschränkt wird.

Ich habe gelernt, dass wir Menschen unterschiedliche Aggressionspotenziale besitzen. Tobsüchtige und andere Menschen, die sehr viel Ärger in sich spüren, müssen die Fähigkeit aufbauen, ihre starken Emotionen nicht sofort herauszulassen, sondern sie in der Situation zurückzuhalten. Dazu müssen sie vorher zum einen erkennen, dass ihr Zorn zu ihnen gehört (und zu den alten Wundenschlägern) und dass ihre massive Aggression biographisch verankerte Ursachen hat. Zum anderen müssen sie lernen, dass es auf der Welt vieles gibt, was sie nicht regeln, kontrollieren und beherrschen können.

Eine andere Gruppe von Erwachsenen hat schon früh gelernt, Aggressionen zu vermeiden. Dies war bei ihnen damals notwendig und ist zugleich tragisch. Notwendig, weil es früher einen Schutz oder sogar eine Überlebensstrategie darstellte, tragisch, weil die Fluchtwege und Vermeidungsmuster negative Folgen für die seelische und körperliche Gesundheit haben können. Viele Erwachsene hatten in ihrer Kindheit keine guten Vorbilder und Modelle, an denen sie lernen konnten, wie man mit Ärger, Wut und Zorn angemessen umgehen kann. Zusätzlich haben sie eine Gleichung erfahren und verinnerlicht: Ärger, Wut, Zorn und Aggression = Schmerz und Verlassenwerden. Waren sie wütend, wurden sie geschlagen, zurückgewiesen, verachtet, lächerlich gemacht, ignoriert und durch schweigende Ablehnung bestraft, ohne Essen ins Bett geschickt oder in einem Zimmer eingesperrt, bis sie wieder «brav» waren. Dass sie heute ihre Empörung, Entrüstung, Erregung oder Aggression gegenüber anderen nicht äußern können, hat vor allem den Grund, dass sie solche Gefühle und Verhaltensweisen damals nicht zeigen durften. Sie haben gelernt, «lieb» zu sein, ihren Ärger zurückzuhalten und zu verdrängen. Sie wollen brave Mädchen oder hundertprozentige Pfadfinder sein: anständig, artig, freundlich, höflich, nett, aufmerksam und entgegenkommend. Sie bevorzugen das Rezept: «Aushalten – Durchhalten – Mundhalten» und verschlucken sich daran.

Als psychologischer *Kommunikationstrainer* weiß ich, dass es zwar mühsam, aber doch möglich ist,

– auf der emotional-energetischen Ebene sich immer öfter zu trauen, andere mit dem eigenen Ärger mutig zu konfrontieren. Je mehr Erfahrung und Sicherheit wir im Umgang mit diesem Gefühl bekommen, umso eher können wir lernen, Ärger angemessen zu zeigen;
– auf der kommunikativen Ebene eine klärende Vorgehensweise zu lernen, welche es ermöglicht (aber nicht garantiert), Konflikte fruchtbar auszutragen und eine konstruktive Konfliktkultur zu entwickeln. Dies werde ich noch weiter ausführen (s. Kapitel «Das Konfliktklärungsgespräch»), zuvor aber noch einige Gedanken zu den Phasen im Konflikt.

Konfliktphasen

Häufig bleibt ein Konflikt lange latent, das heißt unterschwellig. Das unangenehme Konfliktthema wird um des lieben Friedens willen unter den Teppich gekehrt, und Situationen, die den Konflikt deutlich machen könnten, werden umgangen. Die Beteiligten schlucken runter, lassen durchgehen, machen gute Miene zum bösen Spiel, möchten großzügig und nicht engstirnig sein. Als Dritter sieht man vielleicht, wie angespannt oder gereizt die Kontrahenten sind, und man spürt atmosphärisch, dass da etwas im Busche ist. Die Beteiligten selbst vermeiden jedoch eine offene Aussprache. Diese Vorphase kann unterschiedlich lange andauern.

Hat der Konflikt eine bestimmte Schwelle überschritten, so können wir zwei Phasen der Auseinandersetzung unterscheiden (Schulz von Thun, 1989):

Die *Ausbruchsphase*
Die *Klärungsphase*

Phase des akuten Ausbruchs
In dieser «heißen Phase» stehen sich die Streithähne gegenüber. Jetzt kommt es zum Ausbruch der Gefühle wie Ärger, Wut oder Entrüstung. Bei unmittelbarer Betroffenheit führt die Affektentladung dazu, dass man ausrastet und auf die Palme geht. Diese Phase ist selten angenehm, kann aber als reinigendes Gewitter sehr dienlich sein. Nach dem Motto «Besser jetzt austragen als ständig nachtragen!» geht es in dieser Konfliktphase vor allem

- nach außen um Abgrenzung (Grenzziehung) und Veränderungswünsche,
- nach innen um «entgiftende» Gefühlsentlastung und Selbstwertbereinigung.

Dabei sind die Beteiligten nicht um schöne Worte bemüht. Mit Ärger im Bauch werden die Worte nicht auf die Goldwaage gelegt. Die am meisten benutzten Formulierungen der Konfrontationssprache sind hier:

- Du (Sie) plus Verhaltensbeschreibung oder Schimpfwort. Zum Beispiel: «Du mit deiner ewigen Unpünktlichkeit!» oder «Sie sind manchmal wirklich unglaublich borniert!»
- Ich nicht ... Zum Beispiel: «Ich bin doch nicht dein (Ihr) ... (Hampelmann, Diener etc.)!» «Ich kann doch nichts dafür, wenn du (Sie) ...!»
- Appelle. Zum Beispiel: «Können Sie nicht endlich mal ...!» «Hör doch auf, dich wie ein ... aufzuführen!»

Es kann sehr befreiend sein, wenn der Konfliktpartner die Gefühle aushalten kann, die in dieser Phase geäußert werden. Und es ist kaum etwas so ärgerlich wie die freundliche Empfehlung, dass man sich doch nicht so aufregen solle. Hier Sprachkosmetik zu betreiben und «nette» Umgangsformen zu trainieren ginge an der inneren Realität der erregten Gemüter vorbei. Bei dieser offenen, wenig kontrollierten *Auseinander*-Setzung gewinnt man das Rohmaterial für die nachfolgend notwendige zweite Phase, wo man sich wieder *zusammen*-setzen muss, um den Konflikt zu klären.

Im beruflichen Bereich gelingt die Ausbruchsphase dort gut, wo die Firmenkultur es zulässt, dass dem Kollegen einmal der Kragen platzt, und wo das Beziehungsfundament so stabil ist, dass man auch mal aus der Haut fahren darf. Bei Beziehungen, in denen noch wenig gemeinsame Kooperations- und Konflikterfahrung vorliegt, sich die Konfliktpartner demzufolge noch nicht sicher sind, ob sie am gleichen Strang ziehen oder ob sie ein Tauziehen veranstalten müssen, die Beziehung entsprechend ungeklärt ist oder durch dauerndes Kriseln ein schwaches Fundament aufweist, da ahnen die Konfliktpartner, dass man erst einmal einen großen Teil der Gefühle mit sich selbst abmachen muss. Also übt man sich in Atemtechniken, versucht mit einem unbeteiligten Menschen darüber zu reden, das Ganze einmal aufzuschreiben, schreit im Auto, wenn man alleine auf der Autobahn ist, dreht ein Handtuch so fest, als würde man es auswringen, geht tanzen, treibt Sport oder zerreißt Telefonbücher, bevor man später die direkte Konfliktaustragung mit den vorsichtigen Mitteln der Diplomatie wagen kann.

Manche Menschen benutzen jedoch die einengende Norm der Firmenkultur gern als Ausrede, um ihre eigene Konfliktscheuheit zu kaschieren. Häufig braucht es Mut und manchmal Zivilcourage, seine Gefühle mit Bestimmtheit zu äußern und dem Betreffenden deutlich zu sagen, dass man sehr verärgert ist und warum.

Diese erste Phase des Ausbruchs stellt ein Lernfeld für die Menschen dar, die sich nicht trauen, auch mal mit der Faust auf den Tisch zu hauen, da sie gelernt haben, ihren Ärger hinunterzuschlucken, Wut zu verdrängen und in sich hineinzufressen.

Phase der Konfliktklärung und -regelung
Wenn man einmal auf die Palme gebracht wurde, so muss man auch wieder herunterkommen, denn von der Palme herab ist Zuhören, das verstehen will, nicht möglich. Auf dem Boden der schlimmen Tatsachen angekommen, geht es darum zu begreifen, was sich ereignet hat, das (viel-

leicht nach langem Schwelbrand) ausgebrochene Feuer einzugrenzen, vielleicht sogar zu löschen und die Ursachen zu besprechen. Wenn sich die Gemüter beruhigt und wieder zu einem gesunden inneren Abstand gefunden haben, kann in diesem zweiten Akt die Konfliktklärung erfolgen. Sie kann unmittelbar nach dem Ausbruch beginnen, aber auch Stunden, Tage oder Wochen später. Es gilt dabei zu beachten, dass der richtige Zeitpunkt für ein gutes Klärungsgespräch so wichtig ist wie ein guter Start beim Hundertmetersprint. Am Anfang werden schon die entscheidenden Weichen für den weiteren Verlauf gestellt.

Es lohnt sich, das, was in zwischenmenschlichen Beziehungen schwierig, unheilvoll und schmerzhaft geworden ist, ernsthaft und ehrlich zum Gegenstand der Auseinandersetzung zu machen. Ich betone das deshalb, weil bei manchen Menschen die Ansicht vorherrscht, dass das Reden über diese Dinge die Situation nur verschlimmern würde. Auch wenn jeder manchmal dazu neigt, die Flinte ins Korn zu werfen, es ist meist der Mühe wert, über den Konflikt zu reden. Damit das Konfliktklärungsgespräch eine reale Chance bekommt, muss man jedoch bereit sein, sich den dabei aufkommenden Gefühlen zu stellen. Ich will damit nicht behaupten, dass jedes Problem lösbar ist und das Ansprechen des Konflikts immer zur konstruktiven Lösung führen wird. Aber schon ein klärendes Gespräch darüber, dass der Konflikt unlösbar ist, lässt den Ärger darüber vielleicht erträglicher werden.

Die im Folgenden beschriebene idealtypische Schrittfolge in Konfliktklärungsgesprächen bezieht sich auf diese zweite Phase im Konflikt, wobei ich von einem Modell der Konfliktpartnerschaft ausgehe, in dem die am Konflikt Beteiligten trotz verschiedener Kompetenzen, unterschiedlicher Rollen und Hierarchieebenen eine partnerschaftliche Beziehung wollen. Das vorgestellte Vorgehen ermöglicht eine faire Konfliktkultur anstelle einer häufig anzutreffenden Vermeidungs- oder Fertigmach-Kultur.

Vor jeder Klärung sind zwei Fragen zu beantworten:

1. **Wer** sollte im Konfliktfall beim anderen anklopfen und die Einladung zum Klärungsgespräch aussprechen?

   Entweder derjenige, der den größeren Leidensdruck hat, derjenige, der sich unverstanden fühlt, oder allgemein derjenige, der den Eindruck hat, dass Wichtiges noch nicht ausgesprochen wurde, und deshalb das Gefühl hat: «Darüber müssten wir noch einmal reden.» Wahrscheinlich kann derjenige, der die innere Souveränität dazu mitbringt, diesen Schritt leichter vollziehen als derjenige, der noch Groll, Unmut und Unwille mit sich herumschleppt. Die Gesprächseinladung ist jedoch unabhängig von einer Hierarchie. Sowohl der Mitarbeiter als auch der Vorgesetzte kann diesen Schritt unternehmen. Der Vorgesetzte besitzt jedoch mehr Rollenverantwortung dafür. Es gehört zu seinen Führungsaufgaben, vorhandene Konflikte aktiv aufzugreifen und nicht auszusitzen.

2. **Wann** sollte das Konfliktklärungsgespräch stattfinden?

   Der Zeitpunkt sollte möglichst unverzüglich nach dem Vorfall gewählt werden. Es wird schwieriger, wenn man sich nach der Konfliktursache schon einige Male getroffen und das Thema vermieden hat. Jetzt wiegt sich der andere womöglich in Sicherheit oder ahnt sogar nichts von dem Konflikt. Er wird plötzlich und überraschend mit dem Thema konfrontiert und vielleicht dadurch überrumpelt.

Das Konfliktklärungsgespräch

In Anlehnung an die auf Seite 46 ff. beschriebenen Gesprächsphasen hat sich für das Konfliktklärungsgespräch der folgende idealtypische Ablauf als günstig erwiesen:

1. Anfang
2. Einstieg in den Konflikt (Informationsphase)
3. Konfliktdialog (Argumentationsphase)
4. Gemeinsame Lösungssuche (Beschlussphase)
5. Abschluss

Viele Konfliktlösungen erfordern mehrere Gespräche, und nicht jedes Konfliktgespräch muss alle Phasen durchlaufen. Manchmal genügt eine kurze Klärung zwischen Tür und Angel, und bisweilen wird bereits nach einem kurzen Austausch eine Verständigung erreicht. Bei wichtigen Themen und schwierigen Konflikten ist es jedoch gut, ein paar Wegweiser

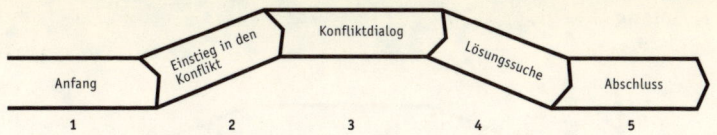

Verlangsamter Streitdialog (Bildidee von Christoph Thomann)

zu haben, wie man solch ein Gespräch führen kann, damit es nicht zur gegenseitigen Verstrickung im Dickicht der Argumente eskaliert. Der «heimliche Lehrplan» dieses Ablaufs ist das «Training in Lösungsaufschub».

Kommt der Konflikt endlich auf den Tisch, wollen wir ihn möglichst schnell wieder loswerden. Eine häufig gewählte Möglichkeit dafür ist die (vor-)schnelle Lösung, bei der ausschließlich *zweckorientiert* und nicht auch *verständigungsorientiert* vorgegangen wird. Da das subjektive Erleben des Konfliktklärungsprozesses erhebliche Folgen für die weitere Zusammenarbeit hat, ist der Prozess jedoch ebenso wichtig wie das Ergebnis. Eine zu frühe Lösungssuche verhindert eine genaue Konfliktanalyse, und bevor die hinter den konträren Standpunkten stehenden Sichtweisen und Interessen nicht berücksichtigt wurden, werden die Lösungsvorschläge vom Konfliktpartner abgeschmettert oder halbherzig hingenommen, da er sich nicht wirklich verstanden fühlt. Da, wo man mit Ruhe, Übersicht und Sorgfalt den sachlichen, persönlichen und zwischenmenschlichen Hintergründen des Konflikts auf die Spur kommen könnte, wird durch zu frühen Lösungsdruck die Problematik nur verschärft und die Atmosphäre durch unfruchtbares Gerangel zusätzlich vergiftet. Lösungslosigkeit auszuhalten ist für viele Menschen schwer. Vor allem Führungskräfte haben damit häufig Probleme. Das wird verständlich, wenn man bedenkt, dass es zu ihren Aufgaben gehört, in den vielfältigen sachlichen Problemstellungen des Führungsalltags möglichst schnell eine Lösung präsentieren zu können. Der Führungsspruch: «Von Problemen will ich nichts hören, nur von Lösungen!» macht diese Haltung überdeutlich.

1. Anfang

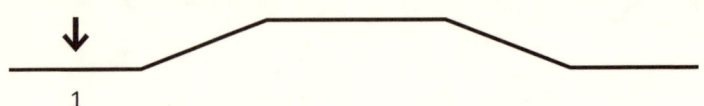

1

Für die Anfangsphase gilt der Grundsatz: Situationsklärung vor Konflikt-klärung!

Ziel dieser Phase ist es, eine möglichst günstige äußere und innere Gesprächsausgangslage zu ermöglichen.

Nach der Begrüßung sollten irreführende Umwege vermieden werden (Wetter, zurückliegendes Wochenende, die Familie usw.). Es ist im Konfliktgespräch wahrhaftiger, höflich, aber bestimmt zum Thema zu kommen.

Angesprochen werden sollte jedoch, was die **Wahrheit der inneren und äußeren Situation** ist: Aus welcher aktuellen Situation kommen beide gerade? Was beansprucht ihre Aufmerksamkeit außer dem vereinbarten Gesprächsthema? Was ist der Anlass des Gesprächs – «*Der Anlass des Zusammenkommens ist zwar nicht unbedingt erfreulich, hingegen ist es erfreulich, dass wir überhaupt zusammenkommen, um miteinander zu reden. Mich hat bewogen, Sie um dieses Gespräch zu bitten, da ...*» – und was der Inhalt? Welche Bedeutung und welches Ziel werden mit dem Gespräch verbunden?

Im zweiten Schritt sollten beide dafür sorgen, dass das Gespräch einen **angemessenen Rahmen** bekommt. Grundsätzlich gilt: Ohne störungsfreien Rahmen keine Konzentration!

Deshalb sollte dafür gesorgt werden, dass alle Störquellen (Telefon, ständiges Hereinplatzen Dritter etc.) so weit wie möglich ausgeschaltet sind und abgesprochen wird, wie viel Zeit das Gespräch wahrscheinlich benötigt und wer wie viel Zeit mitgebracht hat.

An dieser Stelle können auch das Gespräch erschwerende innere und äußere Kontakthindernisse ausgeräumt werden. Innere Widerstände, um sich überhaupt für das Gespräch zu öffnen, können erkundet und auf der Metaebene verhandelt werden. Vielleicht ist eine ehrliche Entschuldigung angebracht, die es dem anderen ermöglicht, von seinen harten Gefühlen loszulassen. Dabei sollte man sich aber nicht von taktischen Überlegungen leiten lassen, sondern es so sagen, wie man es wirklich meint.

2. Einstieg in den Konflikt

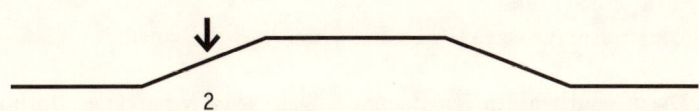

Aufgabe dieser Phase ist es, klare Selbstaussagen zum manifesten Konfliktanlass von beiden Konfliktpartnern zu ermöglichen, ohne schon in den Dialog zu gehen. Um die jeweiligen Ansichten des anderen verstehen zu können, sind *präzises Mitteilen* und *genaues Zuhören* Voraussetzung.

Präzises Mitteilen
Nach einem kurzen Strukturvorschlag, der durch den Gesprächspartner abgesegnet sein sollte (zum Beispiel «*Ich schlage vor, wir versuchen erst einmal genau herauszufinden, wo unsere Vorstellungen eigentlich auseinander gehen. Ich würde gerne damit beginnen, einmal meinen Standpunkt vorzutragen, und Sie danach bitten, Ihre Sichtweise zu schildern. Sind Sie mit dem Vorgehen einverstanden?*»), kann der Einladende beginnen, seine Sichtweise ohne Entwertung des anderen kurz und klar darzustellen: «*Worum geht es mir in dem Konflikt?*» Die Übernahme der Gesprächsführung liegt unter anderem darin, dass jemand Vorschläge zum Vorgehen macht. In hierarchischen Situationen ist es rollenangemessen, wenn dies der hierarchisch Höhergestellte tut.

Um Vertrauen und Offenheit zu fördern, sollte er mit Klarheit in der Sache und Wahrheit in der Beziehung seinen wichtigsten Punkt (keine Beschwerdeliste) und dessen Bedeutung hervorheben: Wie ist meine Sichtweise? Wie fühle ich mich behandelt? Was belastet mich? Wenn das und das geschieht, wie reagiere ich dann innerlich genau (verletzt, betroffen, irritiert, wütend …)?

Hier kommt die Vorbereitung zum Tragen, da es schwierig ist, aus dem Stegreif und hauptsächlich durch klare Ich-Botschaften die eigene Position so rein und aufrichtig wie möglich zu äußern. Außerdem kann durch die Vorbereitung deutlich werden, ob es wirklich gelingt, die eigene Sichtweise so vorzutragen, dass auf unterschwellige Beziehungspfeile, Ermahnungen, erneute Anschuldigungen und Vorhaltungen wie «*Gerade Sie sollten doch ... Seien Sie doch nicht so empfindlich, überbesorgt ...*» verzichtet werden kann.

Die eigenen Aussagen sollten drei Grundregeln beachten:

1. Die gesendeten Ich-Botschaften sollten keine versteckten Du-Botschaften sein. Der Beispielsatz «*Ich finde, Sie sind rechthaberisch!*» beginnt zwar mit dem Wort «Ich», ist jedoch eine Du-Botschaft, da der Schwerpunkt des Satzes eine bewertende Aussage über den anderen ist. Die fehlende Ich-Botschaft würde offenbaren, was beim Betroffenen ausgelöst wird und wie er innerlich reagiert, wenn er es mit einem «rechthaberischen» Menschen zu tun bekommt (vielleicht: ärgerlich, konkurrierend, entrüstet, gereizt oder unwillig).

2. Die eigene Aussage sollte von der aktuellen Problematik und dem aktuellen Gefühl ausgehen. Dies fällt uns häufig schwer, denn sobald uns etwas emotional betrifft, werden womöglich alte Wunden und Narben berührt. Dann sind wir schnell grundsätzlich. Wir sagen dann etwa: «Ich finde, du bist immer sehr rechthaberisch». Dies ist nicht nur eine pervertierte Ich-Botschaft, sondern durch das Wort «immer» (oder «nie») ziele ich auf etwas Generelles. Sind unsere Gefühle betroffen, machen wir gerne Aktuelles zu Generellem, da uns dann der eigene Ärger berechtigter zu sein scheint. Wir verhindern aber häufig damit, dass wir ein aktuelles Problem aktuell lösen können, da sich der Konfliktpartner gegen die Generalisierung wehren muss. In der Klärungsphase sollten Jetzt-Sequenzen ausgetauscht werden, also eine Auseinandersetzung darüber geführt werden, was uns **jetzt** ärgert. Es ist unfruchtbar, wenn Menschen darüber streiten, was der Partner ihnen vor zweiundzwanzig Jahren angetan hat – es sei denn, es handelt sich um eine alte traumatische Erfahrung, die erst jetzt aufgearbeitet werden kann. Dies könnte der Fall sein, wenn wir es mit einem Konfliktpartner zu tun haben, der eine alte Kränkung einfach nicht ver-

gessen will und kann und sie einem noch Jahre später immer wieder aufs Brot schmiert.

3. Bei der Äußerung des eigenen Standpunktes sind Vorwürfe, Empfehlungen, Appelle und Lösungsvorschläge fehl am Platze. Der Verzicht auf Vorwurf und Anklage kann umso besser gelingen, je mehr man
   • dies schon in der 1. Ausbruchsphase ausgekostet und sich somit emotional gereinigt hat und
   • wenn man das Klärungsgespräch gut vorbereitet hat.

Genaues Zuhören

Im Konflikt kann man es sich leicht machen, indem man immer auf Seiten der eigenen Meinung ist. Will ich den Konflikt wirklich klären, so muss ich mich jedoch anstrengen und jetzt den zweiten wichtigen Schritt leisten. Ich muss, auch wenn es schwer fällt, die Sichtweise des anderen genau verstehen wollen: «*Worum geht es dir bei dem Konflikt?*»

Nachdem der Einladende seinen Standpunkt geäußert hat, sollte er einen inneren Rollenwechsel vom Sender zum Empfänger vornehmen. So kann er mit neugieriger Haltung dem anderen zuhören: Wie sieht deine Wahrheit aus? Was sind deine Beweggründe? Durch aktives Zuhören und eventuelles Nachfragen kann er so die Position und innere Haltung des anderen mit interessierter Gründlichkeit studieren und kennen lernen («*Ihnen liegt also vor allem am Herzen...*» «*Die Sache bedeutet Ihnen demnach so viel, weil...*» «*Ich verstehe aber noch nicht, worin die Bedeutung für Sie persönlich liegt? Wütend werden Sie also vor allem dann, wenn ich...*»)

Aktives Zuhören (s. S. 162) hat somit auch dort einen wichtigen Platz, wo man in erster Linie erwartet, selber gehört zu werden! Gutes Zuhören fällt aber im Konfliktfall schwer, da wir Menschen dazu neigen, den «falschen» Standpunkt des Konfliktpartners nicht gelten zu lassen.

«*Ja, ja, ich verstehe schon, aber...*» kann man an dieser Stelle häufiger hören als: «*Verstehe ich Sie richtig, dass Sie meinen...?*» Eine innere Stimme will vielleicht nicht zuhören und fragt verwundert und empört: «*Wieso soll ich denn auch noch dem anderen Gelegenheit geben, groß und breit seine falschen und verbohrten Vorstellungen auszubreiten? Dann bekommt das Aberwitzig-Absurde doch ein viel zu starkes Gewicht!*» Da es aber in dieser Phase der Konfliktklärung noch nicht darum geht, in den Dialog zu treten, sondern im Vordergrund steht, sich gegenseitig über die unterschiedlichen Standpunkte und Einstellungen zu informieren, besteht die Aufgabe des Zuhörenden darin, durch Zusammenfassung des Gehörten und ohne Kommentierungen und Lösungsvorschläge eine Verständnisüberprüfung zu erreichen.

Gutes Zuhören ist schwierig, da wir schnell dazu neigen, innerlich die Munition für die Verteidigung zu sammeln. Gutes Zuhören ist jedoch wichtig, da vor allem im Konflikt das, was gehört wird, nicht immer das ist, was gesagt wurde und gemeint war. Müssen wir also feststellen, dass wir wieder im Gegenargumentieren verhaftet sind, sollten wir kurz innehalten und könnten zum Beispiel sagen: «*Ich glaube, so kommen wir nicht weiter. Ich möchte jetzt lieber mal genau erfassen, was Sie wirklich meinen. Lassen Sie mich mal sehen, Sie sagten gerade...*»

Die aktiv zuhörende Haltung bedeutet nicht «*Ich lasse mir alles bieten*», und dem obigen Einwand liegt ein häufiger Fehlschluss zugrunde. Viele Menschen denken, dass, wenn sie einem anderen Menschen im Konflikt zuhören, sie zugleich auch seinen Standpunkt billigen und ihm durch ihr Verhalten signalisieren, dass sie ihm Recht geben. Aber: *Verständnis ist nicht gleich Einverständnis!* Verstehen wollen heißt hier nicht gutheißen, sondern bedeutet die Haltung: Auch wenn ich ganz anderer Auffassung bin als Du, so bin ich doch interessiert daran zu erfahren, wie Du die Sache siehst und was in Dir vorgeht, was Du dazu fühlst und denkst. Es bedeutet, die wichtige Trennung von Verständnis und Zustimmung, die Unterscheidung von grundsätzlicher Akzeptanz und punktuellem Konflikt.

Warum sollte der Einladende beginnen, seine Sichtweise zu schildern?

Natürlich könnte er auch dem anderen den Vortritt lassen und ihn bitten, den Einstieg zu wagen, aber meistens reagiert der Konfliktpartner dann unsicher und misstrauisch. Wenn beide bisher «gemauert» haben, stellt es häufig einen Vertrauensvorschuss dar, wenn der Einladende beginnt, seine Selbstoffenbarungskarten auf den Tisch zu legen.

Sollte allerdings der Konfliktpartner bei der Darstellung der Sichtweise des Einladenden diesen immer wieder unterbrechen, so signalisiert er dadurch, dass er entweder randvoll mit eigenen Gedanken und Gefühlen ist oder dass es ihm wichtig ist, zunächst einmal seine eigene Auffassung zu verdeutlichen und darin selbst verstanden zu werden. Seine aktuellen Möglichkeiten bestehen anscheinend nicht im Zuhören und Aufnehmen, sondern darin, den eigenen Standpunkt und die dazugehörigen Empfindungen auszudrücken.

In diesem Fall sollte der Einladende umschalten, um durch Zuhören herauszufinden, wo der andere steht und was ihm wichtig ist. Vielleicht muss sein Konfliktpartner erst einmal seine verletzten Gefühle äußern oder die aus seiner Sicht bedeutsamen Aspekte aussprechen dürfen, damit er Luft bekommt und sich so in die Ausgangslage für gutes Zuhören versetzt.

Wahrscheinlich trifft besonders hier die Regel zu: Ich kann *den* anderen und *beim* anderen nur etwas erreichen, wenn er sich von mir verstanden fühlt! Die Chance, den anderen wirklich zu erreichen, wird dadurch erhöht, wenn dieser sich in seinem Selbstverständnis angemessen wahrgenommen fühlt. Jetzt kann er leichter den Konfliktpunkt an sich heranlassen und braucht nicht mehr so stark seine Energie an die Darstellung der eigenen Position zu binden.

3. Konfliktdialog

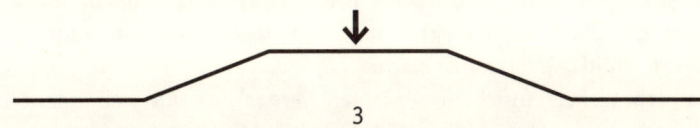

3

Aufgabe dieser Phase ist es, eine Aussprache durch einen *verlangsamten Streitdialog* zu ermöglichen. *Dialog*, da es zum Meinungsaustausch kommen soll; *Streit*dialog, da die Meinungen unterschiedlich sind und es im Konflikt auch um Grenzen geht, die man ziehen will, und um Unterschiede, die man ausfechten muss. Nachdem klar umrissen wurde, worin der Konflikt besteht, ist ein positiver Gesprächsverlauf nur aufgrund der Wertschätzung der Unterschiede möglich. Akzeptieren die Konfliktpartner diese Grenzen nicht und respektieren sie somit ihre Unterschiedlichkeit nicht, so kommt es zu Gesprächsstörungen. *Verlang-*

samt sollte der Streitdialog sein, damit das Gesagte nicht am Argumentationsgerüst des anderen abprallt, sondern jedem die Zeit bleibt, die Inhalte nach innen zu nehmen, sie zu kauen, zu schmecken, durch das «Kraftwerk des Herzens» zu lassen und, mit neuem Eigenen angereichert, zurückzugeben. Das Gespräch dreht sich also zunächst um die Sichtweise des einen, wendet sich dann den Gedanken und Gefühlen des anderen zu und gibt ihm die Zeit, die er braucht, um sich auszudrücken, bis er sich verstanden fühlt, und kehrt dann wieder zum Ersteren zurück usw. Wenn bei einem der Konfliktpartner eine Stockung auftritt, er die gehörten Worte nicht schlucken kann und ihm die Antwort im Halse stecken bleibt, so kann der Gesprächspartner durch geduldiges aktives Zuhören helfen, den dialogischen Prozess wieder in Gang zu bringen.

Der Konfliktdialog stellt also einen ständigen Wechsel zwischen eigener Reaktion und aktivem Zuhören dar, wodurch nicht nur der Kommunikationsprozess vorangebracht wird, sondern beide Partner ihr Konfliktthema umkreisen und sich ihm gemeinsam von verschiedenen Seiten nähern. Durch den ständigen Wechsel kann ergründet werden, was die sachlichen und emotionalen Gründe des Konflikts sind. Dabei sollten beide bemüht sein, auch die Hintergründe auszuleuchten, um vom vordergründigen Problem zum Kern des Konflikts vorzustoßen. Indem so der Konfliktkern herausgearbeitet wird, stoßen beide langsam auf den wahren, schlimmen Punkt: «*Was mich im Grunde immer wieder stört, enttäuscht, kränkt, nervt, zornig macht ...*»
Da sich hinter Ansichten Absichten verstecken und sich unerfüllte Wünsche häufig als festzementierte Standpunkte maskieren, ist gutes Zuhören wohl der wichtigste, aber auch der schwierigste Teil in diesem Prozess. Intensives Zuhören ist der Königsweg, um bei festen Positionen die dahinter liegenden Bedürfnisse und Interessen wahrzunehmen. Da starres Durchsetzenwollen von Positionen die Konfliktlösung stark behindert, sollte die gemeinsame Blickrichtung von den zu verteidigenden Positionen weg und hin zu den dahinter stehenden Interessen gelenkt werden. Vor allem bei Beziehungskonflikten, bei denen die Gefühle der Beteiligten von Bedeutung sind, ist die vertiefende Suche nach der Konfliktursache wichtig. Gutes Streiten soll ja letztlich in ein Versöhnen münden. Versöhnen heißt nicht, dass einfach der eine oder der andere nachgibt, son-

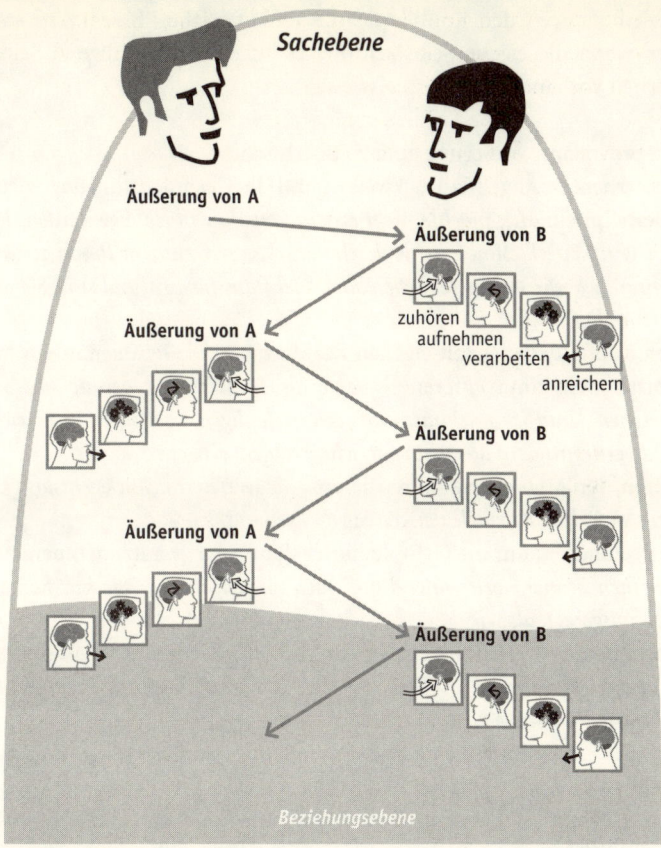

Äußerung von A

Äußerung von B

zuhören
aufnehmen
verarbeiten
anreichern

Äußerung von A

Äußerung von B

Äußerung von A

Äußerung von B

Beziehungsebene

Verlangsamter Streitdialog

dern dass alle Beteiligten zu ihrem Recht kommen und spüren, dass mit Verletzungen verantwortlich umgegangen wird. Dazu müssen jedoch die Verletzungen (zum Beispiel die Kränkung hinter der Wut) geäußert werden. Dies ist für manche Streiter aber sehr beängstigend, besteht doch die Gefahr, dass der Konfliktpartner nicht respektvoll mit dieser Selbstoffenbarung umgeht und eine erneute Verletzung zugefügt wird.

Gehen dem Konfliktpartner, obwohl er die Absicht bekundet hat, den Konflikt zu klären, doch noch einmal die Pferde durch und er provoziert, stichelt oder reizt den Konfliktpartner erneut (siehe Phase 1), so kann dieser, wenn die eigene Selbstachtung es zulässt und genügend Selbstsicherheit vorhanden ist, beispielsweise:

- die provokante Äußerung einfach überhören;
- den erneuten Angriff zurückweisen und die Gesprächsführung wieder übernehmen: «*Ich möchte nicht erneut von Ihnen beleidigt werden. Damit wir weiterkommen, schlage ich vor, dass wir zu dem Punkt zurückkehren, wo wir stehen geblieben sind. Geht das für Sie, und sind Sie einverstanden?*»;
- den Konfliktpartner mit eigenen Reaktionen und Gefühlen durch Ich-Botschaften konfrontieren: «*Wenn Sie so wie jetzt gerade mit mir sprechen, kann ich mich fast nur noch verteidigen, aber nicht mehr ruhig und vernünftig auf das ursprüngliche Problem eingehen.*»;
- bitten, den Angriff zu konkretisieren: «*Sie werfen mir Rücksichtslosigkeit vor. An welche Beispiele denken Sie da konkret?*»;
- aktiv zuhören, um die Gefühle hinter dem Angriff aufzunehmen: «*Sie scheinen immer noch wütend auf mich zu sein. Es hat Sie anscheinend sehr aufgeregt, als wir ...*»;
- Konsequenzen ankündigen: «*Wenn Sie mich weiterhin so provozieren und beleidigen wollen, sollten wir für heute das Gespräch beenden. Ich würde jedoch gerne ...*»;
- auf der Beziehungsebene die Provokation zurückweisen und den sachlichen Gesprächsfaden weiterführen: «*Über Ihre Einwände lässt sich wahrscheinlich diskutieren, aber ich empfinde Ihre letzten Äußerungen als maßlos übertrieben und verletzend. In dieser Form fällt es mir schwer, mit Ihnen weiterzureden. Trotzdem würde ich gerne den Punkt ... aufgreifen. Meine Meinung dazu ist ...*»

Ist durch solche Möglichkeiten kein konstruktiver Umgang möglich geworden, so gilt die Regel, die auch bei immer wieder auftauchenden Konflikten und teufelskreisartigen Verstrickungen gilt: Explizite Beziehungsklärung vor Sachklärung.

4. Gemeinsame Lösungssuche

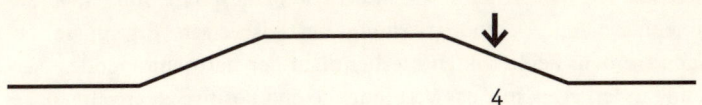

4

Die Aufgabe dieser Phase liegt darin, nach einer Zusammenfassung des bisher Erreichten die unterschiedlichen Wünsche zu äußern, diese zu bewerten, zu konkretisieren und tragbare Lösungen für beide zu finden.

Die 4. Phase sollte nicht zu früh eingeleitet werden, da der «Blick zurück im Zorn» eine wichtige seelische Hygienefunktion hat und verfrühte Lösungsorientierung zur Vermeidung von Klarheit führen kann. Vorschnelle Lösungssuche lässt häufig Hintergrund und Motivation für bisheriges Verhalten im Unklaren. Bleiben der Zusammenhang und die Wurzel verborgen, so kann die Lösung nur Makulatur sein. Die ersten drei Phasen sollen ermöglichen, dass die jetzt anstehende Lösungssuche auf einem sicheren Fundament steht.

Waren die Beteiligten bisher damit beschäftigt, ihre Differenzen und unterschiedlichen Standpunkte zu benennen, sich gegenseitig anzuklagen oder vergangenes Verhalten vorzuwerfen, so ist jetzt der geeignete Zeitpunkt, mit zukunftsorientiertem Blick die gegenseitigen Wünsche und Zukunftsvorstellungen auszutauschen. Die dahinter liegende Erkenntnis lautet: Der verschwiegene Wunsch von heute ist der Vorwurf von morgen!

Manchmal fällt den Beteiligten die Richtungsänderung jedoch schwer. Vor allem wenn man sich in eine vergangenheitsorientierte Vorwurfshaltung gesteigert hat, die den Lösungsblick für die Zukunft nur nach Mühen zulässt. Der Betroffene weiß zwar genau, was er *nicht* will, kann aber die innere Wendung von seinen Vorwürfen zu seinen Wünschen nur schwer durchführen. Da aber «Vorwürfe Wünsche im Nachhinein sind» und die Zukunft verhandelbar ist, ist jetzt der Blick nach vorn angebracht.

Zusammenfassen

Um abzusichern, dass beide die gleiche Sichtweise des aktuellen Gesprächsstandes haben, kann in dieser Gesprächsphase mit einer zusammenfassenden Gegenüberstellung der bisherigen Ergebnisse begonnen werden. Beide sollten hierbei nicht der harmonisierenden Verführung unterliegen, nur das Verbindende und Positive zu erwähnen. Da ein klarer Dissens produktiver ist als ein verwaschener Konsens, sollten neben den erarbeiteten Gemeinsamkeiten auch die Unterschiede und Schwierigkeiten benannt werden: «*Wir stimmen also darin überein, dass... Während Ihnen besonders wichtig ist, dass... möchte ich vor allem... Keine Annäherung konnten wir bisher bezüglich...finden. Stimmt das so?*» Die so oder ähnlich formulierte Klarheit belastet vielleicht kurzfristig, entlastet aber auf Dauer. Hier gilt die Regel: Klarheit geht vor guten Gefühlen!

Wünsche äußern

Konnten beide der realitätsgetreuen Zusammenfassung zustimmen, so können sie jetzt ihre Wünsche formulieren und beginnen, mögliche Lösungsrichtungen anzudenken.

Auf den ersten Blick könnte man meinen, nichts sei einfacher, als Wünsche geradeheraus anzumelden. Für manche Menschen ist jedoch nichts schwieriger als das. Die guten Gründe für Unklarheit und Indirektheit können darin bestehen, dass sie sich scheuen, die Verantwortung für ihre Wünsche zu übernehmen; dass sie Angst vor Zurückweisung haben und keinen Korb bekommen wollen; dass sie ihre Wünsche als zu starke Zumutung bewerten oder befürchten, dass dem Konfliktpartner der Mut zum Nein fehlt. Die Hemmung zu sagen, was man sich wünscht und braucht, kann so stark sein, dass manche Menschen ihre Wünsche und Bedürfnisse kaum noch spüren. Dann ist der Kontakt zu sich und den eigenen Bedürfnissen nicht genau, da nicht geübt. Entsprechend sind die Wünsche unbestimmt, diffus, schattenhaft vage und widersprüchlich. Andere kennen ihre Bedürfnisse, trauen sich aber nicht, ihre Wünsche direkt auszudrücken. Ihre Zurückhaltung begründet sich vielleicht in ihrer Erziehung, wo die Ausdruckshemmung ihren Ursprung hat. Sie erwarten, dass der Konfliktpartner ihre Wünsche schon irgendwie erahnt oder sie ihnen von den Augen abliest.

Vor allem Führungskräfte, die es gewohnt sind, die Ärmel hochzukrempeln und mit zielsicherem Lösungsblick Probleme anzugehen, laufen bei solchen Gesprächspartnern Gefahr, zu ungeduldig zu sein. Sie können das umständlich-zögerliche «Ich weiß auch nicht so recht» des Gesprächspartners schwer aushalten und neigen vorschnell dazu, dann eben selbst die Sache anzupacken. Zum Schluss liegen nur ihre Lösungsideen auf dem Tisch, und der Gesprächspartner brauchte sich nicht bemühen, selbst nachzudenken und seinen Teil der Verantwortung an konstruktiven Lösungen zu übernehmen.

Auch bei der Formulierung von Wünschen im Konfliktgespräch gilt es einiges zu beachten. Die Grundregel könnte lauten: Weniger normativ – mehr subjektiv!

Es ist weit mehr als ein Formulierungsunterschied, wenn man sagt: «Ich habe einen Wunsch an Sie, und zwar … weil …» anstatt «Sie sollten …». Die Formulierung «Sie sollten …» lässt den anderen im Unklaren, ob im Namen der Macht oder im Namen der Vernunft oder der allgemeinen Moral gesprochen wird, und der Konfliktpartner reagiert vielleicht empfindlich auf die Bevormundung, die er heraushört. Wenn beide die Verantwortung für ihre Wünsche übernehmen (*Ich habe einen Wunsch …*) und den anderen darüber informieren, welches Bedürfnis hinter dem Wunsch steht (*… weil …*), so kann anschließend gemeinsam und sorgfältig erkundet werden, welches Bedürfnis in dieser Situation Vorrang haben sollte.

Dabei ist es wichtig, zwischen «Ansprüchen» und «Wünschen» zu unterscheiden. Ansprüche sind «Wünsche mit juristischem oder moralischem Zusatzpaket». In diesem Zusatzpaket befindet sich vielleicht

1. das einklagbare Recht auf den Wunsch («Es steht mir zu!»),
2. der (häufig moralische) Druck, dass der andere sich schuldig fühlen soll, wenn er den Wunsch nicht erfüllt,
3. eine einseitige, bisher nicht veröffentlichte Beziehungsdefinition: «Unsere Beziehung ist nur dann gut, wenn du folgendes Verhalten zeigst …!»

Die psychische Qualität eines Wunsches dagegen ist viel offener. Seine Zurückweisung führt nicht zur Suche nach Verantwortlichen, zur Klage über Schwächen oder Unmoral oder zur Zuweisung von Schuld, sondern zu Enttäuschung, Ärger und Traurigkeit, also authentischen Gefühlen. Werden Enttäuschung und Traurigkeit durch Vorwürfe und (An-)Klagen ersetzt, so ist eine erneute Drehung des Konfliktkarussells sehr wahrscheinlich. Will eine Führungskraft mit einem Mitarbeiter einen Konflikt klären, so muss die Führungskraft sehr genau unterscheiden, ob es sich um einen persönlichen Wunsch handelt, den sie als betroffener Mensch hat, oder ob es sich um einen Anspruch handelt, den sie aus der Rolle als Führungskraft äußert.

Damit das Konfliktgespräch nicht nur dem aktuellen Kontakt dient, sondern auch für das zukünftige Miteinander die Weichen stellen kann, ist in dieser Gesprächsphase sorgfältiges Vorgehen angebracht. Es bieten sich vor allem im innerbetrieblichen Klärungsgespräch zwei Möglichkeiten an, die Wünsche und Lösungsideen zu erheben:

1. Möglichkeit: «Verrücktes herein»
Hier geschieht ein gemeinsames Lösungsbrainstorming, wo kreative Geistesblitze, unkonventionelle Ideen, unerwartete Vorschläge und viele Ideensplitter zunächst unkritisch ohne Diskussion, Kommentar und ohne Bewertung (!) eingesammelt werden. Hier werden Positionen in Bewegung gebracht, indem nicht an der eigenen Position stur festgehalten wird, sondern indem eine möglichst große Menge an Konfliktlösungsideen entwickelt werden. Motto: Kreative Veränderung braucht Phantasie, nicht Nostalgie!

Die einzelnen Ideen sollten unter Umständen aufgeschrieben werden, da erfahrungsgemäß zum Schluss die ersten wieder vergessen werden. Dieses Vorgehen hat den Vorteil,

– dass sich die Diskussion nicht am ersten oder zweiten Vorschlag festbeißt, ehe man das ganze Kreativitätsrepertoire der Beteiligten voll ausgeschöpft hat;
– dass beide und nicht nur der Schnellere, Dominantere und Selbstsicherere ihre Ideen einbringen können;

- dass vorschnelle Kritik keine guten Ideen unterdrückt;
- dass durch die Vielzahl der Vorschläge die Wahrscheinlichkeit erhöht wird, eine für beide Seiten akzeptable Lösung zu finden;
- dass alle zurzeit denkbaren Ideen auf den Tisch kommen und keine schon beim Einsammeln unter den Tisch fällt.

2. Möglichkeit: «Unverschämtes herein»
Nach der psychologischen Regel «Was ausgesprochen wurde, behindert nicht mehr!», gilt hier die Haltung «Wenn alles nur nach mir ginge, wünsche ich mir … könnte ich mir vorstellen …!» Es sollen also nicht nur die kleinen, zurechtgestutzten und dem mitgedachten Konsens schon angepassten Wünsche, sondern auch die scheinbar unwichtigen und extremen Wunschvorstellungen geäußert werden. Hier ist der Mut zu unverschämten Wünschen gefragt, da sie häufig eine überraschende Wendung und ungeahnte Lösung ermöglichen. Dies nicht in der druckvoll verpflichtenden Haltung «Mein Wunsch sei dir Befehl!», sondern mit der offenen Einstellung: «Mein Wunsch sei dir Information!»

Mit einer Wunschformulierung erwerben wir noch nicht den Anspruch auf seine Erfüllung! Unsere Haltung sollte dem anderen die Möglichkeit zu einem «Nein!» bieten. Das bedingt natürlich die Fähigkeit des Konfliktpartners, «Nein» sagen zu können, und unsere Befähigung, mögliche Enttäuschung und Frustration aushalten zu können. Beiderseitiges geduldiges Zuhören erlaubt auch hier wieder, Informationen über die unterschiedlichen persönlichen Wünsche zu erhalten und beide Konfliktpartner in die Verantwortung zu nehmen. Wird hier nicht sorgsam gearbeitet, so geht einer der Kontrahenten als Sieger aus der Auseinandersetzung hervor. Dann gibt es immer auch einen Verlierer. Der Konflikt köchelt weiter, da Siege racheanfällig sind.

Bewerten
Nach dem Einsammeln folgt die Bewertung der verschiedenen Wünsche und Lösungsideen nach kurzfristigen und langfristigen Konsequenzen für die eigene Person und für den Konfliktpartner. Was ist das Ziel? Was ist darum erwünscht, sinnvoll, zweckmäßig und bei der vorgegebenen inneren und äußeren Realität angemessen und was nicht? Was ist realisierbar? Bei dieser Bewertung sollte beachtet werden, dass emotionale Beweg-

gründe mit sachlichen gleichwertig sind. Jeder wird aus ganz bestimmten Gründen einige Ideen bevorzugen und besser finden als andere. Was dem einen recht und billig ist, muss jedoch dem anderen auch in den Kram passen.

Konkretisieren

Die Bewertung von Lösungsideen führt häufig schon fast zwangsläufig dazu, dass man die Wünsche konkretisiert. Manche Wünsche sind eher romantisch als realistisch, und viele Wünsche sind emotional gefärbt. Damit unklare Wünsche zu Zielen werden, müssen sie präzisiert und an den faktischen Gegebenheiten der Wirklichkeit gemessen werden: Was ist genau gemeint? Welche Kosten entstehen? Welche konkreten Schritte folgen aus diesen Wünschen? In welchen Zeiträumen wird dabei gedacht? Was ist bei der Umsetzung zu bedenken? Welche Stolpersteine sind zu erwarten? Wie können wir gemeinsam Kriterien entwickeln, anhand derer überprüft werden kann, ob die Vereinbarungen eingehalten wurden? Wer ist zu informieren? (Betroffene und Beteiligte) Wer tut (bis) wann was wie und übernimmt für was welche Verantwortung?

Verhandeln und Vereinbaren

Häufig gehen Bewerten, Konkretisieren und Vereinbaren ineinander über, wobei der Teufel im Detail steckt und das Detail zur zähen Verhandlungsmasse der Konfliktpartner werden kann. Neue Absprachen und Verantwortlichkeiten müssen so eindeutig formuliert sein, dass sie von potenziellen Schlupflochartisten und Ausweichspezialisten nicht unterschiedlich interpretiert werden können und am nächsten Tag nicht eingelöst wird, was am Vortag mühsam festgezurrt wurde. Nach meiner Erfahrung gibt es selten glatte Lösungen und leichte Einigungen, häufig nur vorläufige Teileinigungen. Beim Verhandeln um eine tragfähige Vereinbarung sollten faule Kompromisse vermieden werden. Sie sind nur zu häufig der Anlass für den nächsten Konflikt. Außerdem will beachtet sein, dass Überredungen mit Engelszungen reueanfällig sind. Vielleicht gibt der Gesprächspartner im Moment nach, da er der Rhetorik und dem Überredungsdruck des Konfliktpartners nichts mehr entgegenzusetzen hat. Innerlich hat er jedoch nicht zugestimmt, und erst nachdem er zu Hause noch einmal in Ruhe seine Gedanken ordnen konnte, wird ihm mit aller

Deutlichkeit bewusst, dass er den Überredungsdruck missbilligt und seine Zustimmung bereut.

Das Verhandeln erfordert deshalb den Balanceakt zwischen Egoismus und Rücksichtnahme, zwischen Eigeninteresse und Interessenschutz des anderen, sodass sich anschließend keiner über den Tisch gezogen fühlt. Beachte: Überredungen kosten Zeit und Vertrauen!

Häufig ist es unrealistisch, schon im ersten Gespräch zu einer Lösung kommen zu wollen, und nicht alle Klärungsgespräche führen zu einer Einigung. Vielleicht sieht man aus einigen Tagen Abstand das Problem mit anderen Augen, und die aus der Distanz gefundene Einsicht erkennt Türen, die bisher durch Einseitigkeit oder sture Verbissenheit verbaut schienen. Sich gegenseitig zubilligen, dass man an kritischen Stellen Bedenkzeit nehmen kann, um neue Gedanken reifen zu lassen, braucht und zeugt von gegenseitiger Toleranz. Manches kann vielleicht erst einmal so im Raum stehen bleiben, ohne dass sofort eine Einigung erzielt wird, und der Gesprächsstand folgt dem Motto: «Wir sind uns einig, dass wir in dieser Sache uneinig sein dürfen.»

Nachdem die Lösung oder neue Absprache genau beschrieben wurde, kann zur Sicherheit überprüft werden, ob beide Beteiligten sie akzeptieren. Hier sollte durch Angstabbau dafür gesorgt sein, dass man der (vielleicht endlich) gefundenen Lösung auch widersprechen darf.

Abschlussphase

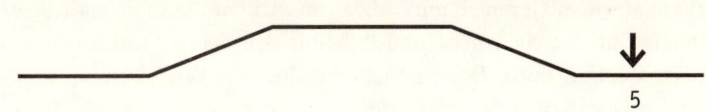

5

Aufgabe dieser Phase ist es, das Gespräch abzurunden.

Haben die Konfliktpartner realistische und konkrete Lösungen gefunden, so sollten diese zum Abschluss noch einmal formuliert (eventuell auch schriftlich festgehalten) und durch Zustimmung abgesegnet werden.

Besonders konstruktiv für diese Abschlussphase ist es, wenn beide Konfliktpartner dieses Gespräch nicht als eine punktuelle Begebenheit auffassen, sondern sich bewusst machen, dass sie in einen neuen Prozess einsteigen. Prozessorientiertes Denken braucht und ermöglicht jedoch Kontakt und Kommunikation. Der neue Prozess eröffnet die Fragen: Wie bewährt sich die getroffene Vereinbarung? Ist die getroffene Entscheidung richtig, und wird sie zum gewünschten Ziel führen? Ist der gefundene Kompromiss auch noch nach einer Woche innerlich gedeckt und für die Situation und unsere Beziehung angemessen?

Um die Realisierungschance der Vereinbarungen und Erprobung des Neuen im Alltag zu prüfen, sollten die Konfliktpartner entweder vereinbaren, dass sie im Gespräch darüber bleiben oder schon einen konkreten Termin für ein neues Treffen beschließen. Eine prozessorientierte Haltung hilft verhindern, dass einer der beiden zu einem späteren Zeitpunkt sich auf die bequem ablehnende Position zurückzieht: «*Wusste ich doch, mit diesem Menschen kann man nichts klären!*» Vielleicht zeigt diese abweisende Haltung jedoch, dass er sich nicht wirklich in der Ausbruchsphase «entgiftet» hat oder in der Aussprache des Konfliktdialogs die Vertiefung auf den eigentlichen Konfliktgrund nicht gewagt hat. Unausgesprochen wuchern seine ablehnenden Gefühle in ihm und treiben inzwischen vergiftete Blüten. Er ist seine Gefühle nicht losgeworden, sondern trägt sie als Gepäck ständig mit sich und belastet die Beziehung. Sein argwöhnisches Misstrauen oder innere Verachtung lässt ihn überkritisch nur darauf lauern, dass der andere sich nicht so verhält, wie es besprochen wurde. Für ihn ist nicht denkbar, dass der Konfliktpartner vielleicht mit guten Absichten aus dem Gespräch ging, aber von nicht vorhersehbaren Alltagsrealitäten überrascht wurde und sich mit den neuen Situationen auseinander setzen muss. Dessen Nichteinhalten der Vereinbarung ist womöglich keine «böse Absicht» oder ein «neuer geschickter Schachzug», sondern nur missglückte Alltagsbewältigung. Vielleicht wurde im Gespräch auch etwas übersehen und nicht angesprochen.

Der Nachteil einer fortdauernden Vorwurfshaltung ist, dass das Gespräch nicht zu einer wirklichen Klärung der Beziehung beigetragen hat, der «Vorteil» liegt darin, dass eigene Vorurteile bestätigt und das Weltbild gesichert bleiben.

Ist die Klärung gut gelaufen, können zum Abschluss des Klärungsgesprächs die «Reste» («*Was ist noch offen geblieben?*») eingesammelt und geklärt werden, wie damit umgegangen werden soll. Eventuell ist noch eine kurze Metakommunikation über das Gespräch angemessen: «*Wie ist es mir und Ihnen im Gespräch ergangen?*», bevor sich beide Konfliktpartner verabschieden. Der Wert dieser abschließenden Metaäußerung ist nicht zu unterschätzen, reklamiert er doch eine faire Streitkultur und bestätigt, dass dies zumindest für dieses Gespräch gelungen ist.

Der beschriebene Gesprächsablauf sollte nicht als starres Kochrezept verstanden werden, sondern als Orientierungshilfe, welche auf wichtige Aspekte aufmerksam machen möchte. Situativ sind Abweichungen häufig nötig und sinnvoll.

Schwierig wird es dann, wenn sich ärgerliche Vorfälle wiederholen und bisherige Gesprächsversuche nicht gefruchtet haben.

Beispiel:
In einer Fernsehanstalt arbeitet ein Bildingenieur, der die Kameras für die Nachrichten aussteuert und einleuchtet. Eine Stunde vor Beginn der Nachrichten sind alle beteiligten Gewerke (Ton, Licht, Kameramann etc.) anwesend, eine halbe Stunde vorher beginnt der Stress, und fünfzehn Minuten vor Sendebeginn ist bei allen der Stresspegel am höchsten, da viele Aufgaben gleichzeitig zu erledigen sind. Der Bildingenieur muss beispielsweise kurz vorher noch Bilder aus der Graphikabteilung laden, die zur Illustration im Hintergrund gezeigt werden sollen. Um den ständigen Stress kurz vor den Nachrichten nicht ausufern zu lassen, hat die Produktion mit der Redaktion die Vereinbarungen getroffen, dass die Moderatoren 30 Minuten, spätestens aber 15 Minuten vor der Sendung an ihrem Platz sitzen. Jetzt kann noch das richtige Licht für die Kamera vom Bildingenieur eingestellt werden.
Ein Moderator kommt öfter erst eine halbe Minute vorher ins Studio. Dies führt beim Bildingenieur zu großen Belastungen. Er spricht mit dem Moderator, und dieser zeigt sich einsichtig. Nach einigen Wochen wiederholt sich jedoch der Vorfall. Der Bildingenieur hat den Moderator vorher telefonieren und privat im Internet surfen gesehen. Er bittet erneut um ein Gespräch, und der Moderator zeigt sich

wiederum einsichtig. Nach einigen Wochen kommt der Moderator wieder so kurz vor Sendebeginn, dass erneut unglaublicher Stress entsteht.

Wie könnte der Bildingenieur das dritte Gespräch führen, wenn er doch befürchten muss, dass es wieder zu nichts als konsequenzloser Einsicht führt.

In diesem Fall könnte der Bildingenieur in der Eröffnungsphase die Wahrheit der Situation ansprechen: «*Wir sitzen jetzt zum dritten Mal hier, weil Sie mir und den Kollegen durch Ihr zu spätes Eintreffen unnötigen Stress bereiten. In den beiden Gesprächen vorher haben Sie sich jeweils einsichtig gezeigt, und ich habe Ihnen geglaubt, dass Sie Ihr Verhalten ändern. Ich möchte Sie jetzt erneut mit Ihrem Zuspätkommen konfrontieren und möchte wissen, warum Sie sich nicht an Ihr Versprechen gehalten haben. Mein Ziel für dieses Gespräch wäre es, dass wir zu einer Vereinbarung kommen, die nicht wieder in den nächsten Wochen von Ihnen gebrochen wird.*»

In der Phase 2 und 3 kann der Bildingenieur seinem Konfliktpartner erneut und mit Nachdruck aufführen, zu welchen verheerenden Folgen das knappe Erscheinen des Moderators an seinem Arbeitsplatz führt. Dann sollte er genau hinhören, was der Hintergrund für das Verhalten des Moderators ist und wieso er in den bisherigen Gesprächen Einsicht zeigt, aber sein Verhalten nicht langfristig durchhält. Gutes Zuhören ist auch hier ein wichtiger Schlüssel.

In der 4. Phase sollte der Bildingenieur sich zunächst selbstkritisch beobachten. Vielleicht war er in den bisherigen Gesprächen zu schnell mit eigenen Lösungen vorgeprescht, und die Vereinbarung wurde nicht wirklich vom Moderator mit getragen. Dieser hatte vielleicht nur immer schnell zugestimmt, damit er das ihm lästige und vielleicht auch peinliche Gespräch hinter sich bringen konnte. Der Bildingenieur sollte den Moderator deshalb bitten, dass dieser ihm Vorschläge macht, und dabei selbst überprüfen, ob er den Lösungsvorschlägen des Moderators vertraut. Hat er den Verdacht, erneut vertröstet zu werden, so kann er die Frage stellen: «*Ihre Vorschläge klingen verführerisch gut. Aber ich bin aufgrund meiner Erfahrungen mit Ihnen skeptisch. Warum sollte ich Ihnen jetzt glauben? Geben Sie mir bitte einen Grund, warum ich Ihnen diesmal erneut vertrauen soll!*» Durch diese Frage übergibt er die Verantwortung für eine wirklich tragfähige Veränderung erneut dem Moderator und nimmt diesen in die Pflicht.

Zum anderen kann er für den Fall des erneuten Rückfalls Konsequenzen ankündigen, die er sich vor dem Gespräch gut überlegt hat. Vielleicht hat er sich überlegt, dass er in diesem Fall zu seinem Vorgesetzten geht und diesen bittet, mit dem Vorgesetzten des Moderators zu sprechen, da seine eigenen Bemühungen immer fruchtlos bleiben.

Manchmal, vor allem, wenn man sich in der Gefangenschaft von Teufelskreisen befindet, ist es schwierig, sich selbst aus dem Sumpf zu ziehen. Wenn es dann in der Konfliktklärungsphase überhaupt nicht mehr weitergeht und das bisher Gesagte nicht nur nicht weiterhilft, sondern jeder Lösungsversuch alles nur noch verschlimmert, sollten die Konfliktpartner überlegen, ob es sinnvoll ist, einen neutralen Dritten als Klärungshelfer dazuzuholen.

Hilfreich ist in jedem Fall das Wissen darum, dass wir keinen anderen Menschen *direkt* verändern können. Direkt können wir nur uns selbst verändern. Andere können wir nur *indirekt* verändern, indem wir uns selbst anders verhalten! Bei kritischer Blickrichtung auf sich selbst sollte bedacht werden, dass man Veränderbares verändern kann und Unveränderbares akzeptieren muss und dass die Weisheit, das eine vom anderen zu unterscheiden, nicht nur ein Geschenk ist.

Ich habe bisher Nachdruck auf die schwierigen Aspekte gelegt. Aber nicht jedes Konfliktklärungsgespräch muss komplex und knifflig sein. So mancher Konflikt wurde bei einer Tasse Kaffee, einer Einladung zum Essen oder einem abendlichen Glas Wein problemlos aus der Welt geschafft, da durch die Situationsveränderung und entspannteren Atmosphäre heikle Punkte leichter angesprochen werden konnten. Außerdem braucht nicht jede schwierige Situation ein Konfliktklärungsgespräch – häufig reicht eine klärende Entscheidung «von oben» oder eine helfende Beratung durch die Führungskraft. Dies führt zum nächsten Kapitel.

2.3 Beratung (Coaching)

Im Berufsalltag wird erwartet, dass man seinen Tätigkeitsbereich ausfüllt und auch bei zunehmenden Leistungsanforderungen seinen Mann oder seine Frau steht. Kommen wir dabei an unsere Grenzen, sind überfordert oder übernehmen neue, bisher unbekannte Aufgaben, so ist es angemessen und auch immer häufiger üblich, sich Rat, Unterstützung und Hilfe zu suchen. Dass einem dabei nicht nur kein Zacken aus der Krone bricht, sondern dieser Schritt geradezu ein Zeichen professioneller Reife sein kann – diese Haltung ist deutlich auf dem Vormarsch.

Statt von Beratung wird im Berufsleben häufig von Coaching gesprochen. Auf der einen Seite scheint mir dies ein sehr schillernder Begriff zu sein, der durch seine Analogie zum Sport ein einseitiges und verkürztes «Trimm-dich»-Konzept von Beratung vermittelt. Auf der anderen Seite betont er jedoch, dass es sich weniger um persönliche Lebensberatung handelt, sondern dass es vorrangig um «Beratung im beruflichen Bereich zur professionellen Weiterentwicklung» geht. Damit die Couch für den therapeutischen Bereich reserviert bleibt, sollte sich der Coach für den beruflichen Bereich zuständig fühlen.[*]

Wird in der allgemeinen Lebensberatung und Psychotherapie vorrangig der Mensch in seiner Haut thematisiert, so steht im Coaching der Mensch in seiner Rolle im Vordergrund. Hier stellt sich die Frage:

Wie bewältigt dieser Mensch seine Berufsrolle und die sich daraus ergebenden Aufgaben?

Da aber in jeder Rolle ein Mensch mit seinem Verhalten, seinen Eigenwilligkeiten und Empfindlichkeiten lebt, darf das Menschliche auch im beruflichen Bereich nicht außer Acht gelassen werden. Die Beratungsaufgabe im beruflichen Bereich liegt darin, die Rolle und alle entsprechenden Aufgabenfelder und Anforderungen im Blick zu haben und den Menschen in seiner Rolle dabei nicht aus dem Auge zu verlieren. Die Beratungskunst fordert, beides miteinander zu verbinden und situativ zu entscheiden, wann welcher Aspekt (der Mensch oder seine Rollenanforderungen) mehr im Vordergrund steht.

---

[*] Viele der Gedanken in diesem Kapitel stammen aus der Zusammenarbeit mit Maren Fischer-Epe (siehe M. Fischer-Epe, 2002).

Die Person   Die Person   Die Person
als Familienvater   als Vorgesetzter   als Kassenwart im
                                        Sportverein

Der Mensch in seiner Rolle

Beratung als Führungsaufgabe

Das Managen von komplexen Organisationen mit mündigen Mitarbeitern erfordert eine hohe Steuerungsfähigkeit. Der schnelle gesellschaftliche Wandel, der entsprechende Umbau der Organisation und die veränderten Anforderungen an die Qualifikation der Mitarbeiter/innen hat erhebliche Auswirkungen auf moderne Führung. Neu-Lernen und Um-Lernen wird zur kontinuierlichen Anforderung an Individuum und Organisation (die «lernende Organisation»), wobei das Ver-Lernen häufig das größere Problem darstellt.

Unternehmensführung als Gestaltung förderlicher Unternehmungsstrukturen und -prozesse braucht Übersicht und deshalb zunächst die Fähigkeit für

– **Gestaltung von Strategien.** Die hier erforderliche **strategische Kompetenz** ermöglicht die Entwicklung von qualitativen und quantitativen Zielen, kurz- und langfristigen Perspektiven, Visionen, Leitbildern, Werte, Normen, Sinn und die erforderlichen Rahmenbedingungen im politisch-strategischen Umfeld.

147

Um dies umsetzen zu können, braucht man eine geeignete Organisation und die Fähigkeit zur

- **Gestaltung von Arbeitsstrukturen.** Die benötigte **Prozess- und Methodenkompetenz** fördert die Ressourcensteuerung, das Qualitätsmanagement und die ständige Anpassung und Weiterentwicklung von Organisationsstrukturen, Arbeitsbedingungen, Abläufen und Technologien.

Die Kultur und Dynamik einer Organisation wird erst durch Menschen lebendig. Deshalb gehört zu den Grundaufgaben von Führung auch die

- **Gestaltung von Beziehungen.** Die hier geforderte **soziale Kompetenz** begünstigt Informationsaustausch, Kommunikation, Kooperation, Konfliktmanagement und Teamentwicklung.

Die konkreten **Führungsaufgaben** (Fischer, Graf, 1998) sind entsprechend:

- **«Leading».** Führung als Planen und Entscheiden, Erneuern und Weiterentwickeln, Ziele setzen und Orientierung geben, motivieren und begeistern, Verantwortung übernehmen und übergeben, Kontrollieren und Rechenschaft fordern, koordinieren und aufeinander abstimmen etc.
- **«Organizing».** Führen als Schaffen geeigneter Rahmenbedingungen und das Organisieren von notwendigen Aufbau- und Ablaufstrukturen. Hierzu gehört auch die Prozessoptimierung, die Ressourcensteuerung, das Qualitätsmanagement, das Bilden von Einheiten, Gruppen, Projekten etc.
- **«Coaching».** Führung als beraten und unterstützen, fördern und befähigen, anleiten und helfen, moderieren und integrieren.

Da diese drei Dimensionen nur in ihrer Ergänzung und Wechselbeziehung ein sinnvolles Ganzes ergeben, ist moderne Führung schwierig und komplex. Sie konfrontiert Führungskräfte mit einem vielfältigen Aufgabenspektrum und fordert ein entsprechendes Kompetenzniveau. Wenn zu den herkömmlichen Führungsaufgaben wie Anordnen, Strukturieren und Kontrollieren das Entwickeln und Fördern hinzukommt, stellen sich die beiden Fragen

1. Was können Führungskräfte tun, um selber ihren Aufgaben und Anforderungen gerecht zu werden und gute Vorbilder für ihre Mitarbeiter/innen zu sein?
2. Und was können sie tun, um ihre Mitarbeiter/innen auf ihre komplexen Aufgaben vorzubereiten und sie so weiterzuentwickeln, dass die Zukunftssicherung der Organisation gewährleistet ist und die Mitarbeiter/innen mit ihrer persönlichen und beruflichen Entwicklung zufrieden sind?

Auch wenn bei bestimmten Fragestellungen und Themen ein externer Coach beauftragt werden kann, so findet doch häufig ein internes Coaching statt. Dabei kann die Coachingrolle unterschiedlich besetzt werden.

– **Kollegiales Coaching**. Hier wendet sich der Ratsuchende vertrauensvoll an einen Kollegen, der auf einer vergleichbaren Hierarchiestufe steht und einen ähnlichen Erfahrungshintergrund hat.
– **Die Führungskraft als Coach**. In diesem Fall ist der hierarchisch nächst höhere Vorgesetzte derjenige, der die Beratung in einer vertrauensvollen und offenen Atmosphäre durchführt.
– **Mentoring**. In manchen Firmen ist es auch üblich, dass Beratung als Mentoring, Patenschaft oder «Lernpartnerschaft» vollzogen wird, wo ein «alter Hase» aus dem Unternehmen den Unerfahrenen über einen Zeitraum von ein bis zwei Jahren als väterlicher Freund in Aufgabe und Rolle unterstützt. Speziell beim Mentoring nimmt ein erfolgreicher Routinier (meist zwei Hierarchiestufen über dem Mentee) einen Jüngeren unter seine Fittiche und stellt sein fachliches Erfahrungswissen zur Verfügung.

Das moderne Schlagwort von der «Führungskraft als Coach» will als symbolischen Akt den Mitarbeiter in den Mittelpunkt von Führungsaufgaben stellen. Es gehört zur Rollenaufgabe und zum Anliegen jeder Führungskraft, dafür zu sorgen, dass Mitarbeiter ihre Arbeit effektiv verrichten. Dies geschieht im modernen Management durch das Vereinbaren von Zielen, die Überprüfung, ob die Ziele erreicht werden, und die Unterstützung und helfende Beratung bei Bedarf.

Bei der Beratung von Mitarbeitern durch Vorgesetzte ist zu beachten, dass die Initiative vom Mitarbeiter und/oder vom Vorgesetzten ausgehen kann und dass sie, im Gegensatz zu einer externen Beratung, innerhalb einer hierarchischen Beziehung stattfindet. Deshalb gilt es

- als Mitarbeiter zu bedenken, dass mein *Berater* von heute auch mein *Bewerter* von morgen ist und dass die heute geäußerten Schwächen und Zweifel sich schon morgen negativ auswirken können,
- als Vorgesetzter zu bedenken, ob sich mein vertrauensvolles Beratungsangebot von heute vielleicht schon morgen zum Beziehungsverrat wandelt, wenn ich meinen Mitarbeiter bewerten und beurteilen muss.

Einer Führungskraft würde es beispielsweise schwer fallen, einen Mitarbeiter mit der Frage «Wie kann ich eigene Ideen, Ansprüche und Projekte durchsetzen und mich für bestimmte Positionen ins Gespräch bringen?» uneigennützig zu beraten. Sie wäre von dem Ergebnis der Beratung selbst betroffen. Ein Mentor aus einer anderen Abteilung hätte es da leichter, als neutraler, wohlwollender Berater dem Mitarbeiter zur Verfügung zu stehen. Die Führungskraft muss daher selbstkritisch überprüfen, ob sie überhaupt beim aktuellen Thema der richtige Gesprächspartner ist.

Auch wenn diese Hindernisse wichtig und beachtenswert sind, so braucht die Führungskraft nicht darauf zu verzichten, den Mitarbeiter einzuladen, seine Anliegen offen vorzutragen, und diesen dann darin zu unterstützen, seine eigenen Ideen kritisch zu hinterfragen, und ihm Orientierung zu geben. Sie kann mit wohlwollender Haltung

- mit ihrem Mitarbeiter aktuelle berufliche Themen durchsprechen,
- sich als eine Art Resonanzboden zur Verfügung stellen,
- den Mitarbeiter bestärken, ermutigen und motivieren,
- Vorgehensweisen und Verhandlungsstrategien erarbeiten,
- dem Mitarbeiter Konsequenzen seines Verhaltens aufzeigen und ihm kritisch einen Spiegel vorhalten,
- gemeinsam mit ihm schwierige Situationen gedanklich durchspielen,
- ihm helfen, in seine Rolle hineinzuwachsen,
- ihm helfen zu lernen, seiner eigenen Entscheidung zu vertrauen,
- mit ihm strategisches Denken üben,
- Training «on the job» praktizieren.

Normalerweise haben Mitarbeiter für den Großteil ihrer Alltagsaufgaben ein gängiges Lösungsmuster gefunden und ihr gewohntes Vorgehen entwickelt. Sie gehen zum Vorgesetzten mit der Bitte um Hilfe, wenn sie vor einem Problem stehen, das sich nicht mit den gewohnten Verfahren lösen lässt. Vielleicht verhält sich der Vorgesetzte dann so, dass er sich das Problem anhört und anschließend seine Entscheidung fällt. Die Entscheider-Rolle wird häufig gewählt und häufig auch zu Recht, denn

- die Führungskraft besitzt nicht nur ein großes Repertoire an Problemfällen und weiß um deren Lösungen (vielleicht ist sie schon seit Jahren in der Führungsrolle und hat schon die unterschiedlichsten Problemstellungen kennen gelernt und die schwierigsten Fragen entschieden),
- sie hat außerdem einen Überblick über die Gesamtzusammenhänge, was sie befähigt und auffordert, in bestimmten Situationen eine Entscheidung zu fällen.

Nimmt die Führungskraft die Coaching-Rolle ein, würde sie sich jedoch anders verhalten.

Ein Beispiel zum Thema «Kundenschutz» soll die unterschiedlichen Rollen und entsprechenden Haltungen im fachlichen Bereich verdeutlichen.

Ein Beispiel
Ein Außendienstmitarbeiter einer Bausparkasse, Herr Knurr, hat vor fünf Jahren einen neuen Kunden gewonnen und mit ihm einen Bau-

sparvertrag abgeschlossen. Nach der Fusionierung der Bausparkasse mit einer Bank und einer Versicherung verkaufen die Bank und die Versicherung im Gesamtkonzern jetzt auch das Produkt «Bausparvertrag» beim Kunden. Nach einer Umstrukturierung des Außendienstes hat Herr Schnell als Mitarbeiter der neuen Außendienstorganisation des Gesamtkonzerns jetzt beim selben Kunden einen erneuten Bausparvertrag abgeschlossen. Nun entsteht die Frage: Wer bekommt beim zweiten Vertrag die Provision? Der zuständige Sachbearbeiter schaut nach, ob es dazu vertragliche Vereinbarungen und betriebliche Bestimmungen gibt, muss jedoch feststellen, dass diese konkrete Situation in den Unterlagen nicht beantwortet wird. Der Sachbearbeiter geht deshalb zu seinem Vorgesetzten. Dieser kann jetzt in die *Entscheider-Rolle* gehen. Dann hätte er vielleicht vier Möglichkeiten zu entscheiden:

- Herr Knurr bekommt die Provision,
- Herr Schnell bekommt die Provision,
- es wird eine doppelte Provision gezahlt,
- beide müssen sich die Provision teilen.

Der Vorteil der Entscheider-Rolle liegt hauptsächlich darin, dass die Angelegenheit schnell vom Tisch ist. Der Nachteil liegt darin, dass der Mitarbeiter nicht dazu angeleitet wird, in ähnlichen Situationen selbstständig zu einer möglichen Entscheidung zu kommen. Damit er dies lernt, könnte der Vorgesetzte in der gleichen Situation auch in die Coach-Rolle gehen und seinen Mitarbeiter fragen:

Vorgesetzter: *«Wie würden Sie selbst entscheiden?»*

Mitarbeiter: *«Wir könnten Herrn Knurr Recht geben, aber ... na ja, in Schnells Vertrag steht keine Kundenschutzregelung. Man kann also nicht sagen, dass er in einem fremden Revier gewildert hat. Er hat somit keinen Fehler gemacht und sich korrekt verhalten.»*

Vorgesetzter: *«Was ist denn mit dem Erstvertrag des Kunden?»*

Mitarbeiter: *«Der Vertrag ist gekündigt worden.»*

Vorgesetzter: *«Von wem und warum?»*

Mitarbeiter: *«Das weiß ich nicht genau.»*

Vorgesetzter: *«Hat der Vertrag Prämien aufzuweisen?»*

Mitarbeiter: *«Das weiß ich auch nicht.»*

Vorgesetzter: *«Warum ist überhaupt der Erstvertrag aufgelöst worden, und hat der Kunde insgesamt einen Schaden erlitten?»*

Mitarbeiter: *«Den Hintergrund der Vertragsauflösung weiß ich auch nicht. Aber da haben Sie Recht. Sie legen mit der Frage nach dem Schaden den Finger auf die Wunde. Wenn der Kunde einen Schaden erlitten hat, dann müssen wir die Provision an Schnell infrage stellen. Ich sehe schon, ich muss das zunächst noch genauer recherchieren.»*

Bei der Coach-Rolle liegt die Hilfestellung für den Mitarbeiter darin, dass dieser

- lernt, wie man ein Problem angehen kann und welche neuen Blickrichtungen zu welchen neuen Fragestellungen und auch möglichen Antworten führen können,
- lernt, wie er vorgehen kann, um zu eigenen Entscheidungen zu kommen, und wie differenziert er recherchieren muss, damit eine gute Lösung gefunden wird,
- nach dem Gespräch motiviert ist, da er die Erfahrung gemacht hat: **Wir** haben die Lösung in einer Diskussion gemeinsam erarbeitet!

Andererseits ist es aber auch eine Hilfe für den Vorgesetzten: Er bekommt vor allem dann, wenn er selbst nicht so sehr im Thema steckt, ein differenzierteres Problemverständnis. Bei vorschnellen Entscheidungen fehlen ihm häufig wichtige Hintergrundinformationen, die er mit einer Beraterhaltung herausfinden kann. Außerdem wird er langfristig gesehen entlastet, da der Mitarbeiter lernt, selber Problemstellungen zu lösen.

Die Rolle des Coach kann der Vorgesetzte vor allem dann leicht einnehmen, wenn er nicht so tief im konkreten Thema steckt wie der Mitarbeiter. Dann ist der Vorgesetzte freier, kreativer und kann als «Naiv-Fragender» scheinbar dumme Fragen stellen, die aber plötzlich erhellend wirken.

Grundregel: *Die Nähe zum Thema und zur Person macht es für den Vorgesetzten schwierig, die Coach-Rolle zu übernehmen!* Dies gilt sowohl für Fragen im fachlichen Bereich als auch für Problemstellungen im Verhaltensbereich, wie zum Beispiel «Meine Sekretärin hat Schwierigkeiten mit Kollegen XY. Was soll ich tun?»

Wenn ich, Karl Benien, als externer Coach Menschen in beruflichen Feldern berate, habe ich es zugleich schwer und leicht. Schwer, da ich die verwickelten Situationen, die komplexen Sach- und Fachthemen, die firmentypischen Gepflogenheiten und das wirkliche Alltagsverhalten des Gecoachten nicht kenne. Ich muss mich auf das verlassen, was ich höre und wahrnehme. Leicht habe ich es, da ich extern bin und deshalb keine eigenen Aktien im Geschäft habe. Ich bin neutral und unabhängig. Nach getaner Arbeit reise ich wieder ab und wende mich neuen Aufgaben zu.

Für eine Führungskraft als Coach stellt sich die Situation völlig anders dar. Sie kennt sich in den Sach- und Fachfragen gut aus. Sie kennt die Beteiligten manchmal schon seit Jahren und war vielleicht selbst für deren Einstellung verantwortlich. Sie besitzt eigene Interessen, und die anstehende Beratung hat womöglich direkte Auswirkungen auf die eigene Arbeit. Außerdem kann sie in einen Rollenkonflikt geraten. Auf der einen Seite soll sie Ziele setzen, die Umsetzung kontrollieren und als Bewerter den Mitarbeiter beurteilen; oft mit direkten Konsequenzen für den Mitarbeiter (zum Beispiel auf Lohn, Aufstieg). Sie muss durch Zielvorgaben und Aufgabenstellungen *fordern* und somit dem Mitarbeiter ein Problem bereiten. Auf der anderen Seite muss sie neben fordern auch *fördern* und die Coachingfragen stellen: «*Wo sehen Sie Schwierigkeiten? Wie kann ich Sie für die Ziele fit machen, Sie bei den Hindernissen unterstützen und Sie im Prozess begleiten?*» Die Führungskraft muss also die Position des Forderns («schlechter Chef») und die des Förderns («guter Chef») in ihrer Person und Rolle verbinden. Sie darf die Rolle nicht aufspalten und eine der beiden Positionen an jemand anderen delegieren, sodass beispielsweise ein Kollege den schlechten Chef spielen muss und sie selbst die Rolle des guten Chefs übernehmen darf. Ein Vorgesetzter muss sich stets bewusst machen, dass seine Rolle als Führungskraft das Spannungsverhältnis zwischen kritischer Kontrolle und unterstützender Förderung umfasst. Somit kann sie sich nicht wie zum Beispiel ein externer Berater auf die Position der Neutralität und Unabhängigkeit stellen.

Die Mitarbeiter werden auf die unterschiedlichen Rollenanforderungen unterschiedlich reagieren. Die Rolle des guten Chefs, der unterstützt und fördert, löst angenehme Gefühle aus und ermöglicht Vertrauen. Der Mitarbeiter ist willig und motiviert. Die Rolle des schlechten Chefs, der fordert, kontrolliert und bewertet, löst oft unangenehme Gefühle aus. Der Mitarbeiter wird womöglich kritisch und schottet sich ab. Für den Coachingprozess gilt es deshalb zu beachten, ob die Initiative vom betroffenen Mitarbeiter oder von der Führungskraft ausgeht und mit welchen Beziehungsvorerfahrungen, Rollenvorbehalten, Bedenken, Zweifeln, Hoffnungen und Ängsten sich beide auf diesen gemeinsamen Prozess einlassen.

Der Vorgesetzte muss beide Seiten in seiner Rolle vereinen können und nicht nur im Konfliktfall das entstandene Rollenproblem zu definieren und zu thematisieren wissen (Metakommunikation). Vielleicht muss die Führungskraft auch einsehen, dass zurzeit keine Beratung gelingen kann, vielleicht, weil der aktuelle Arbeitsdruck zu hoch ist, weil eine Beziehungsstörung keinen Beratungsprozess zulässt oder weil die Führungskraft noch zu wenig Know-how für Beratung besitzt. Das Bewusstsein, dass trotz aller Partnerschaftlichkeit, die ein kooperativer Führungsstil umfasst, es sich letztlich um eine asymmetrische Beziehung mit Macht und Ungleichheit handelt, hilft außerdem, dass sich keine falschen Erwartungen und Beziehungsmissverständnisse einschleichen.

Der Mitarbeiter muss akzeptieren, dass ihm Ziele gesetzt werden und dass er dadurch gefordert wird – und er muss die Person akzeptieren, die ihn diesen Bedingungen aussetzt. Er muss akzeptieren, dass sein Chef ihn konfrontieren darf *und* dass dieser ihn bei der Erreichung der Ziele unterstützen darf.

Versteht sich die Führungskraft auch als Coach, so stellen sich ihr mehrere Fragen:

– Welches Menschenbild und welches Führungsverständnis besitze ich eigentlich? Befinde ich mich in der tayloristischen Denktradition, wo der Produktionsfaktor «Mensch» als eine Störquelle angesehen wird, die es nicht zu unterschätzen gilt? Oder sehe ich den Menschen als eine Quelle von Ressourcen, die es zu optimieren gilt? Ist der Mitarbeiter für mich der Faktor «Mensch», der besser zu nutzen (und auszunutzen) ist, oder sehe ich ihn als einen Menschen, der im verantwortungsvollen Handeln ernst zu nehmen ist?
– Was ist meine Sichtweise von Veränderung und Lernen? Habe ich bei

dieser Frage die Brille der Konstruktivisten oder eher die der Instruktionisten auf?

Die Konstruktivisten gehen davon aus, dass Lernen auf vielfältige Weise geschehen kann und dass jeder Mensch eine spezifische Art zu lernen hat. Deshalb sehen sie ihre Aufgabe darin, reichhaltige Lernumgebungen zu schaffen. Nachdem sie herausfordernde Ziele oder Problemstellungen geschaffen haben, lassen sie den Mitarbeiter selbst entscheiden, wie das Problem zu lösen ist. Wie der Mitarbeiter vorgeht, ist seine Sache – er bekommt anschließend (wenigstens einmal im Jahr im Mitarbeitergespräch) Rückmeldungen. Der Vorgesetzte gibt jedoch Hilfe, wenn der andere sie haben will. Hier sind Fehler wertvolle Erfahrungen und keine peinlichen Pannen. Der Konstruktivist verhilft also zur Selbststeuerung und ermöglicht kooperatives Lernen und Entwicklung (diskutieren, austauschen, voneinander und miteinander lernen). Er weiß aber auch, dass derjenige, der selbstgesteuert und kooperativ lernen soll, dazu vorbereitet und dabei begleitet werden muss.

Die Instruktionisten versprechen sich mehr von systematischen Anweisungen, Instruktionen und Steuerung des Lernprozesses. Sie gehen davon aus, dass bestimmte Ziele und Lerninhalte auch bestimmte Lernwege brauchen. Die Fortschritte und Lernschritte müssen überprüft und kontrolliert werden. Dies entspricht dem Qualitätssicherungsdenken und will optimierte Abläufe erreichen. Da Lernen effektiv sein soll, muss der Lernende kontrollierend geführt werden.

Der Vorwurf der Instruktionisten an die Konstruktivisten lautet, dass diese den Lernenden im Stich lassen. Umgekehrt werfen die Konstruktivisten den Instruktionisten vor, dass für sie Lernen eine Fertigungsstraße darstellt, in der nur Lernkonserven produziert werden.

– Was kann ich konkret tun, wenn ich jemanden in seiner Verhaltensveränderung unterstützen will? Was ist meine Rolle, wenn ich die Entwicklung eines Menschen begleiten will? Was weiß ich über menschliche Veränderungsprozesse und wie kann ich dabei hilfreich intervenieren?

Beratungsthemen und Anlässe

Um was kann es im Coaching von Mitarbeitern gehen? Welche Themen und Anlässe können eine Führungskraft veranlassen, eine Coaching-Beziehung zum Mitarbeiter einzugehen?

Die Vielzahl der Themen lässt sich auf drei Ebenen gliedern:

1. Ebene des Wissens, der Fähigkeiten und des Verhaltens,
2. Ebene der Einstellungen und Haltungen,
3. Ebene der Lebenskonzepte und Grundüberzeugungen.

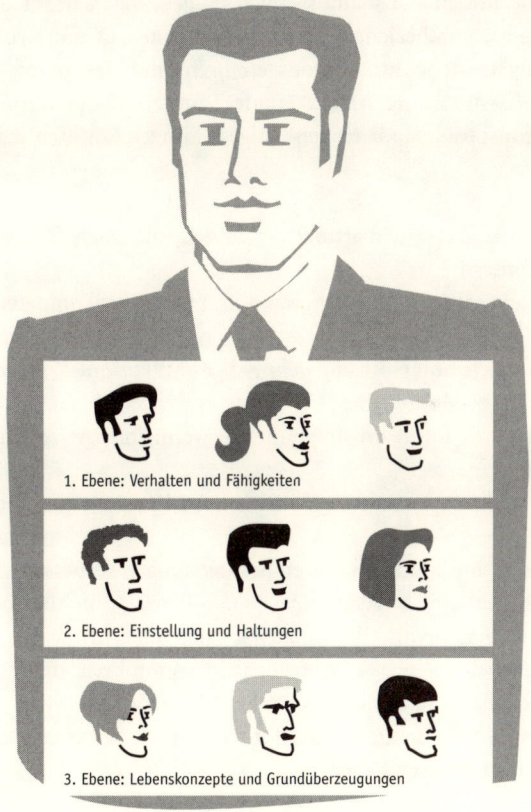

1. Ebene: Verhalten und Fähigkeiten

2. Ebene: Einstellung und Haltungen

3. Ebene: Lebenskonzepte und Grundüberzeugungen

Drei Ebenen der Veränderung

Auf der obersten Stufe geht es um die Veränderung von konkretem, beobachtbarem Verhalten. Neben fachlichem Wissen kommt hier vor allem die innere Mannschaftsaufstellung ins Spiel, insbesondere die Neueinstellung oder Aktivierung von inneren Teammitgliedern, die in der zum Thema gemachten Situation gebraucht werden. Es kann auch darum gehen, dass zu dominante Teammitglieder einmal zurückgepfiffen werden, sodass andere Teammitglieder, die bisher nicht in den Vordergrund treten konnten, mehr Raum, Platz und Gehör finden können (z. B. der «Konfliktfähige», der «Gelassene Zuhörer», der «Kundenfreundliche», der «Fachlich Versierte»).

Auf der 1. Ebene finden sich hauptsächlich Fragen, die sich auf die Sach- und Fachkompetenz beziehen; Themen, bei denen es um strukturelle Veränderungen, neue Produktionsverfahren und Technologien geht; Fragen, die Missstimmung, Machtkämpfe, Intrigen, Kooperations- und Kommunikationsprobleme betreffen. Fragestellungen könnten zum Beispiel sein:

– Wie können wir zu Zielvereinbarungen kommen, die mich fordern, aber nicht überfordern?
– Welche Fortbildung sollte ich machen, wenn ich meine Fachkompetenz erhöhen will?
– Wie können Sie mich unterstützen, wenn ich Konflikte mit Kollegen habe oder sogar unter Mobbing leide?
– Wie können Sie mich im Team unterstützen, wenn mir die Außenseiterrolle droht?
– Was muss ich beachten, wenn ich ein kritisches Mitarbeitergespräch führe?
– Wie kann ich die Atmosphäre in unseren Besprechungen verbessern?
– Wie kann ich das mir aufgetragene Projekt so im Betrieb durchführen, dass es von den Beteiligten und Betroffenen als sinnvoll erlebt wird?
– Wie können Sie mich so in neue Aufgabenfelder einführen, dass ich noch das Gefühl behalte, selbstbestimmt arbeiten zu können?
– Wie können Sie mich unterstützen und fördern, wenn meine Arbeitsleistungen stark nachgelassen haben?

Wenn die Veränderungsabsicht nicht auf diese Ebene zielt oder hier nicht greift, müssen auf der 2. Ebene die dahinter stehenden Einstellungen, Haltungen und Gefühle betrachtet werden. Hier geht es um die Teammitglieder, die durch ihre Macht und Einflussnahme bestimmen können, mit welcher Mannschaftsaufstellung wir in eine Situation gehen, um sie zu bewältigen, und wie wir uns konkret verhalten (der «Entwerter», der «Verzagte», der «Machtgierige», der «Egoist», der «Demotivierte» usw.).

Die Themen der 2. Ebene beziehen sich beispielsweise auf Führungs-Macht-, Autoritäts-, Loyalitätsprobleme; persönliche Themen wie Stress, Burnout, Motivationsverlust oder innere Kündigung. Mögliche Fragestellungen könnten sein:

- Wie können Sie mich stützen und beraten, wenn ich in einer beruflichen Krise stecke?
- Ich war 7 Jahre in einer Gruppe tätig und bin jetzt zum Gruppenleiter aufgestiegen. Wie kann ich mit den ehemaligen Kollegen, vor allem den Neidern und Konkurrenten, umgehen, die ich jetzt zu führen habe?
- Wie kann ich mein Lampenfieber vor einer Präsentation abbauen?

Sollte diese Arbeit noch nicht fruchten, so können auf der 3. Ebene die dahinter stehenden Grundüberzeugungen und Lebenskonzepte thematisiert werden. Diese Teammitglieder bestimmen, welche Richtung unser Leben nehmen soll, welchen Sinn wir ihm geben wollen, nach welcher Maxime wir leben wollen und was uns im Leben wirklich wichtig ist (der «Werteminister», der grundsätzliche normative Vorgaben aufstellt, oder der «Träumer», der immer noch einem alten Jugendtraum hinterherläuft).

Auf der 3. Ebene stellen sich zum Beispiel Fragen zur persönlichen Karriere- und Entwicklungsplanung, Sinnkrisen, Identitätsfragen:

- Wie können wir meine Karriere so planen, dass ich motiviert bin?
- Ich habe das Angebot bekommen, in den vorzeitigen Ruhestand zu gehen, und weiß nicht, ob ich das machen soll.
- Nach der Umstrukturierung bin ich gezwungen worden, in einer anderen Stadt zu arbeiten. Meine Familie und ich sind deshalb während der Woche getrennt. Soll ich die Wochenendehe in Kauf nehmen oder mich lieber nach einem neuen Arbeitgeber umsehen?

Manche Themen scheinen zunächst auf der 1. Ebene thematisierbar zu sein. Im weiteren Verlauf stellt sich dann jedoch heraus, dass man auf eine tiefere Ebene wechseln muss. Andere Themen lassen sofort die Vermutung aufkommen, dass es sich um Ebene 2 oder 3 handeln wird. Alle Themen sollten am Ende des Coachingprozesses auf der 1. Ebene abschließend besprochen werden: «*Was nehmen Sie sich jetzt, nachdem wir die Hintergründe des Problems erforscht und erkannt haben, konkret vor? Was wollen Sie tun?*»

Je tiefer die Ebene, umso persönlicher und komplexer wird die Beratung. Deshalb muss sich die Führungskraft bei jedem Wechsel auf eine tiefere Ebene mindestens zwei Fragen stellen:

1. Darf ich dem Kollegen oder Mitarbeiter überhaupt in diesem Kontext so nahe kommen? (Rolle und Beziehung)
2. Besitze ich die für dieses Thema nötigen Beratungsfähigkeiten? (Kompetenz)

Wohl dem, der als Ratsuchender mit seiner Fragestellung an einen Mitmenschen gerät, der die unterschiedlichen Fragestellungen nicht einheitlich über einen Leisten schlägt, ihn nicht mit eilfertigen Patentlösungen abspeist, mit vorschnellen Appellen vom Leibe hält oder mit unbedachten Ratschlägen erschlägt, sondern *ihn* ernst und *sich* Zeit nimmt, um auf ihn als Mensch und auf seine individuelle Problemstellung einzugehen – und wohl dem, der es gelernt hat, Kollegen mit schwierigen Fragestellungen ein qualifizierter Gesprächspartner zu sein.

Was aber kann qualifiziertes professionelles Verhalten in einer beruflichen Beratungssituation bedeuten?

Beratungsgrundlagen

Die Führungskraft muss nicht auf alle Fragen des Berufslebens eine Antwort parat haben. Das wäre unrealistisch, würde sie (zu Recht) überfordern und würde auch nicht immer zur Problemstellung passen. Was ein guter Berater allerdings als Grundrüstzeug mitbringen sollte, ist

- eine geklärte Beraterhaltung und ein flexibles Rollenverständnis, welches auch seine Grenzen kennt, sowie
- Kenntnisse über die Phasen eines Beratungsgesprächs (siehe S. 171 ff.) und
- ein adäquates Kommunikationsverhalten, wie es die folgende Abbildung verdeutlicht.

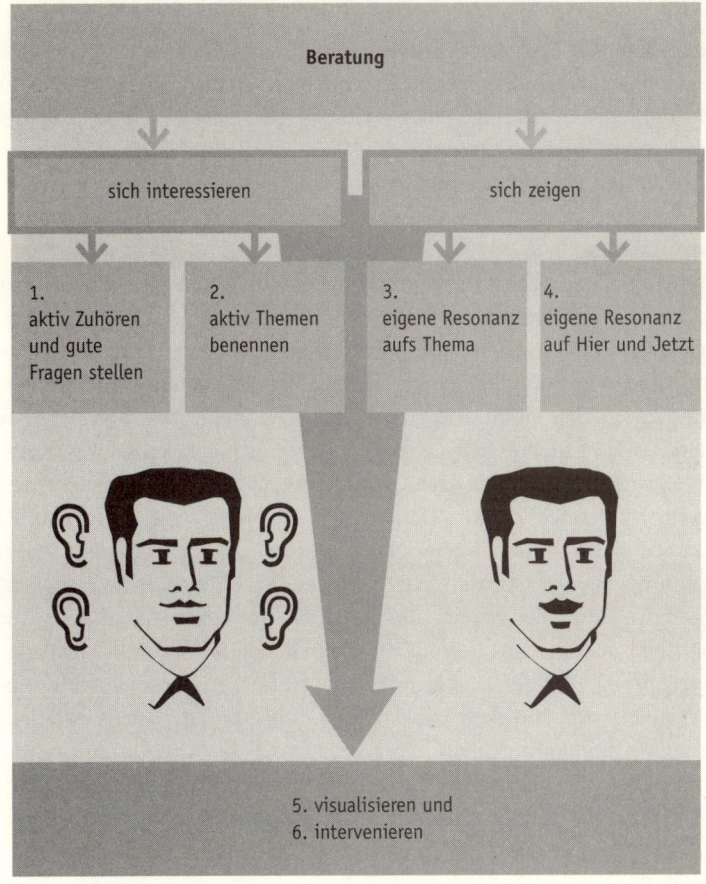

Beratungsgrundlagen

In der Haltung «sich interessieren» ist die Führungskraft hauptsächlich auf Empfang eingestellt und vor allem mit ihrem Selbstkundgabe- und dem Sachohr hellhörig. Wer sich als Führungskraft mit Interesse seinem Gesprächspartner zuwenden will, muss sich in zwei Künsten üben:

– die Kunst, aufmerksam zuzuhören bzw. einfühlend hinzuhören, und
– die Kunst, gute Fragen zu stellen.

Beides klingt simpel und selbstverständlich, und doch ist es erstaunlich, wie schwer es vielen Menschen fällt, dem anderen nicht ins Wort zu fallen und ihn nicht durch ungeschickte Fragen von seiner eigenen Suchbewegung wegzuführen.

Die Grundfähigkeiten sind hier also:

Aktiv zuhören
Wenn ein Gesprächspartner in normalen Alltagsdialogen ins Stocken gerät oder ein Thema berührt, zu dem wir unbedingt und sofort etwas sagen müssen, so sind wir häufig verführt, unseren Senf dazuzugeben. Aus Ungeduld oder aus dem Drang heraus, *unsere* Meinung loszuwerden, zwingen wir den Gesprächspartner, *uns* zuzuhören, *unseren* Worten zu folgen und auf *unsere* Gedanken zu reagieren. In einer Beratungssituation sollten wir uns bewusst machen, dass es nicht um uns, sondern vorrangig um den zu Beratenden geht. Dass er im Mittelpunkt stehen sollte und wir dazu da sind, seinen inneren Prozess der Selbstklärung und Selbststeuerung zu unterstützen. Wir müssen also unseren Rededrang und unsere Ungeduld bekämpfen und uns dem anderen zuwenden; auch und vor allem dann, wenn dieser nicht mehr flüssig, locker und leicht über etwas spricht. Gerade das zögerliche, suchende, zaghafte, unentschlossene und assoziative Sprechen des anderen führt oft zu den schwierigen Gedanken und verborgenen Aspekten, die den Kopf verwirren und das Herz schwer machen. Wir erfahren sie nur, wenn wir geduldig abwarten und einfühlend zuhören können, wobei wir auf den Inhalt des Gesagten genau so achten wie auf den Ausdruck, die Stimme und die Körpersprache.

Die erste Regel des guten Zuhörens lautet deshalb: Nicht unterbrechen, sondern ausreden lassen und auf Empfang schalten! Mit einer wohlwollenden Haltung versuchen wir uns beim aktiven Zuhören in den Gesprächspartner einzufühlen und ihn inhaltlich und in seinen emotionalen Beweggründen zu verstehen. Um zu überprüfen, ob wir inhaltlich alles so verstanden haben, wie es gemeint war, fassen wir die Kernaussagen prägnant zusammen und versuchen dabei auf den Punkt zu kommen. Um die emotionalen Beweggründe zu verstehen, brauchen wir die Fähigkeit, dem anderen aus dem Herzen zu sprechen. Dazu versuchen wir (vorübergehend) die Welt mit *seinen* Augen zu sehen (Perspektivenübernahme) und uns dabei auch *seine* Gefühle zu vergegenwärtigen (Empathie). Insgesamt verzichten wir auf die Ausführungen eigener Gesichtspunkte und enthalten uns eigener Wertungen.

Personennahe Beratung gelingt, wenn sie auf der Basis von Offenheit, Präsenz und Einfühlung geschieht. Somit wird die Grundlage der Beratung eine helfende Beziehung und nicht eine Rat-*Schlag*-orientierte Behandlung.

Neben dem Aktiven Zuhören ist die Kunst des Fragens eine zweite Basisfähigkeit für gute Beratung. Durch Fragen lenkt die Führungskraft das Gespräch in die Richtung, die dem Coachingziel dient.

Fragen zum Problemverständnis:
> *«Was genau ist schwierig?»*
> *«Können Sie mal ein konkretes Beispiel sagen?»*
> *«Wer ist von der Fragestellung noch betroffen?»*
> *«Welche Lösungsversuche wurden bisher schon unternommen?»*
> *«Wann tritt das Problem nicht auf?»*

Fragen zur Zielsetzung:
> *«Was wollen Sie erreichen? Worin besteht Ihr Ziel?»*
> *«Angenommen, das Problem ist gelöst, was würden Sie anders machen?»*
> *«Wie, wann, wo, mit wem werden Sie das tun?»*
> *«Welche Wirkung werden Sie erzielen?»*
> *«Was würde Kollege X dazu sagen, wenn Sie sich dann so verhalten?»*

Fragen zu Maßnahmen:
> *«Was wäre ein erster kleiner Schritt zur Veränderung?»*
> *«Wie sieht Ihr genaues Vorgehen in der Situation dann aus?»*

«Was müssen Sie dafür innerlich entwickeln?»
«Wie können Sie das innerlich entwickeln?»
«Wer kann Sie zusätzlich bei der Zielerreichung unterstützen?»

Aktiv Themen erfragen und benennen
Die Führungskraft kann auch aktiv Themen einbringen und überprüfen, ob und wie der Mitarbeiter mit dem Aspekt umgeht. Solche Themen könnten zum Beispiel der Umgang mit Macht und mit Autoritäten, Delegationsfähigkeit und Konfliktfähigkeit sein. Ist das Thema im Raum und der Mitarbeiter lässt sich darauf ein, so sollte die Führungskraft wieder auf «Empfang» gehen.

Auf der Seite «sich zeigen» geht es um die Reaktion der Führungskraft auf die Inhalte und auf den Prozess.

Eigene Resonanz auf das Thema
Hier fasst die Führungskraft das, was sie bisher verstanden hat, zusammen und sagt, wie sie auf die bisher beschriebene Problemlage reagiert. Jetzt kann sie das loswerden und sagen, was sich bei ihr bisher an Gedanken, Gefühlen, Reaktionen und Ideen angesammelt hat, und kann ihren Standpunkt verdeutlichen. Die Reaktion kann Verständnis signalisieren oder konfrontativ wirken.

Im Dialog klärt sich dann, in welche Richtung der Beratungsprozess weitergehen soll.

Eigene Resonanz auf das Hier-und-Jetzt
Diese Resonanz bezieht sich auf das Geschehen in der Gesprächssituation. Zum einen reagiert die Führungskraft auf die Beziehung zwischen ihr und dem Mitarbeiter. Zum Beispiel: *«Ich möchte Ihnen einmal zurückmelden, wie ich unseren Prozess bisher erlebt habe. Ich musste immer sehr vorsichtig sein, damit ich nicht sofort Ihren Widerspruch weckte. Zum Schluss war ich verunsichert, ob ich Ihnen überhaupt mit eigenen Gedanken und eigener Wahrnehmung begegnen darf, ohne dass Sie das sofort als Konfrontation erleben ... Vielleicht hat mein Erleben und Ihr Umgang mit dem Thema auf irgendeine Art und Weise eine Verbindung ...»*

Unabhängig davon, ob das Feedback positiv oder kritisch ist, die Führungskraft sollte darauf achten, ob der Mitarbeiter es annehmen kann.

Zum anderen kann es sein, dass die Führungskraft Widersprüche wahrnimmt. Widersprüche zwischen dem, was der Mitarbeiter von sich erzählt, und dem, wie er auf ihn als Vorgesetzten wirkt (Selbstbild – Fremdbild). Wenn die Führungskraft diesen Widerspruch angemessen und beziehungsfreundlich zurückmeldet, sodass der Mitarbeiter die Konfrontation mit seinem Selbstbild annehmen kann, dann liegt in diesem Feedbackhinweis auf «blinde Flecken» häufig eine große Einsichtschance. Zum Beispiel «*Sie sagen, dass Sie sich immer so klein machen und unsicher fühlen. Hier in dieser Situation erlebe ich Sie aber ganz anders, nämlich ...*»

Visualisieren

Das, was sich aus dem Zusammenspiel von Interesse und eigener Resonanz an Inhalten ergibt, sollte visualisiert werden. Vielleicht denkt der Vorgesetzte: «*Mein Gott, die vorgetragene Situation ist doch gar nicht schwierig und kompliziert! Wieso können Sie sich denn nicht einfach anders verhalten und zwar ...!*» Dieses Erleben hat seine Ursache darin, dass die Führungskraft nicht selbst beteiligt und verstrickt ist. Sobald wir selbst betroffen sind, haben auch wir nicht mehr den nötigen Abstand, den souveränen Überblick und die hilfreiche Distanz, aus der alles so häufig ganz klar und einfach erscheint. Eine Hauptaufgabe der Führungskraft in der Coaching-Situation besteht deshalb darin, dem Gesprächspartner zu helfen, selber wieder einen Überblick und die entsprechende Distanz zu seinem Problem zu bekommen.

Ein sehr potentes Mittel ist hier die Visualisierung des Problems. Ein Bild zwingt, das Problem konkret zu machen, verhilft zur Klarheit und inneren Gliederung; es verschafft Führungskraft und Mitarbeiter einen Überblick und fokussiert die Aufmerksamkeit auf das Wesentliche. Die Visualisierung kann sich auf den äußeren Kontext des Themas beziehen und auf das Innere Team des Mitarbeiters.

Intervenieren

Die Interventionsmöglichkeiten sind je nach Kontext, Thema und Beratungssituation so einzusetzen, dass sie für das aktuelle Thema tauglich sind und dem berufsbezogenen Rahmen entsprechen. Macht die Führungskraft zum Beispiel den Vorschlag, in einem übenden Rollenspiel einmal die schwierige Situation durchzuspielen, so kann sie selber die Rolle des Antagonisten übernehmen und nach dem Rollenspiel dem Mitarbeiter differenziertes Feedback geben.

Kommunikationsprobleme in der Beratung

Beratung im beruflichen Bereich unterliegt einer streng vom Anliegen des Ratsuchenden begrenzten, methodischen und zielgerichteten Auftragsbeziehung und hat somit Servicefunktion: Der Anbieter (hier die Führungskraft) macht ein Beratungsangebot, und der Nachfragende oder Kunde (hier Mitarbeiter) hat Bedarf und vergibt einen Beratungsauftrag. Dies gilt auch für die Situation, in der die Führungskraft um das Gespräch gebeten hat. Sie kann nur beraten, wenn der andere sich beraten lassen will und ihr einen Beratungsauftrag erteilt. Dieser kann auch jederzeit wieder entzogen werden. Da sich im Beratungsprozess die Themen und Anliegen in unterschiedliche und manchmal unerwartete Richtungen entwickeln können, sollte immer wieder der Auftrag überprüft werden: Geht es noch um die richtige Fragestellung und um das Anliegen des Beratenen oder schweifen wir gerade ab? Geht der Prozess in die richtige Richtung oder reden wir am eigentlichen Problem vorbei?

Die Führungskraft muss ihre Interventionsmethoden dem Mitarbeiter anpassen und nicht umgekehrt. Sonst läuft die Führungskraft Gefahr, zwar den Auftrag des Mitarbeiters zu hören, aber aufgrund seiner Konzepte, Theorien und Lieblingsüberzeugungen diesem zu suggerieren, dass das in Auftrag gegebene Ziel, von Hamburg nach Berlin zu fahren, nur über London zu erreichen ist. Vielleicht deshalb, weil die Führungskraft so gern Englisch spricht.

Eine Hauptschwierigkeit für Führungskräfte liegt darin, dass sie aus der Rolle des Ratgebers nur schwer herauskönnen. Vielen liegt die Sach- und Appell-Seite des Kommunikationsquadrats näher als die Selbstkundgabe- und die Beziehungsseite. Deshalb hier ein notwendiger Hinweis:

Wenn jemand nicht weiß, wie man die Mehrwertsteuer aus einem

Bruttobetrag herausrechnet, und einen anderen um Rat fragt, so sagt dieser es ihm hoffentlich, wenn er es weiß. Wenn jemand nicht weiß, wie man beim Computer die L2-Backside-Cache auf Prozessormodul einbaut, und einen anderen, von dem er weiß, dass dieser gute Computerkenntnisse besitzt, bittet, es ihm zu erklären und ihm zu zeigen, so hilft dieser ihm hoffentlich, wenn er Lust und Zeit dazu hat. Diese Situationen sind dadurch gekennzeichnet, dass der eine als sachkundiger Experte etwas weiß, was der andere nicht weiß. Entsprechend gibt der Wissende Rat und Hinweis.

Wenn jemand allerdings nicht an sachlichem Know-how Mangel leidet, sondern sein Problem im menschlich-zwischenmenschlichen Bereich liegt (zum Beispiel: *«Ich bin unzufrieden mit meiner Arbeitssituation.»*), so ist es mit Hilfe und den Beratungsrollen komplizierter. Jetzt braucht Beratung, vor allem wenn sie effektiv und professionell geschehen soll, eine bestimmte Beraterhaltung und entsprechendes Kommunikationsverhalten. Manche Vorgesetzte führen ein helfendes Gespräch auch bei menschlich-zwischenmenschlichen Fragestellungen so, dass sie sich das anstehende Problem kurz anhören, um dann mit Expertenhaltung aus dem Schatz ihrer Lebenserfahrung und Weisheiten dem Ratsuchenden einen Rat-*Schlag* zu erteilen. Häufig sind sie enttäuscht, wenn dieser jetzt nicht glücklich und voller Dankbarkeit ist, sondern mit einem *«Ja, aber …»* reagiert.

Das *«Ja»* der enttäuschenden Reaktion meint: *«Danke, dass du mir deine Zeit und Aufmerksamkeit schenkst, um dich mit meiner Situation auseinander zu setzen. Das ist sehr freundlich von dir und dazu sage ich ‹Ja›!»*

Das *«aber …»* meint jedoch: *«Ich fühle mich nicht wirklich verstanden – eher abgefertigt. Du hast zwar jetzt deinen Rat bei mir abgegeben, aber der kam erstens vorschnell und zweitens ist er vielleicht für dich passend, aber für mich nicht stimmig. Die richtige Lösung muss zu mir als Person und zu meiner Einschätzung der Situation passen! Hilf mir bitte, den für mich richtigen Weg zu finden!»*

Gehört Beratung nicht vorrangig zur Rollenaufgabe (wie beim professionellen externen Coach), kann man schnell unvorbereitet in eine Beratungssituation geraten.

So berichtete eine Abteilungsleiterin, dass sie einer Sachbearbeiterin zum Geburtstag gratulieren wollte. Für sie als Vorgesetzte handelte es sich um einen alltäglichen Routinevorgang, auf den sie sich jedes Mal freute. Am Arbeitsplatz der Mitarbeiterin traf sie jedoch ein Geburtstagskind vor, das völlig konsterniert vor seinem PC-Bildschirm saß. Die Abteilungsleiterin fragte: «*Was ist los? Geht es Ihnen nicht gut?*» In dem Moment fing die Sachbearbeiterin an zu weinen und berichtete stockend und unter Tränen, dass die EDV-Umstellung ihr viel Druck mache, da sie nicht alles verstehe. Sie möchte die Bearbeitung der Aufgaben genau so korrekt und gewissenhaft machen wie bisher. Da aber jetzt alle Daten in den Computer eingescannt werden und infolge dieser Digitalisierung die Schnelligkeits- und Effektivitätserwartung und damit der Anspruch an die Bearbeitung ihrer Aufgabenfelder drastisch erhöht wurde, sieht sie sich dem Anforderungsdruck nicht mehr gewachsen. Sie sei völlig durcheinander, fühle sich überfordert und überlastet.

Die Abteilungsleiterin war von der emotionalen Wucht überrascht und wusste in diesem Moment nicht, wie sie reagieren sollte. Sollte sie die Mitarbeiterin zu einem persönlichen Gespräch in ihr Zimmer einladen, oder sollte sie, da die Tränen der Mitarbeiterin nicht aufhören wollten zu fließen, sie einfach in den Arm nehmen? Aber vielleicht wäre sowohl das eine als auch das andere für die Mitarbeiterin peinlich, und vielleicht wäre ein beruhigender Hinweis auf eine Schulungsmaßnahme und ein aufmunterndes «*Wird schon werden*» angemessener. Was sollte sie der Mitarbeiterin in einem Gespräch unter vier Augen auch sagen, außer: «*Nehmen Sie sich doch mal einen Tag frei und entspannen Sie sich. Morgen sieht es dann schon wieder ganz anders aus!*»

Die Kommunikationsprobleme eines Beraters lassen sich nach dem Kommunikationsquadrat ordnen: Auf der **Sachseite** kann der Berater verführt sein, vorschnelle Hypothesen über mögliche Ursachen und Hintergründe aufzustellen, die sich womöglich zu Diagnosen verfestigen, aus denen sich der Ratsuchende nicht mehr befreien kann.

Auf der **Selbstkundgabeseite** kann allgemein ein ungeklärtes Selbstverständnis die Ursache unklarer Kommunikation sein. Gibt sich der Vorgesetzte selbst wirklich die Erlaubnis, beratend tätig zu sein, oder hat er innere Teammitglieder, die dem inneren Erlaubnisgeber widersprechen? Mit welchem Inneren Team geht er in eine Beratungssituation? Stehen vorne auf der Bühne vielleicht «Stress» und «Anspannung», sodass er gar nicht wirklich zuhören kann, sondern immer schnell mit Appellen reagiert? Oder steht vorn auf seiner inneren Bühne ein «harmoniesüchtiger Menschenfreund», der überall Streicheleinheiten verpassen möchte? Wie geübt ist er darin, sich selbst zu öffnen, oder erwartet er das nur von anderen? Kann er sich wirklich auf einen anderen Menschen und seine Fragestellung mit Zeit und Ruhe einlassen?

Die **Beziehungsseite** wird u. a. dann bedeutsam, wenn die Führungskraft den Eindruck bekommt, dass sie den Mitarbeiter konfrontieren müsste. Vermeidet der Mitarbeiter beispielsweise während eines Beratungsprozesses das für ihn relevante Thema der Verantwortung oder der Aggression, so kann es für ihn hilfreich sein, wenn er damit konfrontiert wird. Erst dann kann er sich der Tatsache stellen, *dass* er etwas vermeidet. Wenn der Ratsuchende die Aggressionsvermeidung selbst schon wahrnimmt und erleben kann, braucht der Berater ihn nicht damit zu konfrontieren. Hat die beratende Führungskraft jedoch den Eindruck, dass der Mitarbeiter beispielsweise sein «Immer-lieb-sein-Müssen» und seine Wahrnehmungsverzerrung (sogar Wölfe sehen aus wie Schafe) noch nicht kennt, so muss die Führungskraft ihn so damit konfrontieren, dass der Mitarbeiter seine Vermeidung wahrnehmen und die Konfrontation mit seinem Selbstbild annehmen kann.

Diese Fähigkeit zur Konfrontation wird dann zu einem Problem für die Führungskraft, wenn sie befürchtet, dass die Beziehung oder der Mitarbeiter durch die Konfrontation Schaden nimmt. Die Gefahr ist dann gemildert, wenn die Konfrontation zu Gunsten des Mitarbeiters geschieht und nicht der Spannungsentladung der Führungskraft dient. Die Führungskraft muss sich das Recht zur Konfrontation erst verdienen, denn nur in einer Atmosphäre des Vertrauens kann Konfrontation gedeihlich wirken.

Vor allem Führungskräften, die «lieb» sein wollen und Anerkennung brauchen, liegt die Konfrontation weniger. Sie wollen lieber alles so stehen lassen, was der Mitarbeiter sagt, und emphatisch Anteil nehmen. Sie werden dem Rat suchenden Mitarbeiter nicht gerecht, weil sie ihm die Chance nehmen, etwas über sich zu erfahren und für sich zu klären. Sie verstehen «helfen» einseitig als «Unterstützung geben» und übernehmen häufig zu viel Verantwortung. Droht dies einer Führungskraft, so kann sie

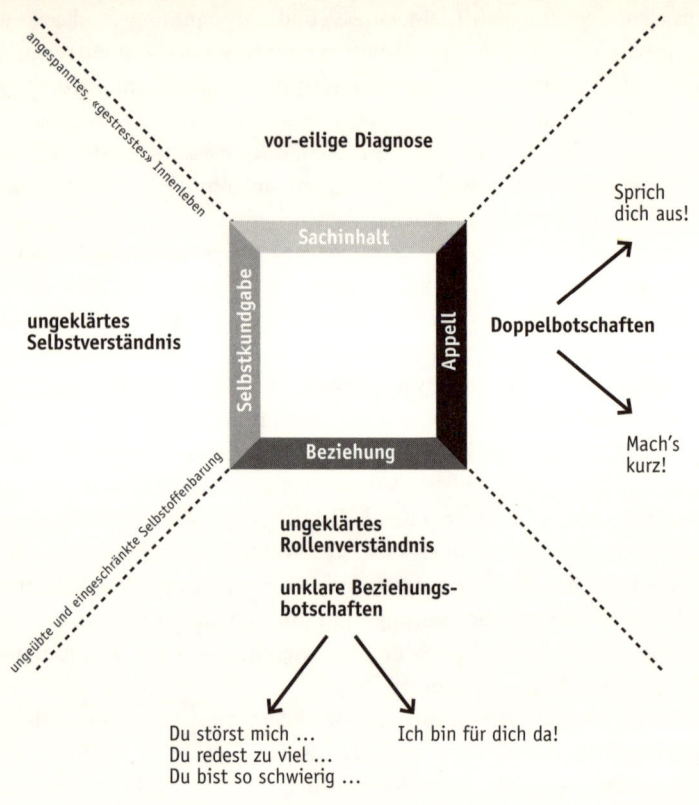

angespanntes, «gestresstes» Innenleben

vor-eilige Diagnose

Sachinhalt

Selbstkundgabe

Appell

Beziehung

ungeklärtes
Selbstverständnis

Sprich
dich aus!

Doppelbotschaften

Mach's
kurz!

ungeübte und eingeschränkte Selbstoffenbarung

ungeklärtes
Rollenverständnis

unklare Beziehungs-
botschaften

Du störst mich ...
Du redest zu viel ...
Du bist so schwierig ...

Ich bin für dich da!

Kommunikationsprobleme in der Beratung

sich die Geschichte des Jungen in Erinnerung rufen, der aus Mitleid versuchte, einem Schmetterling zu helfen, der sich aus dem klebrigen Kokon herausarbeitete. Der Schmetterling kam dank der Hilfe schnell frei, fiel aber sofort hilflos auf den Boden, unfähig zu fliegen. Glücklicherweise war der Vater des Jungen da und erklärte ihm, dass der Schmetterling genau diese Mühe braucht, um seine Flügel zu stärken, damit er dann, wenn er den Kokon verlassen hat, losfliegen kann. So verstand der Junge, dass er dem Schmetterling keinen Gefallen tat, als er ihm den Gefallen tat.

Droht einer Führungskraft, dass sie zu schnell oder zu viel konfrontiert, so sollte sie sich bewusst machen, dass es eine psychologische Grundformel für Veränderung gibt: V = A + K. Das heißt: Veränderung geschieht durch Akzeptation und Konfrontation, aber in dieser Reihenfolge. Erst wenn der Mitarbeiter als Mensch akzeptiert wird, darf er in seinem Verhalten konfrontiert werden.

Vielleicht signalisiert der Berater auf der **Appellseite** einerseits: «Sprich dich aus!» Auf der anderen Seite deutet er jedoch an, dass er unter Stress steht und der Ratsuchende ihn in Wirklichkeit mit seinen noch unklaren Ausführungen und Suchbewegungen stört und anstrengt. Infolgedessen sendet er zugleich den Appell: «Fass dich kurz!» aus.

Sind solche oder ähnliche Kommunikationsprobleme entstanden, bekommt die Führungskraft schnell das Gefühl, die Orientierung zu verlieren und zu schwimmen. Da dies wohl jeder Berater mehr oder weniger kennt, stellt es einen beratungsimmanenten Stressfaktor dar, den der Berater mit Mitgefühl für sich selbst ernst nehmen muss.

Wenn ich ausführlicher auf die Beratungsprobleme aus der Sicht der Führungskraft eingegangen bin, will ich damit nicht signalisieren, dass es immer an der Führungskraft liegt, wenn es im Beratungsprozess schwierig wird. Auch der Mitarbeiter kann den Prozess erschweren oder ins Stocken bringen – zum Beispiel durch unklare Äußerungen, Verheimlichung wichtiger Informationen oder eine grundsätzliche Ambivalenz zur Beratung, die vielleicht dazu führt, dass er sich nicht richtig einlässt oder sich in der Haltung ausdrückt: Wasch mich, aber mach mich nicht nass. Letztlich liegt es jedoch am Berater, wie er mit den auftauchenden Schwierigkeiten umgeht. Eine angemessene Haltung und eine gute Strukturierung des Prozesses ist dabei häufig schon die halbe Miete.

Das Beratungsgespräch

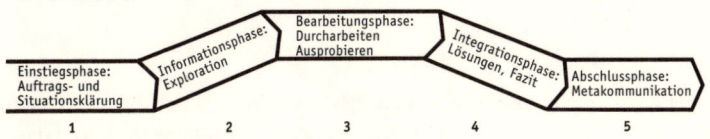

Phasen eines Beratungsgesprächs im Überblick

Um den Ablauf eines Beratungsgesprächs zu verdeutlichen, können wir wieder zur Orientierung das Phasenmodell übernehmen.

1. Einstiegsphase: Auftrags- und Situationsklärung
2. Informationsphase: Exploration
3. Bearbeitungsphase: Durcharbeiten und Ausprobieren
4. Integrationsphase: Lösungen und Fazit
5. Abschlussphase

Entwickelt sich eine Beratung zu einem längeren Beratungsprozess mit mehreren Treffen, so durchlaufen nicht alle Gespräche immer wieder die beschriebenen Phasen. Manche Punkte werden im späteren Prozess nur noch kurz angesprochen, andere können sogar ganz weggelassen werden. So nimmt beispielsweise die Auftragsklärung im ersten Gespräch einen breiteren Raum ein als im vierten Gespräch. Die «Auftragsklärung im Großen» überprüft, ob es überhaupt zu einer Beratung kommen kann. Die «Auftragsklärung im Kleinen» überprüft, ob die Alltagserfahrung nach dem letzten Treffen ausgewertet werden soll oder ob ein neues Thema so wichtig geworden ist, dass es sich jetzt in den Vordergrund drängt.

Insgesamt beziehe ich mich im Folgenden zunächst immer auf die Situation, in der ein Mitarbeiter sich vertrauensvoll an seinen Vorgesetzten oder an einen Kollegen wendet. Als Zusatz werde ich dann jeweils auf die Variante eingehen, in der die Führungskraft das Gespräch gesucht hat.

1. Einstiegsphase: Auftrags- und Situationsklärung

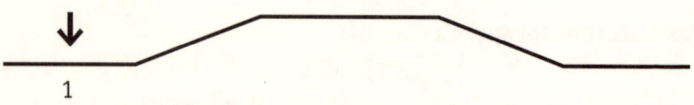

Die Phase 1 beinhaltet die Situations- und Kontextklärung, die organisatorischen Absprachen und die Klärung der Beratungsanfrage und damit des Auftrages. Diese Anfangsklärung ist bedeutsam, da sie die seriöse

Grundlage erstellt, auf der eine professionelle Beratung geschehen kann. Wird hier «geschludert», so rächt sich das in den späteren Beratungsphasen. Da «Helfen-wollen» allein nicht reicht und außerdem «nicht jeder Antrag auch ein Auftrag ist» (Eberhard Stahl), lautet für diese Gesprächsphase der Grundsatz:

Situations- und Auftragsklärung vor Problemklärung!

Mögliche Fragen sind hier:

- Wie ist es dazu gekommen, dass wir heute hier sitzen? Wer hat das Gespräch initiiert? Welche Vorgespräche haben mit wem stattgefunden? (Völlige Transparenz der Vorgeschichte)
- Welche Fragen und welche Themenschwerpunkte sollen besprochen werden?
- Deckt sich die Problemsituation und Fragestellung mit meiner Beratungskompetenz und meiner Rolle? Bin ich der richtige Gesprächspartner? Kann ich helfen, und wie kann die Hilfe im Einzelnen aussehen?
- Wie viel Zeit brauchen wir?
- In welcher Beraterrolle werde ich gesehen, und entspricht das meinem Rollenverständnis?
- Bin ich bei dem Problem selbst involviert (beruflich betroffen oder menschlich berührt), und kann das ein Hindernis für die Beratung sein?
- Wie sieht der Beratungsauftrag genau aus? Welcher Ebene (siehe S. 50 ff.) kann das Thema zugeordnet werden?

In der Einstiegsphase sind die genannten Kontextbedingungen und Kontraktfragen so zu besprechen, dass deutlich wird, welche Relevanz sie für die beabsichtigte Zusammenarbeit haben.

Bei diesen Fragen handelt es sich weniger um Beratungsinterventionen, sondern eher um Klärung der Bedingungen, die eine professionelle Beratung ermöglichen sollen. Vielleicht muss sich der Vorgesetzte gegen Ende der zweiten Phase einen neuen weiterführenden Beratungsauftrag holen, da sich herausstellt, dass der ursprünglich vereinbarte Auftrag, den er zu Anfang vom Ratsuchenden bekommen hat, so nicht durchführbar ist.

Mit «Auftrag holen» ist gemeint, dass dem Mitarbeiter verdeutlicht wird, was in der Beratung geschehen kann und was nicht. Die Führungs-kraft ist dafür verantwortlich, dass sie dem Mitarbeiter einen Beratungs-rahmen anbietet, der für ihn und sein Problem förderlich ist und der ihm die Möglichkeiten und Grenzen des Beratungsprozesses verdeutlicht. Die Führungskraft muss sich entsprechend das Einverständnis für ihr Vor-gehen holen und die obigen Fragen klären. Erst wenn ein Konsens her-gestellt ist, kann die Beratung im engeren Sinne beginnen.

Die Notwendigkeit der erneuten Auftragsklärung kann sich auch im Laufe der Beratung ergeben. Hierzu ein

Beispiel:
Ein Gruppenleiter berichtete einem Kollegen (Paten), dass er die Menge der Arbeit, für die er zuständig ist, nicht mehr bewältigen kann. Er leidet unter der Last der Anforderungen und macht seinem Vorgesetzten Vorwürfe, da dieser ihn ständig überfordere und mit Arbeit überlaste. Den Beratungsauftrag formulierte er so, dass er herausbekommen möchte, wie er mit seinem Vorgesetzten über die-ses Thema konstruktiver sprechen kann. Der Problemblick des Ratsuchenden war zu diesem Zeitpunkt auf seinen Vorgesetzten ge-richtet.

Nachdem der Kollege seine Rolle geklärt und Fragen über die Beziehung zum Vorgesetzten und über dessen typische Antworten ge-stellt hatte, ergab sich ein neues Bild. Es zeigte sich, dass sein Vor-gesetzter ihm in den vorausgegangenen Gesprächen immer wieder vorgeschlagen hatte, die Arbeit so zu organisieren, wie es die anderen Gruppenleiter machen. Der Vorgesetzte ermutigte ihn, nicht jede Ar-beitseinheit überkorrekt, perfekt und mit viel Zeitaufwand zu erledigen. Zusätzlich forderte er ihn auf, mehr an seine Mitarbeiter zu delegieren. Das jedoch konnte der Ratsuchende nicht. Er brachte es einfach nicht fertig, Arbeiten nicht mustergültig zu erledigen und auch nicht, der Kompetenz seiner Mitarbeiter zu vertrauen.

War sein Problemblick zunächst nach außen gerichtet, so bekam er langsam den eigenen Perfektionismus ins Blickfeld und damit den Umstand, dass er nicht Opfer der Umstände und des Vorgesetzten, sondern Täter seines Perfektionismus ist, der alles unter Kontrolle haben will. Nachdem dieser Aspekt deutlich herausgearbeitet wurde, musste sich der Kollege als Berater einen neuen Beratungsauftrag holen, da der erste nicht mehr gültig und aktuell war: «*Das Thema scheint Sie jetzt persönlich zu betreffen. Wollen Sie, dass wir da weitermachen?*». Außerdem musste er klären, ob er diesen Beratungsauftrag annimmt und der richtige Gesprächspartner für dieses Thema sein kann.

Ergänzende Aspekte zur Situationswahrheit und zur allgemeinen Ausgangssituation, wenn die Führungskraft von sich aus Beratung anbietet:

- Welche Ziele hat die Geschäftsleitung konkret vorgegeben?
- Welche Spielräume besitzt die Abteilung?
- Wie sieht der Entwicklungsbedarf aufgrund der Vorgaben für die Abteilung aus?
- Welche Ziele ergeben sich daraus für mich in meiner Rolle mit meinen Arbeitsbereichen? Welche konkreten Erwartungen hat der Ratsuchende an mich und welche ich an ihn?
- Welche Probleme der Umsetzung sind aus meiner Sicht absehbar oder schon aufgetreten? Begründung der Notwendigkeit für das Beratungsgespräch!
- Was ist mein Interesse als Vorgesetzter an der Beratung, und welche Aspekte sollten hier Thema sein?

Diese Art des Kontraktes ist die Grundlage für eine ausführliche Schlussauswertung der Beratung in Phase 5. Nachdem alle notwendigen Fragen behandelt wurden, geht es mit der 2. Phase weiter.

2. Informationsphase: Exploration

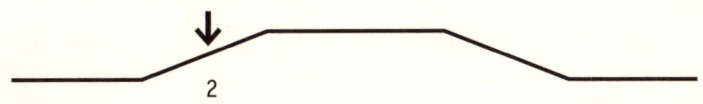

2

Nachdem in Phase 1 die Grundlagen und Rahmenbedingungen für das Beratungsgespräch in klärender und vertrauensvertiefender Art und Weise besprochen wurden, kann die Beratung beginnen. In Phase 2 – zunächst wieder für den Fall, dass ein Mitarbeiter Beratungsbedarf anmeldet – soll geklärt werden, um was es genau geht.

Als Erstes muss der Vorgesetzte die *äußere Situation* verstehen, in der das Problem auftritt. Ist ihm dies klar, so kann es sein, dass er auch noch die *innere Situation* des Mitarbeiters verstehen muss. Nehmen wir als Beispiel die Fragestellung: «Manche Kunden am Telefon sind wirklich unverschämt. Gestern hatte ich eine Situation, wo mich der Kunde XY dermaßen unverschämt und beleidigend angesprochen hat, dass ich ihm gesagt habe, dass ich mir das nicht bieten lassen möchte. Dann habe ich aufgelegt. Ich hatte allerdings nachher ein schlechtes Gewissen, da der Kunde mit seiner Beschwerde Recht hatte. Ich hatte vor zwei Wochen in seiner Abrechnung einen Fehler gemacht. Aber deshalb braucht er mich doch nicht so anzufahren. Wie soll ich beim nächsten Mal reagieren, wenn er anruft – oder soll ich ihn anrufen?»

Der Vorgesetzte exploriert vielleicht noch etwas genauer die äußere Situation: «*Um welchen Fehler von Ihnen handelte es sich genau?*» «*Wie viel Umsatz machen wir mit dem Kunden?*» «*Worin bestand genau die Beleidigung?*» «*Wie spricht der Kunde sonst mit Ihnen?*» Usw. Dann sollte er, bevor beide auf eine Lösung des Problems schauen, die Selbstreflexion des Mitarbeiters fördern und die innere Situation erforschen. Dabei sollte er nicht in Gefahr laufen, an dem Mitarbeiter pädagogisierend, psychologisierend oder gar manipulierend herumzudoktern, sondern mit Respekt vor der Persönlichkeitsgrenze des Mitarbeiters dessen Selbsterkundung anregen. Er könnte z. B. sagen: «*Verstehe ich Sie richtig, dass Sie sich für Ihren Fehler entschuldigen wollten, aber der Kunde hat Ihnen dies unmöglich gemacht, da er Sie beleidigt hat?*» Die Führungskraft könnte auch fragen: «*Welche inneren Stimmen melden sich in Ihnen, wenn Sie ein normales Telefongespräch mit dem Kunden führen, und welche Stimmen haben sich in dem Moment bei Ihnen gemeldet, als der Kunde so unverschämt wurde?*»

Äußere und innere Situation, beides kann wichtig sein. Bei der Frage «Wo drückt der Schuh?» muss man sich sowohl den Schuh (äußere Situation) anschauen als auch den Fuß (innere Situation). Das Problem kann sein, dass es der falsche Schuh für diesen Fuß ist oder dass der Schuh zum Beispiel durch eine Einlage geändert werden muss. Es kann aber auch sein, dass der Fuß sehr stark schwitzt, Blasen hat oder unter einem Hühnerauge leidet.

Erkundung der äußeren Situation
Zunächst muss sich die Führungskraft über den gesamten Situationskontext kundig machen, in dem das Problem auftritt. Indem sie die Situationsbedingungen erfragt, erforscht sie

– welche Vorgeschichte existiert,
– wer beteiligt und wer betroffen ist,
– welche Beziehungen die Beteiligten untereinander haben,
– welche unterschiedlichen Interessen bestehen.

Fragebeispiele:

– Worin liegt genau das Problem und welche Fragestellung haben Sie?
– Wer ist beteiligt?
– Wie ist die Situation genau und wie kam es dazu?
– Was geschah genau? Wer hat was genau gesagt?
– Was geschah direkt davor?
– Was haben Sie anschließend gemacht?
– Wie stehen die anderen Beteiligten dazu?
– Welche offiziellen und inoffiziellen Ziele haben die Einzelnen?
– Warum kommen Sie ausgerechnet jetzt zu mir? Was ist der Auslöser, dass Sie gerade jetzt etwas unternehmen wollen?
– Was haben Sie bisher schon unternommen?

Erkundung der inneren Situation
Bezieht sich das Problem weniger auf den äußeren Kontext, sondern mehr auf die Person des Ratsuchenden, so muss die innere Ausgangslage des Mitarbeiters Thema sein dürfen. In einem Coaching, welches von einem professionellen, psychologisch geschulten externen Coach durchgeführt wird, wäre dies Beratungsalltag. In einer Beratungssituation, wo die Führungskraft einen Mitarbeiter berät, kann die Führungskraft den Ein-

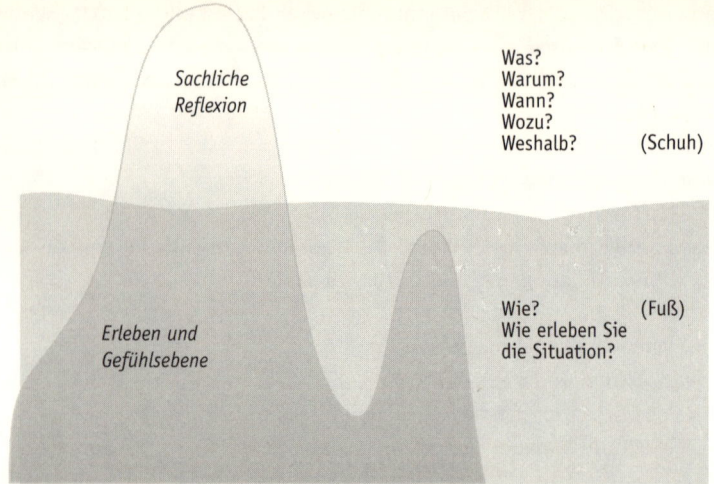

Sachliche
Reflexion

Was?
Warum?
Wann?
Wozu?
Weshalb?   (Schuh)

Erleben und
Gefühlsebene

Wie?   (Fuß)
Wie erleben Sie
die Situation?

Zwei Gesprächsebenen, verdeutlicht durch das Eisbergmodell

druck bekommen, dass sie womöglich unberechtigterweise in die Intimsphäre des Mitarbeiters eindringen könnte, wenn Gefühle, Vorlieben, Abneigungen, Hoffnungen, Befürchtungen, Ängste oder Sehnsüchte angesprochen werden. Indem sie das Erleben des Mitarbeiters zum Thema macht, vertieft sie die Gesprächsebene. Dies soll das Eisbergmodell verdeutlichen.

Die Führungskraft muss als Coach darauf achten, dass sie den nötigen Abstand bewahrt, auf den die Rollenbeziehung hinweist. Bei auftauchender Unsicherheit über eine mögliche Intimitäts- und Grenzverletzung kann die Führungskraft ihre Unsicherheit ansprechen und den Mitarbeiter fragen, ob es ihm recht ist, dass sie auch diese Sichtweise des Problems einnimmt. Sie kann zum Beispiel, bevor sie das Persönlichkeitskönigreich des Mitarbeiters betritt, diesen um sein Einverständnis bitten: «*Mir scheint, dass, wenn Sie von ‹geringer Motivation› sprechen, dies nur am Rande etwas mit unserer zurzeit sehr hohen Arbeitsbelastung und der Stimmung in unserer Abteilung zu tun hat. Es scheint mehr mit Ihnen persönlich und Ihrer allgemeinen Lebenssituation zu tun zu haben. Wollen Sie mit mir darüber sprechen? Ich wäre dazu gern bereit.*»

Durch solche oder ähnliche bewusst machende Formulierungen und metakommunikatorische Zwischenphasen in der Beratung kann sich der Mitarbeiter klären und entscheiden, ob er mit seinem Vorgesetzten über persönliche Themen sprechen und sich auf diese Ebene einlassen will. Der Vorgesetzte bekommt Sicherheit, da er einen Beraterauftrag erhält. Signalisiert der Mitarbeiter sein Einverständnis, so besteht die Hauptaufgabe des Vorgesetzten darin, das Erleben des Mitarbeiters durch aktives Zuhören zu verstehen und durch Fragen zu differenzieren.

Mögliche Fragen:

– Wie erleben Sie die Situation?
– Welche Gefühle löst die Situation in Ihnen aus?
– Wodurch wird die Stimmung verstärkt?
– Wie lange ist das schon so für Sie?
– Was war der Auslöser und wie hat sich das dann für Sie entwickelt?

Dabei versucht der Vorgesetzte vor allem, sich in die Gedanken- und Gefühlswelt des Mitarbeiters einzufühlen. Durch zustimmende Signale wie Nicken oder «Ich verstehe» kann er signalisieren, dass er wirklich beim anderen ist und gut zuhört. Dies führt häufig dazu, dass der Redefluss des Gesprächspartners unterstützt wird. Um zu überprüfen, ob er seinen Mitarbeiter richtig verstanden hat, kann er immer mal wieder mit eigenen Worten zusammenfassend wiederholen, was dieser gesagt und vor allem *gemeint* hat. Dabei bezieht er sich nicht nur auf die sachlichen Aspekte, sondern auch auf die Gefühle, die zwischen den Zeilen deutlich wurden. So fühlt sich der Mitarbeiter nicht nur gehört, sondern auch verstanden.

Insgesamt ist die Führungskraft bemüht, das Problem mit den Augen des Mitarbeiters zu sehen, ihm auf seinen Spuren zu folgen, dabei *mitzudenken* und *mitzuerleben* und sich somit in seine Gedanken- und Gefühlswelt einzufühlen. Sie enthält sich dabei jeglicher Ratschläge, sanfter Ermahnungen und belehrender Stellungnahmen. Auch wenn sie die Gesprächsführung in der Hand hat, so begleitet sie jetzt mehr, als dass sie das Gespräch führt. Durch diese entspannte Atmosphäre kann der Mitarbeiter einmal alles aussprechen, was ihn belastet, und kann es sich sogar leisten, sein Wahrnehmungsfeld neu zu erforschen und innere Widersprüche zu klären. Diese Art des Zuhörens erfordert vom Vorgesetzten ein Höchstmaß an Konzentration.

Sollte es für die Führungskraft möglich sein und keinen zu starken Kulturbruch bedeuten, kann sie auch auf einem Flipchart oder einem DIN-A4-Bogen die inneren Stimmen aufzeichnen, die im gemeinsamen Suchprozess zu Tage gefördert werden. Dazu malt sie eine Figur mit Kopf und dickem Bauch, in den sie die Persönlichkeitsanteile («der Resignierte», «der Gekränkte», «der Wütende» usw.) zeichnet oder einschreibt, die der Mitarbeiter benennt.

Visualisierte Persönlichkeitsanteile

Im gemeinsamen Suchprozess können beide so erforschen, welche inneren Stimmen sich bei der Fragestellung oder in der Problemsituation beim Mitarbeiter zu Wort melden und welche Stimmen er in sich aktivieren muss, damit er sich angemessen verhalten kann. Dies alles mit dem Ziel, eine für den Mitarbeiter und für die Situation, von der er berichtet, stimmige Lösung zu finden.

Hierbei kann es hilfreich sein, bestehende Gefühlsreaktionen zu legitimieren: «*Das kann ich gut verstehen. Nach so einem Vorfall wäre ich auch verletzt gewesen.*» Oder: «*Das würde mir genauso gehen, wenn ich mit Ihren Erfahrungen in so einer Situation wäre.*» Auch unbekannte Persönlichkeitsanteile lassen sich wecken: «*Wie haben Sie es nur geschafft, dabei nicht wütend zu werden?*» Oder: «*Ich hätte nicht so lange geduldig warten können.*»

Ist der Führungskraft die äußere und innere Situation deutlich geworden, so kann sie gemeinsam mit dem Mitarbeiter entscheiden, an welchem Thema und welcher Fragestellung weiter gearbeitet werden soll (Phase 3).

Die Exploration der inneren und der äußeren Situation und die Beachtung ihrer Wechselwirkung ist für den Beratungsprozess wichtig, um von der Problemstellung zu einer passenden Problemlösung zu kommen. Würde man vorschnell vom vorgetragenen Problem zur Lösung wechseln, blieben wichtige Informationen unberücksichtigt, welche aber für eine tragfähige Lösung von entscheidender Bedeutung sein können.

Das Zurückhalten eigener Lösungsideen in den ersten drei Gesprächsphasen ist eine der Hauptschwierigkeiten für Führungskräfte. Dies ist auch verständlich, denn die meisten Fragestellungen und Problemsituationen, die an sie herangetragen werden, verlangen eine schnelle Antwort und Lösung. Entsprechend ist die Führungskraft es gewohnt, bei Problemen nach passenden Lösungen zu suchen und schnell Antworten zu geben. Überträgt sie die Haltung auf die Beratungssituation, so versteht sie sich in der Coach-Rolle als Rat*geber* und Lösungs*bringer*. Diese Vorgesetztenhaltung («Hurra, *ich* habe die Lösung für dein Problem!») wird in der Beratung jedoch dann zu einer negativen Verführung, wenn die Lösungsidee die Führungskraft zum Wissenden werden lässt, für die es unmöglich wird, als Fragender dem Mitarbeiter zu helfen, über seinen eigenen Tellerrand zu schauen. Beim wissenden Vorgesetzten drängt sich

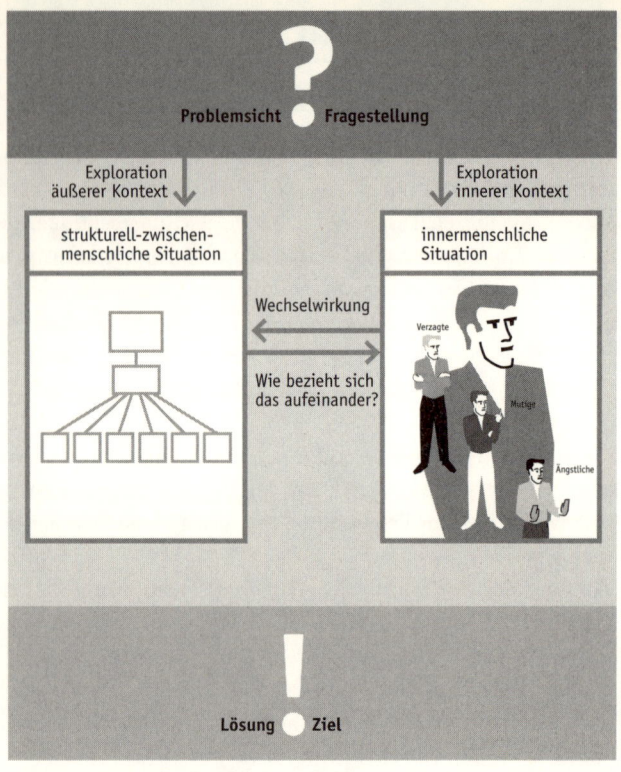

Innere und äußere Situation in der Exploration
(nach Schulz von Thun, 1998, S. 321 ff.)

womöglich seine Lösungsidee so stark in den Bewusstseinsvordergrund, dass sich jede Intervention nur noch um diese Lösungsvorstellung dreht. Jede Frage dient zur Überprüfung oder Bestätigung der eigenen Lösungsidee. Jetzt kreisen die Interventionen nicht mehr um den Mitarbeiter und seine Problemstellung, sondern um die Lösungsidee des Vorgesetzten und dienen der Verifizierung *seiner* Lösung. Hat er diese Lösungsbrille aufgesetzt, ist er verführt, dem Sog der schnellen Rat-«Schläge» zu erliegen. Eine derart eingeengte Beraterhaltung kann die Wahrnehmung des Mitarbeiters nicht mehr erweitern und hilft ihm nicht, seine eigene Lösungskompetenz zu entwickeln.

Um dieser Gefahr zu entgehen, ist es notwendig, dass der beratende Vorgesetzte seine Lösungsideen innerlich beiseite legen kann und ihnen nur den Charakter des Vorläufigen zugesteht. So kann er unvoreingenommen eine differenzierte Exploration durchführen und häufig zur eigenen Überraschung feststellen, wie sich die auftauchenden Lösungsideen im Lauf der Exploration immer wieder verändern. Dabei braucht er sich auftauchende Lösungsideen nicht vorzuwerfen. Im Gegenteil: sie können *später* einmal sehr hilfreich sein. Er darf seine eigenen Lösungsideen haben, sie für richtig halten und ihnen deshalb wohlgeneigt sein. Er muss sie allerdings jederzeit wieder loslassen können. Vor allem dann, wenn sie für den Mitarbeiter nicht stimmig wären.

Durch vorschnelle Lösungen vergibt sich der Vorgesetzte als Coach außerdem die Chance, durch direkte, offene und zirkuläre Fragen die Bewusstseinsebene des Mitarbeiters zu erweitern; ihm zu helfen, das Problemfeld aus verschiedenen Perspektiven zu betrachten und sich Gedanken zu machen, die er für sich selbst kaum haben würde. Seine Fragen sollten für den Mitarbeiter ein «Reflexionsinput zur Wahrnehmungserweiterung» darstellen, damit dieser angehalten wird, selbst nachzudenken und eigene Lösungen zu erarbeiten. So beraten, kann sich dieser zu einem eigenständigen Mitarbeiter entwickeln, der nicht bei der nächsten, etwas anders gelagerten Frage erneut zu seinem Vorgesetzten gehen muss. Coachen wird somit auch zur Delegation von Problemlösekompetenzen.

Ergänzende Aspekte, wenn die Führungskraft von sich aus Beratung anbietet:

Nachdem die Führungskraft die Situation und den Beratungsbedarf aus ihrer eigenen Sichtweise offen gelegt hat (Phase 1), bekommt jetzt der Mitarbeiter Gelegenheit, seine Sichtweise mit Antworten auf die folgenden Fragen offen zu legen:

«Wie beurteilen Sie die aktuelle Situation, mein Anliegen und die einzelnen Aspekte?» (Erkundung der äußeren Ausgangslage des Mitarbeiters) *«Wie sind Sie bisher mit den Zielvorgaben klargekommen?» «Welchen Entwicklungsbedarf sehen Sie?» «Welche Entwicklungsziele ergeben sich für Sie persönlich aus meinen Vorgaben?» «Welche Probleme ergeben sich aus Ihrer Sicht bei der Umsetzung der vorgegebenen Ziele*

*und welche Themen müssten wir aus Ihrer Sicht ansprechen?» «Welche
inneren Stimmen melden sich bei Ihnen, wenn wir hier zu diesem Thema
zusammensitzen?»* (Erkundung der inneren Ausgangslage des Mitarbeiters)

Vereinbarungen über die konkrete Zusammenarbeit

Der Kontrakt zwischen Führungskraft und Mitarbeiter ergibt sich formell
schon aus den jeweiligen Arbeitsverträgen, Arbeitsplatzbeschreibungen
und zugewiesenen Rollenaufträgen (Phase 1). Da die Beratung von Mitarbeitern zu den Führungsaufgaben eines Vorgesetzten gehört, nimmt
der Vorgesetzte zurzeit eine seiner Führungsaufgaben wahr. Da
Coaching jedoch die Motivation des Gecoachten voraussetzt (oder sie
ist das Thema des Coachings), braucht die Beratung eine explizite Vereinbarung über die konkrete Zusammenarbeit, welche in dem Fall, dass
die Führungskraft als Coach das Gespräch initiiert hat, an dieser Stelle
erfolgen kann:

*«Wie ist es für Sie, mit mir darüber zu sprechen, und welche Aspekte des
Problems/Themas gehören hierher und welche nicht?»*

*«Was brauchen Sie von mir, um mit der Offenheit darüber zu sprechen,
die für Ihr Anliegen angemessen ist?»*

*«Was erwarten Sie von mir, dass ich tue, und was sollte ich besser nicht
tun?» «Was sollte hier auf keinen Fall passieren?»*

«In welcher Form wollen wir an dem Thema/Anliegen arbeiten?» (Jetzt
und in Ruhe? Gelegentliche Beobachtungen bei der Arbeit mit an-
schließendem Feedback? Also: Zeitpunkt? Ort? Dauer? Häufigkeit und
Intervalle?)

*«Wie werden Ergebnisse gesichert? Soll es ein Protokoll geben, vielleicht
ein Gedächtnisprotokoll im Nachhinein? Wer soll das schreiben? Wie wird
der Erfolg bzw. Ihre Zielerreichung im Prozess kontrolliert?»*

Da sich häufig durch eine differenzierte Exploration die ursprüngliche
Fragestellung verändert, sollte zum Abschluss der Phase 2 nochmals überprüft werden, wie die Fragestellung jetzt lautet. Dabei überprüft der
beratende Vorgesetzte, ob seine Problemsicht immer noch mit der Sichtweise des Mitarbeiters übereinstimmt, und er überprüft außerdem
nochmals den bisherigen Beratungsauftrag. Die Art des Kontraktes ist die

Grundlage für den weiteren Prozess und für die ausführliche Schlussauswertung der Beratung in Phase 5.

3. Bearbeitungsphase: Durcharbeiten und Ausprobieren

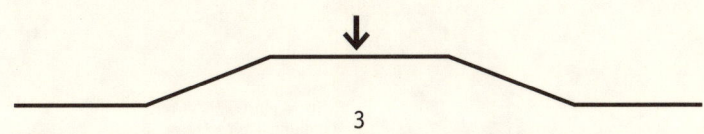

3

Nachdem in Phase 2 besprochen wurde, wie die Ausgangslage ist und um was es genau geht, liegt in Phase 3 der Schwerpunkt auf der Bearbeitung des Themas und der durch die Exploration herausgearbeiteten Fragestellung.

In dieser Phase sollen vor allem drei Aspekte geklärt werden:

1. Welche Zielvorstellungen bestehen und welche Lösungsschritte sind realistisch?
2. Welche Ressourcen sind vorhanden und welche Kompetenzen können verstärkt werden?
3. Welche Fragen und Themenaspekte müssen wir noch durcharbeiten?

1. Welche Zielvorstellungen bestehen, und welche Lösungsschritte sind realistisch?
Gemäß dem Dreierschritt
1. Ist-Analyse (innere und äußere Ausgangslage),
2. Soll-Analyse (Zielvorstellungen)
3. Maßnahmen (Handlungsalternativen)
kann jetzt der Blick auf die Ziele gerichtet werden, da sich der anschließende Beratungsprozess an den Zielvorstellungen und den entsprechenden Lösungsschritten orientiert. Diese Blickrichtung darf nicht zu früh eingeführt werden, da mancher Ratsuchende zunächst einmal mit seiner Problemsituation verstanden werden will. Erst danach kann er sich auf die Kraftanstrengung einlassen, visionäre Ziele zu bedenken.

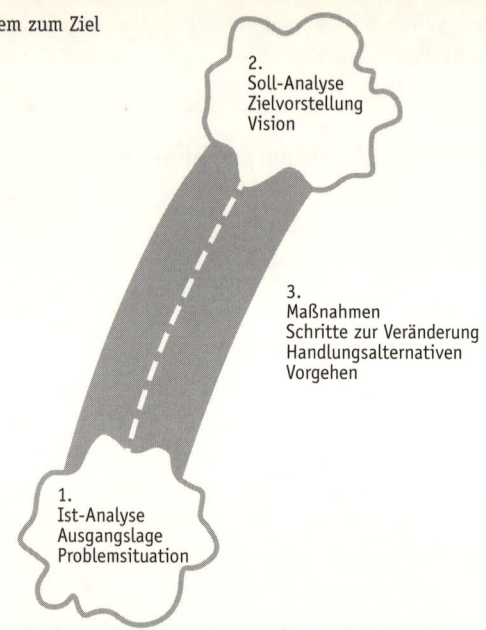

2.
Soll-Analyse
Zielvorstellung
Vision

3.
Maßnahmen
Schritte zur Veränderung
Handlungsalternativen
Vorgehen

1.
Ist-Analyse
Ausgangslage
Problemsituation

Gegen Ende dieser Zielfindungsphase sollte geklärt sein, *aufgrund welcher Zielvorstellungen welche Maßnahmen und Lösungsschritte realistisch sind* und was der Mitarbeiter braucht, um diese Schritte auch gehen zu können.

Der Beratungsprozess mit «Ausgangssituation – Zielbeschreibung – Maßnahmen» ist nicht linear zu verstehen, sondern als Ablauf sich wiederholender Schleifen. Nach einer Zielbeschreibung kann sich herausstellen, dass keine geeigneten Maßnahmen möglich sind, um dieses Ziel zu erreichen. Dann muss erneut in den Zielfindungsprozess eingestiegen werden, um jetzt ein realistischeres Ziel zu formulieren. Diese Kreisbewegung kann sich mehrmals wiederholen.

Bezogen auf unser Beispiel «unverschämter Kunde» (S. 176) könnten ein möglicher Einstieg für die Zielfindung der Beratung die Fragen sein:

«*Was wollen Sie erreichen? Worin besteht Ihr Ziel?*»

«*Woran werden Sie erkennen können, dass dies Gespräch für Sie ein Erfolg war?*»

Zirkulär könnte die Frage lauten:

«Wenn ich den Kunden XY (Ihren Kollegen, Lebenspartner, besten Freund) jetzt fragen würde, was wohl das Ziel der Beratung sein könnte, was würde er mir antworten?»

Um das Ziel zu konkretisieren, könnte der Vorgesetzte fragen:

«Woran merken Sie, dass Sie Ihr Ziel erreicht haben?»

«Was machen Sie dann anders, wenn Sie Ihr Ziel erreicht haben?»

«Was wären wohl die ersten kleinen Anzeichen für einen Veränderungsprozess?»

Oder zirkulär:

«Wer würde als Erster erkennen, dass sich eine positive Veränderung eingestellt hat? Was würde diese Person genau bemerken?»

Eine auf Lösungsschritte zielende Fragerichtung wäre auch:

«Was haben Sie sich bisher schon selbst überlegt, was Sie tun wollen und können, um das Problem zu lösen?»

«Was haben Sie bisher schon zur Lösung Ihres Problems unternommen und warum waren das nicht die richtigen Schritte?»

Durch diese Fragen erhält der Vorgesetzte Informationen über das, was im angesprochenen Problemfeld nicht funktioniert und bei weiterem Nachfragen, warum nicht. Vielleicht stellt sich nach Vertiefung und Bitte um Konkretisierung aber auch heraus, dass die Lösungsschritte adäquat waren, aber die Art und Weise unangemessen, diffus, missverständlich oder unklar war.

Die Frage nach den bisher praktizierten Lösungen gehört zu meinen Standardfragen, da ich im Lauf meiner Beratungspraxis häufig die Erfahrung gemacht habe, dass ich das, was sich mir als Erstes in den Sinn drängt, im Allgemeinen getrost vergessen kann. Die offenkundigen und nahe liegenden Lösungsversuche sind oft schon erfolglos vom Ratsuchenden selbst versucht worden. Außerdem habe ich mir angewöhnt, wenn ich mit meinen Vorstellungen davon, wie die Lösung des Problems aussehen könnte, nicht mehr zurückhalten kann oder will, dies auf eine Weise zu formulieren, die mich möglichst neutral bleiben lässt, zum Beispiel: *«Was würde (am Arbeitsplatz, in Ihrem Leben, in Ihrem Inneren*

Team) geschehen, wenn Sie das und das machen würden?» Es ist immer eher ein Vorschlag oder eine Anregung zum Nachdenken, sodass ich nicht als Besserwisser den «richtigen» Weg aufzeige.

Zielkriterien

Die gefundene Zielformulierung sollte vom Vorgesetzten nicht vorschnell übernommen werden, denn gerade an dieser Stelle der Beratung zeigt sich, wie realistisch und umsetzbar die Ergebnisse des Gesprächs sein werden. Unklare Zielformulierungen und Allgemeinplätze wie «Selbstbewusstsein» oder «gute Kommunikation» sollten dem Vorgesetzten ein willkommener Anlass sein, den Beratungsprozess zu intensivieren. Er kann dialogisch überprüfen, ob die folgenden Zielkriterien erfüllt sind:

Positiv. Mit «positiv» ist nicht «gut» im moralischen Sinn gemeint, sondern ob das Ziel in einer sprachlich positiven Form dargestellt wird. Eine positive Zielformulierung umschreibt, was man machen oder denken *wird* und nicht, was man *nicht* machen oder *nicht* denken wird. Der Grund für ein derartiges Zielkriterium liegt darin, dass es für den Mitarbeiter hilfreich ist, im Kopf ein Bild oder eine Vorstellung von einem konstruktiven Ziel zu entwickeln. Wenn ich Sie als Leser jetzt bitten würde, *nicht* an Ihr Portemonnaie zu denken, so ist es sehr wahrscheinlich, dass Sie sich jetzt gerade Ihr Portemonnaie vorstellen. Vielleicht versuchen Sie das auftauchende Bild schnell wieder auszuradieren, da die Anweisung ja gegenteilig war, aber Sie werden es in Ihrer Vorstellung haben, egal was Sie anschließend dagegen unternehmen.

Genau so soll der Ratsuchende bei seiner Zielvorstellung nicht zuerst an ein Problem denken (negativ), sondern an das Erreichen seines Zieles (positiv). Um die Kraft positiver Vorstellungsbilder zu nutzen, ist es hilfreicher, den Ratsuchenden dazu zu bringen, sich vorzustellen, was er tun wird, anstatt das, was er nicht tun wird. Formuliert in unserem Beispiel «Unverschämter Kunde» der Mitarbeiter als Zielvorstellung: «*Ich will nicht mehr so aufbrausend sein und neue Kurzschlusshandlungen vermeiden!*» und zeichnet damit ein negatives Bild, so hilft die Bitte «*Können Sie das einmal positiv formulieren?*» häufig wenig. Eine typische Antwort lautet dann: «*Positiv, äh, wie meinen Sie das?*» Das Schlüsselwort, um ein positives Bild hervorzurufen, lautet: «*stattdessen*». Auf die Frage: «*Was *wollen Sie <u>stattdessen</u> tun?*» antwortet der Mitarbeiter vielleicht: «*Ich möchte mich kundenorientierter verhalten.*»

Als Ziel wird also nicht genannt, was verschwinden, verwelken und vergehen soll, sondern was anfängt!

Formuliert der Mitarbeiter als Ziel: «*Ich möchte erreichen, dass der Kunde XY sachlich und höflich mit mir spricht*», dann führt diese Zielformulierung zum nächsten Punkt.

Selbst erreichbar. Unterliegt das Ziel der eigenen Kontrolle oder ist der Mitarbeiter vom Wohlwollen und von Handlungen anderer abhängig? Kann aus eigener Kraft auf das Ziel Einfluss genommen werden und worin liegt die Eigeninitiative? Welche inneren Teammitglieder müssen aktiviert werden?

Mögliche Fragen in unserem durchlaufenden Beispiel «Unverschämter Kunde» könnten jetzt sein: «*Was werden <u>Sie</u> tun, um dieses Ziel zu erreichen?*» oder: «*Angenommen, das Ziel ist erreicht, was haben Sie dazu beigetragen, was war Ihr Anteil daran?*» Dann könnte der Mitarbeiter antworten: «*Ich würde ruhig und souverän bleiben, wenn er mich beleidigt.*»

Diese Formulierung führt uns zum nächsten Punkt.

Konkret. Welche konkreten Handlungsspielräume werden durch das Ziel eröffnet?

Mögliche Fragen: «*<u>Wie</u> wollen Sie <u>genau</u> vorgehen… im Einzelnen… wann, wo, mit wem, was tun?*» «*Was könnte der erste kleine, aber konkrete Schritt sein?*» «*Woran werden Sie merken, dass Sie Ihr Ziel erreicht haben?*» (Erfolgskriterien)

Mögliche Antwort in unserem Beispiel: «*Ich werde in dem Moment dreimal tief Luft holen und mir bewusst machen, wie wichtig der Kunde für uns ist. Dann werde ich mich entschuldigen.*»

Dieses Ziel führt uns zum nächsten Punkt.

Verträglichkeit (äußerlich und innerlich). Mit Verträglichkeit ist gemeint, ob sich das Ziel einerseits mit der Situation und den beteiligten Menschen verträgt, andererseits aber auch mit den übergeordneten Werten und Zielen sowie dem Selbstbild des Mitarbeiters.

Fragen zur äußerlichen Verträglichkeit könnten sein: «*Angenommen, das Ziel ist erreicht, welche Wirkung erzielen Sie damit?*» Oder: «*Welche Schwierigkeiten sehen Sie dabei auf sich zukommen?*»

Fragen zur inneren Verträglichkeit könnten sein: «*Was geben Sie damit auf und welchen Preis haben Sie zu zahlen, wenn Sie Ihr Ziel auf diese Weise anstreben?*» «*Wie stark ist Ihre Umsetzungsmotivation?*» «*Welche inneren Widerstände müssen Sie berücksichtigen? Welche inneren Teammitglieder könnten Sie daran hindern, das wirklich zu tun?*» «*Passt das Ziel zu Ihren Wertvorstellungen, zu Ihrem Selbstverständnis und zu Ihren übergeordneten Zielsetzungen?*»

In unserem Beispiel «Unverschämter Kunde» könnte eine Frage zur äußeren Verträglichkeit sein: «*Angenommen, Sie können in dem Moment tief Luft holen und sich die Bedeutung des Kunden für uns bewusst machen – was glauben Sie, welche Auswirkungen hat das auf das Verhalten des Kunden?*»

Eine Frage zur inneren Verträglichkeit könnte sein: «*Welchen Preis würden Sie innerlich zahlen, wenn Sie sich so verhalten würden?*»

Die mögliche Antwort: «*Ich müsste meinen Stolz begraben – das will ich aber nicht. Tief Luft holen, mir die Kundenbedeutung bewusst machen und mich für den Fehler entschuldigen ist zwar gut, reicht aber nicht. Ich müsste zusätzlich seine Beleidigung zurückweisen – höflich, aber bestimmt. Dann wäre mir wohl.*»

Hier und Jetzt (sofort beginnen). Mögliche Fragen: «*Was können Sie als ersten Schritt jetzt oder heute im Laufe des Tages schon tun?*» «*Wenn Sie aus diesem Gespräch gehen und auf dem Weg zu Ihrem Ziel sind, was werden Sie anders machen oder wie werden Sie anders zu sich sprechen?*»

Mögliche Antwort in unserem Beispiel: «*Ich könnte den Kunden heute an-rufen und mich zunächst entschuldigen, dann aber auch sagen, dass ich die Art und Weise, wie er mit mir gesprochen hat, nicht akzeptieren möchte. Dann höre ich mir an, wie er reagieren wird.*»

Der Vorgesetzte braucht Geduld und Ruhe, um dem Mitarbeiter die Zeit zu schenken, die dieser braucht, damit er zu den Vorgehensweisen finden kann, welche zu ihm passen. Leuchten beim Vorgesetzten Warnlichter auf, die auf Gefahren, unrealistische Strategien oder Vorhaben hindeuten, die seinen Vorstellungen widersprechen, so kann er das jetzt äußern. Gemein-sam können so realistische Vorgehensweisen und ebenso stimmige wie abgestimmte Entwicklungsschritte gefunden werden.

2. Welche Ressourcen sind vorhanden und welche Kompetenzen müssen ver-stärkt werden?
Häufig können wir in uns schwierig erscheinenden Situationen auf noch vorhandene Ressourcen zurückgreifen. Vielleicht gab es eine ähnliche Situation schon einmal in unserem Leben und Berufsalltag, wo wir uns zufrieden stellend verhalten konnten? Was habe ich damals genau gemacht? Wieso konnte ich das damals? Kann ich die Fähigkeit, die ich dort und damals zur Verfügung hatte und die ich mir jetzt bewusst mache, hier nutzen und einsetzen? Vielleicht muss ich sie ein wenig ver-ändern, sodass sie zur jetzigen Problemstellung passt? Vielleicht muss ich das, was ich schon tue und kann, nur verstärken oder überzeugender kommunizieren? Was muss ich dazu in mir selbst aktivieren?

Mögliche Fragen könnten hier sein: «*Gibt es Situationen, wo Sie sich schon so verhalten haben, wie Sie es in Ihrer Zielvorstellung möchten?*»

«*Welche Inneren Teammitglieder haben Sie dann aktiviert?*»

«*Welche dieser Inneren Teammitglieder bräuchten Sie für die Lösung Ihres jetzigen Problems?*»

Vielleicht antwortet der Mitarbeiter aus dem Beispiel «Unverschämter Kunde»: «*Ich kenne das vom Tennisverein. Da gibt es manchmal Gegner, die arbeiten mit allen Tricks. Letztlich hat mich einer während eines Turnier-spiels so richtig angemacht und beleidigt. Ich habe mich jedoch nicht pro-vozieren lassen und ruhig weitergespielt. Ich habe zu mir selbst gesagt: Lass dich nicht reizen! Das Spiel ist wichtiger!*»

3. Welche Fragen und Themenaspekte müssen wir jetzt durcharbeiten?
Spätestens an dieser Stelle wird deutlich, was geklärt oder geübt werden muss. Hier wird auf einen konkreten Aspekt fokussiert, welcher dann durchgesprochen wird. Da wir Menschen die Systeme, in denen wir selbst stehen und handeln, häufig nicht zugleich von außen beobachten können, ist es Aufgabe des Vorgesetzten, dem Mitarbeiter bei der Durcharbeitung seines Themas darin zu helfen, eine *Außenperspektive* einnehmen zu können.

Die Methoden, die hier eingesetzt werden können, sind u. a.

Aufstellen einer Beziehungsskulptur
Geht es bei dem in Rede stehenden Thema um die Beziehungen zwischen mehreren Personen, so kann durch das Aufstellen einer Skulptur die Dynamik der Beziehungen verdeutlicht werden.

Hierzu wird der Mitarbeiter angeleitet, sich für jede der beteiligten Personen ein Symbol zu suchen (wahllos im Raum liegende Symbole wie Filzstifte, Locher oder Briefbeschwerer). Jeder Gegenstand wird als symbolischer Stellvertreter für eine der beteiligten Personen so aufgestellt, dass deutlich wird

— wie sind die Abstände zwischen den Personen,
— wie stehen sie zueinander (mit Blickkontakt, abgewandt etc.),
— wie ist das Machtgefälle (zum Beispiel durch erhöhte Positionen).

Das Soziogramm einer Gruppe kann auch mit leeren Stühlen gestellt werden, oder – wenn wenig Zeit zur Verfügung steht – auf einem Blatt Papier aufgezeichnet werden.

Identifikation und Rollentausch
Je nach Thema und Zielrichtung kann auch für den Mitarbeiter selbst ein symbolischer Gegenstand ausgesucht werden. Ist die Aufstellung fertig, kann der Mitarbeiter sich mit jeder Person identifizieren und in der Ich-Form etwas über die Person sagen: «*Ich bin Frau Meier. In dieser Abteilung leide ich besonders unter ... Was ich mir wünsche, wäre ... Meine Beziehung zu (Ratsuchender) lässt sich folgendermaßen beschreiben ...*»

Je nach Fragestellung des Mitarbeiters kann jetzt mit dieser Skulptur gearbeitet werden. Vielleicht geht der Vorgesetzte in eine der Rollen und spricht eine andere Person an, die jetzt vom Mitarbeiter gespielt wird. Je nach Dynamik kann der Vorgesetzte auch die Rolle des Mitarbeiters übernehmen, und dieser antwortet aus einer Antagonistenrolle. Wechselt der Mitarbeiter anschließend in seine eigene Rolle, so hat ein Rollentausch stattgefunden.

Häufig weckt dieses Vorgehen auch Gefühle, die bisher im Verborgenen schlummerten, aber für die Fragestellung relevant sind. Außerdem helfen diese Methoden dem Mitarbeiter, Abstand zu seinem Thema einzunehmen und sich das Problem aus der Distanz anzuschauen. Der Mitarbeiter kann so bisher unerkannte Muster erkennen, Hypothesen bilden und für seine Arbeitssituation passende Ideen entwickeln.

Perspektiven wechseln durch zirkuläres Fragen
Indem der Vorgesetzte den Protagonisten zum Beispiel fragt, was Frau XY wohl zu ihrem Lieblingskollegen sagen würde, wenn sie über das Problem des Mitarbeiters sprechen würde, hilft er diesem, unterschiedliche Perspektiven einzunehmen. Besonders bei Konfliktthemen erhöht sich so die Bereitschaft, den Konflikt von zwei Seiten zu sehen und nach Lösungen zu suchen, die beiden Beteiligten gerecht werden.

Beispiele für zirkuläres Fragen bei einem Konfliktthema:

«Was würde Ihr Konfliktpartner zu mir sagen, wenn ich ihn fragen würde, warum er sich so verhält?»

«Was würde ein Ihnen wohlgesinnter Kollege zu mir sagen, wenn ich ihn über Ihr Konfliktverhalten befrage?»

«Was, glauben Sie, könnte der unverschämte Kunde zu einem seiner Kollegen sagen, wenn er über unsere Firma spricht?»

Positive Konnotation und Umdeuten
Mit dieser sprachlichen Intervention werden Eigenschaften und Verhaltensweisen, die als Problem erlebt werden, so formuliert, dass ihre positive Seite erkennbar wird. Die Fragestellung bei einem Mitarbeiter, der seine Arbeit langsam und umständlich erledigt, könnte dann so lauten: *«Sie scheinen Ihre Arbeit mit größter Sorgfalt zu erledigen. Könnten Sie sich vorstellen, dabei etwas schneller vorzugehen, ohne deshalb Ihre Sorgfalt aufzugeben?»*

Übendes Rollenspiel (Gesprächstraining)

Wird dem Vorgesetzten deutlich, dass es sich bei dem Problem um eine fehlende Handlungskompetenz handelt, so kann er, nachdem gemeinsam das Verhalten besprochen und die einzelnen Vorgehensweisen abgeklärt wurden, mit dem Mitarbeiter ein Rollenspiel durchführen. Hierbei kann der Vorgesetzte selbst in die Rolle des Antagonisten schlüpfen und nach dem Rollenspiel aus der Erfahrung der Antagonistenrolle heraus Rückmeldung und ein differenziertes Rollenfeedback geben.

In unserem Beispiel «Unverschämter Kunde» könnte der Vorgesetzte diese Bearbeitungsmethode wählen und mit seinem Mitarbeiter einmal eine Gesprächsszene durchspielen. Der Vorgesetzte würde dann den Kunden spielen und empört über den Fehler mit unverschämten Äußerungen zum Mitarbeiter sprechen. Dieser kann einmal probeweise üben, darauf so zu reagieren, wie er es sich vorgenommen hat. (Tief Luft holen und sich bewusst machen, wie wichtig der Kunde ist. Danach sich entschuldigen, höflich aber bestimmt die Beleidigung zurückweisen und sich anhören, wie der Kunde reagiert.) Der Vorgesetzte kann dann verschiedene Versionen durchspielen und anschließend mit seinem Mitarbeiter dessen Reaktionen besprechen.

Handelt es sich bei dem Anliegen des Mitarbeiters um Mangel an Knowhow und der Vorgesetzte weiß die Lösung, so kann er sein Wissen dem Mitarbeiter zur Verfügung stellen. Er sollte jedoch immer darauf achten, dass in dem dann entstehenden Dialog seine Ideen so vom Mitarbeiter übernommen werden, dass sie für ihn als Mensch stimmen und für seine Situation genau passen. Ansonsten kann es geschehen, dass der Vorgesetzte denkt: «*Ich habe ihm geholfen*», aber der Mitarbeiter nach dem Gespräch denkt: «*Na ja, das was er mir da empfohlen hat, mag für ihn stimmen. Für mich geht das so nicht, weil ...*»

Zunächst sollte der Vorgesetzte selbst Farbe bekennen und klarstellen, warum und mit welchem Ziel er die Beratung anbietet:
- «*Ich möchte Ihnen an dieser Stelle sagen, was ich von Ihnen erwarte ...*»
- «*Ich biete Ihnen diese Beratung an, da ich mir wünsche, dass Sie ... erreichen ... und ... verändern.*»

Mögliche Fragen könnten hier sein:

– «Was ist die Zielsetzung des Gesprächs aus Ihrer Sicht?»
– «Was würden würden Sie gerne so lassen, wie es ist, und was möchten Sie gerne verändern und für sich erreichen?»
– «Was, glauben Sie, erwartet unser gemeinsamer Vorgesetzter von uns, dass wir hier tun?
– «Stellen Sie sich vor, unser Gespräch nimmt einen aus Ihrer Sicht positiven Verlauf. Woran würden Sie den Erfolg merken? Was wäre dann anders als jetzt?»
– Wie kann ich Sie bei der Erreichung Ihrer Ziele unterstützen?»

4. Integrationsphase: Lösungen und Fazit

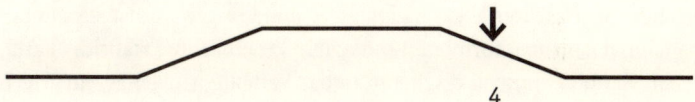

4

Diese Phase des Beratungsgesprächs dient vor allem dazu, die bearbeiteten Themen zusammenzufassen und gemeinsam die erarbeiteten Lösungen kritisch zu würdigen.

Fragen, die sich hier möglicherweise stellen, sind:

Wie realistisch, tragfähig und alltagstauglich sind die jetzt erarbeiteten Lösungen?

Wo können Sie sich in Ihrem Umfeld vernetzen und Unterstützung holen?

Bei zwischenmenschlichen und persönlichen Themen kann der Vorgesetzte jetzt mit dem Mitarbeiter auch über den Transfer sprechen. Dabei kann es sich um Training und Übungen handeln, die der Mitarbeiter im Alltag durchführen soll. Je nach Beratungsthema und Bewusstheit des Mitarbeiters können diese unterschiedlich sein:

– Verhaltensübungen oder Unterlassungsaufgaben, die konkret, klein und leicht durchführbar sind und den Alltag sofort verändern. Zum Beispiel in einer Besprechung kritische Gedanken nicht zurückhalten, sondern seinen Standpunkt äußern.

– Beobachtungsaufgaben: Hier soll der Mitarbeiter nichts verändern. Im Gegenteil, er soll sich so verhalten wie bisher. Dabei jedoch genau und differenziert beobachten, welche inneren Stimmen sich in der jeweiligen Situation bei ihm melden, und diese Beobachtungen anschließend protokollieren. Diese Anti-Veränderungsaufgaben haben eine paradoxe Wirkung: Sie dienen der Bewusstseinsveränderung und Verantwortungsübernahme für eigene innere Reaktionen und bewirken dadurch indirekt eine Veränderung.

– Experimentieren: Hier soll der Mitarbeiter mit seinem Verhalten experimentieren und vielleicht ein kleines Risiko eingehen, um zu schauen, was dann geschieht. Geschehen kann etwas in seinem sozialen Netz, da das Beziehungsgefüge auf Veränderungen irgendwie reagieren wird. Geschehen wird aber vor allem etwas in seinem Inneren Team, welches sich schon bei kleinen Veränderungen umstellen und manchmal ganz neu formieren muss. Die so gemachte Erfahrung kann später, wenn es sinnvoll erscheint, in das Verhaltensinventar integriert werden.

In unserem Beispiel «Unverschämter Kunde» könnte der Vorgesetzte in dieser Gesprächsphase mit dem Mitarbeiter besprechen, wann er mit dem Kunden das Gespräch führt und wann er dem Vorgesetzten darüber berichtet, wie das Gespräch verlaufen ist.

5. Abschlussphase

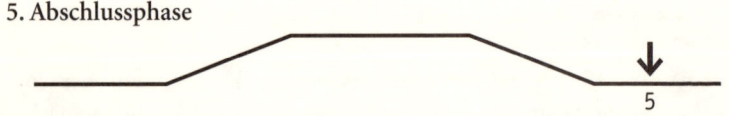

5

Zum Abschluss kann geklärt werden, welche Fragen und Themenreste noch offen geblieben sind und wie Mitarbeiter und Vorgesetzter verbleiben wollen. Soll es ein erneutes Gespräch geben und treten beide in einen längeren Beratungsprozess ein, oder ist der Mitarbeiter mit dem jetzt gefundenen und erarbeiteten Ergebnis zufrieden? (Zeitpunkt? Ort?

196

Dauer? Intervalle und Häufigkeit? Sollen andere Personen einbezogen werden? Wenn ja, wann und wie? etc.)

Zu diesen Fragen können beide ihre Einschätzungen abgeben, welche auch unterschiedlich sein dürfen.

Da Beratung ein Prozess ist, in den die Führungskraft sich «innerlich verwickeln» lässt und in ein Thema «einsteigt», muss sie sich auch wieder «auswickeln» und «aussteigen». Dazu hilft der Abstand einer abschließenden Metakommunikation über den Beratungsprozess. Dies sollte nicht zu einem Fishing-for-compliments werden, sondern auch Störungen und Kritiken einschließen. Indem über die Kooperation in der Beratungssituation gesprochen wird – «*Wie haben wir zusammengearbeitet?*» –, können beide Kommunikationspartner zum Abschluss den Prozess würdigen und eventuell auch Kritik oder Veränderungswünsche für die Zukunft äußern.

Ergänzende Aspekte und Fragen, wenn die Führungskraft von sich aus Beratung anbietet:

- *«Welche Feedbacksituationen wollen wir für die nächste Zeit vereinbaren?»*
- *«Brauchen wir ein Diskussionsforum oder sich wiederholende Situationen, in denen wir Zwischenresümee und aufgetretene Schwierigkeiten besprechen können?»*
- *«Wer sollte daran beteiligt sein?»*

2.4 Kritik am Mitarbeiter

Zu den wohl schwierigsten Aufgaben einer Führungskraft, die sich für den partnerschaftlich-kooperativen Führungsstil entschieden hat, gehört das Kritikgespräch mit einem Mitarbeiter. Da Menschen nicht wie Maschinen funktionieren, machen sie auch mal Fehler. Vor allem sollte Mitarbeitern dann, wenn sie neue Entwicklungsschritte versuchen und erstmalig neues Verhalten ausprobieren, das Recht zugesprochen werden, Fehler machen zu dürfen. Sie haben die Chance und die Pflicht, aus diesen Fehlern zu lernen. Gelingt ihnen diese Korrektur nicht selbstständig, so gehört es zur

Führungsaufgabe, sie darin zu unterstützen. Dieses Fördergespräch wird zum erforderlichen Kritikgespräch, wenn Mängel in der Arbeitsleistung oder besondere Verhaltensweisen eines Mitarbeiters den Arbeitsablauf hemmen und die Zusammenarbeit belasten. Zur Rolle des Vorgesetzten gehört es dann, die Gesprächsführung aktiv zu übernehmen, denn die Verantwortung für die Lenkung des Gesprächs ist nicht delegierbar.

Wie schnell ein Kritikgespräch zur Missachtung der Persönlichkeit eines Mitarbeiters führen kann, zeigt der Volksmund, der viele Formulierungen für diese Fehlformen der Kritik gefunden hat: *Mit ihm wurde ordentlich Schlitten gefahren; er wurde zur Sau gemacht, in die Mangel genommen oder durch den Wolf gedreht. Ihm wurde ordentlich der Kopf gewaschen, eine Zigarre verpasst, der Marsch geblasen oder die Flötentöne beigebracht. Man hat ihn unangespitzt in den Boden gerammt, so richtig rund oder zur Schnecke gemacht und zusammengefaltet.*

Kritik solcher Art fördert keine Einsicht, denn wo das Herz verweigert, hat der Verstand keinen Zutritt. Die Tür zur tragfähigen Veränderung bleibt verschlossen. Wir können zwar sehr schnell einen anderen Menschen kränken, eine Entkränkungskur braucht allerdings oft lange.

Grundsätzlich sollte man sich deshalb bewusst machen:

- Kritische Rückmeldungen sind umso erfolgreicher, je früher sie gegeben werden (es gibt jedoch auch ein Zu-früh).
- Wer Fehlverhalten kritisiert, hilft, das Verhalten zu verbessern. Wer die Gesamtperson kritisiert, verletzt und erzeugt Angst, Mutlosigkeit, Widerstand, Demotivation, Ärger oder sogar Hass.
- Wenn man nicht einen ganzen Kübel von Vorwürfen über den anderen ausschüttet (Rundumschlägekritik), sondern sich auf das Wesentliche beschränkt, verhindert man, dass der andere dichtmacht, und vermeidet Entmutigungsprozesse: «*Dem kann man ja doch nichts recht machen.*»
- Verallgemeinerungen wie «*immer, nie, ständig, alles*» treffen selten den Kern der Sache. Beschreiben Sie präzis und genau, was Sie im Einzelnen stört.
- Was Ihr Gesprächspartner mit seinem Verhalten bezweckt und welche Hintergründe er dafür hat, können Sie nicht wissen, bevor der Be-

treffende es Ihnen nicht selbst gesagt hat. Stellen Sie deshalb keine Interpretationen als Fakten dar (*«Ihnen liegt überhaupt nichts daran, dieses Projekt gemeinsam zu Ende zu bringen.»*) und kennzeichnen Sie Ihre Vermutungen als solche (*Ich vermute, dass Sie wenig Interesse an einer gemeinsamen Beendigung des Projekts haben. Ich könnte mir vorstellen, dass Ihre Absichten eher ... sind.»*)

- Kritik vor versammelter Mannschaft oder in Gegenwart Dritter führt unnötigerweise zu Gesichtsverlust. Jemand, der so bloßgestellt wurde, wird kaum bereit sein, die Kritik anzunehmen.

- Ein Kritikgespräch am Telefon läuft Gefahr, dass man ins Leere spricht und nicht mitbekommt, wie der andere wirklich darauf reagiert.

- Kritik durch Dritte filtert und verfälscht je nach Interessenlage des Übermittlers und zerstört schnell ein Vertrauensverhältnis. Außerdem weiß man nicht, ob der «Briefträger» sich als Bote der Kritik an das Postgeheimnis hält.

- Kritik braucht ein Gespräch, damit der Partner Gelegenheit zur Stellungnahme bekommt oder nachfragen kann. Kritik kurz vor der Verabschiedung ins Wochenende nach dem Motto: «Eines wollte ich Ihnen noch mit auf den Weg geben ...!» zehrt an den Nerven und ist unfair. Eine solche Wegzehrung für die Dienstreise führt selten dazu, dass der Mitarbeiter in sich geht, sondern eher dazu, dass er außer sich gerät.

Bevor man ein Kritikgespräch führt, sollte man sich fragen: Was ist mir an der Kritik zentral wichtig und welche Absicht verbinde ich damit? Will ich den kurzfristigen oder den langfristigen Erfolg in der Zusammenarbeit? Was will ich mit der Kritik wirklich erreichen: Dem Mitarbeiter die Leviten lesen? Ihm zeigen, wer hier Herr im Hause ist? Ihn zurechtweisen, damit er seine Grenzen wieder sieht? Ihm seine Fehler aufzeigen und ihn darin unterstützen, sie zukünftig zu vermeiden? Die Zusammenarbeit verbessern? Die Hintergründe des zu kritisierenden Verhaltens erforschen und eine Atmosphäre schaffen, die ein Gespräch über die dann auftauchenden, womöglich heiklen Themen ermöglicht? (Schwierige Mitarbeiter sind häufig Mitarbeiter mit Schwierigkeiten!)

Persönliche Kritik, die nicht auf der Basis von Respekt und wohlwollender Akzeptanz geschieht, führt schnell zu Verletzungen und Kränkungen. Im beruflichen Bereich geht es neben der Kritik, die sich auf persönliches Verhalten bezieht, häufig um konkrete Leistungsmängel. Diese müssen, um negative Konsequenzen zu vermeiden und dem Mitarbeiter die Möglichkeit zur Leistungsverbesserung zu geben, aktuell und ohne Verzug angesprochen und kommentiert werden. Hierbei kann sich der Vorgesetzte eventuell sogar auf die in der jährlich stattfindenden Leistungsbeurteilung festgelegten Beurteilungskriterien und Leistungsziele beziehen. Aktuelle Kritik verhindert «Generalabrechnungen» und gehört somit zum permanenten Abstimmungsprozess. Der Mitarbeiter bekommt eine faire Chance, sich mit den Leistungserwartungen seines Vorgesetzten im konkreten Einzelfall auseinander zu setzen.

Die Hauptschwierigkeit im Kritikgespräch liegt wohl darin, einen Balanceakt hinzubekommen, bei dem ein Vorgesetzter offen und direkt einen Mitarbeiter mit Kritik konfrontiert, ohne dabei die Wirkung auf den Empfänger zu vernachlässigen. Kritik kann schnell eine Kränkung bedeuten und ist manchmal schwer zu verdauen. Deshalb muss einerseits beachtet werden, dass ein rüder Ton, verletzende Schärfe oder verachtende Schonungslosigkeit, die den nötigen Takt vermissen lässt, die Beziehung gefährden oder sogar einen irreparablen Scherbenhaufen zurücklassen kann.

Andererseits gilt aber auch: Wenn wir jemandem den Pelz waschen wollen, müssen wir ihn auch nass machen. Deshalb darf eine menschenfreundliche Verletzungsscheuheit und der Respekt vor der Person des Mitarbeiters nicht dazu führen, dass Kritik nur durch die Blume schnörkelhaft-indirekt geäußert wird. Besonders im beruflichen Bereich gehört deshalb zur *taktvollen Konfrontation* im Kritikgespräch, dass einerseits der Empfänger auf der Beziehungsseite keine Abwertung erfährt und im zwischenmenschlichen Bereich kein Porzellan zerschlagen wird und andererseits der Kritiker nicht um den heißen Brei herumredet.

Die unterschiedlichen menschlichen Charaktere lassen uns jedoch dieses schwierige Gespräch mit unterschiedlichem seelischem Hintergrund führen, und die entsprechenden Kommunikationsstile bringen die dynamische Balance schnell ins Ungleichgewicht.

Führungskraft 1 bevorzugt Kontakt, Harmonie und das kooperative Miteinander. Durch sein Motto: «Bloß keinem wehtun!» wird das Kritik-

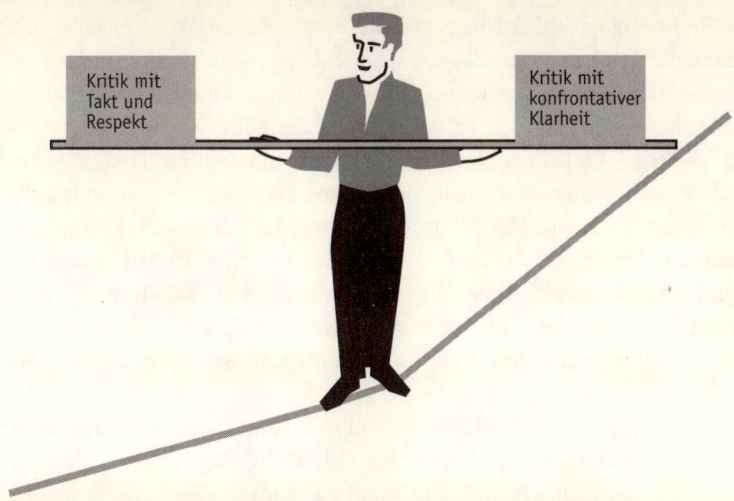

Balanceakt im Kritikgespräch

gespräch für ihn schwer. Er möchte mit seinen Mitarbeitern friedlich auskommen und nicht riskieren, durch Kritik ein schlechtes Arbeitsklima zu provozieren. Deshalb neigt er dazu, lange nichts zu sagen und freundlich zu bleiben, obwohl er innerlich schon völlig genervt ist. Dass es zu seinen Führungsaufgaben gehört, Mitarbeitern auch Unangenehmes zu sagen, ist für ihn eine bittere Pille. Er kann sich nur schweren Herzens zu diesem Gespräch durchringen und zeigt Mitgefühl für die Situation des Mitarbeiters: «*Ich kann verstehen, dass Ihnen diese Situation sehr unangenehm ist, aber ...*» Im Gespräch neigt er zur einseitigen Würdigung und Anerkennung des Positiven. Die kritischen Punkte klingen sanft, durch Weichspüler gemildert und bleiben deshalb oft unklar und nebulös. Wenn es schwierig wird, lacht er, bagatellisiert, schwächt Kritik mit Worten wie «*vielleicht*» und «*eigentlich*» ab oder wickelt seine Kritik und den Gesprächspartner durch «*ein bisschen*», «*etwas*» oder «*ein wenig*» in Watte. Diese Unbestimmtheit schafft Unklarheit statt Klarheit, Schonung statt Eindeutigkeit, eine nette Gesprächsatmosphäre statt konfrontative Auseinandersetzung.

Er bevorzugt außerdem gerne die berühmte Taktik «Zunächst Lob, dann die Kritik» – wobei das Lob schnell als Verpackungstrick erlebt wird. Seine Streicheleinheiten vorweg können zu einer subtilen Menschenverachtung führen, die den Mitarbeiter auf die Folter spannt. Eine überfreundliche Einladung und herzlich-lange Einleitung lässt die anschließende Kritik, auch wenn sie lauwarm formuliert ist, wie eine kalte Dusche empfinden. Der Mitarbeiter bekommt den Eindruck, dass sein Vorgesetzter wie auf Samtpfötchen um den heißen Klartext herumredet, und sehnt sich nach offener Geradlinigkeit, damit er endlich weiß, woran er ist. Oder aber die Kritik bleibt so gut verpackt, dass der Mitarbeiter gar nicht mitbekommt, dass er kritisiert wurde und worum es dabei genau geht.

Dieser Vorgesetzte kann aber auch hilfreich und konstruktiv kritisieren, da seine Kritik nicht nur den Finger in die Wunde legt. Er zeigt auch auf, wie es besser laufen kann, und bietet Hilfe an. Was diesem Vorgesetzten gut gelingt, ist das Motivieren und Aufmuntern am Schluss des Gesprächs. Seine abschließende Aufbauarbeit kann jedoch dazu führen, dass die Bedeutung und Ernsthaftigkeit der Kritik nicht wirklich beim Mitarbeiter ankommen oder dass seine lobende Anerkennung der Stärken und seine Würdigung der Leistungen als Lobhudelei oder einschmeichelnde Schleimigkeit interpretiert wird.

Was eine solche Führungskraft lernen müsste, wäre die Führung eines Kritikgesprächs mit konfrontativer Klarheit ohne ausweichendes Reden um den heißen Brei herum.

Führungskraft 2 bevorzugt emotionalen Abstand und Sachlichkeit. Sein Motto: «Es zählen hauptsächlich die Fakten!» Deshalb bedeutet Kritik für ihn vor allem eine sachliche Korrektur, ein Soll-Ist-Vergleich oder eine Informationsübergabe. Sich selbst mag er dabei wenig zeigen. Seine typische Haltung: «Mit ein paar klaren Worten im Telegrammstil ist die Sache hoffentlich erledigt, und manchmal muss man eben auch Unangenehmes sagen.» Scheinharmonie und oberflächliche Nettigkeitsfloskeln lehnt er dabei ab.

Da diese Menschen sich selber gut abgrenzen können (notfalls durch Rückzug), denken sie fälschlicherweise oft, dass andere Menschen das auch können und deshalb Kritik sachlich und nicht persönlich nehmen. Ihre Fähigkeit liegt darin, dass sie Kritik ohne ein Blatt vor dem Mund direkt äußern können. Dabei tun sie manchmal des Guten zu viel und rutschen (häufig unbemerkt und auch unbeabsichtigt) in kühle, kalte und abweisende Rückmeldungen, die eine verletzende Schärfe besitzen können. Ein beißender Unterton – und sei es auch nur in Spurenelementen – kann dazu führen, dass der Mitarbeiter seine Selbstverteidigungsenergie mobilisiert und sich innerlich auf persönliche Rehabilitation ausrichtet. Er macht nach außen dicht und rüstet innerlich auf – und der Kooperationsweg ist verschlossen.

Aussprechen von Lob und Anerkennung empfindet diese Führungskraft als überflüssig, da man ja für effiziente Arbeit bezahlt wird: «*Wenn ich nichts sage, ist alles in Ordnung, und keine Kritik ist Lob genug. Wenn jemand einen Fehler macht, melde ich mich schon!*» Sie leisten keine «Würdigungsarbeit» und setzen sich nicht wirklich mit den Stärken und dem positiven Verhalten des Mitarbeiters auseinander. Schimmert bei positiver Kritik diese Grundhaltung durch, so werden ihre anerkennenden Worte schnell als leere Motivationsfloskel enttarnt.

Das Lernziel für eine solche Führungskraft wäre eine Sensibilisierung für den Tonfall im Kritikgespräch und für die Möglichkeit, dass sie andere durch ihre schonungslose Direktheit persönlich treffen und kränken kann.

Führungskraft 3 betont vor allem Beständigkeit, Ordnung und klare Strukturen. Ihr Motto: «Regeln und Verabredungen müssen eingehalten werden!»

Mit klaren Zielvorgaben im Kopf ist es dieser Führungskraft wichtig, dass das Leistungssoll und die Mussbestimmungen eingehalten werden. Bei Abweichungen sind ihr Kritikgespräche kein lästiger Zwang, sondern eine zwingende Notwendigkeit. Es ist für sie nicht nur ein willkommener Anlass, ihre Wertvorstellungen und Ziele zu vertreten, damit der Mitarbeiter sich daran orientieren kann; sie benutzt die Situation auch, um zurechtzuweisen, zu rügen und zu belehren. Bei akutem Anlass nimmt sie sich den Betroffenen zur Brust und sucht nach Ursachen und Schuldigen.

Ein solcher Vorgesetzter ist gut vorbereitet, verliert im Gespräch nicht den roten Faden und behält den Gesamtüberblick. Am liebsten hält er sich an einen vorgegebenen Gesprächsplan, und seine rigide Haltung lässt keine Abweichungen zu. Er muss beachten, dass sich die Kunst der taktvollen Konfrontation jeder Rezeptur entzieht und dass besonders im Kritikgespräch die Mitarbeiterorientierung zu beachten ist. Am liebsten hätte er aber auch dafür noch ein Regelwerk, an das er sich halten kann.

Seine klaren Vorstellungen von Pflicht und Ordnung können aus dem Kritikgespräch eine Disziplinierungsmaßnahme werden lassen. Sein erhobener Zeigefinger ist atmosphärisch spürbar (naserümpfende Gerichtssaalstimmung), und mit Appelldruck dringt er auf Einsicht. Er macht nicht nur selber Vorschläge, sondern sagt auch, wie etwas genau zu tun ist. Da er die Sache und seinen Mitmenschen im Griff behalten möchte, lässt er wenig Handlungsspielraum. Seine Unterstützung klingt pädagogisch. Mitarbeiter zeigen bei ihm häufig Widerstand, was ihn nur veranlasst, noch mehr Überzeugungsarbeit zu leisten – was sie wiederum veranlasst, sich noch geschickter zu rechtfertigen – was seinen Durchsetzungswillen aktiviert – was den Mitarbeiter zur erneuten Verteidigung anspornt usw. So kann ein Hickhack-Gespräch entstehen, das sich im Detail verliert oder am «Ja, aber» festbeißt.

Solche Führungskräfte sollten Feingefühl dafür entwickeln, dass ihre Kritik nicht von oben herab kommt und eine Korrektur sein soll, aber keine Disziplinierungsmaßnahme. Da diese Führungskräfte alles kontrollieren möchten, führen sie den Mitarbeiter gern an der «kurzen Leine». Selbstbewusste, engagierte Mitarbeiter wollen jedoch Entscheidungs- und Handlungsfreiräume, die ihren Fähigkeiten angepasst sind. Bei ständiger Gängelung und monologisierenden Kritikgesprächen erlischt ihr Feuer.

Führungskraft 4 bevorzugt Spontaneität, Lebendigkeit, Abwechslung und Neubeginn. Hier gilt das Motto: «Fehler sind Wegweiser zum Ziel, und ohne spontane Ideen und Veränderungen ist das Leben langweilig!»

Betont Führungskraft 3 das geplante Organisieren, so steht bei der vierten Führungskraft das kreative Improvisieren im Vordergrund. Ist diese Fähigkeit gepaart mit unbekümmerter Großzügigkeit und der Haltung «Nobody is perfect», so sieht sie selten Anlass für Kritik, außer wenn sie persönlich von den Auswirkungen des Fehlverhaltens betroffen ist. Ihre Ungeduld kann sie zwar ausrasten lassen, aber nachdem sie aus der Haut gefahren ist, hat sie schnell alles wieder vergeben und vergessen.

Wenn überhaupt, dann liegt diesem Menschen eher die spontane Kritik: Hier gesehen – da gesagt; oder auch: Hier empfunden – da empört. Sein Kritikgespräch ist selten vorbereitet und geschieht in der Kantine oder zwischen Tür und Angel nach dem Motto: «Wo ich Sie gerade treffe ...» Er überprüft nicht sorgfältig, ob seine Kritik überhaupt berechtigt ist, inwieweit sein Mitarbeiter überhaupt wusste, welche Leistung von ihm erwartet wurde, und inwieweit der Mitarbeiter die erforderlichen Fähigkeiten sowie die notwendigen Hilfsmittel besaß, um die erwartete Leistung zu erbringen.

Der Charme und die legere Art einer Führungskraft dieses Typs sorgt zwar für ein locker-kollegiales Gesprächsklima, die Kritik ist jedoch wenig fundiert und selten an konkreten Beispielen belegt. Sie hüpft im Gespräch von Punkt zu Punkt; ihr Denken geschieht in assoziativen Sprüngen und verführt sie, sich in Nebensächlichkeiten zu verheddern. Ihre Unbekümmertheit übersieht, dass es auch darum geht, Auswirkungen des Fehlverhaltens aufzuzeigen, Ziele zu definieren, konkrete Vereinbarungen zu treffen und darum, die abgesprochenen Maßnahmen im Alltag zu überprüfen, eventuell sogar mehrfach. Eine Fähigkeit dieser Führungskraft kommt besonders beim Abschluss des Kritikgespräches zum Tragen, denn hier kann sie durch Mitreißen und Begeistern sehr gut wieder motivieren.

Diese Führungskraft muss lernen, ihre Kritik nicht aus Launen und spontaner Eingebung heraus auszusprechen, sondern auf ein sorgfältig aufgebautes Fundament zu stellen, sodass das Ergebnis des Gesprächs eine klare, tragfähige Vereinbarung wird.

Die meisten Menschen werden Aspekte aus allen vier Herangehensweisen kennen, aber bei genauer Betrachtung auch einen persönlichen Schwerpunkt finden. Welches Charaktergemisch die Führungskraft auch immer besitzt, im Kritikgespräch kann der Vorgesetzte verdeutlichen, was ihm an der Arbeit seiner Mitarbeiter besonders wichtig ist, worauf es ihm dabei vor allem ankommt und welche Vorstellungen er vertritt. Das gibt den Mitarbeitern Orientierung über ihre Denkweisen; sie können sich auf ihren Chef einstellen oder sich offen mit ihm auseinander setzen. Vor allem im dialogischen Teil des Gesprächs (Argumentationsphase) hat der Vorgesetzte die Möglichkeit, von seinen Mitarbeitern zu erfahren, wie diese zu seinen Werten und Vorstellungen stehen und was ihnen ihrerseits wichtig ist. Außerdem können auf der Grundlage wechselseitigen Verständnisses geführte Abstimmungsprozesse wesentlich zur Motivation des Mitarbeiters beitragen.

Das Kritikgespräch

Die Phasen im Kritikgespräch sind:
1. Anfangsphase
2. Äußern der Kritik: Informationsphase
3. Austausch über die Kritik: Argumentationsphase
4. Veränderungsvereinbarungen treffen: Beschlussphase
5. Abschlussphase

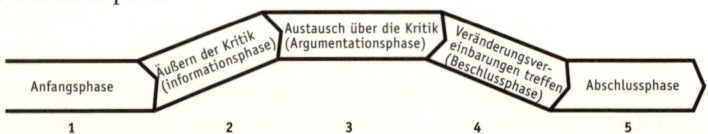

Überblick über den Ablauf eines Kritikgesprächs

1. Anfangsphase

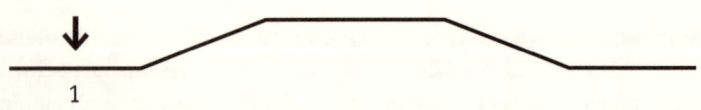

Die Einleitung des Gesprächs durch den Vorgesetzten stellt die Weichen für den weiteren Verlauf. Die Art und Weise der Gesprächseröffnung bestimmt in starkem Maße, ob der Mitarbeiter sich für die Kritik öffnet und sich auf einen konstruktiven Austausch über das Problem einlässt oder nicht. In dieser Phase geht es also vor allem darum, dass ein angemessenes Klima für das Gespräch geschaffen wird. Die Chance bei einer positiven Einleitung liegt darin, dass die Führungskraft die Kritikpunkte in den rechten Gesamtkontext stellen kann. Wenn der Großteil der Arbeit zufrieden stellend verrichtet wird und es bei der Kritik um Einzelaspekte innerhalb einer guten Gesamtleistung geht, dann sollte das Positive auch gewürdigt werden. So erhöht sich die Chance, dass der Mitarbeiter die Kritikdimension richtig einordnet und er sich für die Kritikpunkte öffnet. Zum Beispiel:

«Ich bin froh, dass Sie so schnell einverstanden waren, mit mir zu sprechen, und ich möchte zunächst einmal sagen, dass ich Ihren Einsatz in der Projektarbeit sehr zu schätzen weiß. Durch Ihre fachliche Kompetenz und die manchmal erforderliche Beharrlichkeit sind Sie ein wichtiger Motor für das gesamte Projekt. Der Anlass für dieses Gespräch ist jedoch ... (Kritikpunkte).»

Wenn die positive Gesprächseröffnung zu langatmig gerät, birgt dies die Gefahr, dass der Mitarbeiter zunächst denkt, er wird gelobt und seine Arbeit soll in diesem Gespräch gewürdigt werden. Im weiteren Verlauf bemerkt er jedoch, dass ihm eher Honig um den Bart geschmiert wurde und es sich in Wirklichkeit um ein Kritikgespräch handelt. Dies löst Misstrauen und Verärgerung aus. Deshalb sollte die Führungskraft nach der Gesamtwürdigung ohne große Umschweife, höflich aber bestimmt, den Anlass für das Gespräch benennen. An dieser Stelle sollte sie das Thema jedoch noch nicht vertiefen (dies geschieht in Phase 2), sondern nur die Überschrift benennen, damit zunächst noch verdeutlicht werden kann, welche Bedeutung und welches Ziel das Gespräch hat. So bekommt der Mitarbeiter Klarheit darüber, um was es geht, wie wichtig das Gespräch ist und in welchem Sinn-und-Geist es stattfinden soll. Zum Beispiel:

«Ich möchte mit Ihnen über Ihre Kooperationsbereitschaft und Teamfähigkeit sprechen. Mir ist in letzter Zeit aufgefallen, dass Sie bestimmte, von allen ungeliebte Arbeiten gerne an andere übertragen und versuchen, sich die Rosinen herauszupicken. Außerdem gehen Sie nicht mehr so auf die Kollegen zu wie früher und halten bestimmte Informationen zurück, die andere aber brauchen, um ihre Arbeit zufrieden stellend zu erledigen. Bevor ich das konkretisiere, möchte ich darauf hinweisen, dass mir ein Gespräch darüber deshalb wichtig ist, da mir viel an unserer bisher guten Atmosphäre gelegen ist und ich mögliche Grabenkriege und Konflikte vermeiden möchte. Mir ist auch wichtig, dass ich Ihre Auffassung höre und die Hintergründe für Ihr Verhalten kennen und verstehen lerne, sodass wir gemeinsam daran arbeiten können, wie Sie ...»

Durch diese oder eine ähnliche Art der (metakommunikatorischen) Einleitung hat die Führungskraft auch schon verdeutlicht, welche Vorgehensweise sie für das Gespräch vorschlägt. Nachdem der Zeitrahmen geklärt, eine Einigung über ein mögliches Protokoll erzielt sowie mögliche Kontakthindernisse ausgeräumt bzw. Widerstände eruiert und auf der Metaebene verhandelt wurden, kann das Gespräch in Phase 2 übergehen.

2. Äußern der Kritik: Informationsphase

Jetzt kann dem Mitarbeiter das Problem klar und präzise dargestellt werden. Wenn die Führungskraft das Gespräch gut vorbereitet hat, wird es ihr nicht schwer fallen, die vier Konkretisierungspunkte zu benennen:

- Worin besteht das Problem genau?
- Wie zeigt es sich und was wurde wie häufig beobachtet?
- In welchen Situationen taucht das Problem auf?
- Welche Folgen hat das Problem für die Zusammenarbeit und welche Konsequenzen für das sachliche Ergebnis der Zusammenarbeit?

Bei der Äußerung der kritischen Punkte sollten vor allem drei Gesprächsregeln beachtet werden:

1. Fakten statt Hypothesen!
   Der Vorgesetzte kann (hoffentlich) dank seiner Vorbereitung auf konkrete Beispiele zurückgreifen. Dies ermöglicht ihm, von Fakten auszugehen und nicht von Annahmen und vom Hörensagen. Für den Mitarbeiter ist es hilfreich, wenn er weiß, ob über wirklich beobachtetes Verhalten oder über Mutmaßungen geredet wird. Dann kann er eine klare Position beziehen und Verantwortung für das Verhalten übernehmen, das er auch wirklich zeigt. Der Vorgesetzte begibt sich

außerdem bei Vermutungen und Annahmen in gefährliches Fahrwasser, da er möglicherweise aufgefordert wird, seine Annahme zu begründen. Dies kann ihm unter Umständen schwer fallen, und das Gespräch verlässt konstruktives Fahrwasser, da es nun nicht mehr um Fakten, sondern um Bewertungen und Eintretenswahrscheinlichkeiten geht. Deshalb sollte die Führungskraft bemüht sein, Befürchtungen als Befürchtungen, Hypothesen als Hypothesen, Mutmaßungen als Mutmaßungen, Unterstellungen als Unterstellungen und einen Verdacht auch als einen Verdacht zu kennzeichnen.

2. Präzise Angaben statt Verallgemeinerungen!

Eine präzise Formulierung vermeidet im Dienste der Klarheit Worte wie «immer» und «nie». Für viele Menschen sind solche Verallgemeinerungen Reizworte und ein willkommener Anlass auf jene Situationen einzugehen, wo die kritischen Punkte nicht auftreten. Dies hat zum Teil etwas mit dem Bedürfnis zu tun, sich zu verteidigen und zu rechtfertigen. Zum Teil aber auch damit, dass wir Menschen als Empfänger von Kritik dazu neigen, uns schnell an die Situationen zu erinnern, wo das Problem nicht aufgetreten ist und wo wir uns doch so verhalten haben, wie es erwünscht ist. Wird mir vorgeworfen, dass ich nie den Mülleimer nach unten bringe, so erinnere ich mich sofort daran, dass ich es doch vor einigen Wochen getan habe, und kritisiert mich jemand dafür, dass ich immer Konflikten ausweiche, so fallen mir sofort Situationen ein, wo ich mich einer Auseinandersetzung gestellt habe. Fällt es den meisten Menschen schon schwer genug, Kritik an sich heranzulassen, so bietet die Verallgemeinerung einen willkommenen Anlass, sich den heiklen Punkten nicht zu stellen.

3. Verantwortung übernehmen statt abschieben!

Wenn man Kritik äußert, geht man das Risiko ein, dass man das Selbstbild eines anderen Menschen infrage stellt. Ist der zu kritisierende Punkt mit dem Selbstwert des Betroffenen verkoppelt, so kann die Kritik zu einer schweren Kränkung werden. Dies macht es Führungskräften häufig schwer, andere zu kritisieren. Sie wollen zwar den kritischen Punkt ansprechen, aber nicht die Verantwortung für potenzielle Verletzungen übernehmen. Deshalb scheuen sie davor zurück, ihre Zielvorstellungen zu konkretisieren und die Verantwortung dafür zu übernehmen, Abweichungen kritisch anzusprechen. Auf der kommunikativen Ebene zeigt sich dies darin, dass die Führungskraft nicht von sich selbst spricht, sondern von anderen oder ganz allgemein von der Organisation. Die Formulierung ist also nicht «*Ich bin der Meinung ...*» und nicht «*Mir ist wichtig ...*», sondern «*In unserem Haus wird erwartet, dass ...*» oder «*Man ist sich im höheren Kreise einig, dass ...*».

Für den Mitarbeiter sollte jedoch klar werden, wer sich auf wen und auf was bezieht, damit er selber dann klar Stellung beziehen kann. Indem die Führungskraft die Verantwortung für ihre Erwartungen vernebelt und abschiebt, nimmt sie sich außerdem selbst die Möglichkeit zu begründen, warum ihr ein bestimmter Aspekt wichtig ist und weshalb ihr ein konkretes Verhalten am Herzen liegt. Ihr entgeht außerdem die Chance der (Beziehungs-)Klärung, die in der möglicherweise entstehenden Reibung mit den Ansprüchen des Mitarbeiters liegt.

Als Orientierung für die Formulierung der Kritik kann man sich den **konstruktiven Dreierschritt** einprägen.

Erster Schritt: Konfrontation
Das störende Verhalten sollte möglichst ohne Wertungen und durch konkrete Fakten unterlegt beschrieben werden.
«*In der Diskussion vorhin haben Sie sehr starr an Ihrer Meinung festgehalten.*»

Zweiter Schritt: Würdigung des positiven Kerns
Da jede zu kritisierende Eigenschaft und jedes übertrieben-auffällige Verhalten einen positiven Kern besitzt, sollte dieser auch benannt werden.
«*Das belegt Ihre Standfestigkeit bei Angriffen auf Ihre Meinung.*»

Dritter Schritt: Formulierung des Wunsches
Als dritten Punkt sollte man möglichst klar benennen, welches Verhalten man sich zukünftig wünscht.
«*Ich möchte, dass Sie in solchen Situationen wie vorhin künftig mehr Kompromissbereitschaft zeigen, ohne jedoch übertriebene Nachgiebigkeit zu demonstrieren.*» (S. auch S. 235: Das Wertequadrat)

Grundsätzlich sollte das Maß der Kritik in einem Kritikgespräch immer verkraftbar sein. Hat der Vorgesetzte mehrere Kritikpunkte, so scheint es mir am geeignetsten, dass er zunächst die bedeutsamste Abweichung und den wesentlichen Kritikpunkt formuliert und durchspricht. Je nach Gesprächsverlauf und je nachdem, welche Signale der Mitarbeiter aussendet, kann dann überlegt werden, ob noch ein zweiter oder dritter Punkt angesprochen wird oder ob man es für heute bei diesem Punkt belässt.

3. Austausch über die Kritik: Argumentationsphase

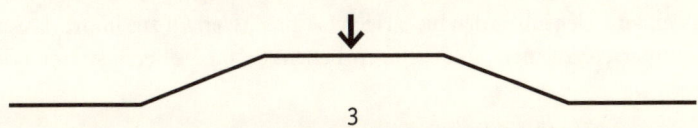

Nachdem der Vorgesetzte seine Kritik geäußert hat, sollte er sich für die Sichtweise des Mitarbeiters interessieren. In dieser Phase bekommt der Mitarbeiter Gelegenheit, zu der geäußerten Kritik Stellung zu nehmen. Der Vorgesetzte sollte zunächst eigene Hypothesen über die Ursachen des Fehlverhaltens zurückhalten. Er ist jetzt aufgefordert, sehr gut hinzuhören. «Aktives Zuhören» hat jetzt zur Folge, dass sich der Mitarbeiter akzeptiert und verstanden fühlt und dass der Vorgesetzte wichtige Informationen bekommt. Beim Zuhören sollte dieser auch die feinen Untertöne mitbekommen. Diese deuten häufig die Hintergründe an, die den Mitarbeiter motivieren, sich so zu verhalten, wie er es tut.

Auch hier gilt wieder der Grundsatz: Verständnis ist nicht Einverständnis!

Der Vorgesetzte kann nach einer längeren Phase des Zuhörens und Nachfragens nochmals seine Sichtweise deutlich machen, die Folgen des Fehlverhaltens aufzeigen und die Auswirkungen des kritisierten Verhaltens auf Kollegen oder das Unternehmen darlegen. In dieser Phase kann er auch die Gelegenheit nutzen, seine Ziele, Wünsche, Forderungen und Erwartungen an den Mitarbeiter zu formulieren und zu präzisieren. Dabei sollte er darauf achten, dass er eine positive Zielformulierung wählt, da dies die Motivation erhöht. Insgesamt sollte er in dieser Phase darauf Wert legen, dass die Redeanteile beider Gesprächspartner ungefähr gleich sind. Wenn das Gespräch somit langsam in ein wechselseitiges Zuhören und Nachfragen übergeht, machen sich dadurch die Gesprächspartner zusammen auf die Suche nach einer gemeinsamen Sichtweise des Problems. Diese Phase ist äußerst wichtig, da Menschen nur dann motiviert sind, ein Problem zu lösen, wenn sie es wirklich als ihr Problem empfinden. Die Führungskraft sollte also während des Dialoges darauf achten, ob der Mitarbeiter vom Kritikverständnis (Ich verstehe, was Sie sagen) zur Kritikeinsicht (Ich sehe ein, dass Ihre Kritik berechtigt ist) wechselt.

Die Gesprächsführung liegt auch jetzt beim Vorgesetzten. Er kann bei passender Gelegenheit den bisherigen Gesprächsverlauf zusammenfassen, die unterschiedlichen Auffassungen benennen und Übereinstimmendes betonen.

4. Veränderungsvereinbarungen treffen: Beschlussphase

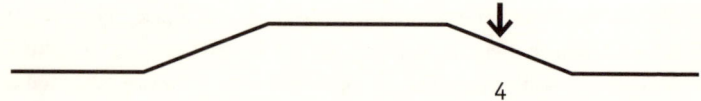

4

Sind sich beide darin einig, dass ein Problem existiert und dass die Lösung das aktive Handeln des Mitarbeiters erfordert, so kann über Lösungsstrategien gesprochen werden. Hier gilt es zu beachten, dass es nicht immer Aufgabe des Vorgesetzten ist, gute Ratschläge zu erteilen. Da jetzt die Verantwortung für die Veränderung beim Mitarbeiter liegt, sollte der Vorgesetzte seine eigenen Lösungsideen zunächst zurückhalten und den Mitarbeiter auffordern, seine Ideen und Vorschläge zu äußern. Dies fällt vielen Führungskräften schwer. Sind sie es doch gewohnt, die Rolle des «Troubleshooters» auszufüllen. In dieser Rolle sind sie auch darauf programmiert, die Lösungen bereit zu halten. Keine Lösung parat zu haben erscheint ihnen schnell als ein Zeichen von Schwäche und Orientierungslosigkeit. In einem guten Kritikgespräch ist die Aufgabe der Führungskraft jedoch eine andere. Sie sollte das Gespräch so strukturieren, dass der Mitarbeiter selbst

Lösungsideen erarbeiten kann. Lösungsideen, zu denen der Mitarbeiter selbst gelangt, haben eine wesentlich höhere Chance, realisiert zu werden als Lösungen, die der Vorgesetzte serviert. Deshalb muss er den Mitarbeiter dazu bewegen, anders über seine Möglichkeiten nachzudenken und auf andere Art und Weise zu handeln, als er es bisher gewohnt war.

Bevor das Gespräch dazu übergeht, Lösungen für das Problem zu erarbeiten, ist es oft ratsam, die Versuche zu prüfen, die der Mitarbeiter eventuell schon früher zur Lösung des Problems ausprobiert hat. So läuft man nicht Gefahr, das zu wiederholen, was sich bisher nicht bewährt hat.

Kann der Mitarbeiter Lösungsvorschläge machen, sollte der Vorgesetzte hellhörig dafür sein, ob die Veränderungsvorstellungen realistisch und innerlich gedeckt sind oder ob es sich um leere Absichtserklärungen handelt. Eventuell muss auch geklärt werden, welche Unterstützung der Vorgesetzte bei der Umsetzung geben kann und will.

Kann der Mitarbeiter keine Verbesserungsvorschläge machen, so muss der Vorgesetzte sich überlegen, ob er jetzt seine Lösungsideen einbringt oder ob er dem Mitarbeiter Zeit gibt, sich selbst etwas zu überlegen, was zu seiner Person und der Situation passt. Dann muss das Gespräch an dieser Stelle beendet und ein neuer Termin vereinbart werden. Geht es bei der Kritik nicht um sachliche oder strukturelle Bereiche, sondern um Aspekte, die im Bereich des Sozialverhaltens liegen, so besteht bei den Lösungsvorschlägen des Vorgesetzten die Gefahr, dass dieser dem Mitarbeiter seine Lösungen aufdrängt. Der Vorgesetzte ist so überzeugt und verliebt in seine eigene Lösungsidee, dass er nicht mitbekommt, dass seine Idee für ihn selbst, aber nicht für die Person des Mitarbeiters passt. Der berechtigte Widerstand des Mitarbeiters wird dann mit großem Nachdruck und vermehrten Appellen überrannt, das Gesprächsergebnis ist für den Mitarbeiter aber nicht wirklich annehmbar und deswegen auch nicht umsetzbar. Jetzt ist das gegenseitige Aufschaukeln einer Konfliktspirale sehr wahrscheinlich.

Was kann der Vorgesetzte tun, um dem Mitarbeiter zu helfen, Lösungen zu finden? Eine gute Ausgangsposition ist das Interesse eines Forschers, der neugierig auf die Hintergründe und Zusammenhänge des Problems ist. Mit einem gesunden Maß an Neugierde kann er an die anstehenden Fragen herangehen:

- Wie kann ich den Mitarbeiter so motivieren, dass er selbst seine Probleme lösen will und kann?
- Wie müssen wir den Prozess gestalten, damit eine gute Lösung herauskommt?
- Wie kann ich den Mitarbeiter dazu anregen, das Problem mit «anderen Brillen» zu betrachten und dadurch mehr Lösungskreativität zu entwickeln?

Außerdem gilt die Grundregel: Je mehr beleuchtet wird, umso deutlicher kann man sehen! Je mehr Aspekte eines Problems beleuchtet wurden und je mehr Blickrichtungen eingenommen werden, umso größer ist die Chance, einen Weg zu finden, den der Mitarbeiter für die Lösung des Problems akzeptieren kann.

Bei der Problembeleuchtung können Fragen sehr hilfreich sein:

- Ist die Zielformulierung positiv? Ist das Ziel klar umrissen und verständlich? Ist dem Mitarbeiter das Ziel wichtig? Ist das Ziel realistisch? Ist das Ziel messbar? Ist das Ziel motivierend?
- Hat der Mitarbeiter bereits etwas unternommen, um das Problem zu lösen, nachdem vereinbart wurde, dass ein Gespräch geführt werden soll?
- Gibt es Ausnahmen vom Problemverhalten? Zu welchen Ergebnissen führen sie und warum gibt es sie überhaupt? Können die Ausnahmen verstärkt wiederholt werden?
- Was fördert und was hemmt das Problem? Welche Umstände geben dem Problem Nahrung und welche Gegebenheiten lassen es verkümmern? In welchen Zusammenhängen tritt das Problem häufiger auf und in welchen weniger?
- Was müsste der Mitarbeiter tun, damit das Problem noch schlimmer wird?
- Was sind die Vor- und was die Nachteile des Problems?
- Fragen, die eine Lösung unterstellen: Stellen Sie sich vor, dass wir uns in zwei Monaten wieder über dieses Problem unterhalten werden, und Sie können mir berichten, dass das Problem gelöst ist. Was würden Sie mir dann über sich erzählen? Wie sieht dann die Situation aus? Was wäre Ihr Beitrag zu dieser Lösung?
- Wenn ein Kollege dieses Problem hätte, was würden Sie ihm raten?

– Wenn ich Ihren Ausbilder/Lebenspartner/Freund fragen würde, was
  würde er mir sagen, dass Sie tun sollen?

Diese Fragen können helfen, den Mitarbeiter aktiv in die Problemlösung
einzubeziehen.

Sollte es in diesem Gespräch zu klaren Vereinbarungen kommen, so
empfiehlt sich die Haltung: Dies ist eher ein Anfang als ein Ende! Denn
noch ist völlig unklar, ob das Neue, was beide jetzt als gangbaren Weg
ansehen, auch wirklich realistisch ist und sich im Alltag bewährt. Deshalb
sollte ein Zeitrahmen abgesteckt werden, in dem überprüft werden kann,
ob die Verabredungen für beide Teile wirklich annehmbar sind.

5. Abschlussphase

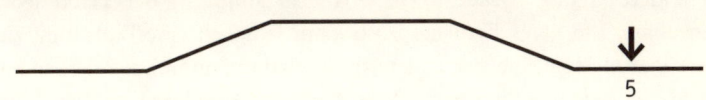

5

Zum Abschluss des Gesprächs kann der Vorgesetzte das Gesprächsergebnis und die Vereinbarungen zusammenfassen und sich nochmals die
Zustimmung des Mitarbeiters bestätigen lassen. So kann sichergestellt
werden, dass die getroffenen Vereinbarungen und die beschlossenen Maßnahmen von beiden Gesprächspartnern auf gleiche Art verstanden
werden. Der Vorgesetzte kann hiermit deutlich machen, dass er ein
«Hinausschleichen» aus dem Problem nicht wünscht. Die Vereinbarung
kann zu Papier gebracht werden, und es wird vereinbart, was damit
gemacht wird. Häufig ist es sinnvoll, einen Zeitpunkt für ein Folge-
gespräch auszumachen, um die Tragfähigkeit der Vereinbarungen zu
überprüfen. Der Vorgesetzte kann auch darauf hinweisen, dass er in Zukunft auf das Verhalten des Mitarbeiters in diesem Punkt achten wird. Er
sollte aber trotz der Kontrolle keinen Zweifel am guten Willen des Mitarbeiters aufkommen lassen. Zum Abschluss kann er seine Hoffnung auf
weitere gute Zusammenarbeit zum Ausdruck bringen. Eine positive
Formulierung am Ende – zum Beispiel ein Hinweis darauf, wie gut der
Mitarbeiter bei diesem schwierigen Gespräch kooperiert hat – kann das

ganze Gespräch noch einmal ins rechte Licht rücken. Wichtig dabei ist jedoch, dass das Kernproblem hierdurch nicht beschönigt wird.

Natürlich kann es passieren, dass auch die sachlichste Kritik und die fairste Gesprächsführung nicht zur gewünschten Veränderung beim Gesprächspartner führen. Ein Kritikgespräch ist aber nicht *nur* dazu da, um eine Änderung beim Gegenüber zu veranlassen, sondern es dient auch dazu, das aussprechen zu können, was wir auf dem Herzen haben. Ein Kritikgespräch lohnt sich also auch dann, wenn der Eindruck besteht, dass der andere sich sowieso nicht ändern wird (vielleicht weil es ihm in diesem Punkt nicht möglich ist, vielleicht weil er nicht will, vielleicht weil er nicht kann).

An dieser Stelle ist es wichtig, sich noch einmal vor Augen zu führen, dass wir andere Menschen nicht verändern können, sondern jeder nur sich selbst – was, wie jeder weiß, schwer genug ist. Die Verantwortung für Veränderung des eigenen Verhaltens liegt somit in der Hand jedes Einzelnen. Ein gutes Kritikgespräch kann lediglich eine Einladung zur Veränderung sein. Ob der andere die Einladung annimmt oder sie zurückweist, liegt nicht in unserer Macht, sondern in seiner Verantwortung. Die Motivation für Veränderung braucht allerdings ein klares Problembewusstsein. Deshalb ist es für ein Kritikgespräch hilfreich zu überprüfen, ob der Mitarbeiter genügend Problembewusstsein entwickelt hat.

Bewusstsein davon, dass ein Problem besteht
Bei der Äußerung «*Ich weiß nicht, was Sie wollen, es war doch nichts!*» fehlen Erkenntnis und Problemeinsicht. Hier muss der Gesprächsführer seine Kritik mit Zahlen belegen und mit konkreten Daten, Fakten oder Beobachtungen nachweisen können, dass und in welchem Ausmaß das Problem besteht. Hat der Gesprächspartner die Existenz des Problems erkannt und sein Fehlverhalten eingesehen, so könnte er im nächsten Schritt die Relevanz des Problems missverstehen.

Bewusstsein davon, dass das Problem Konsequenzen hat
Die Äußerung «*Das ist doch nicht so schlimm. Es ist doch normal, dass ... !*» deutet an, dass ein Mitarbeiter die Folgen des Problems nicht überschauen kann. Jetzt muss der Vorgesetzte durch Zahlen, Fakten und konkrete Beobachtungen nachweisen, welche Konsequenzen (Kosten, Ab-

läufe, Abteilungsklima etc.) das Fehlverhalten verursacht. Womöglich hat das zu kritisierende Verhalten auch direkte Auswirkungen auf seine eigene Arbeit, sodass er über seine eigene Problematik sprechen muss: «*Wenn Sie mir die Zahlen so spät zukommen lassen, komme ich unter Zeitdruck und kann mich auf die Projektbesprechung nicht mehr vorbereiten.*»

Bewusstsein von möglichen Lösungen
Vielleicht weiß der Gesprächspartner von der Existenz und der Bedeutung des Problems. Eine Reaktion wie «*Was soll man da tun. Da kann man nichts machen, weil ...!*» deutet aber an, dass er keine Lösungsperspektiven sieht. Hier kann der Vorgesetzte Verhaltensalternativen und Lösungsansätze aufzeigen, sodass der Mitarbeiter Möglichkeiten zur Veränderung erkennt.

Bewusstsein davon, dass er die Verantwortung für die Veränderung trägt
Bei allen Aspekten, vor allem bei diesem, kann deutlich werden, dass der Mitarbeiter die Verantwortung für das eigene Fehlverhalten und dessen Veränderung nicht übernehmen will oder kann: «*Das habe ich bisher immer so gemacht, und es ging doch ganz gut. Mag sein, dass man das irgendwie ändern könnte, aber das kostet viel Mühe und Anstrengung! Außerdem weiß ich nicht genau, wo ich da anfangen soll.*» In manchen Fällen mag es angemessen sein, dem Mitarbeiter Unterstützung anzubieten, aber vor allem Menschen, die gerne helfen, Beistand leisten und schnell Lösungen anbieten, müssen aufpassen, dass sie nicht unbemerkt die Bürde der Verantwortung übernehmen. So kann sich unbemerkt ein Teufelskreis entwickeln, in dem der eine bewusst oder unbewusst die Verantwortung abgibt und der andere sie vorschnell übernimmt. Der Vorteil für den die Verantwortung Abgebenden liegt unter anderem darin, dass er die Umsetzung jeder Lösung boykottieren und sich in der Haltung *«Ihre Ideen sind gut, passen aber nicht zu mir und meiner Situation!»* ausruhen kann. Dies spornt denjenigen, der gerne Verantwortung übernimmt, nur noch mehr an, sich zu überlegen, was er zur Lösung beitragen könnte. Er krempelt erneut die Ärmel hoch und sucht mit immer differenzierteren Hilfsangeboten und ausgefeilteren Vorschlägen, den passiven Gesprächspartner zu aktivieren, was diesen wiederum ...

Falls ein derartiger Teufelskreis droht, wären folgende Schritte angemessen:

- Ärmel wieder herunterkrempeln und sich «innerlich zurücklehnen»!
- Die Vermutung über den sich wiederholenden Ablauf auf der Meta-ebene ansprechen und mit dem Gesprächspartner über den Teufels-kreisverdacht sprechen! (*Ich habe den Eindruck, dass ich mich bemü-he, eine Veränderung einzuleiten, dass ich dabei jedoch alleine am Seil ziehe. Letztlich ist das jedoch Ihre Aufgabe und gehört in Ihren Verant-wortungsbereich. Sie müssen sich also schon selbst aufrappeln und sich bemühen. Ich kann Ihnen zwar die Richtung zeigen, gehen müssen Sie aber selbst.*)
- Den Gesprächspartner fragen, was ihn hindert, aktiv zu werden und seine Verantwortungspflicht zu übernehmen, und dabei selbst aktiv zu-hören.
- Eventuell dem Gesprächspartner Zeit geben, damit er Zugang zu seinen Fähigkeiten bekommen kann, und ihn konfrontieren: «*... dann möchte ich Sie bitten, sich über Lösungen und Veränderungen einmal Gedanken zu machen. Was glauben Sie, wie viel Zeit Sie brauchen, um mir dazu Vorschläge machen zu können?*»

2.5 Das Gespräch über berufliche Situation und Entwicklung

In den vielen alltäglichen Begegnungen zwischen Mitarbeitern und Vor-gesetzten bleibt schon aus Zeitgründen das Gesprächsthema in der Regel auf die aktuelle Aufgabenstellung, auf Probleme der Abstimmung und Koordination oder den Umgang mit aufgetauchten Störungen und Pro-blemen beschränkt. Der konkrete Anlass im Arbeitsalltag bestimmt die Themen.

Solche Begegnungen eignen sich aber nicht dazu, auf Grundsatzfragen der Zusammenarbeit mit dem einzelnen Mitarbeiter und auf die be-sonderen Probleme seines Aufgabengebietes einzugehen. Im Mitarbeiter-gespräch kann der Vorgesetzte die Aufgaben und Arbeitsergebnisse und die weitere berufliche Entwicklung des Mitarbeiters im Gesamtzusam-menhang erörtern. In manchen Unternehmen werden in diesem Ge-spräch auch Ziele vereinbart; der Mitarbeiter wird am Zielergebnis ge-messen und die Entlohnung entsprechend gesteuert (Zielvereinbarungs-gespräch). Steht eher eine grundsätzliche Beurteilung des Mitarbeiters im Vordergrund (vielleicht weil der Mitarbeiter sich beruflich neu orientieren möchte), so wird das Gespräch auch Beurteilungsgespräch genannt.*

Die offene Aussprache über die individuelle Berufssituation und die Arbeitszufriedenheit hat für die Motivation, das Engagement und die Orientierung des Mitarbeiters besondere Bedeutung. Je weniger sich der Mitarbeiter bei seiner Arbeit auf vorgegebene Anweisungen und auf Sicherheit spendende Richtlinien stützen kann, umso dringender braucht er diese Rückkoppelung durch den Vorgesetzten. Oder andersherum formuliert: Je größer der Handlungs- und Verantwortungsspielraum des Mitarbeiters ist, desto mehr ist er darauf angewiesen, in einem angemessenen Zeitraum eine Rückmeldung darüber zu bekommen, ob seine Art, den Freiraum zu nutzen, auch den Erwartungen des Vorgesetzten entspricht.

Das Mitarbeitergespräch bedeutet den Abschied von der (Schein-)Objektivität der Beurteilungssysteme als überholten Personalentwicklungsinstrumenten. Betrachtet man das Mitarbeitergespräch aus rein juristischer Perspektive, so wird aufgrund des Arbeitsvertrages zwischen Mitarbeiter und Unternehmen überprüft, inwieweit die im Arbeitsvertrag formulierten Leistungsanforderungen vom Mitarbeiter erfüllt wurden und welche Konsequenzen aus den Ergebnissen abzuleiten sind.

Auch wenn das Mitarbeitergespräch seinem Wesen nach ein Vorgang in einer hierarchisch strukturierten Rollenbeziehung ist und für den Vorgesetzten eine Verpflichtung innerhalb seiner Führungsaufgabe darstellt, bei dem er die einzelnen Arbeits*leistungen* und das Arbeits*verhalten* seines Mitarbeiters beurteilt, greift die juristische Sichtweise zu kurz.

Das Mitarbeitergespräch als Führungspflicht kann, wenn es mit entsprechender Haltung durchgeführt wird, zur Führungschance werden und trotz hierarchischer Abhängigkeit ein Kooperationsangebot darstellen. Der Vorgesetzte hat hier Gelegenheit, seine Vorstellungen, Maßstäbe und Ziele zu verdeutlichen. Er kann gleichzeitig versuchen, die persönlichen Vorstellungen des Mitarbeiters mit den betrieblichen Bedingungen in Einklang zu bringen. Das Gespräch sollte in dem Bewusstsein

* Einige Gedanken zu diesem Thema sind aus Gesprächen und aus der Zusammenarbeit mit Jens Hager und Karin van der Laan entstanden.

geführt werden, dass ein Mitarbeiter, der sich in seinem Arbeitsverhalten ernst genommen und respektiert fühlt, auch motiviert wird.

Durch die Art, wie eine Führungskraft ein Mitarbeitergespräch führt, verdeutlicht sie, welches Menschenbild und welches Führungsverständnis sie besitzt. Sieht sie den Mitarbeiter beispielsweise als einen Produktionsfaktor an, der einer hohen Störanfälligkeit unterliegt, und dient das Mitarbeitergespräch dazu, diese potenzielle Störquelle als Leistungsfaktor zu optimieren? Wird der «Faktor Mensch» somit zur «Ressource», die es zu optimieren gilt? Oder geht es ihr im Mitarbeitergespräch darum, sich gegenseitig im verantwortlichen Handeln ernst zu nehmen und in einem Abstimmungsprozess den Blick auf die gemeinsame kritische Reflexion beruflichen Handelns zu richten?

Im Mitarbeitergespräch wird schnell offenkundig, dass moderne Menschenführung in der Gestaltung und Steuerung sozialer Prozesse liegt und dass sich die soziale Kompetenz des Vorgesetzten nicht zuletzt in der Gesprächsführung offenbart.

Dies ist jedoch nur die Grundlage, die Auftrags- oder Anforderungsverpflichtung der Führungskraft, die sich dem Kooperationsideal verpflichtet fühlt. Ein Teil der Wahrheit des Mitarbeitergesprächs ist immer auch die Beurteilung des Mitarbeiters durch den Vorgesetzten. In der Realität komplexer Unternehmensstrukturen, menschlicher Interessen und firmenpolitischer Strategien entstehen dadurch viele Fragen und Problemfelder. Zum Beispiel:

- Wie kann der Vorgesetzte die an ihn gerichteten unterschiedlichen Erwartungen der Mitarbeiter (*Jeder* hat den Wunsch: «Unterstütze mich!») und der Firma («Fördere gute Mitarbeiter und verwehre schlechten Mitarbeitern den Aufstieg!») unter einen Hut bekommen?
- Wer führt dieses Gespräch in teamförmig strukturierten Arbeitseinheiten, wie beispielsweise in bereichsübergreifenden Projektgruppen oder Produktionsteams? Das Besondere an teamorientierten Arbeitseinheiten ist, dass die Leitung keine disziplinarische Führungsfunktion einschließt und der disziplinarische Vorgesetzte, der das Mitarbeitergespräch führen muss, nicht selbst im Projekt involviert ist und somit keine eigenen Eindrücke vom Mitarbeiter besitzt.
- Wie können Einzelleistungen in einer immer komplexer werdenden

Arbeitswelt beurteilt werden, wo die Vernetzung von Aufgaben und vielfachen Vorleistungen von anderen Mitarbeitern die Einzelleistung kaum noch erkennen lässt?

- Wie kann der Vorgesetzte eine ehrliche Einschätzung des Mitarbeiters abgeben, die auch kritische Aspekte enthält, ohne dass der Mitarbeiter anschließend gekränkt «Dienst nach Vorschrift» macht und sein vielleicht unverzichtbares Spezial-Know-how zurückhält?

- Wie kann Beurteilungswillkür vermindert werden, sodass die Beurteilung nicht nur von Sympathie- oder Antipathie-Gefühlen, Augenblicksstimmungen oder von Interessen- oder Cliquenzugehörigkeit abhängt (Effekt der selektiven Wahrnehmung)?

- Wie kann man möglichst weitgehend ausschalten, dass die günstige Beurteilung einer Eigenschaft (zum Beispiel Intelligenz) die Beurteilung einer anderen Eigenschaft positiv beeinflusst – und umgekehrt, dass eine schlechte Beurteilung einer einzelnen Eigenschaft (zum Beispiel nachlässige Kleidung) unbewusst eine Tendenz zur negativen Folgebeurteilung suggeriert (der so genannte Halo-Effekt)?

- Wie kann man ausschalten, dass aus persönlicher Rücksichtnahme heraus die Beurteilung zu positiv ausfällt (Schonungseffekt)?

- Wie kann man Vorurteile, die durch die Erinnerung an frühere oder andere Mitarbeiter vorhanden sind, so ausschließen, dass sie die jetzige Beurteilung nicht beeinflussen (Übertragungseffekt)?

- Wie kann man ausschließen, dass eigene Eigenschaften, Stärken und Schwächen auf den Mitarbeiter projiziert werden (Wie-bei-mir-Effekt)?

- Wie kann die «Beurteilungsstarre» reduziert werden, bei der eine einmal getroffene Entscheidung sich auf nachfolgende Beurteilungen auswirkt (Effekt des «stabilen Urteils»: «Ach, ich kenne doch meine Pappenheimer!»)?

- Wie können die gefundenen Urteile vergleichbar sein, und bedeuten gleich lautende Beurteilungsaussagen auch wirklich das Gleiche? Soll das überhaupt ein Ziel sein?

- Wie kann man vermeiden, dass ein leistungsschwacher oder überaus kritischer Mitarbeiter durch eine zu gute Bewertung weggelobt wird und ein engagierter, qualifizierter Mitarbeiter eine eher durchschnittliche Beurteilung erhält, um ihn zu behalten?

– Darf das Mitarbeitergespräch als Grundlage für Selektionsentscheidungen der Personalplanung und Personalentwicklung dienen? Sollen also die Ergebnisse des Gesprächs in schriftlicher Form und zur weiteren Selektionsverwendung (Gehaltsfindung, Karriereentscheidungen) an Dritte (Personalabteilung) weitergegeben werden? Kann überhaupt unter diesen Bedingungen noch ein offenes, vertrauensvolles Gespräch geführt werden?

Was muss also die Führungskraft beachten, um ein Mitarbeitergespräch in beiderseitigem Einvernehmen wirkungsvoll zu gestalten?

Da das Mitarbeitergespräch ein wichtiges operatives Führungsinstrument darstellt, sollte es regelmäßig einmal im Jahr durchgeführt werden. Dadurch wird es zu einem vertrauten Element in der Zusammenarbeit zwischen Vorgesetzten und Mitarbeitern. Die meisten Mitarbeiter begrüßen es, wenn ihr Vorgesetzter in regelmäßigen Abständen mit ihnen über ihren Leistungsstand spricht. Sie wünschen sich eine Orientierung und möchten wissen, woran sie sind, was der Vorgesetzte von ihnen hält und wie es beruflich weitergehen kann.

Das Gespräch bekommt dann einen offiziellen Charakter, wenn das Gesprächsergebnis bei entsprechender Betriebsvereinbarung schriftlich festgehalten und dem Mitarbeiter eine Ausfertigung übergeben wird. Es ist jedoch nicht zu empfehlen, *alle* Gesprächsergebnisse an Dritte (zum Beispiel an die Personalabteilung) weiterzugeben. Sonst besteht die Gefahr, dass der Mitarbeiter sich nicht mehr der Schwierigkeit stellt, sich einer Beurteilung und möglichen Bewertung auszusetzen. Er wird dichtmachen und zäh verhandeln, damit ein möglichst günstiges Bild über seine Leistungen nach außen dringt. Das Gespräch entwickelt sich dann schnell zu einem Machtkampf (wessen Wahrnehmung setzt sich durch?), oder man feilscht so lange, bis als Vereinbarung der kleinste gemeinsame Nenner ohne Aussagekraft übrig bleibt.

Handelt es sich beim Mitarbeitergespräch jedoch auch um ein Zielvereinbarungsgespräch, von dessen Ergebnis die leistungsorientierte Vergütung abhängt, so muss entschieden werden, welche Teile des Mitarbeitergesprächs vertraulich bleiben und welche an die Personalabteilung schriftlich weitergereicht werden können.

Für den Vorgesetzten stellt dieses Gespräch in mehrfacher Hinsicht eine Herausforderung dar. Es fordert ihn auf, sich im Vorfeld darüber Klarheit zu verschaffen, was seine persönlichen Vorstellungen von Leistung sind, was er von seinem Mitarbeiter erwartet und worauf es ihm bei der Erfüllung der Aufgaben besonders ankommt. Im Gespräch muss er sich dann dazu bekennen. Das erfordert für manche Führungskraft Mut, da sie sich jetzt einer möglichen Auseinandersetzung stellen muss.

Daneben muss er aus den «von oben» vorgegebenen Zielvorgaben die für seinen Verantwortungsbereich und die für den jeweiligen Mitarbeiter gültigen Ziele abgeleitet haben oder sie gemeinsam mit dem Mitarbeiter entwickeln. Die möglichen Leistungs- und Verhaltenskriterien sollten nach Wichtigkeit geordnet und mit denen des Vorjahres verglichen werden.

Zu seinen Führungsaufgaben gehört es auch, das Arbeitsverhalten seiner Mitarbeiter durch Eigenbeobachtungen zu kennen. Entsprechend ist er aufgefordert, sich ein Urteil zu bilden und dies gegenüber dem Mitarbeiter persönlich zu vertreten und zu verantworten.

Findet das Mitarbeitergespräch zum ersten Mal statt oder wird in einer Firma, da sie eine an der wirklich geleisteten Arbeit orientierte leistungsbezogene Vergütung einführen will, jede Führungskraft verpflichtet, mit Zielen zu führen, so kann die Einführung dieses modernen Managementkonzeptes einer firmeninternen «Kulturrevolution» gleichkommen.

Zum einen, da es um gemeinsame Ziel*vereinbarungen* und nicht um von oben aufgedrückte Ziel*verkündigungen* geht. Dies kann für manche Firma einen Paradigmenwechsel bedeuten, da sie von bereits beschlossenen Anforderungskatalogen und einseitig festgeschriebenen Leistungserwartungen Abschied nehmen muss, um ein kooperatives Miteinander von Führungskräften und Mitarbeitern zu ermöglichen, in dem Vereinbarungen partnerschaftlich abgesprochen werden, ohne dass «Machtgefälle» und «Abhängigkeiten» verleugnet werden.

Zum anderen liegt die große Bedeutung der Veränderung darin, dass Mitarbeiterführung wieder zur Hauptaufgabe einer Führungskraft wird. Viele Führungskräfte sind überwiegend damit beschäftigt, die Arbeit zu erledigen, die sich durch Umstrukturierungen, Fusionen oder Veränderungen der Prozesse ergeben. Sie hetzen von einem Meeting zum anderen, sind in mehren Projekten gleichzeitig verpflichtet und kommen nur noch morgens sehr früh oder abends spät dazu, ihre Alltagsarbeit zu erledigen. Für Mitarbeiter wird es schwierig, einen Gesprächstermin zu bekommen, in dem der Chef nicht schon nach 15 Minuten verstohlen auf die Uhr schaut. Das Führen der Mitarbeiter wird zur Nebensache; der Chef ist Vorgesetzter, aber keine Führungskraft. Durch diese Arbeitsverteilung wird er zum gut bezahlten «Edelsachbearbeiter», der seiner Führungsaufgabe nicht mehr gerecht werden kann. Das Verhältnis verschiebt sich häufig zu 80% Management gegenüber 20% Führung. Soll er jedoch seine Mitarbeiter zu einem Ziel führen, so muss er das Verhältnis umkehren. Dem Führen müssen 80% seiner Tätigkeit gelten, und die Fachaufgaben können nur noch 20% seiner Zeit in Anspruch nehmen. Deshalb ist es von großer Bedeutung, dass diese Veränderung von der Firmenspitze gewollt wird. Diese Veränderung muss von oben nach unten eingeleitet, gelebt und von allen, auch dem Betriebsrat, getragen werden. Die Firmenspitze muss sich verpflichten, transparente Unternehmensziele zu formulieren. Diese werden dann heruntergebrochen auf die jeweiligen Abteilungsziele (zum Beispiel Qualitäts-, Ertrags- und Kostenziele), damit die Führungskräfte daraus die jeweiligen qualitativen und quantitativen Ziele der Mitarbeiter ableiten können. Entsprechend muss jeder direkte Vorgesetzte (der Geschäftsführer/Vorstand mit seinen Abteilungsleitern, die Abteilungsleiter mit ihren Gruppenleitern und die Gruppenleiter mit ihren Mitarbeitern) Zielvereinbarungsgespräche führen.

Der Ablauf der Einführung könnte so aussehen:

1. Eine Projektgruppe wird beauftragt, ein Konzept zur Entwicklung des Mitarbeitergesprächs zu erarbeiten. Schon in dieser Phase sollten Mitarbeiter, Führungskräfte und Betriebsrat einbezogen werden. Die Projektgruppe sollte sich über eine Auswahl der aufzunehmenden Beurteilungsmerkmale einigen. Dabei muss die Unterschiedlichkeit der verschiedenen Aufgabengebiete berücksichtigt werden, da an einen Mitarbeiter im Rechnungswesen andere Anforderungen gestellt werden als an einen Kundenberater. Der dann zu entwickelnde standardisierte Beurteilungsbogen sollte einerseits so umfassend sein, dass eine differenzierte Beurteilung möglich wird, und andererseits so überschaubar sein, dass er praktikabel bleibt. Außerdem kann die Projekt-

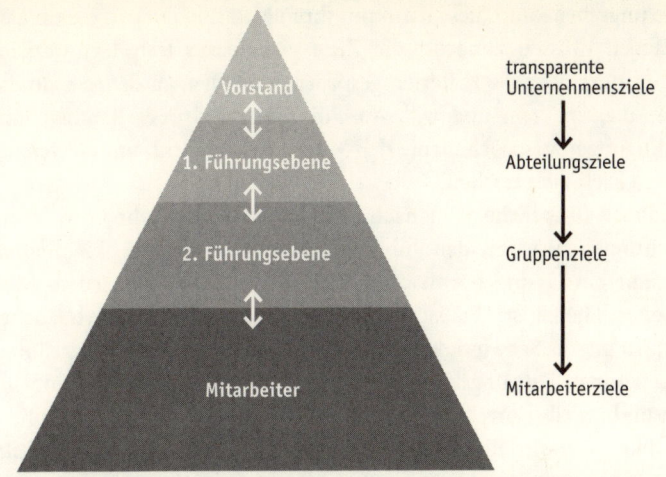

transparente
Unternehmensziele

Abteilungsziele

Gruppenziele

Mitarbeiterziele

Vorstand

1. Führungsebene

2. Führungsebene

Mitarbeiter

Mitarbeitergespräch im Unternehmen

gruppe einen Gesprächsleitfaden entwickeln, an dem sich jedes Mitarbeitergespräch orientieren sollte.

2. Dieses Konzept wird mit der Unternehmensleitung und den Führungskräften diskutiert.

3. Da der Betriebsrat nach § 94 Abs. 2 Betriebsverfassungsgesetz ein Mitbestimmungsrecht hat, sollte er spätestens jetzt beteiligt werden.

4. Entscheidung über das Verfahren und Information der Mitarbeiter.

5. Schulung der Vorgesetzten und Mitarbeiter. In diesen Schulungen sollen Führungskräfte und Mitarbeiter über die Bedeutung dieses Personalentwicklungsinstruments informiert werden und die Gesprächsführung für ihre jeweilige Rolle trainiert werden.

Jetzt kann das von allen Beteiligten abgesegnete und durch vorbereitende Schulung abgesicherte Konzept mit folgenden Schritten eingeführt werden.

1. Erstes **Zielvereinbarungsgespräch**. Jede Führungskraft führt mit jedem Mitarbeiter ein Zielvereinbarungsgespräch (zunächst der Vorstand mit seiner 1. Führungsebene, dann diese Ebene mit der 2.

225

Führungsebene und diese dann mit ihren Mitarbeitern). In diesen Gesprächen müssen zunächst die Ziele gemeinsam festgelegt werden. Dann muss über die Kriterien gesprochen werden, an denen man die Ziele messen kann und will. Anschließend wird über Rahmen und Bedingungen gesprochen, die der Mitarbeiter braucht, um die vereinbarten Ziele zu erreichen.

2. **Feedback-Gespräche.** Um nach Ablauf von einem Jahr böse Überraschungen zu vermeiden, führt die Führungskraft zwei- bis dreimal im Jahr ein Gespräch von ca. einer halben Stunde mit jedem Mitarbeiter. Thema ist: Wie ist der Stand der Zielerreichung? Wo läuft es gut, wo gibt es Schwierigkeiten, wo brauchen Sie meine Hilfestellung? Hier können Führungskraft und Mitarbeiter ihre Sichtweise einbringen und jeweils Korrekturen vornehmen. Wenn es kleine oder größere Störfälle gibt, wird dieses Gespräch unter Umständen zu einem Kritikgespräch – ansonsten bleibt es bei Feedback und Austausch.

3. **Mitarbeitergespräch.** Nach Ablauf eines Jahres findet dann das Mitarbeitergespräch statt, in dem u. a. über die Zielerreichung und über die neuen Ziele für das nächste Jahr gesprochen wird. Im Lauf des nächsten Jahres finden dann wieder mehrere Feedback-Gespräche statt, und am Ende wird erneut im Mitarbeitergespräch ein Resümee gezogen und über neue Perspektiven gesprochen.

Verpflichtende, gut geführte Mitarbeitergespräche dienen dem Unternehmen, dem Vorgesetzten und dem Mitarbeiter, da sie

- dem Unternehmen einen Überblick geben, wo jeder Mitarbeiter in seiner Leistung und seinem Verhalten steht. Sie bieten aussagekräftige Informationen für eine effektive Personalpolitik (Instrument für Fach-, Führungs- und Nachfolgeplanung und -förderung);
- allen Mitarbeitern die Möglichkeit bieten, die Umsetzung der Unternehmensziele, Visionen und Leitbilder aktiv mit zu gestalten;
- Missverständnisse über gegenseitige Erwartungen, Anforderungen und Aufgaben aufdecken können, sodass sie als Konfliktprophylaxe dienen und organisatorische Missstände offen legen können,
- dem Mitarbeiter Orientierung geben und Sicherheit darüber vermitteln, wo er steht und was er tun kann, um an seiner Karriere zu arbeiten;

- den Mitarbeiter vor «Führungsmissbrauch» schützen, da sie eine transparente und fundierte Beurteilung ermöglichen (keine Beurteilung nach Gutsherrenart);
- der Führungskraft helfen, gute und motivierte Mitarbeiter zu fördern und weniger gute und weniger motivierte Mitarbeiter zu fordern;
- der Führungskraft Rückmeldungen über ihr Führungsverhalten geben;
- dem Gesamtunternehmen helfen, seine Ziele zu erreichen.

Vorbereitung

Ein Mitarbeitergespräch muss sorgfältig vorbereitet werden, weil Standortbestimmung und Beurteilung durch die Auswirkungen auf die berufliche Laufbahn (und eventuell auf das Gehalt) für jeden Mitarbeiter große Bedeutung haben. Daher ist es von zentraler Bedeutung, dass die Beurteilung begründet ist. Begründet bedeutet hier, dass die Führungskraft den Mitarbeiter über den ganzen Beurteilungszeitraum hinweg beobachtet (Gesamteindruck) und konkrete Einzelbeobachtungen mit positiven und negativen Auffälligkeiten gesammelt (eventuell schriftlich festgehalten in einer Art «Mitarbeiter-Tagebuch») hat, sodass die darauf basierende Bewertung stichhaltig und nachvollziehbar wird.

Zur Vorbereitung des Mitarbeitergesprächs sollte sich der Vorgesetzte vergegenwärtigen, mit welchen relevanten Themen und Aufgabenschwerpunkten sich der Mitarbeiter im vergangenen Zeitraum befasst hat und wie er als Vorgesetzter die Leistungen und das Verhalten des Mitarbeiters einschätzt. Grundlage sind

1. das Anforderungsprofil der Position,
2. die aus den Abteilungszielen abgeleiteten Erwartungen und Einzelziele,
3. die gemeinsam vereinbarten Ziele und Erfolgskriterien des letzten Mitarbeitergesprächs und
4. die Beobachtungen und Leistungseinschätzungen im Verlauf des Beurteilungszeitraumes.

Außerdem muss sich die Führungskraft darüber klar werden, welche Ziele für den Mitarbeiter relevant sind und welche Ziele dieser selbst haben wird. An dieser Stelle stellt sich die Frage: Was sind überhaupt Ziele? Was ist der Unterschied zwischen einem Wunsch und einem Ziel? Ein Wunsch ist eine *allgemeine zukünftige Zustandsbeschreibung ohne implizite aktive Handlungsabsichten* – zum Beispiel: Ich wünsche mir Gesundheit, oder: Ich wünsche mir ein neues Auto. Ein Ziel ist im Gegensatz dazu *eine konkrete zukünftige Zustandsbeschreibung mit aktiven eigenen Handlungsabsichten* – zum Beispiel: Mein Ziel ist es, gesund zu bleiben, und deshalb höre ich mit dem Rauchen auf, ernähre mich gesund und treibe regelmäßig Sport, oder: Mein Ziel ist es, in vier Jahren ein Auto zu kaufen, und deshalb spare ich jeden Monat 200 Euro.

Bei der Beschreibung beruflicher Ziele (man spricht auch von «wohl formulierten» Zielen) sollten Führungskräfte beachten, dass die Ziele:

— **konkret, realistisch** und **terminiert** sind: Was soll genau erreicht werden? Woran kann man genau feststellen, dass das Ergebnis erreicht wurde? Wie kann man es messen? Bis wann soll das Ziel erreicht sein?
— **positiv formuliert** sind: Die Formulierung «Der Mitarbeiter lässt die täglich anfallenden Arbeiten nicht mehr so lange unbearbeitet liegen» wäre zu vage und negativ formuliert. Besser: «Der Mitarbeiter bearbeitet die täglich anfallenden Arbeiten am selben Tag, spätestens am nächsten Tag.»

Für eine berufliche Tätigkeit können wir *quantitative Leistungsziele* und *qualitative Verhaltensziele* formulieren. Die Leistungsziele können unterteilt werden in

1. *Umsatz-* oder *Ertragsziele* (Arbeitsmenge, Arbeitsgüte),
2. *Kostenziele*.

Die Verhaltensziele können unterteilt werden in:

1. *Sach- und Fachkompetenz*. Fachkenntnisse bezogen auf das jeweilige Anforderungsprofil in der Stellenbeschreibung der Position, Kenntnisse über Firmen-/Verbundprodukte und über Abläufe, Softwarekenntnisse etc.

2. *Methodenkompetenz.* Zielgerichtetes Vorgehen, Projektplanung und -steuerung, Arbeitstechniken, Zeitmanagement, Visualisierung, Dokumentation, Moderations- und Präsentationsfähigkeit, Verkaufstechniken etc.

3. *Soziale Kompetenz.* Zuhörbereitschaft, Einfühlungsvermögen, Beratungskompetenz, Team- und Kooperationsfähigkeit, Hilfsbereitschaft, Kommunikationsfähigkeit, Konfliktfähigkeit, Motivation, persönlicher Einsatz etc.

4. *Personale Kompetenz.* Fleiß, Effizienz, Glaubwürdigkeit, Verlässlichkeit, Termintreue, Selbstvertrauen, Zuversicht, emotionale Stabilität, Belastbarkeit, souveräner Umgang mit unklaren oder mehrdeutigen Situationen (Ambiguitätstoleranz), Selbstkontrolle, realistische Selbsteinschätzung, Humor, Engagement, Selbstmotivation etc.

5. *Führungs- und Managementkompetenz.* Unternehmerisches Denken und Handeln, sicheres Auftreten, Motivationsfähigkeit, Ergebnisorientierung, Entscheidungsbereitschaft, Delegation, Koordination, Kontrolle, Kundenorientierung etc.

Die Beurteilung im Mitarbeitergespräch entspricht einem begründeten Soll/Ist-Vergleich. Die Themen im Mitarbeitergespräch können sich auf alle oben angeführten Kompetenzfelder beziehen. Der Vorgesetzte (und der Mitarbeiter) sollten sich bei jeder Zielvereinbarung fragen, in welchem Ausmaß das vereinbarte Ziel erreicht wurde und in welchen Punkten nicht.

Um auf Nachfragen reagieren zu können, muss der Vorgesetzte seine Einschätzungen und Bewertungen durch Beobachtungen und Erfahrungen konkretisieren können. Dies gilt besonders für die Verhaltensziele.

Zur Vorbereitung gehört auch, dass sich der Vorgesetzte überlegt, auf welche Leistungsziele und Verhaltenskriterien er zukünftig achten will und wie er begründen kann, warum er diese Einzelziele für diesen Mitarbeiter ausgewählt hat. Hier hat sich als hilfreich herausgestellt, wenn Arbeitsziele und Verhaltensmerkmale so formuliert werden, dass deutlich wird, welche realistischen, konkreten und überprüfbaren Ergebnisse der Mitarbeiter erbracht haben soll. Beispiel: «Der Mitarbeiter wird mindestens einmal im Quartal einschlägige Fachliteratur lesen, sie auswerten und eine zusammenfassende Bewertung auf unseren Abteilungsbesprechungen vortragen. Sein eigenes Führungsverhalten wird er so verändern, dass er besonders in angespannt-stressigen Arbeitsphasen seine Mitarbeiter nicht plötzlich unhöflich abfertigt und herablassend behandelt. Das entsprechende Erfolgskriterium ist die Abnahme diesbezüglicher kritischer Äußerungen der von ihm geführten Mitarbeiter über seine Person.» Wenn erforderlich, können im Gespräch die vereinbarten Arbeitsziele in Teilziele gegliedert werden. Dies ergibt dann eine messbare Größe, anhand deren die Zielerreichung gemeinsam überprüft werden kann. Es erweist sich als nützlich, wenn Arbeitsziele nicht gleichwertig nebeneinander stehen, sondern nach ihrer Bedeutung (wichtiger/weniger wichtig) und mit möglichst wenig Worten präzis beschrieben werden.

Das an Zielen orientierte Arbeiten des Mitarbeiters sollte vom Vorgesetzten im späteren Arbeitsalltag beobachtet werden. Diese Führungsaufgabe kostet Zeit und Aufmerksamkeit, besonders wenn der Vorgesetzte vielleicht mehr als 40 Mitarbeiter direkt führen und entsprechend häufig die Einhaltung der Zielvereinbarungen beobachten muss. In diesem Fall sollte er sich im Mitarbeitergespräch auf Beurteilungsschwerpunkte und wesentliche Zielkriterien beschränken. Außerdem bekommt der einzelne Mitarbeiter so die Möglichkeit, sich auf eine überschaubare Menge von Anforderungen zu konzentrieren, er wird nicht durch zu viel Druck überfordert oder demotiviert. Erleichtert wird die Führung dieser Gespräche, wenn der Vorgesetzte seinem Mitarbeiter schon während des vereinbarten Beobachtungszeitraums laufend Rückmeldungen über seine Leistungen gegeben hat. Dieser kontinuierliche Abstimmungsprozess gewährleistet, dass es am Ende nicht zu plötzlichen Schreckensnachrichten kommt. Ist der Mitarbeiter häufig oder langfristig in abteilungsübergreifenden Projekten eingesetzt, sodass der Führungskraft eine direkte Beobachtung unmöglich ist, so sollte sie sich im Vorfeld des Mitarbeitergesprächs von den jeweiligen Projektleitern qualifizierte Rückmeldungen einholen.

Damit sie weniger aus dem Gedächtnis oder der Eingebung des Augenblicks heraus das Gespräch führen muss, sollte sich die Führungskraft im Vorfeld hinsetzen, sich den Mitarbeiter vor ihrem geistigen Auge vorstellen, ihre schriftlich festgehaltenen Beobachtungen aus dem letzten Beobachtungszeitraum dazu holen und sich anhand einer Checkliste auf das Gespräch vorbereiten.

Beispiel für einen Fragenkatalog:

Mitarbeitergespräch

Checkliste zur Vorbereitung für den Vorgesetzten

Allgemeines
1. Was sind die Aufgabenschwerpunkte des Mitarbeiters?
2. Gab es Veränderungen oder besondere Ereignisse in seinem Tätigkeitsgebiet?
3. Mit welchen Veränderungen ist in Zukunft zu rechnen?
4. Mit welchen Beispielen lässt sich meine persönliche Einschätzung belegen?

Zielerfüllung
1. Wie weit wurden vereinbarte Ziele erreicht?
2. Welche besonderen Arbeitsergebnisse, Verhaltensveränderungen oder Leistungen (Zusatzaufgaben, Projektarbeit) sollte ich besonders hervorheben?
3. Welche Ziele wurden nicht erreicht?
4. Was weiß ich über die Hintergründe (zum Beispiel Rahmenbedingungen, äußere Umstände)?

Zusammenarbeit
1. Wie ist der Mitarbeiter im Team integriert?
2. Wie ist sein Kontakt zu anderen Abteilungen und zu Kunden?
3. Wie beurteile ich meine persönliche Beziehung zum Mitarbeiter?
4. Beziehe ich ihn in Entscheidungen ein, die seinen Arbeitsbereich berühren?
5. Gab es Probleme, die immer wieder auftauchten? (Beispiele)
6. War ich schuldlos daran, und welche Erwartungen hat der Mitarbeiter an mich?
7. Muss ich mir als Vorgesetzter Fehler eingestehen und bin ich bereit, sie zuzugeben?

Zielvereinbarungen

1. Welche neuen Leistungs- und Verhaltensziele sollten vereinbart werden?
2. Was könnten neue mögliche Aufgabenschwerpunkte sein?
3. Müssen und können zusätzliche Kompetenzen übertragen werden?
4. Mit welchen Schwierigkeiten ist bei der Zielverfolgung zu rechnen?
5. Welche Unterstützung braucht der Mitarbeiter von mir oder von anderen?

Entwicklungsstand und Fördermaßnahmen

1. Wo liegen die Stärken des Mitarbeiters?
2. Wo liegen die Schwächen?
3. In welchen Bereichen könnte sich der Mitarbeiter noch weiter entwickeln?
4. Welche Schulungen in welchem Zeitraum sind erforderlich?

Das Mitarbeitergespräch ist keine Einbahnkommunikation, sondern auch Rückmeldung von unten nach oben. Deshalb sollte es als Austausch der gegenseitigen Vorstellungen über die jeweiligen Aufgabenstellungen konzipiert werden. Hager/van der Laan (1992) empfehlen das Gespräch als prinzipiell partnerschaftlich-fair gestaltete «Rollenverhandlung» anzulegen: «Jeder der beiden Gesprächspartner artikuliert im Rahmen der jeweils relevanten Stellenbeschreibung seine Leistungs- und/oder Verhaltenserwartungen an den Rollenpartner. Jeder überprüft, inwieweit und unter welchen Bedingungen er den Erwartungen des anderen genügen kann oder will. Das kann abhängen von Fähigkeiten, Arbeitsvorbedingungen, Förderungs- bzw. Schulungsangeboten, vom Selbstverständnis (Wertorientierung) des jeweiligen Rolleninhabers und anderem mehr.»

Der Mitarbeiter hat nicht nur Gelegenheit, vom Vorgesetzten zu erfahren, wie dieser ihn einschätzt, sondern auch die Chance, selbst seine Einschätzung der Zusammenarbeit zu beschreiben (auch kritisch). Er kann verdeutlichen, was für ihn ein zufrieden stellendes Gesprächsergebnis wäre, worauf es ihm bei seiner Arbeit ankommt, welche Leistungen er für gut und welche er für verbesserungswürdig hält, wo die Ursachen für Leistungsmängel liegen könnten, welche Schwerpunkte und

Ziele er sich setzt, welche Erwartungen er an den Vorgesetzten hat, wie die Kooperation weiter ausgebaut werden kann und ob es aus seiner Sicht Verbesserungsmöglichkeiten hinsichtlich der Aufgabenstellung, der Arbeitsabläufe und der Arbeitsorganisation gibt.

Der Mitarbeiter sollte ebenfalls Gelegenheit haben, sich auf dieses Gespräch einzustimmen. Zur sorgfältigen Vorbereitung kann ihm einige Zeit vorher ein Fragenkatalog als Hilfe zur Verfügung gestellt werden, der ihn anregt, die Aspekte auszuwählen, zu denen er Stellung beziehen möchte.

Beispiel für einen Fragenkatalog:

Mitarbeitergespräch

Checkliste zur Vorbereitung für den Mitarbeiter

Allgemeines

1. An welchen Aufgaben und Arbeitszielen habe ich in dem zurückliegenden Zeitraum hauptsächlich gearbeitet und welche Arbeitsergebnisse wurden dabei erzielt?
2. Haben sich in letzter Zeit in meinem Arbeitsumfeld Veränderungen ergeben?
3. Wie erlebe ich die derzeitigen Arbeitsbedingungen (z. B. Arbeitsplatz, Arbeitszeit, personelle Unterstützung und materielle Ausstattung)?
4. Welche Veränderungen möchte ich anregen?
5. Wo tauchen Schwierigkeiten auf und was ist im internen Arbeitsablauf zu verbessern?
6. Was gefällt mir an meiner gegenwärtigen Arbeit besonders gut und was weniger gut?

Zielerfüllung

1. Welche vereinbarten Ziele habe ich in welchem Umfang erreicht?
2. Welche vereinbarten Ziele konnte ich nicht erreichen? Welche Gründe gab es?
3. Wodurch wurde ich bei meiner Arbeit gefördert? Behindert?
4. Wie schätze ich meine Arbeitsleistung insgesamt ein?

Zusammenarbeit

1. Wie erlebe ich die Zusammenarbeit in meiner Gruppe?
2. Arbeite ich in einer respektvollen Kommunikationsatmosphäre, in der Aufgeschlossenheit für meine Ideen herrscht und in der meine Ansichten gewürdigt werden?
3. Wie beurteile ich die Zusammenarbeit mit meinem Vorgesetzten?
4. Erkennt er meine guten Leistungen an?
5. Hört er mir zu und lässt er mich ausreden?
6. Bin ich über alle Angelegenheiten, die meine Arbeit unmittelbar und mittelbar betreffen, rechtzeitig und ausreichend informiert?
7. Bekomme ich genügend Rückmeldungen über meine Arbeitsweise, sodass ich erkennen kann, was gut und was verbesserungsfähig ist?
8. Ist die Art, wie er mich kritisiert, für mich in Ordnung?
9. Kann ich so selbstständig arbeiten, wie es für mich und meine Aufgaben gut ist?
10. Werde ich in die Entscheidungen einbezogen, die meinen Arbeitsbereich betreffen?
11. Durch welche Maßnahmen könnte die Zusammenarbeit verbessert werden?

Zielvereinbarung

1. Welche Leistungsziele erscheinen mir künftig besonders wichtig?
2. An welchen Verhaltenszielen sollte ich stärker arbeiten?
3. Woran wird man bemerken können, dass ich mein Ziel erreicht habe?
4. Welche Voraussetzungen brauche ich für das Erreichen meiner Ziele?

Entwicklungspotenziale und Fördermaßnahmen

1. Auf welche besonders guten Leistungen will ich meinen Vorgesetzten hinweisen, falls ich den Eindruck gewonnen habe, dass er selbst davon nichts erfahren hat?
2. Kann ich bei der gegenwärtigen Aufgabe meine Fachkenntnisse und Fähigkeiten voll einsetzen?
3. Welche zusätzlichen Kenntnisse würden mir helfen, meine Aufgaben noch besser zu erledigen?
4. Was müsste an meinem Arbeitsplatz verändert werden, damit ich meine Stärken noch besser einsetzen kann?

5. Wie stelle ich mir meine weitere berufliche Entwicklung vor und welche Unterstützung (zum Beispiel Schulung) brauche ich dafür?

Hilfen zur Beurteilung einer Person

Um die Arbeitsleistung eines Mitarbeiters zu beurteilen, hat die Führungskraft (hoffentlich) konkret messbare Ziele vereinbart. Bei Sach- und Fachaufgaben und deren Folgen ist dies häufig ohne große Schwierigkeiten möglich. Vielen Führungskräften fällt es jedoch schwer, ihre Mitarbeiter im Führungs- und Sozialverhalten zu beurteilen. Bei offensichtlichem Fehlverhalten und skurrilen Extravaganzen mag es noch gehen. Hat man jedoch keine konkreten Auffälligkeiten zur Hand, so bleibt nur noch der schwammige, subjektive Eindruck. Aber wie kann man den formulieren? Wie kann man einen Menschen beurteilen, ohne ihn zu kränken und ohne die Beziehung zu gefährden? Wie kann man die in der Beurteilung enthaltene Kritik so formulieren, dass sie nicht zur unnötigen Entwertung führt, sondern zur gewünschten Verhaltensveränderung motiviert? Wie kann man den Nachteilen des alten Schulnotensystems mit den Kategorien «sehr gut», «gut», «befriedigend», «ausreichend», «mangelhaft» und «ungenügend» und den Bewertungsmaßstäben von gut bis schlecht entgehen, da Werte, Verhaltenseigenschaften und Tugenden auch im Beruf nur dann eine konstruktive Wirkung entfalten, wenn sie in Balance mit ihren jeweiligen Gegenwerten gelebt und verwirklicht werden?

Hier kann das **Werte- und Entwicklungsquadrat** (Hellwig, 1967; Schulz von Thun, 1989 und besonders 2000) als gedankliches Werkzeug Hilfe bieten. Dem Wertequadrat unterliegt die Auffassung, dass Tugenden, Eigenschaften und Verhaltensweisen dialektisch strukturiert sind. Demnach befindet sich jeder Wert und jedes Persönlichkeitsmerkmal in ausgehaltener Spannung zu einem (genau zu bestimmenden) positiven Gegenwert, seiner «Schwestertugend». Die Formulierung «ausgehaltene Spannung» soll verdeutlichen, dass es bei psychischen Phänomenen fruchtbarer ist, die Vorstellung eines optimalen Fixpunktes aufzugeben und sie durch die Vorstellung einer dynamischen Balance zu ersetzen. Verliert dieses positive Spannungsverhältnis die Balance, so verkommt der Wert durch seine Übertreibung zu einem Unwert.

Nehmen wir als Beispiel an, dass Mitarbeiter Herr Klartext die Fähigkeit besitzt, anderen Kollegen mit Direktheit zu begegnen, sich mit seiner Meinung durchzusetzen und auch bei heiklen Themen Dinge unverblümt beim Namen zu nennen. Diese Fähigkeit zur offenen Direktheit und Durchsetzungsfähigkeit wirkt sich auf Dauer nur dann konstruktiv auf Beziehungen aus, wenn sie gepaart ist mit der Fähigkeit zur taktvollen Höflichkeit, denn die Fähigkeit, auch schwierige Themen direkt anzusprechen, kann zur rauen, ruppigen Konfrontation oder rücksichtslosen Ellenbogenmentalität entarten. Ebenso kann taktvolle Höflichkeit gespreizt erscheinen und als heuchlerisches Um-den-heißen-Brei-Reden entlarvt werden. Die mangelnde Selbstbehauptung deutet dabei vielleicht schon die hinter der Rücksichtnahme liegende Selbstverleugnung an.

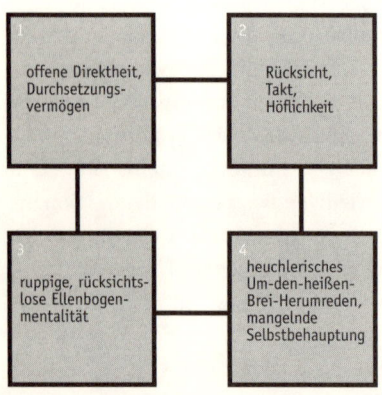

Allgemeine Struktur eines Wertequadrats am Beispiel «Direktheit»

Es stehen sich also oben immer zwei Werte gegenüber, die uns die Kunst abfordern, sie situationsgerecht zu gewichten und wenn möglich miteinander zu verbinden (in unserem Beispiel zur *taktvollen Direktheit*). Wird eine der beiden Fähigkeiten (hier die Direktheit von Herrn Klartext) übertrieben, werden aus den Tugenden Untugenden. Ein vollständiges Wertequadrat besteht somit aus zwei Werten (Schwestertugenden), zwei Unwerten und vier Arten von Beziehungen, die das Verhältnis der Begriffe untereinander charakterisieren.

Die Beziehungen im Wertequadrat:

- Die Linie zwischen den positiven Werten bezeichnet ein *positives Gegensatzverhältnis* oder eine *positive, dynamische Spannungsbalance.*
- Die Diagonalen bezeichnen *konträre Gegensätze* zwischen einem Wert und einem «Unwert».
- Die senkrechten Linien bezeichnen die *entwertende Übertreibung.*
- Die Verbindung zwischen beiden Unwerten stellt die «Überkompensation» dar, wenn wir zur Vermeidung des einen Unwertes zum gegenteiligen Unwert tendieren. Dies gleicht einem Autofahrer, der unbedingt vermeiden will, in den rechten Straßengraben zu fahren, und dies dadurch erreicht, dass er in den linken fährt. Natürlich weiß er, dass der rechte Weg zwischen den beiden Straßengräben liegt, aber seine starke Abneigung gegenüber der einen Seite führt ins Extrem der anderen Seite.

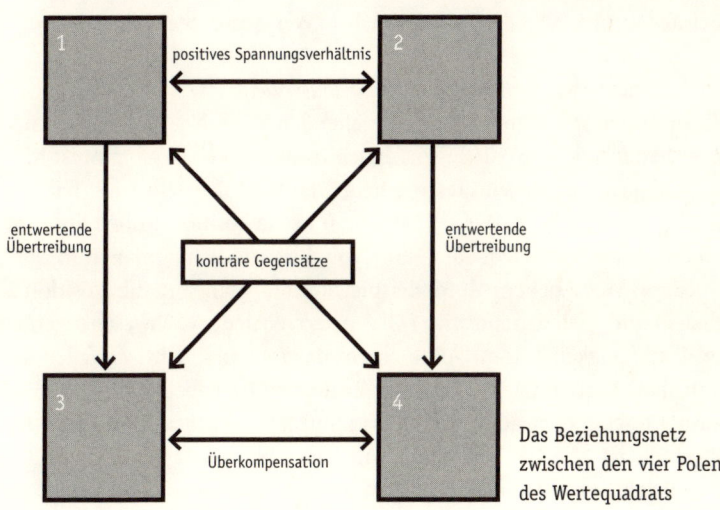

Das Beziehungsnetz zwischen den vier Polen des Wertequadrats

Wie konstruiert man für die Beurteilung ein Wertequadrat?
Hier gibt es zwei Wege: den «**positiven Weg**» und den «**negativen Weg**».

Die Schrittfolge auf dem «**positiven Weg**» ist folgende:

1. Schritt: Werte bewusst machen und sammeln
Im ersten Schritt macht sich die Führungskraft die positiven Werte, Prinzipien, sozialen Fähigkeiten, Charaktermerkmale und menschlichen Eigenschaften des Mitarbeiters bewusst, die ihr wichtig sind (zum Beispiel Entscheidungsfreude, Sorgfalt, Zielorientierung, Durchsetzungsvermögen, Kontaktfähigkeit, Teamfähigkeit, Selbstbewusstsein etc.). Als Fundus können ihm hier die Unternehmensleitlinien, die Führungsleitlinien, in anderen Gesprächen schon thematisierte erwünschte Eigenschaften oder auch die Verhaltensweisen dienen, die er persönlich in seinem Bereich für bedeutsam hält.

2. Schritt: Rangordnung der Werte aufstellen
Nachdem die erwünschten sozialen Fähigkeiten aufgelistet sind, werden sie in eine Reihenfolge gebracht: der höchste Wert an 1. Stelle, der zweithöchste Wert an 2. Stelle, der dritthöchste Werte an 3. Stelle usw.

3. Schritt: Die jeweiligen Wertequadrate konstruieren
Wir beginnen mit dem an 1. Stelle stehenden Wert. Nehmen wir einmal an, es handelt sich um die Eigenschaft «Teamfähigkeit». Gemeint ist hier die Fähigkeit, sich in ein Team einzufügen und sich selbst als Teil des Ganzen zu betrachten. Wir schreiben ihn in die Position 1 oben links im vorgezeichneten Wertequadrat ein. Von hier aus kann man nun verschiedene Wege gehen: Zum Beispiel könnte man auf die Position 2 schauen und nach dem positiven Gegenwert, nach der «Schwestertugend» der Teamfähigkeit fragen. Sollte einem dazu gerade nichts einfallen, so kann man auch zunächst nach der entwertenden Übertreibung in Position 3 fragen, oder auch nach dem konträren Gegensatz am Ende der Diagonalen 4 schauen (vgl. Schulz von Thun, 1989, S. 41 ff.). Vielleicht kommt einem zur Position 4, dem konträren Gegensatz zu Teamfähigkeit, ein hilfreicher Gedanke. Meistens ist es jedoch leichter, von 1 erst einmal direkt auf die Position 3 zu schauen und sich zu fragen, was mit einer Teamfähigkeit geschieht, wenn sie einseitig und übertrieben gelebt wird. Die heuristische Frage lautet hier: Was ist das Gute an der Teamfähigkeit und was wäre des Guten zu viel? Hier handelt es sich um

die Untugend, die das Wir in unabgegrenzter Weise überbetont und sich zur selbstlosen Anpassung oder (bei der Beurteilung einer Führungskraft) vielleicht zur distanzlosen Rollen-Diffusität entwickeln kann.

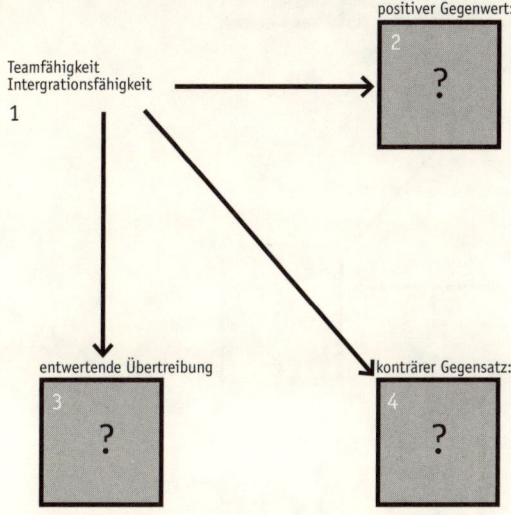

Die Konstruktion eines Wertequadrats: 1. Schritt

Vielleicht kommt einem zur Position 4 der hilfreiche Gedanke, dass der konträre Gegensatz zu Teamfähigkeit sture Eigensinnigkeit und egoistische Selbstbezogenheit ist. Jetzt können wir uns fragen, was in Position 2 gehört. Zum einen muss es den positiven Gegenwert zur Teamfähigkeit darstellen, zum anderen den konträren Gegensatz zur selbstlosen Anpassung, und zum Dritten muss es das positive Verhalten kennzeichnen, was in einer sturen Eigensinnigkeit enthalten ist: die innere Unabhängigkeit und Autonomie, die einen befähigt, sich von anderen abgrenzen zu können. Jetzt haben wir in der Abbildung S. 240 unten das vollständige Wertequadrat vor Augen:

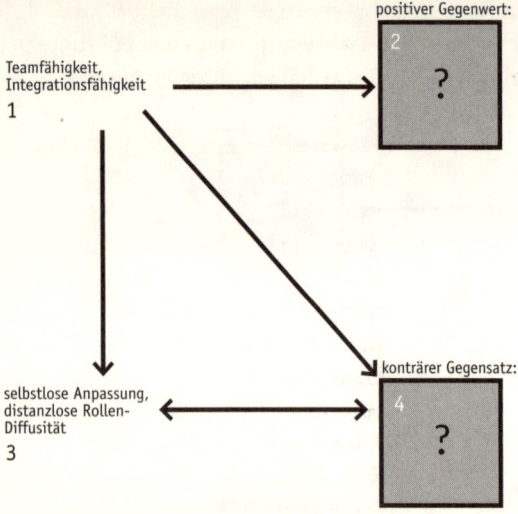

Die Konstruktion eines Wertequadrats: 2. Schritt

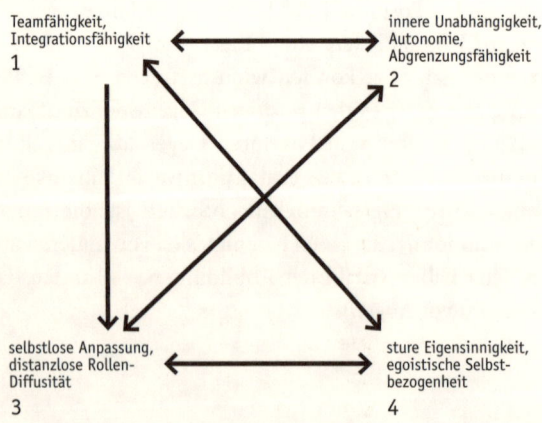

Die Konstruktion eines Wertequadrats: Ergebnis

240

4. Schritt: Beurteilung des Mitarbeiters

Jetzt kann sich der Vorgesetzte zur Beurteilung eines Mitarbeiters diesen vor Augen rufen und jede seiner Eigenschaften, die er im 1. und 2. Schritt gefunden hat, einordnen. Er kann sich fragen: Wie verhält sich der Mitarbeiter bezüglich des positiven Spannungsverhältnisses? Wie lebt er die dynamische Balance? Droht ihm eher die entwertende Übertreibung in Position 3 oder die in Position 4?

Damit sich dies nicht zur reinen Fleißarbeit entwickelt, kann sich die Führungskraft auf die ihr wichtig erscheinenden Eigenschaften und speziellen Stärken des Mitarbeiters konzentrieren.

Wurde beim «**positiven Weg**» von erwünschten Werten und Eigenschaften ausgegangen, so wird beim «**negativen Weg**» von ungünstigen, unerwünschten und deshalb zu kritisierenden Auffälligkeiten und von Fehlverhalten ausgegangen. Hier hat die Führungskraft bei der Beurteilung beispielsweise einen einmaligen Vorfall, eine häufig wiederkehrende Situation oder ein bestimmtes typisches Verhalten des Mitarbeiters vor Augen, das sie negativ beurteilt. Bei der Konstruktion des Wertequadrats beginnt sie jetzt in Feld 3 oder in Feld 4 und entwickelt das Wertequadrat dann, wie in den Schritten oben beschrieben wurde.

Was haben wir mit einem Wertequadrat für die Beurteilung gewonnen?

– Es verdeutlicht uns, dass auch im beklagenswerten Fehlverhalten ein positiver Kern entdeckt werden kann. Es kann im Mitarbeitergespräch sehr wichtig sein, dieses Potenzial wertzuschätzen und das Vorhandensein des positiven Kerns anzusprechen. Dies im Bewusstsein, dass das Verhalten allein aus der Überdosierung einer positiven Eigenschaft (des Guten zu viel) problematisch werden kann. Bedeutsam wird dies vor allem dann, wenn die Führungskraft den negativen Weg geht, das Fehlverhalten ihr selbst gegen den Strich geht oder ihren Vorstellungen vom richtigen Mitarbeiterverhalten widerspricht, sodass sie befürchten muss, in der Beurteilung einseitig und zu scharf die «entwertende Übertreibung» im Blick zu haben.

– Mit dem Wertequadrat ist die Überzeugung verbunden, dass jeder

Mensch mit einer bestimmten positiven Eigenschaft immer auch über einen schlummernden Gegenpol verfügt, den er in sich wecken und entwickeln kann. Eine Führungskraft muss die Mitarbeiter also nicht «vom ‹Schlechten› zum ‹Guten› leiten, sondern von dem Guten, wovon sie (je individuell) zu viel haben, hin zu dem Guten, welches ergänzend dazukommen müsste und vielleicht noch unterentwickelt ist». (Schulz von Thun, 2000, S. 54) Das Wertequadrat ist somit auch immer ein *Entwicklungsquadrat*, da es die Entwicklungsrichtung anzeigt, und zwar von 3 nach 2 unter Beibehaltung von 1, oder von 4 nach 1, ohne dass 2 vernachlässigt wird.

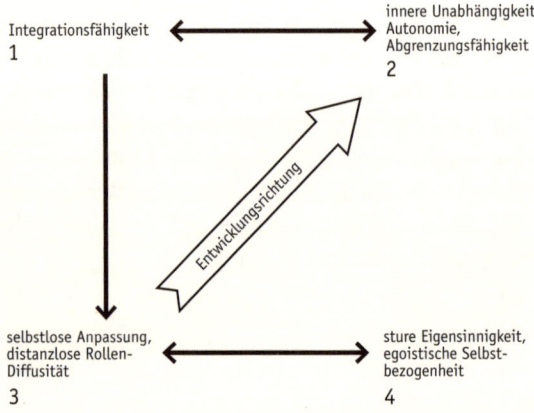

Die Entwicklungsrichtung im Wertequadrat

Das Ziel ist, dass einem Menschen als innere Wahlmöglichkeiten beide positiven Haltungen zur Verfügung stehen. So kann er je nach Situation und Sinngebung entscheiden und erliegt nicht mehr automatisch einer einseitigen Charaktereigenschaft. Da es *normal* ist, dass man von Haus aus einer der beiden positiven Möglichkeiten eher zuneigt und sich mit der anderen schwerer tut, ist die Zielvorstellung der dynamischen und situationsabhängigen Balance ein ideales Ziel im Sinn menschlicher Freiheit und Bewusstheit.

Das Entwicklungsquadrat verdeutlicht aber auch: Je weniger die dynamische Balance gelebt werden kann und je einseitiger die Ausrichtung auf einen der beiden positiven Werte gerät, umso tiefer rutscht die Person in die Übertreibungspositionen. Je stärker aber jemand zur entwertenden Übertreibung neigt, umso steiler wird auch die Entwicklungsrichtung – und umso mühsamer der Entwicklungsweg. Hier wird im Mitarbeitergespräch Thema, welche Hilfen der Mitarbeiter in Anspruch nehmen könnte, um die anstehende Entwicklung einzuleiten und erfolgreich abzuschließen. Die Führungskraft könnte dann, wenn sie dazu einen Auftrag vom Mitarbeiter bekommt, zum Coach werden (siehe Kapitel 2.3).

– Wenn wir der Sichtweise folgen, dass nicht die eindimensionale Spitzenleistung auf irgendeiner Skala das Ziel der persönlichen Weiterentwicklung ist, sondern die *Integration der Gegensätze* durch eine dialektische Betrachtungsweise, so können wir bei der Beurteilung im Mitarbeitergespräch dazu übergehen, Skalen zu bilden, bei denen das jeweilige Wertequadrat «auseinander geklappt» wird. Zum Beispiel:

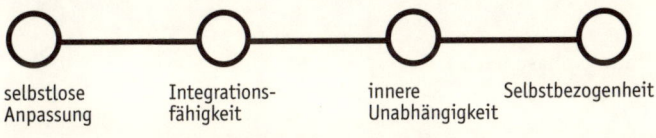

selbstlose   Integrations-   innere   Selbstbezogenheit
Anpassung   fähigkeit   Unabhängigkeit

Das anzustrebende Optimum besteht dabei in einer wesensgemäßen und dynamischen Balance der beiden mittleren Werte. Diese Sicht kann der Führungskraft sowohl in der Vorbereitung des Gesprächs als auch während des Gesprächs helfen, ihre Kritik verbunden mit der Entwicklungsrichtung zu formulieren: «*Eine Ihrer Stärken liegt darin, dass Sie sich gut in Teams einfügen. Diese Integrations- und Kontaktfähigkeit birgt bei Ihnen jedoch die Gefahr, dass Sie sich als Gruppenleiter nicht genügend von Ihren Mitarbeitern abgrenzen können. Das mache ich an folgenden Beobachtungen fest ... Die Folge ist, dass sie in Ihrer Rolle als Gruppenleiter zu wenig kritisieren und fordern. Was Sie entwickeln müssen, ist die Fähigkeit, sich deutlicher abzugrenzen, um aus einer unabhängigeren, auto-*

*nomen Position heraus auch unbeliebte Entscheidungen fällen zu kön-
nen ...»*

Das Mitarbeitergespräch

Die Phasen des Mitarbeitergesprächs sind:
1. Eröffnungsphase
2. Soll-Ist-Vergleich
3. Ursachen- und Hintergrundserforschung
4. Planung und neue Zielvereinbarungen
5. Abschlussphase

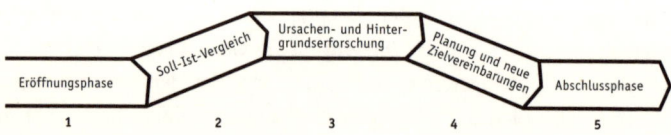

Ablauf eines Mitarbeitergesprächs

1. Eröffnungsphase

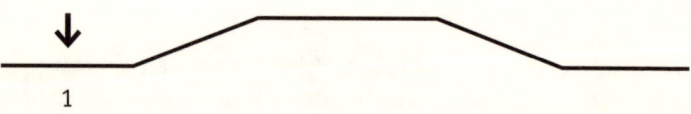

Vor allem, wenn das Mitarbeitergespräch zum ersten Mal durchgeführt
wird, sollte nach der Begrüßung zunächst der Kontext, in dem es stattfindet, angesprochen werden. Dann

- positives Gesprächsklima schaffen, um das anfänglich vielleicht vorhandene Eis zu brechen,
- Sinn, Bedeutung und Wichtigkeit des Gesprächs verdeutlichen (koope-

244

ratives Miteinander, Entwicklungsorientierung, Langzeitperspektiven etc.).

Nachdem Vorgesetzter und Mitarbeiter sich über Anlass und Bedeutung des Gesprächs ausgetauscht haben, sollte für einen angemessenen Rahmen gesorgt werden:

– Störquellen ausschalten,
– voraussichtliche Dauer des Gesprächs abklären (ca. 1–2 Stunden),
– die Protokollfrage besprechen: Warum ein Protokoll? (zum Beispiel Grundlage für das nächste Gespräch) In welcher Form? (zum Beispiel Gedächtnisprotokoll oder Mitschrift) Was geschieht damit – was nicht?

Eventuell kann der Vorgesetzte schon an dieser Stelle auf den Vorbereitungsbogen des Mitarbeiters eingehen, um sicherzustellen, dass dieser beim Mitarbeiter angekommen ist, sodass er sich angemessen vorbereiten konnte.

Die Gefahr in dieser Phase liegt darin, dass ein zu langer Vorspann (Warming-up) beim Mitarbeiter eine stresserhöhende Wirkung hat, dass ein zu vertraulicher Einstieg die Bedeutung des Gesprächs vernebelt oder der Einstieg zu förmlich und daher kalt oder unpersönlich wirkt.

2. Soll-Ist-Vergleich

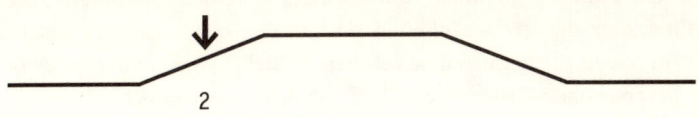

Vor allem dann, wenn das Mitarbeitergespräch zum ersten Mal stattfindet, sollte der Vorgesetzte als Einstieg die bisherige objektive Entwicklungsgeschichte (historischer Kontext) und die derzeitigen Aufgabenfelder zusammenfassend formulieren. Zum Beispiel: «*Sie sind nun seit …
Jahren bei uns. Damals sah Ihre Situation so aus …* (objektive Situation

und *persönliche Daten des Mitarbeiters). Inzwischen sieht es ....(Umstrukturierungen, Versetzungen und andere Veränderungsprozesse) so aus. Ihre jetzige Aufgabe besteht darin, dass Sie ... (jetzige Arbeitsplatzbeschreibung). Stimmt das so weit?*»

In dieser Phase soll dann ein Austausch stattfinden über

1. die Aufgabenschwerpunkte,
2. die Erreichung der Ziele,
3. die Beurteilung des Vorgesetzten und die Selbsteinschätzung des Mitarbeiters,
4. das Feedback an den Vorgesetzten.

Die Führungskraft beginnt damit, dass sie die Aufgabenschwerpunkte des Mitarbeiters für den Besprechungszeitraum beschreibt. Dabei soll sie sich nicht auf eine reine Bestandsaufnahme reduzieren, sondern auch ansprechen, *wie* die Aufgaben erledigt wurden und was der Mitarbeiter in den einzelnen Projekten erreicht oder nicht erreicht hat. Dieser sachliche Einstieg soll im Sinne einer kritischen Würdigung herausarbeiten, was der Beitrag des Mitarbeiters zum Gelingen (oder zum Misslingen) der Aufgaben war. Zum Beispiel: «*Durch Sie sind wir im Projekt X entscheidend vorangekommen und auch im Projekt Y einige wichtige Schritte weiter. Ihre Aufgabe bestand ja darin, dass Sie verantwortlich für ... waren. Die Art, wie sie die Aufgaben angepackt haben ...*» Wenn der Vorgesetzte dabei mit positiven Aspekten beginnt, schafft er die psychische Ausgangslage, in der kritische Punkte annehmbar und verkraftbar werden. Er kann dabei beachten, dass die jetzt geäußerten positiven Aussagen Stärken des Mitarbeiters und die negativen Schwächen darstellen, die bei den in Phase 4 zu besprechende Zielen (neue Aufgabenfelder, persönliche Ziele usw.) berücksichtigt werden könnten. Ist dies der Fall, so sollte er diese Punkte schriftlich festhalten, damit sie dann später zur Verfügung stehen. Erfahrungsgemäß werden solche Aspekte sonst durch den bis dahin stattfindenden Austausch überlagert und vergessen. Es kann auch sein, dass unklare Aufgabenstellungen oder nicht mehr aktuelle Stellenbeschreibungen zu Problemen führten, sodass schon jetzt schriftlich festgehalten werden kann, welche Maßnahmen daraus folgen sollten.

Danach findet der Austausch über die im letzten Gespräch vereinbarten Ziele und über den Grad der Zielerreichung statt. Auch hier geht die Führungskraft wieder in Vorleistung und formuliert zunächst ihre Einschätzung. Zum Beispiel.: «*Unsere vereinbarten Ziele waren A, B, C und D. Die Ziele A und B sind sehr gut erreicht worden. Bei B gab es den dreimonatigen Verzug, der sich durch die Umstrukturierung im Verkauf ergab. Da kann man Ihnen keinen Vorwurf machen. Beim Ziel C hätte ich jedoch zwei kritische Anmerkungen, nämlich...*» Danach kann der Mitarbeiter seine eigene Sichtweise darstellen. Die Führungskraft sollte sich auch hier nicht mit einer reinen Bestandsaufnahme begnügen, sondern Hintergrundforschung betreiben: Welche Gründe waren für das Erreichen (Lob) und für das Nicht-Erreichen (Kritik) ausschlaggebend? Was wurde getan, um bei absehbarem Nicht-Erreichen das Ziel dennoch zu erreichen? Weshalb blieben alle Bemühungen ohne Erfolg? Was bedeutet das für die Zukunft (zum Beispiel neue realistische Ziele, Umverteilung der Aufgaben, organisatorische Veränderungen)? Wichtige Punkte sollten auch hier wieder festgehalten werden, damit sie in Phase 4 und 5 zur Verfügung stehen.

Ging es bisher um das Was (*Was* für Aufgaben wurden erledigt, *was* für Ziele wurden erreicht?), kommt jetzt der dritte Schwerpunkt der Phase 3: das Wie (*Wie* wurden die Aufgaben erledigt, *wie* hat sich der Mitarbeiter im Beobachtungszeitraum verhalten?). Es geht jetzt um die Beurteilung des Mitarbeiters durch den Vorgesetzten und die Selbsteinschätzung des Mitarbeiters. Bevor damit begonnen wird, muss eine Entscheidung getroffen werden. Soll der Mitarbeiter mit seiner Rückschau beginnen oder soll zuerst der Vorgesetzte seine Sichtweise darlegen? Beides hat Vor- und Nachteile. Beginnt der Mitarbeiter, so kann er, ohne vom Vorgesetzten beeinflusst zu sein, frei reden. Der Nachteil liegt darin, dass er vielleicht verunsichert ist, ob nicht seine eigene Einschätzung womöglich der des Vorgesetzten völlig entgegengesetzt ist. Beginnt die Führungskraft, so kann sie damit das Klima des Gesprächs beeinflussen. Ihr Kooperationsvorschuss kann jedoch dazu führen, dass der Mitarbeiter nicht mehr frei und unbeeinflusst sprechen kann, sondern nur noch mit seinen Äußerungen auf die Sichtweise des Vorgesetzten (rebellisch, ausweichend, angepasst etc.) reagiert. Ich empfehle deshalb, dass zunächst beide miteinander die Vor- und Nachteile abwägen und sich einigen, welches Vorgehen für sie jetzt geeignet scheint.

Geht die Führungskraft in Vorleistung, so sollte sie sich nicht an die Reihenfolge der im Beurteilungsbogen angegebenen Schlüsselkriterien halten, sondern zunächst positive Aspekte würdigen und erst danach kritische Aspekte ansprechen. Bei jedem Aspekt sollte der Vorgesetzte die jeweilige Stellungnahme des Mitarbeiters abwarten und seine Sichtweise erfragen: «*Haben Sie Fragen? Wissen Sie, wovon ich spreche? Wie sehen Sie das? Wie stehen Sie dazu?*» Diese Überprüfung ist wichtig, da Selbstbild («Ich bin motiviert») und Fremdwahrnehmung («Sie wirken häufig unmotiviert») selten übereinstimmen und die Reaktion des Mitarbeiters ein explosives Gemisch aus Kränkung, Unverständnis, ungerechter Behandlung, Scham und Einsicht sein kann. Entspricht eine Beurteilung nicht den Mitarbeitererwartungen, so kann es zu Spannungen kommen. Die Führungskraft sollte ihre Beurteilung unbedingt mit Fakten belegen! Tut sie es nicht, so kommt es schnell dazu, dass zwei Menschen die «subjektive Bedeutungsgebung ihrer subjektiven Wahrnehmungsmuster» austauschen. Die Erklärung liegt darin, dass es im zwischenmenschlichen Bereich keine «objektive Wahrheit» gibt. Jeder Mensch konstruiert sich seine individuelle Wirklichkeit selbst. Daher ist Wahrnehmung (auch in einem gemeinsamen Kulturkreis) immer subjektiv. Der Konstruktivismus belegt, dass unsere individuelle Realitätskonstruktion in zwei Schritten verläuft: Im ersten Schritt nehmen wir Fakten wahr, die allgemein beobachtbar sind. Diese Fakten sind jedoch individuell gefiltert, da wir aus allen auf uns einwirkenden Signalen der Umwelt nur ganz bestimmte auswählen (selektive Wahrnehmung). Dies hat eine doppelte Funktion: Wir schützen uns so einerseits vor einer Überforderung durch die Informationsflut, und andererseits können wir so unseren Fokus auf die Fakten richten, die uns im Moment wichtig erscheinen. Unterschiedliche subjektive Filter führen jedoch zu einer unterschiedlichen Faktenauswahl.

Im zweiten Schritt geben wir den wahrgenommenen Fakten eine bestimmte Bedeutung. Die Bedeutungsgebung erfolgt subjektiv und ist abhängig von unseren bisher gemachten Erfahrungen, unserer aktuellen Stimmung, unseren Werten, Normen, Glaubensmustern, Vorurteilen etc.

Werden nur die subjektiven Bedeutungsgebungen ausgetauscht, findet man selten eine gemeinsame Basis. Die Führungskraft sollte deshalb ihre

Beurteilung immer mit konkreten Beobachtungen belegen können. Also nicht: «*Ich habe den Eindruck gewonnen, dass Sie ...*», sondern: «*Am 26. März habe ich beobachtet, dass Sie ... Dies Verhalten hat mich aufmerksam werden lassen. Im Mai, bei der Kundenbesprechung mit ..., ist mir erneut aufgefallen, dass Sie ... Deshalb komme ich zu der Einschätzung, dass Sie ...*»

Die Gefahr in dieser Gesprächsphase besteht darin, dass der Vorgesetzte bei seiner Beurteilung eine Generalabrechnung vornimmt oder in die Anklägerrolle rutscht, sodass der Mitarbeiter sich einem Tribunal ausgesetzt fühlt und in eine Verteidigungsposition gedrängt wird. Der Vorgesetzte sollte während des gesamten Gesprächs sein Interesse an der Sichtweise des Mitarbeiters aufrechterhalten und darauf achten, dass eine ausgewogene Balance der Redeanteile herrscht.

Beginnt der Mitarbeiter mit seiner Rückschau auf die Aufgaben und Ergebnisse der vergangenen Periode, so sollte die Führungskraft vor allem aktiv zuhören und bei Unverständnis nachfragen, was genau gemeint ist und wie es zu dieser Einschätzung kommt.

Danach kommt der letzte Aspekt dieser Phase des Mitarbeitergesprächs: Der Mitarbeiter gibt der Führungskraft eine Rückmeldung darüber, wie er die Zusammenarbeit mit der Führungskraft in der vergangenen Periode erlebt hat. Dies geschieht nicht zuletzt deshalb, weil zum Beurteilungsgespräch – im Sinn der kooperativen Führung – auch das Feedback von unten nach oben gehört.

Hilfe und Regeln für den Vorgesetzten zum Feedback des Mitarbeiters:

– Erbitten Sie von Ihrem Mitarbeiter Rückmeldungen bezogen auf Ihre Rolle und Funktion, auf beobachtbare Situationen und Ihr Führungsverhalten. Ermutigen Sie den Mitarbeiter, Positives und Kritisches offen zu benennen.
– Geben Sie sich nicht mit Höflichkeitsfloskeln und Pauschalurteilen zufrieden.
– Fragen Sie bei Unklarheit nach, damit Sie nachvollziehen können, was gemeint ist.
– Rechtfertigen Sie sich nicht, kommentieren Sie die Äußerungen nicht und bringen Sie keine Einwände, auch wenn die Rückmeldung nach Ihrer Meinung nicht zutrifft.

- Hören Sie Ihrem Mitarbeiter sorgfältig zu und versuchen Sie ganz zu erfassen, was er eigentlich meint.
- Akzeptieren Sie die Lernchancen, die in der Rückmeldung enthalten sind.
- Bedanken Sie sich zum Schluss und überprüfen Sie, ob der Mitarbeiter eine Reaktion erwartet. Sollte dieser den Wunsch nach Austausch über einen Punkt äußern, so findet dieser in Phase 3 des Mitarbeitergesprächs statt.

In der Gesprächsphase 2 sollte noch keine ins Detail gehende Ursachenforschung von Einzelaspekten erfolgen, denn die Aufgabe dieser Phase besteht darin,

- einen Überblick über die Gesamtbeurteilung des Mitarbeiters zu vermitteln,
- das Stärke-Schwäche-Profil in seiner Gesamtheit zu verdeutlichen und
- herauszuarbeiten, bei welchen Themen welcher Gesprächsbedarf besteht. Bei einigen Punkten wird man sich wahrscheinlich schnell einig sein, und bei anderen Aspekten wird deutlich, dass hier ein Austausch (Phase 3) stattfinden muss.

Die in der Phase 2 angesprochenen Themen verlangen jeweils eine entsprechende Haltung und Rolle des Vorgesetzten:

- Rolle der Führungskraft bei der Rückschau des Vorgesetzten auf die Aufgaben des Mitarbeiters, auf seine Ziele und Ergebnisse in der Vergangenheit: *verantwortungsvoller und respektvoller Beurteiler, der beobachtete und klare Rückmeldungen gibt.*
- Rolle der Führungskraft bei der Rückschau des Mitarbeiters auf seine Aufgaben, Ziele und Ergebnisse der Vergangenheit: *interessierter Zuhörer.*
- Rolle der Führungskraft beim Feedback des Mitarbeiters an ihn: *Lernender Feedback-Empfänger, der sich auch bei Kritik nicht plötzlich kühl distanziert.*

In der nächsten Phase hat die Führungskraft vor allem zwei Rollen: die des Vorgesetzten, der Firmeninteressen vertritt, und die des Coaches und Zuhörers, der an einer partnerschaftlichen Zusammenarbeit interessiert ist. Bevor die Gesprächspartner in die nächste Phase eintreten, sollte jedoch schon einmal festgehalten werden, bei welchen Aspekten Übereinstimmung und wo vertiefender Gesprächsbedarf besteht.

3. Ursachen- und Hintergrundserforschung

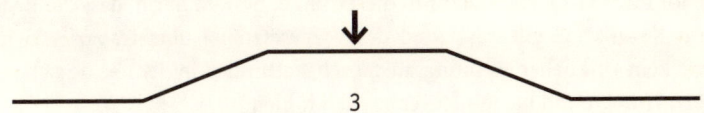

3

Nachdem der Gesamteindruck von Leistung, Verhalten und Zusammenarbeit verdeutlicht wurde, beginnt jetzt die Detailarbeit. In dieser Phase werden gemeinsam die Hintergründe für negative Zielabweichungen, Verhaltensmängel und nicht erfüllte Erwartungen ergründet. Dies folgt der Regel: Je größer die Abweichungen bei den Einschätzungen, desto wichtiger ist der jetzt beginnende Klärungsprozess und umso mehr Zeit muss für diese Phase veranschlagt werden.

Dabei sollte beachtet und unterschieden werden, ob die Ursache der Abweichungen

– im Bereich der Verhaltensmöglichkeiten des Mitarbeiters lag oder
– an den Arbeitsplatzbedingungen oder
– eventuell in der Abhängigkeit von Leistungen Dritter.

Die unterschiedlichen Auffassungen können jetzt erörtert werden. Damit es ein Austausch und eine gemeinsame Forschungsreise wird, muss der Vorgesetzte einerseits seine Wahrnehmung und seinen Standpunkt *begründend* vertreten. Bleibt der Vorgesetzte eine Antwort mit konkreten Hinweisen für seine Einschätzung schuldig, leidet die Akzeptanz seiner Bewertung. Der Mitarbeiter vermutet Willkür oder Vorurteile und rebelliert oder verschließt sich womöglich resignierend.

Andererseits muss der Vorgesetzte immer wieder vom Reden zum interessierten Zuhören umschalten (Haltung: «Ich würde Sie gern darin verstehen …»). Hier gilt es zu beachten, dass die Korrektur der eigenen Sichtweise nach einer Gegendarstellung des Mitarbeiters heutzutage keinen Autoritätsverlust mehr bedeutet. Die Führungskraft sollte sich immer wieder bewusst machen, dass es häufig weniger um objektive Wahrheiten als um subjektive Wahrnehmungen und Einstellungen geht. Begründete Aussagen des Mitarbeiters sollten festgehalten werden, sodass dieser das Gefühl bekommt, dass er in seiner Argumentation ernst genommen wird. Die Gefahr in dieser Phase besteht darin, dass die Regel «Im Konfliktfall gilt das Urteil des Vorgesetzten!» überstrapaziert wird und kein wirklicher Meinungsaustausch stattfindet, in dem beide sich äußern können und beide sich verstanden fühlen.

Zum Abschluss dieser Phase kann der Vorgesetzte noch einmal überprüfen, ob der Mitarbeiter vielleicht noch sonstige Punkte ansprechen will, die er bisher noch nicht anzusprechen gewagt hat. Dieses sich in bestimmten Abständen wiederholende Gespräch sollte die Gelegenheit bieten, sich alles von der Seele zu reden, was einen im Berufsalltag bedrückt und für das bisher keine Gelegenheit gefunden wurde. Gehaltsfragen sollten jedoch ausgeklammert werden.

4. Planung und neue Zielvereinbarungen

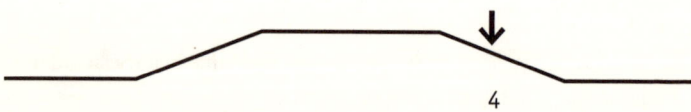

4

Ging es bisher um Rückschau, so geht jetzt der Blick in die Zukunft. In dieser Phase wird besprochen, was im Zeitraum bis zum nächsten Mitarbeitergespräch geschehen kann und soll. Zunächst informiert die Führungskraft den Mitarbeiter über mittel- bis langfristige Entwicklungsschwerpunkte des Unternehmens und des Arbeitsbereichs des Mitarbeiters.

Dann können Vorgesetzter und Mitarbeiter ihre jeweiligen Erwartungen und Vorstellungen über Veränderungen, Verbesserungsmöglichkeiten und Entwicklungsnotwendigkeiten äußern. Hier (natürlich auch in Phase 2 und 3) kann der Vorgesetzte betonen, wie wichtig es ist, dass der Mitarbeiter die Gelegenheit nutzt, sich über seine Arbeitsbedingungen kritisch zu äußern, und die Chance ergreift, seine Ziele und Zukunftsvorstellungen deutlich darzulegen.

Die neuen Zielvereinbarungen (insgesamt höchstens fünf Ziele) hinsichtlich

der **Aufgaben**: Das neue Produkt soll innerhalb von 4 Monaten auf dem Markt sein, und der Umsatz von Produkt XY wird bis zum Jahresende um 3% gesteigert,

der **Leistung**: Kundenaufträge sollen innerhalb von einem Tag bearbeitet werden, und der Kunde erhält nach zwei Tagen eine Antwort,

und des **Verhaltens**: Der Mitarbeiter besucht im nächsten Halbjahr ein Konflikttraining und arbeitet an der Erweiterung seiner Konfliktfähigkeit. Die Firma bezahlt das Training, und der Vorgesetzte gibt im Lauf des Jahres mindestens zweimal Rückmeldungen über den Stand der Entwicklung,

für den bevorstehenden Beobachtungszeitraum können jetzt abgestimmt und als gültig vereinbart werden.

Insgesamt sollte sich die Führungskraft gemeinsam mit dem Mitarbeiter bemühen, für die sich aus seiner Beobachtung und dem bisherigen Gespräch ergebenden Schwachstellen und Entwicklungsfelder ein Entwicklungsprogramm zur Verhaltensveränderung und Leistungssteigerung zu bauen. Vielleicht werden bisher nicht erreichte Ziele, nachdem die Hintergründe erforscht wurden, mit einem modifizierten Vorgehen weiterverfolgt, oder es werden neue Ziele besprochen.

Unterstützungsmaßnahmen wie Schulung, Aufgabenveränderung oder -erweiterung, Anleitungen, Hospitationen, Projektgruppenarbeit, Veränderung oder Vergrößerung des Verantwortungsbereichs etc. können passend zu den jeweiligen Zielvereinbarungen abgesprochen werden. Dabei sollte beachtet werden, dass die Ziele zeitlich und inhaltlich realisiert werden können. Dies dient der Enttäuschungs- und Frustrationsprophylaxe. Insgesamt ist darauf zu achten, dass der Mitarbeiter das «Zielbild» akzeptieren kann und motiviert ist, daran zu arbeiten. Deshalb sollten gemeinsam die Vor- und Nachteile der Zielerreichung besprochen und anschließend überprüft werden, ob der Mitarbeiter bereit ist, die Konsequenzen daraus zu tragen

Ein Problem in dieser Phase liegt manchmal darin, dass Mitarbeiter ihre Karriere- und Entwicklungswünsche konkret äußern, der Vorgesetzte jedoch keine Möglichkeiten besitzt, irgendwelche Versprechungen und konkreten Angebote zu machen. Vielleicht nimmt der Vorgesetzte jetzt eine innere Stimme bei sich wahr, welche sagt: «*Du kannst zwar nichts anbieten und keine Zusagen machen, aber du darfst diesen Mitarbeiter auch nicht demotivieren. Sorge trotzdem jetzt dafür, dass das Gespräch einen erfreulichen Ausgang nimmt! Am besten versuchst du ihn irgendwie durch nichts sagende Allgemeinplätze hinzuhalten oder durch beschwichtigende Worte zu vertrösten. Kommt Zeit, kommt Rat, und vielleicht ergibt sich ja in den nächsten Monaten irgendetwas, was du ihm zur Motivation anbieten kannst.*»

Die Gefahr dieser Strategie liegt darin, dass der Mitarbeiter den Braten riecht und sich das bisher offene Gespräch zu einem taktierenden Wortwechsel entwickelt, der nicht nur beide unbefriedigt lässt, sondern auch noch Missmut und Zweifel an der Ehrlichkeit des Vorgesetzten weckt.

Besser wäre es, Verständnis für die berechtigten Vorstellungen des Mitarbeiters zu zeigen und zugleich die realen Gegebenheiten, so wie sie sind, offen anzusprechen (Verständnis und Wahrheit schaffen Vertrauen!). Die reale Situation braucht ja nicht so formuliert zu werden, dass sie trostlos, düster und hoffnungslos klingt. Wenn der Mitarbeiter weiß (und meistens ahnt er es ja auch schon), wie die tatsächlichen Möglichkeiten aussehen, er außerdem noch dem Vorgesetzten glaubt, dass dieser ihn grundsätzlich schätzt und ihn in seiner Entwicklung unterstützen will, so ist dies zunächst einmal eine gute Basis. Kann der Mitarbeiter außerdem noch darauf vertrauen, dass sein Vorgesetzter seinen Entwicklungswunsch im Auge behält und bei passender Gelegenheit einen entsprechenden Vorschlag macht, so ist diese Ausgangslage tragfähiger als leere Versprechungen. Vielleicht hat der Vorgesetzte ja noch ein Trostpflaster in Reserve, welches er anbieten kann.

5. Abschlussphase

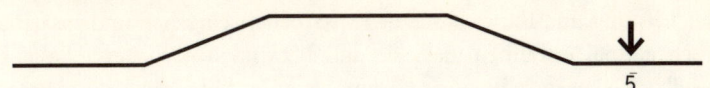

5

Aufgabe dieser Phase ist es, auch bei abweichender Einschätzung einzelner Leistungen einen Konsens über die Gesamtbeurteilung zu finden und das Gespräch abzuschließen.

Zunächst sollten die neuen Zielvereinbarungen und die darauf abgestimmten Unterstützungsmaßnahmen zusammengefasst werden. Anschließend können beide noch einmal über die Differenzen sprechen. Das Ziel sollte dabei sein, zu einer Übereinkunft zu kommen, die beide akzeptieren können.

Anschließend kann über eine zur Firmenkultur passende Form der schriftlichen Ergebnisdokumentation und über die jetzt folgenden Schritte gesprochen werden:

1. Der Vorgesetzte schreibt nach dem Gespräch die erreichten Vereinbarungen in das für das Unternehmen gültige Formular zum Mitarbeitergespräch.
2. Dieses Papier übersendet er dem Mitarbeiter.
3. Dieser kann Korrekturwünsche anmerken und sendet die von ihm abgesegnete Vereinbarung zurück.
4. Vorgesetzter, Mitarbeiter und die Personalabteilung (für die Personalakte) erhalten jeweils eine Kopie dieses Schriftstücks, in dem die Aufgabenschwerpunkte, die Zielerreichung, die Beurteilungen, die Zielvereinbarungen, die Fördermaßnahmen, das Gesamtbild und die Stellungnahme des Mitarbeiters aufgeführt sind. Der Vorvorgesetzte bekommt das Schreiben nur zur Kenntnisnahme und Abzeichnung.

Im Anhang auf S. 329f. findet sich das Muster eines Gesprächsprotokolls.

Zum Abschluss sollte die Führungskraft die Gesprächsaspekte hervorheben, die im Arbeitsalltag bisher nicht ans Licht kamen und nun zu

Impulsen für neue Sicht- und Herangehensweisen geführt haben. In einer Zusammenfassung kann sie vor allem noch einmal auf positive Aspekte der Leistung und Entwicklung des Mitarbeiters eingehen und zusätzlich noch einmal erwähnen, dass sie auf die vom Mitarbeiter erhaltenen Feedback-Aspekte achten wird. Dann kann der Mitarbeiter die Gelegenheit nutzen, eine Zusammenfassung des Gesprächs aus seiner Sicht zu geben. Vor allem wenn es zu Differenzen in der Beurteilung gekommen ist, können beide noch einmal überprüfen, ob das Gespräch bei einem von beiden einen bitteren Nachgeschmack hinterlassen hat. Diese Punkte sollten geklärt werden. Nach einer kurzen Würdigung des Gesprächsverlaufs und -ergebnisses verabschieden sich beide.

Nachreflexion

Ich empfehle eine Nachreflexion des Mitarbeitergesprächs. Hier kann der Vorgesetzte (und auch der Mitarbeiter) den Gesprächsverlauf beurteilen und sich fragen:

– War ich auf dieses Gespräch genügend vorbereitet und wie zufrieden bin ich mit dem Gesprächsverlauf?
– Welche «inneren Stimmen» von mir sind nicht zu Wort gekommen, obwohl ihr Beitrag wichtig gewesen wäre?
– Was hat mich gehindert, diesen Stimmen Ausdruck zu verleihen?
– Förderte das Gespräch unsere Kooperation und Zusammenarbeit?
– Ist es uns gelungen, die Arbeitssituation zu verdeutlichen und Zusammenhänge aufzuzeigen?
– Wirkte das Gespräch motivierend und hilft es uns, mit beiderseitigem Engagement weiterzuarbeiten?

Mitarbeitergespräche können einen nachhaltigen Eindruck beim Mitarbeiter hinterlassen, vor allem wenn Selbstbild und Beurteilung stark voneinander abweichen. Erlebt der Mitarbeiter das Gespräch als positiv, so kann sich seine Motivation verstärken. Eine unerwartet negative Beurteilung dagegen führt häufig zur Frustration («*Der meckert ja an allem herum.*»). Deshalb sollte die Führungskraft nach dem Beurteilungsgespräch darauf achten, ob vereinbarte Ziele auch umgesetzt werden und wie der Mitarbeiter in der Folgezeit auf ihn wirkt. Wirkt er verschlossen und entmutigt, sollte die Führungskraft ihre Art der Beurteilung hinterfragen und gegebenenfalls mit dem Mitarbeiter ein klärendes Gespräch führen. Ansonsten kann der Vorgesetzte durch ständige Rückmeldungen und Zwischendurch-Gespräche seinem Mitarbeiter zeigen, dass er Interesse an dessen Arbeit und Verbesserungsbemühungen hat und dass dieser von ihm geführt wird.

2.6 Teambesprechungen

Ging es bisher um den idealtypischen Ablauf in 4-Augen-Gesprächen, so finden im modernen Berufsleben viele Gesprächssituationen in Gruppen und Teams statt. Viele Menschen leiden und klagen über die unproduktive und langweilige Art, wie Sitzungen, Abteilungstreffen, Konferenzen oder Klausuren abgehalten werden. Sie sehen vielleicht den Sinn des Treffens ein, ihre Motivation wird jedoch von ungeklärtem Situationsverständnis, langatmigen Vielrednern und eitlen Selbstdarstellungen auf eine harte Probe gestellt. Endlose Diskussionen zermürben, und unprofessionelle Moderation führt zu Bandwurmsitzungen, in denen sich das Gefühl einschleicht, hier doch nur Zeit abzusitzen.

Eine Besprechung kann ein bis zwei Stunden dauern, einen ganzen Tag oder sogar mehrere Tage. Dieser Prozess muss so geplant werden, dass alle wissen, um was es inhaltlich geht, was das Ziel ist und was deshalb ihr Beitrag bei dem jeweiligen Thema sein soll, sodass am Ende das Ergebnis für alle transparent und eindeutig ist. Wenn mehr als zwei Menschen zusammenkommen, ergibt sich eine zwischenmenschliche Dynamik – auch als Forming-, Storming-, Norming- und Performing-Phasen bekannt (siehe Stahl, 2002) –, die sich, wenn sie nicht gut geleitet wird, zu einer heillosen Gruppendynamik entwickeln kann, unter der nicht nur das Thema, sondern auch die anwesenden Menschen leiden. Moderation bedeutet deshalb auch, die psychischen und die thematisch-inhaltlichen Prozesse so aufeinander abzustimmen, dass sie sich nicht gegenseitig behindern. Damit sich außerdem nicht jeder im Vorfeld für die angemessenen Rahmenbedingungen und während der Besprechung für die Einhaltung der Zeit oder für die richtige Reihenfolge der Redebeiträge verantwortlich fühlen muss, braucht es einen Moderator. Es gibt also viele

Gründe für eine Moderation, und der Verantwortliche hat einiges zu leisten.

Häufig moderiert der Vorgesetzte eine Besprechung selbst. Dies mag in bestimmten Situationen auch angemessen und richtig sein. Der Vorgesetzte sollte sich jedoch bewusst machen, dass er in einer Doppelrolle auftritt. Auf der einen Seite ist er Vorgesetzter mit Eigeninteressen und persönlichen Standpunkten in den Sachdiskussionen; auf der anderen Seite ist er neutraler Moderator, der für den Prozess verantwortlich ist. Beide Rollen bedingen unterschiedliche Haltungen und Verhaltensweisen, die sich teilweise widersprechen können. Ich habe häufig gehört, dass der Vorgesetzte den Eindruck hat, den flexiblen Rollenwechsel problemlos zu schaffen, die Mitarbeiter beklagen jedoch, dass zum Schluss immer das Ergebnis herauskommt, das der Chef vorher schon als Zielvorstellung im Auge hatte. Sie fühlen sich manipuliert oder sind einfach unzufrieden mit dem Ablauf ihrer Besprechungen.

Ich empfehle, dass der Stellvertreter oder jemand, der möglichst keine eigenen Interessen mit dem Thema verbindet, oder eine Vertrauensperson aller die Leitung der Sitzung übernimmt. Bei regelmäßigen Arbeitstreffen kann die Moderation auch wechseln nach dem Motto: Jeder, der will, kommt dran! Die dazu motivierten Mitarbeiter brauchen manchmal nur eine kleine Moderationseinführung und ein wenig Übung, um sich dieser Aufgabe gewachsen zu fühlen. Delegiert die Führungskraft die Leitung der Sitzung, so bleibt sie immer noch in der Rolle des Vorgesetzten und verliert nicht die mit ihrer Position verknüpfte Macht und Autorität. Sie gibt als Vorgesetzter die Leitung der Sitzung (hier: Koordinationsfunktion) ab, verliert jedoch nicht die Rolle der Führungskraft (z. B.: Entscheidungsfunktion). Übernimmt ein Mitarbeiter die Rolle des Moderators, der den roten Faden im Auge behält und sich für den Ablauf der Sitzung zuständig fühlt, sollte die Führungskraft sich bezüglich der Moderation zurückhalten, da sonst eine unfruchtbare Konkurrenz um die Moderationsleitung entstehen kann.

Der Vorteil dieses Vorgehens liegt neben einer Veränderung der Besprechungskultur auch darin, dass sie einem modernen Führungsverständnis entspricht. Wenn wir nicht mehr von einem Bild der Führer und Geführten, von Obrigkeit und Untertan, ausgehen wollen und nicht mehr trotz «Kooperativer Führung» im Mund, die Kategorien der Hierarchie (geführt wird von oben nach unten) im Hinterkopf haben, so können wir beginnen, Macht und Verantwortung zu delegieren. In einem sozialen System mit mündigen Menschen kann auf unterschiedliche Arten und in viele Richtungen geführt werden. Ein Mosaiksteinchen dieses Kooperationsverständnisses könnte die Delegation der Moderation sein.

Der Moderator hat eine doppelte Aufgabe zu bewältigen. Auf der einen Seite muss er die Zügel fest in der Hand halten und für Ordnung und Struktur sorgen. Das gelingt am besten, wenn er bereits zu Beginn der Sitzung eine klare Vorstellung vom Ziel der Sitzung hat. Er muss wissen, wie er in das Thema einführen will, wen er wann zu Wort kommen lässt und wie er auf mögliche zwischenmenschliche Störungen reagieren wird. Bei Themenvielfalt, Gedankenflut und Reaktionsreichtum ist es seine Aufgabe, ein Minimum an Übersichtlichkeit zu garantieren. Auf der anderen Seite muss der Moderator die Zügel auch locker lassen können, um Raum für einen lebendigen Prozess zu lassen, denn Kommunikation und Kreativität leben vom freien Spiel der Kräfte.

Vorbereitung

Organisatorisch (falls der Moderator auch der einladende Gastgeber ist):

- Für Absprache und Festlegung eines Termins sorgen.
- Für einen angemessenen Besprechungsraum mit der nötigen Technik und Ausstattung sorgen.
- Die Teilnehmer einladen, sodass alle Beteiligten rechtzeitig über Ort, Zeit, Inhalt und Ziel informiert sind und dass sie sich gemäß ihrer Rolle und Aufgabe auf das Gespräch vorbereiten können.

Zur **inhaltlichen** Vorbereitung kann sich der Moderator das Kommunikationsquadrat zu Hilfe nehmen und sich fragen:

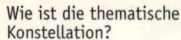
Wie ist die thematische
Konstellation?

Meine Rollen und
inneren Teammitglieder

Wo ist das Ziel?

Wie ist die zwischen-
menschliche Konstellation?

Das Kommunikationsquadrat zur Vorbereitung einer Teambesprechung

Gemäß dem Motto «Gehe als Moderator niemals in eine Situation ohne Strukturidee (um dann für den Prozess offen zu sein)!» sollte er sich deshalb im Vorfeld klar werden:

Thematisch:
– Welche Themen und TOPs sollen besprochen werden? (Themensammlung und Aufstellung der Tagesordnungspunkte)
– Gibt es offene Punkte aus der letzten Besprechung, die jetzt aktuell sind?
– Wie viel Zeit wird für die einzelnen Tagesordnungspunkte wahrscheinlich benötigt, und wie viel Zeit braucht deshalb die Besprechung insgesamt? Hier kann die 60:20:20-Regel hilfreich sein:
  • 60% der Zeit für Themenbesprechung, Informationsaustausch, Stellungnahme der Teilnehmer, Diskussion, Entscheidungsfindung etc.
  • 20% für nicht vorhersehbare, aber aktuell bedeutsame Themen.
  • 20% für soziale Aktivitäten und unbürokratischen Austausch (zum Beispiel Eröffnungsrunde, Pausen, offizielle Abschlussphase für Zweier- oder Dreier-Kontakte, bei denen Themen besprochen werden können, die nicht das ganze Plenum betreffen).
– Welches Vorgehen ist bei den einzelnen Themen angemessen?
– Erstellung eines «Readers», damit jeder Anwesende die wichtigsten Papiere während der Besprechung vor sich liegen hat.

260

Rollen und innere Ausgangslage:
– Habe ich eigene Interessen und möchte oder muss ich bei einigen Themen meinen eigenen Standpunkt vertreten?
– Muss ich deshalb grundsätzlich oder nur für bestimmte Themen die Moderationsrolle an einen anderen übergeben?
– Wer könnte das sein?
– Welche innere Mannschaftsaufstellung muss ich als Moderator bei diesen Themen und diesen Gesprächspartnern mitbringen?

Zwischenmenschliche Konstellation:
– Wer soll aus welchem Grund beteiligt sein?
– Wer braucht vorher welche Informationen?
– Welcher Thementräger sollte bis zu welchem Termin die für die Besprechung nötigen Unterlagen wo einreichen? (Informationspapiere, Folienkopien, Gesetzestexte, Anschauungsmaterial etc.)
– Wer sollte welchen Aspekt thematisch eröffnen?
– Wer führt Protokoll?
– Muss ich mir Gedanken über die Sitzordnung machen?

Ziele:
– Was ist der Grund dieses Treffens? Welche Funktion soll es haben und welches Ziel ist damit verbunden?
– Geht es um Information oder soll ein Meinungsbild erstellt werden? Soll eine Diskussion stattfinden und muss anschließend eine Entscheidung gefällt werden, die klar festlegt, wer was mit wem bis wann macht?

Diese Fragen sollten vor allem dann vorher geklärt und in der 1. Gesprächsphase offen gelegt sein, wenn zu erwarten ist, dass ihr plötzliches Auftauchen von den Beteiligten als unliebsame Überraschung oder taktischer Überfall erlebt werden könnte.

Die Teambesprechung selbst gliedert sich wieder in fünf Phasen:
1. Kontakt- und Situationsklärung
2. Themenfindung
3. Themenbesprechung
4. Gemeinsame Lösungssuche
5. Abschlussphase

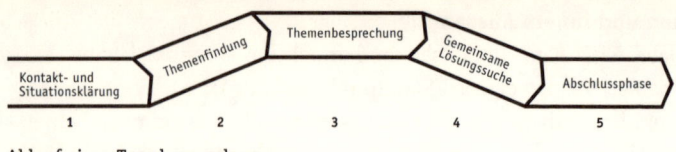

Ablauf einer Teambesprechung

1. Kontakt- und Situationsklärung

Aufgabe und Ziel dieser Phase ist es, die «Wahrheit der Situation» (Schulz von Thun, 1998) zu verdeutlichen *(Warum sitzen wir … heute zu diesem Thema … mit folgenden Zielen … hier zusammen?)* und ein kooperatives Arbeitsbündnis herzustellen. Die Schritte im Einzelnen:

Begrüßung durch den Einladenden.

Sinn- und Zielklärung: Nachdem der Anlass und die Hintergründe offen gelegt wurden (Worum geht es? Wie und warum kam das Treffen zustande? Welche Absprachen, Verhandlungen und Entscheidungen haben im Vorfeld stattgefunden?), kann abgeklärt werden, ob alle Beteiligten der Begegnung denselben Sinn beimessen und das gleiche Ziel verfolgen.

Im nächsten Schritt geht es um **die zwischenmenschliche Konstellation**: Wer ist aus welchem Grund, in welcher Rolle und Funktion, mit welchem Interesse und in wessen Auftrag anwesend? (zum Beispiel zuständig, verantwortlich, Beratungsfunktion, da fachkompetent, von möglichen Auswirkungen betroffen, reines Interesse etc.)

Ausgangslage erkunden: Überprüfen (eventuell durch eine Anfangsrunde), ob es innere und äußere Hindernisse gibt, die es vereiteln, dass man sich auf die Themen und den Prozess einlässt, in welcher Stimmung oder Haltung die einzelnen Teilnehmer anwesend sind und was sie zurzeit beschäftigt. Dies hat hauptsächlich eine psychologische Funktion. Zum einen kann derjenige, dem eine Laus über die Leber gelaufen ist oder der

262

unter Druck, Stress oder anderen psychischen Belastungen steht, dies einmal loswerden und sich vielleicht dadurch für die anstehenden Themen frei machen. Zum anderen informieren sich die Anwesenden so gegenseitig über ihre Ausgangslage, sodass ein späterer Wortbeitrag nicht in den falschen Hals gerät oder mit dem falschen Ohr aufgenommen wird.

Rollenklärung: Welche spezifischen Aufgaben (Moderationsrolle kurz absichern lassen, Protokoll etc.) sollen von wem übernommen werden? Müssen wir noch etwas organisieren oder abklären, bevor wir anfangen?

2. Themenfindung

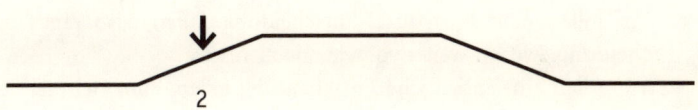

2

Aufgabe und Ziel dieser Phase ist die Situationsplanung und die Erarbeitung eines gemeinsamen thematischen Rahmens (Tagesordnung). Auf die Moderation kommen folgende Aufgaben zu:

1. Abklären: Wer braucht welche Informationen, um hier inhaltlich arbeitsfähig zu sein?
2. Das Wie besprechen: Spielregeln verabreden und absegnen lassen (zum Beispiel ausreden lassen und Handys ausschalten). Die Regel «Störungen haben Vorrang» sollte berücksichtigt, aber nicht überstrapaziert werden. Diese Regel besagt, dass Störungen (zum Beispiel die Luft ist verbraucht, Pausenbedürfnisse etc.) Realitäten sind. Je nach Intensität der Störung nimmt die Aufmerksamkeit der Beteiligten ab. Deshalb sollte der Moderator sie bei Bedarf ansprechen und einen Weg vorschlagen (oder diskutieren lassen), wie damit umgegangen werden kann.
3. Themenfindung: Sie sollten visualisiert oder mit farbigen Karten veranschaulicht werden, damit alle einen Gesamtüberblick bekommen und jederzeit erkennbar ist, welche Themen schon besprochen sind, welches Thema gerade dran ist und welche Themen noch offen sind.

4. Einigung über Themen herbeiführen.
5. Das Ziel bei jedem einzelnen Thema abklären: Was soll hier heute geschehen? Zum Beispiel:
   - Wir sollen informiert werden, damit wir die neuen Informationen berücksichtigen.
   - Wir sollen informiert werden, und jeder soll seine Resonanz formulieren, zum Beispiel Beifall, Missmut, Bedenken.
   - Wir sollen ein Brainstorming machen, zum Beispiel um das Thema aufzufächern und das Spektrum zu vergrößern.
   - Wir sollen diskutieren, zum Beispiel um das Thema zu differenzieren oder eine Meinungsfindung zu ermöglichen.
   - Wir sollen ein Meinungsbild erstellen, zum Beispiel um Tendenzen zu verdeutlichen.
   - Wir sollen eine Prozedural-Entscheidung fällen, also eine Entscheidung, wie wir weiter vorgehen wollen.
   - Wir sollen eine inhaltliche Entscheidung fällen, zum Beispiel entscheiden, ob wir Produkt X oder Produkt Y in unser Sortiment aufnehmen.
6. Auf dieser Grundlage soll ein Zeitbudget für die einzelnen Themen und damit eine Gesamt-Zeitplanung festgelegt und dokumentiert werden.
7. Die Reihenfolge der Themen soll festgelegt werden, je nach ihrer Bedeutung. Hier empfiehlt sich, vom Wichtigen zum Unwichtigen fortzuschreiten.
8. Gewähltes Thema zum roten Faden machen.

Eine «Überrumpelungsstrategie», die gegen Ende neue Themen aus dem Hut zaubert, sollte vermieden werden. Sie schafft nur Spannungen und Unzufriedenheit.

Handelt es sich bei dem Treffen um eine Problembearbeitung, so steht zu Beginn die Problemdefinition. Dabei kommt es auf eine genaue Formulierung an. «Informationsfluss» wäre beispielsweise keine Problemdefinition. Dagegen macht die Formulierung «Der Informationsfluss zwischen der Abteilung X und Y stockt, da Abteilung Y die benötigten Informationen zu spät zur Erledigung ihrer Aufgaben bekommt» deutlich, von welchem Problem die Rede ist.

3. Themenbesprechung

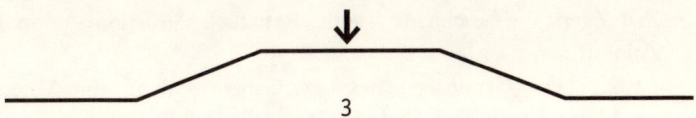

3

Aufgabe und Ziel dieser Phase ist es, die richtigen Themen in der richtigen Reihenfolge mit dem richtigen Ziel in der richtigen Zeit anzubieten, damit Dialog und inhaltliche Auseinandersetzung über die Themen stattfinden können. Die Moderation hat hier die Aufgaben:

– Bei jedem Thema muss sie die Startfrage formulieren, den vereinbarten Zeitrahmen für dieses Thema ins Bewusstsein rufen, das Ziel klären (oder noch einmal benennen) und dem «Themen-Spender» oder Verantwortlichen das Wort übergeben: «*Jetzt geht es um die Marktveränderungen in den letzten 6 Monaten und wie wir uns darauf einstellen wollen. Wir haben dafür eineinhalb Stunden Zeit. Heute müssen wir einen Aktionsplan entwickeln, den wir dann in zwei Wochen mit unseren Verbundpartnern absprechen müssen. Herr Meier, können Sie uns zunächst einmal darüber informieren, wie genau sich der Markt, also sowohl die Kunden als auch die Mitbewerber, zurzeit verhält.*»
Handelt es sich um eine Problembearbeitung (im Gegensatz zu einem Aktionsplan), so könnte die Einleitung lauten: «*Es geht um folgendes Problem ... Es kam dazu, weil ... Das Problem stellt sich heute im Einzelnen folgendermaßen dar ... Das hat Auswirkungen auf ... und wird in Zukunft Auswirkungen auf ... haben. Heute müssen wir besprechen ... damit ... erreicht wird. Das Ziel ist also ...*»
Es reicht also nicht, wenn das Thema nur benannt wird. Das jeweilige Thema soll so eingeführt werden, dass zum Mitdenken und Mitfühlen eingeladen und angestiftet wird. Dies geschieht am besten dadurch, dass man sich zunächst die Gesamtaspekte (Geschichte, aktuelle Situation, thematisch/struktureller Gesamtzusammenhang) des Themas bewusst macht, um erst dann in die Details zu gehen.

– Bei jedem Tagesordnungspunkt müssen die Aspektstruktur des Themas und das entsprechende «richtige» Vorgehen beachtet werden. Zum Beispiel:
  - *Zeit:* Zuerst die Geschichte – dann die aktuelle Situation – dann die Zukunft.
  - *Logik:* Zuerst Grundsätzliches (das Ganze) – dann eine Vorentscheidung – dann die Details mit Einzelentscheidungen.
  - *Prozess:* Erst die Bedingungsgefüge des Themas – dann jeder aus seiner persönlichen Sicht – dann Diskussion – dann Abstimmung und Entscheidung.
– Die Moderation muss die Folgerichtigkeit der Gesprächsbeiträge beachten: Wer sollte wann was sagen und anschließend an wen das Staffelholz weitergeben? Insgesamt dafür sorgen, dass zu jedem Thema alle wesentlichen Meinungen und Beiträge von allen Anwesenden geäußert werden, sodass keine wichtigen Informationen oder Ideen verloren gehen.
– Sie muss beim jeweiligen Thema alle wesentlichen Meinungen und Beiträge aller Beteiligten zu allen Aspekten auf allen vier Seiten des Kommunikationsmodells einholen, überschaubar machen und gegebenenfalls zueinander in Beziehung setzen.
– Der Moderator muss eher aufnehmen, zuhören und durch Fragen steuern als selbst Standpunkte vertreten. Ist er bei einem Thema selbst engagiert und möchte seinen Standpunkt äußern, so muss er dafür sorgen, dass allen bewusst ist, wann er seine Moderationsrolle verlässt und wann er wieder in diese zurückwechselt. Je nach Länge seines Redebeitrags kann er jemand anderen bitten, die Moderationsrolle für diese Phase zu übernehmen. In die Rolle zurückgekehrt, kann er dann wieder andere zu Beiträgen ermutigen und die Strukturzügel in die Hände nehmen.
– Der Moderator sorgt für eine sachlich-entspannte Atmosphäre und ein förderliches Klima, in dem mit Klarheit gesprochen und mit Interesse einander zugehört wird. Dazu kann der Moderator
  - die Sachdiskussion anregen und den Austausch von Argumenten und Ideen unterstützen: «*Vielen Dank für die Beschreibung der aktuellen Situation, Herr Mayer. Ich schlage vor, dass zunächst einmal Herr Klein und Frau Schramp als Betroffene ihre Reaktion mitteilen*

und wir uns dann eine halbe Stunde Zeit nehmen, das Thema zu diskutieren. Wir müssen heute einen Vorschlag für den Vorstand erarbeiten. Dafür hätten wir dann noch 15 Minuten Zeit. Aber zunächst einmal Herr Klein oder Frau Schramp.»

- unterschiedliche Meinungen ermöglichen, anfragen und einfordern: «Herr Klein, Sie reagieren bisher sehr zurückhaltend. Vielleicht sagen Sie uns mal, was Ihre Meinung zu dem Thema ist und was Sie daran hindert, hier aktiver mitzumachen?»

- Diskussionsbeiträge würdigen und dafür sorgen, dass jeder seine subjektive Meinung vorbringen kann: «Ich möchte noch einmal in Erinnerung rufen, was Frau Schramp eben gesagt hat. Ich hatte aber auch den Eindruck, dass Sie, Frau Schramp, noch gar nicht zu Ende geredet hatten und Ihr Punkt in der heftigen Diskussion untergegangen ist. Stimmt das?»

- bei Bedarf Zwischenergebnisse formulieren, den aktuellen Tenor oder die Tendenz der Diskussion beschreiben und visualisieren: «Ich möchte einmal formulieren, wo wir zurzeit stehen. Folgende Argumente stehen im Raum … Gibt es noch ganz andere Meinungen und Standpunkte?»

- Bloßstellungen verhindern, Beleidigungen nicht durchgehen lassen und verletzende Angreifer in die Pflicht nehmen: «Herr Müller, Ihre Äußerung ist ein persönlicher Angriff und für Frau Litfus verletzend. Ich möchte Sie bitten, entweder solche verletzenden Äußerungen zu unterlassen oder deutlich zu machen, welchen Vorwurf genau Sie Frau Litfus machen. Wir können dann entscheiden, ob wir den Konflikt hier besprechen oder ob Sie dies zu einem anderen Zeitpunkt mit Frau Litfus klären. Wäre Ihnen dieses Vorgehen recht?»

- Gespräche am Rande, wenn sie überhand nehmen und stören, unterbinden: «Ich möchte einmal unterbrechen. Im Moment hat Herr Ruffus nicht die Aufmerksamkeit aller. Ist das, was Sie, Herr Klein und Herr Mayer, gerade besprechen, für alle wichtig, dann wäre es gut, wenn Sie es ins Plenum tragen. Ansonsten möchte ich Sie bitten, Ihr Thema zur Seite zu legen. Wir haben ja später noch eine dyadische Phase, in der alle Themen erörtert werden können, die besser zu zweit besprochen werden sollten.»

- bei unklaren oder weitschweifigen Äußerungen zusammenfassen und eine verständliche Formulierung anbieten, welche die Aussage auf den Punkt bringt: «*Wenn ich Sie richtig verstehe, dann sagen Sie ... Stimmt das?*»

- Andersdenkende und Kritiker ermutigen, indem der Moderator heikle Meinungen exemplarisch formuliert und manchmal (tabubrechende) Ansichten, die bisher nicht angesprochen wurden, offenbar aber im Raum schweben, formuliert und anschließend überprüft, ob daran irgendetwas Wahres ist: «*Bisher verlief die Diskussion so, dass sich scheinbar alle darin einig sind, dass ... Ich könnte mir allerdings auch vorstellen, dass hier einige der Anwesenden der Ansicht sind, dass wir ... machen könnten. Das wäre zwar für uns sehr ungewöhnlich, aber denkbar. Sind solche Gedanken im Raum?*»

- bei Konflikten vermitteln, in dem er selber aktiv zuhört, die Interessen hinter den Standpunkten formuliert, die Beteiligten zum gegenseitigen Zuhören ermutigt oder den positiven Kern in einer Übertreibung oder negativen Formulierung aufdeckt: «*Bei Ihnen, Herr Klein und Herr Schlau, prallen jetzt die unterschiedlichen Ansichten aufeinander. Wenn ich Sie, Herr Klein, richtig verstehe, legen Sie Ihren Schwerpunkt darauf, dass Sie ... vertreten. Wenn das so stimmt, könnten Sie noch einmal genau erklären, welches Interesse Sie damit verbinden und was der Hintergrund Ihres Standpunktes ist? Anschließend könnte Herr Schlau seine Gründe einmal offen legen, und wir könnten herausarbeiten, wo die Unterschiede und die Gemeinsamkeiten liegen. Sind Sie einverstanden?*»

- als Anwalt für die vereinbarten Gesprächsregeln auftreten: «*Ich möchte alle Anwesenden noch einmal an die vereinbarten Gesprächsregeln erinnern. Im Moment droht, dass wir uns nicht mehr aussprechen lassen und nicht mehr wirklich verstehen, was der andere meint, wenn er etwas sagt.*»

- den roten Faden im Auge behalten: «*Sie haben das Thema verändert ... Wollen Sie das?*»

- den Gesamtüberblick behalten: «*Ich muss an dieser Stelle einmal unterbrechen. Wenn wir den Zeitplan einhalten wollen (oder um die Konzentration zu gewährleisten), sollten wir jetzt ... Sind Sie damit einverstanden?*»

4. Gemeinsame Lösungssuche

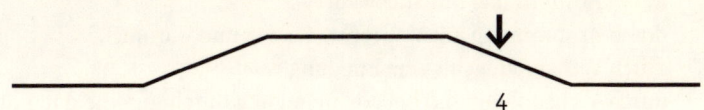

4

Aufgabe und Ziel dieser Phase ist es, zu bilanzieren, integrieren, Beschlüsse nach dem richtigen Modus zu fassen und Ergebnisse zu sichern.

Wenn alles Wichtige gesagt ist und keine neuen Gesichtspunkte und Einsichten zutage gefördert werden, kann der Moderator die inhaltliche Auseinandersetzung zum aktuellen Thema beenden und eine neue Phase einleiten. Er kann jetzt

- den konsensuellen Tenor auf den Punkt bringen, indem er Ergebnisse und unterschiedliche Standpunkte zusammenfasst, einordnet, strukturiert, miteinander in Beziehung setzt und die Zusammenfassung absegnen lässt. (Hier besteht die Gefahr, dass der Moderator so lenkend zusammenfasst, dass *seine* Meinung als gemeinsamer Beschluss erscheint!)
- unterschiedliche Meinungen und Grundkonflikte identifizieren und definieren,
- die Ergebnisse der Aussprache in entsprechende Handlungen umsetzen. Durch die Frage: «*Wie soll es in Zukunft sein?*» kann zunächst einmal ohne die Schwierigkeit der Lösungsschritte über Vorstellungen gesprochen werden, wie es in Zukunft wünschenswert wäre.
- Der Moderator kann angebotene Entscheidungen, Absichten, konkrete Maßnahmen und Lösungsmöglichkeiten aufgreifen. Manchmal gehen dabei Zieldefinition und Maßnahmenplanung pragmatisch ineinander über. Dies ist so lange unproblematisch, wie es die Kreativität bei der Zielbeschreibung nicht unangemessen beschränkt.
- Bei Entscheidungsbedarf kann er dafür sorgen, dass allen deutlich ist, nach welchem Modus die Entscheidung gefällt werden soll:
  • durch Abstimmung, und zwar einstimmig,

- durch Abstimmung mit absoluter Mehrheit,
- durch Abstimmung mit einfacher Mehrheit,
- durch Abstimmung mit Stichwahl,
- durch Abstimmung mit Vetorecht (wessen und warum?),
- durch Verhandlung, bis eine Einigung entsteht,
- durch Verhandlung und bei Nichteinigung durch Entscheidung des hierarchisch Höchsten etc.

– Er kann verbindliche Vereinbarungen sicherstellen und Verantwortung abklären. Die leitende Fragestellung lautet: Wer wird initiativ und ist für was bis wann verantwortlich, damit was wann wo von wem getan wird?
Zusätzliche Fragen können sein:
  - Woran kann der Vollzug unserer Vereinbarungen gemessen werden?
  - Was geschieht wie, wenn das Beschlossene nicht eingehalten wird?

Zwischen Phase 3 und Phase 4 besteht insofern ein enger Zusammenhang, als bei jedem Einzelthema der Besprechung zwischen beiden Phasen gewechselt wird. Der Moderator muss dabei vor einem Themenwechsel den Stand der Diskussion zusammenfassen, absegnen lassen und überprüfen, was davon wie protokolliert werden soll. Handelt es sich bei der Besprechung um ein komplexes Thema mit verschiedenen Unteraspekten, so sollte der Moderator durch die Verfolgung des roten Fadens den Ablauf so steuern, dass Zwischenergebnisse deutlich werden. Auch hier hilft die Visualisierung.

5. Abschlussphase

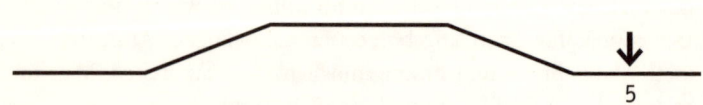

5

Aufgabe und Ziel dieser Phase sind Zukunftsblick und Abschluss.

– Sachliche Ebene: «*Was wurde erreicht und was ist noch offen?*»
  «*Wie geht es weiter und wie wollen wir verbleiben?*» (inhaltlich und
  zeitlich)
– Beziehungsebene: «*Wie haben Sie die Zusammenarbeit erlebt?*» «*Was
  fanden Sie am Verlauf der Besprechung gut und was schlecht?*»
  • Dieser Aspekt mag manchem aufgesetzt und zu psychologisch er-
    scheinen. Dafür spricht jedoch, dass viele Mitarbeiter hinter vor-
    gehaltener Hand negativ über ihre Besprechungen reden, weil sie
    bisher keine Gelegenheit fanden, kritisch ihre Veränderungswünsche
    zur Besprechungskultur einzubringen.
– Dank und Würdigung des Einladenden
– Abschied

Ein erfahrener Moderator hat vor allem einen gut entwickelten Spürsinn
für die Situation, was die Situationslogik und zwischenmenschliche Konstellation gerade verlangt. Um den Prozess effektiv zu gestalten, braucht er
neben einem gut sortierten Handwerks- und Pannenwerkzeug ein gut
sortiertes Inneres Team. Entsprechend den unterschiedlichen Anforderungen der fünf Phasen muss er sowohl alle nötigen inneren Teammitglieder beisammenhaben (personale Bandbreite) als auch einen feinen
Seismographen dafür besitzen, wann welches innere Teammitglied gebraucht wird (flexible Umstellungsfähigkeit). Ein Teammitglied, das eben
noch goldrichtig war, kann wenige Momente später zur inneren Fehlbesetzung führen.
Der Moderator braucht in seiner Stammmannschaft einen «wert-
schätzenden, zu Beiträgen einladenden Moderator», der die Zügel nur locker in der Hand hält – aber auch einen «dominierenden Machthaber»,
der zur Not die Zügel fest in die Hand nimmt und mit ordnender Kraft
über das Geschehen wacht.
Er braucht einen «aufnehmenden Zuhörer», der aktiv zuhören, zusammenfassen und auf den Punkt kommen kann – aber auch einen
«Wächter der Disziplin», welcher bei Entgleisungen und Verletzungen
wieder für Ruhe und Sachlichkeit sorgt.
Er braucht einen «freundlichen Gastgeber», der eine gemeinschafts-

Die innere Mannschaftsaufstellung des Moderators

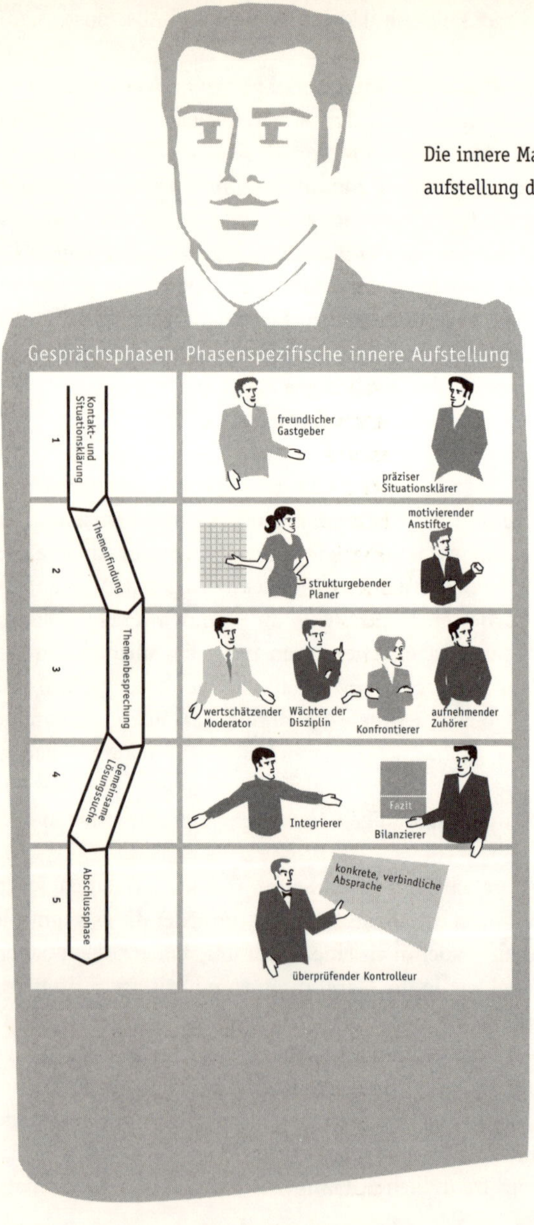

Gesprächsphasen	Phasenspezifische innere Aufstellung
1 Kontakt- und Situationsklärung	freundlicher Gastgeber / präziser Situationsklärer
2 Themenfindung	strukturgebender Planer / motivierender Anstifter
3 Themenbesprechung	wertschätzender Moderator / Wächter der Disziplin / Konfrontierer / aufnehmender Zuhörer
4 Gemeinsame Lösungssuche	Integrierer / Fazit Bilanzierer
5 Abschlussphase	überprüfender Kontrolleur / konkrete, verbindliche Absprache

bildende Ansprache halten kann – und einen «präzisen Situationsklärer» mit gestalter Kraft.

Er braucht einen «motivierenden Anstifter» für das jeweilige Thema – und einen «Bilanzierer», der das Diskussionsergebnis zusammenfassen kann, damit nicht jeder sein individuelles Fazit zieht, sondern wirklich ein gemeinsames Ergebnis erreicht wird.

Neben dem «Integrierer» braucht er einen «Konfrontierer», der Prozesse stoppt und, wenn die Zeit drängt, den Teilnehmern zumutet, ein Thema abzuwürgen.

Vor der Moderation braucht er einen «strukturgebenden Planer» und am Schluss einen «überprüfenden Kontrolleur», der abwägt, ob die Vereinbarungen realistisch, konkret und verbindlich sind.

Den «selbst Engagierten, persönlich Betroffenen» und den «Interessierten» mit eigenen Aktien im Geschäft sollte er kennen und dafür sorgen, dass sie sich nicht unbemerkt in den Vordergrund schieben und womöglich sogar zu Spielführern der inneren Mannschaft werden.

Die Gliederung der Moderation in verschiedene Phasen dient also nicht nur dazu, dass der Moderator im Prozess einer Besprechung den Überblick behält, sondern sie soll bewusst machen, wann welcher innere Spielführer auf das Spielfeld gehört und wann welche inneren Mitspieler auf der Reservebank Platz nehmen sollen.

3 Gespräche mit alkoholkranken Mitarbeitern und Kollegen

Warum das Thema «Alkoholsucht»?

Neben den schwer wiegenden persönlichen und sozialen Schäden für den Betroffenen und für seine Umgebung ist Alkoholsucht in Unternehmen ein erheblicher Risiko- und Kostenfaktor geworden. Die Statistik weist in den letzten Jahren in Deutschland etwa 2,5 Millionen Alkoholerkrankte aus. Jährlich sterben mehr als 30 000 Menschen an den direkten Folgen ihres Trinkverhaltens. Nach Expertenmeinungen liegt die Dunkelziffer sogar wesentlich höher, bei 80 000 bis 100 000. In größeren Betrieben hat im Schnitt jeder siebte Mitarbeiter ein Alkoholproblem.

Erhöhte Fehlzeiten, nachlassende Arbeitsleistungen, fehlerhafte Entscheidungen, Unfälle, Unzuverlässigkeiten, unbegründete Abwesenheit vom Arbeitsplatz und starke Stimmungsschwankungen wirken sich nicht nur auf das Arbeitsklima aus, sondern führen auch zu Problemen in der Arbeitssicherheit, der Produktivität und den Arbeitsabläufen.

Warum ist das Thema Alkohol so schwierig?

Das Thema Alkohol wird in vielen Firmen nicht angesprochen. Trinkauffälligkeiten werden vertuscht oder bagatellisiert. Aus meiner Erfahrung mit Führungskräften stehen dem offenen Ansprechen der Alkoholproblematik eines Mitarbeiters hauptsächlich vier Hindernisse im Weg:

1. Alkohol ist eine sozial anerkannte Droge

In den meisten Bereichen unserer Gesellschaft ist Alkohol ein gesellschaftlich anerkanntes Getränk. Alkohol ist allgegenwärtig, wenn nicht in der Schreibtischschublade oder auf dem Wohnzimmertisch, dann zumindest bei unseren Filmgrößen und Identifikationsfiguren im Fernsehen. «Ich bin Trinker», antwortet zum Beispiel Humphrey Bogart in «Casablanca» auf die Frage nach seiner Nationalität. Und wie würde ein James Bond wirken, der statt Wodka-Martini «Orangensaft, frisch gepresst, nicht aus dem Tetrapack» bestellt?

Mit Alkohol geht für viele Menschen das Feiern leichter. Alkohol kurbelt die Stimmung an und fördert Kontakt. Der Ruf hoher Trinkfestigkeit ist kein Makel, sondern eher eine Auszeichnung. Trinkanlässe gibt es genug, auch und vor allem im Arbeitsleben: Beförderungen, Betriebsfeiern, Einstand/Ausstand, Prüfungen, Geburt eines Kindes, Geburtstagsfeiern, Hochzeiten, persönliche Jubiläen usw. Wer dazugehören will, soll mittrinken – auf Ablehnungen wird zumeist mit offenem oder versteckten Gruppendruck reagiert. Die Redensarten und Sprüche, mit denen zum Trinken animiert wird, sind vielfältig:

«Ist der Anlass freudig, soll man trinken. Ist der Anlass traurig, soll man umso mehr trinken!»

«Komm, lass uns den Ärger hinunterspülen und die Sorgen ertränken!»

«Einen Klaren kannst du doch trinken, den sieht die Leber nicht!»

«Rotwein ist gut gegen Arteriosklerose!»

«Komm, trink einen, nüchtern siehst du ja furchtbar aus!»

«Zwischen Leber und Milz passt immer noch ein Pils!»

«Noch einen! Auf einem Bein kann man ja nicht stehen!»

Eine Zurückweisung der Einladung wird schwierig. Ein höfliches «*Nein danke*» reicht oft nicht. Oft muss zusätzlich eine Begründung abgegeben werden, die allen einsichtig erscheint. Viele Menschen geraten so stark unter Legitimationszwang, dass sie zu Notlügen (bevorstehender Arztbesuch, Autofahrt u. Ä.) greifen müssen. Wer gar abstinent lebt, wird müde belächelt, mit milder Nachsicht betrachtet, aber nicht ganz für voll genommen.

2. Allgemeine Suchtverleugnung in der Gesellschaft

Die starke Tendenz zur Suchtverleugnung begegnet uns sowohl im Arbeitsleben als auch in Freizeit, Familie und Freundeskreis. Über viele Themen im Zusammenhang mit Fragen der Sucht «spricht *man* nicht», sie scheinen einem Tabu zu unterliegen. Ein Tabu anzusprechen ist aber oft riskant und zieht nicht unbedingt Sympathie und Freundschaft nach sich.

3. Ängste vor Konflikten und Disharmonie im Arbeitsteam

Alkoholkranke stellen nicht nur für den Arbeitgeber, sondern auch für ihre Arbeitsgruppe ein Problem dar.

In jedem Arbeitsteam pendelt sich bei längerer Zusammenarbeit ein Gleichgewicht ein, welches die Art des Umgangs, die ausgesprochenen und verdeckten Regeln, die Tabus und die Konfliktkultur bestimmt. Ein Alkoholiker stört ständig dieses Gleichgewicht durch seine unberechenbaren Verhaltensweisen. Das soziale Umfeld ist permanent in Bewegung, um Fehler des Betroffenen auszugleichen, Entschuldigungen zu finden und Harmonie zu bewahren. Diese Situation lässt sich mit einem Mobile vergleichen: Die Gruppenmitglieder sind nicht nur selbstständige Personen, sondern auch in ein Geflecht von Beziehungsabhängigkeiten eingebunden.

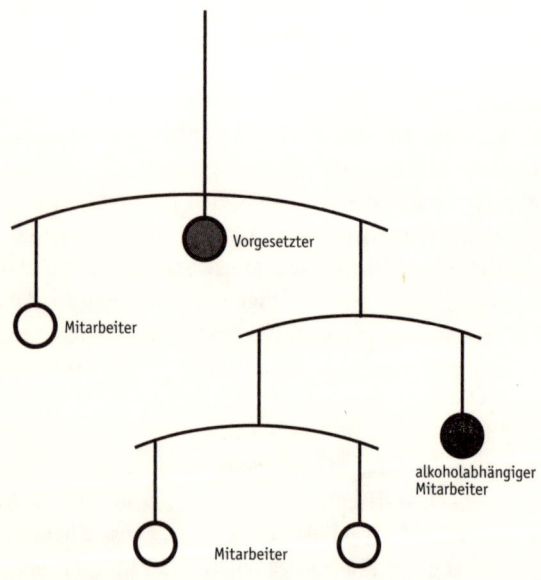

Das Team-Mobile

Um die Harmonie aufrechtzuerhalten, werden das Trinkverhalten und das Nachlassen der Leistung häufig zunächst entschuldigt, und die liegen gebliebene Arbeit wird von Kollegen übernommen. Der Alkoholiker wird vom Team beschützt und gestützt.

Verschlimmert sich das Trinkverhalten, versucht das Team, den Alkoholiker zu kontrollieren und seinen Alkoholkonsum zu rationieren und zu minimieren (eine Flasche Bier ist erlaubt!). Der Alkoholabhängige verhält sich jetzt auffällig unauffällig und erkauft sich durch besonders soziales und entgegenkommendes Verhalten einen Bonus für weiteres Trinken. Diese Phase endet meistens mit sehr großen Enttäuschungen, zunehmender Wut und Verachtung des Teams.

Nun möchte man den Abhängigen so schnell wie möglich loswerden: «*Wir haben alles versucht, nichts hat geholfen! Wir kommen nicht weiter!*» Das Team erwartet jetzt eine schnelle und radikale Lösung durch den Hierarchen.

Grundsätzlich scheint es mir wichtig zu sein, dass sich das soziale Umfeld nicht nach dem Abhängigen richtet, sondern von Anfang an versucht, selbstständig zu handeln, das Problem offen legt, den Konflikt aushält und sich Hilfe von außen holt. Vor allem wenn das Team eigenständig handelt und nicht nur auf den Alkoholiker *reagiert*, hat dieser eine Chance, sich zu verändern. Ein «Trinkbiotop» wäre weder zu Hause noch am Arbeitsplatz möglich, wenn nicht das soziale Umfeld mitspielen würde. Das soziale Umfeld verlängert häufig den Suchtmittelmissbrauch, weil es das Thema nicht offensiv und mit konstruktivem Druck angeht, sondern tuschelnd, tratschend oder bagatellisierend reagiert. Der Begriff «konstruktiver Druck» meint einerseits den Druck, den der Alkoholkranke braucht, um sein inneres Abwehrsystem in Frage zu stellen, und beginnt, sich selbst zu helfen. Er weist aber auch darauf hin, dass dies konstruktiv geschehen muss, damit das Vorgehen nicht zu einem Teufelskreis führt oder als herzloses «Mach doch, was du willst» erlebt wird. Da der Alkoholkranke ein starkes Abwehrsystem aufgebaut hat, braucht er Druck von außen, um aus seinem Leiden herauszukommen. Er muss mit den Konsequenzen konfrontiert werden, die sein Alkoholkonsum nach sich zieht. Leistet sein soziales Umfeld diesen Dienst nicht, so besteht die Gefahr, dass sich sein Abwehrsystem stabilisiert. Das Umfeld wird zum Koalkoholiker. Helfen bedeutet im Modell des Wertequadrats demnach:

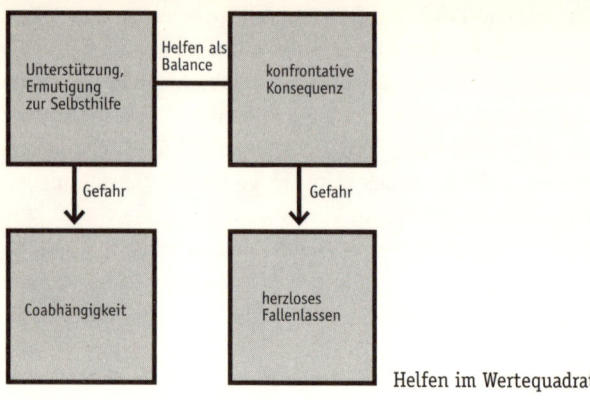

Helfen im Wertequadrat

Vor allem Betriebs- und Personalräte kommen hier in eine Zwickmühle. Haben sie doch nach ihrem Selbstverständnis und ihrer Aufgabenstellung Schutzfunktionen für die Mitarbeiter übernommen. Die Schutzfunktion ausüben zu wollen ist geradezu die Voraussetzung, um die Belegschaft wirkungsvoll unterstützen und vertreten zu können. Dieses Selbstverständnis steht aber für viele Betriebsräte in krassem Widerspruch zum konstruktiven Druck, der abgestuft auf Suchtkranke angewendet werden muss.

4. *Hemmungen der Führungskraft vor einem klärenden Konfliktgespräch*
Allzu häufig wird das offene Gespräch über Alkoholmissbrauch zu lange hinausgezögert. Vielleicht weil man befürchtet, damit in die Privatsphäre einzudringen und indiskret zu sein. Man unterhält sich mit dem Betroffenen auf der informellen Ebene, ermahnt etwas halbherzig und verhält sich inkonsequent bei getroffenen Absprachen. Der Abhängige nutzt dieses inkonsequente Verhalten aus und spielt womöglich die einzelnen Kollegen, wenn sie das zulassen, gegeneinander aus. Häufig wird auch angenommen, einen Abhängigen durch ein einmaliges Gespräch von seinem Fehlverhalten abbringen zu können.

Vor allem *unmittelbare* Führungskräfte der unteren Ebene sind gefühlsmäßig sehr dicht an ihren Mitarbeitern. Häufig waren sie selbst lange Zeit

Kollegen und Kumpel. Durch die emotionale Nähe haben sie es besonders schwer, unpopuläre Maßnahmen umzusetzen und konfrontative Gespräche zu führen, die alle Hintertüren verschließen, durch die der Süchtige noch ausweichen könnte. Dieses Vorgehen würde sie zu sehr von den «Kollegen» distanzieren, sie einsamer machen und ihnen selbst Anerkennung entziehen.

«Ein Gläschen in Ehren kann niemand verwehren»
Ein Briefwechsel zum Thema
«Alkoholmissbrauch am Arbeitsplatz»

Sehr geehrter Herr Benien,

mein Name ist Paul Sorge. Ich bin Werksleiter bei einem Autohersteller und trage für 70 Mitarbeiter die Führungsverantwortung. Jetzt stoße ich, trotz meiner Erfahrung als Führungskraft, auf ein Problem mit einem alkoholkranken Mitarbeiter, bei dem ich mich recht hilflos fühle. Vielleicht können Sie mir sagen, wie Sie als Kommunikationspsychologe dazu stehen.

Dieser Mitarbeiter ist zu meinem Sorgenkind geworden. Er war bisher immer eine tragende Säule der Abteilung, er war bei allen beliebt und hat seine Aufgaben zu meiner vollen Zufriedenheit erledigt. Seit ungefähr einem halben Jahr hat sich sein Arbeitsverhalten jedoch geändert. Er ist unpünktlich, kommt seinen Arbeitsaufträgen nicht mehr rechtzeitig nach, und ich habe den Eindruck, dass er nur noch Dienst nach Vorschrift macht. Als ich ihn darauf ansprach, bekam ich zunächst nur schwammige und ausweichende Antworten. Da mich diese nicht zufrieden stellten, habe ich nachgeforscht und herausbekommen, dass er viel trinkt und Alkoholiker ist. Dies konnte er bis dahin sehr gut überspielen und verheimlichen. Ich habe dann mit ihm gesprochen und musste mir nachher eingestehen, dass dies Gespräch nicht gut gelaufen ist. Er hat alles abgestritten und ist ständig ausgewichen.

Meine Frage ist nun an Sie: Was ist mit so einem Menschen los? Was geht in einem Alkoholkranken vor? Wie muss ich mir das vorstellen? Warum kommt man so schwer an einen alkoholkranken Menschen heran?

Mit freundlichen Grüßen

Paul Sorge

Sehr geehrter Herr Sorge,

ich habe Ihren Brief mit Interesse gelesen und bin gerne bereit, auf Ihr Anliegen einzugehen.

Zunächst einmal muss ich sagen, dass ich keine Ferndiagnose machen will, da ich nicht weiß, ob es sich bei Ihrem «Problemfall» um Alkoholmissbrauch handelt oder um Alkoholkrankheit. Wenn Sie mich als Kommunikationspsychologen fragen, was in einem Alkoholkranken vorgeht, dann möchte ich versuchen, das mit dem Modell des Inneren Teams zu erklären.

Im Seelenleben des Alkoholkranken kann sich im Krankheitsprozess eine komplexe Dynamik entwickeln, die verständlicher wird, wenn wir uns vorstellen, dass der Abhängige, wie alle anderen Menschen auch, sehr viele unterschiedliche Persönlichkeitsanteile hat. Schulz von Thun spricht vom «Inneren Team», dessen innere Teammitglieder unterschiedliche Standpunkte vertreten und zum Teil auch gegensätzliche Ziele verfolgen. Wie sieht das Innere Team eines alkoholkranken Menschen aus? Schauen wir uns seine innere Bühne an, um zu verstehen, welche leidvolle und krank machende Dynamik dort abläuft.*

Zunächst ist da einer, der macht schlimme Gefühle (Schmerzen, Entsetzen, Verzweiflung, Angst usw.). Nennen wir ihn mal «Mr. X». Diesem «Mr. X» kann man nicht mühelos mit der Haltung «Ja, ja, dich habe ich auch in mir!» begegnen und ihn einfach laufen lassen, da die Gefühlsbomben, die er werfen würde, kaum auszuhalten sind. Dieser «Mr. X» kann, je nach biographischer Erfahrung und Lebensumständen, sehr unterschiedlich sein. Bei dem einen ist «Mr. X» ein «Traumatisierter». Dieser kann schlimme Erfahrungen einfach nicht vergessen. Dabei kann es sich um Ereignistraumata wie Katastrophen, Kriegserlebnisse, Anblick von verstümmelten Körpern o. Ä. handeln oder auch um Beziehungstraumata wie der plötzliche Tod eines geliebten Menschen oder (sexuelle) Übergriffe. Diese Erfahrungen hinterlassen schreckliche Gefühle und Bilder, von denen der Alkoholkranke die Überzeugung gewinnt, dass er sie nicht aushalten kann. Da diese Bilder und Erinnerungen sich tagsüber und nachts melden, nagen und wühlen sie ständig in seinem Seelenleben. Der Alkohol soll diese schrecklichen Bilder verscheuchen.

* Im Gespräch mit Friedemann Schulz von Thun erarbeitet

Bei einem anderen ist «Mr. X» vielleicht der «Einsame», der zwar geholfen hat, einen steilen Karriereweg vorweisen zu können, aber einen allein im modernen Zweizimmerappartement leben lässt. Eine feste Beziehung zu einem Lebenspartner gelingt nicht, da die Beziehungen nach einiger Zeit immer wieder auseinander gehen. Nach der lauten Diskothek drohen im 5. Stock Stille, Einsamkeit und Leere, die mit Alkohol vertrieben werden müssen.

Womöglich handelt es sich bei «Mr. X» auch um einen «Lebensüberdrüssigen». Vielleicht hat er die Erfahrung gemacht, dass die Freunde von früher alle erfolgreich ihren Lebensweg gegangen sind und Karriere machen. In seinem Beruf geht es jedoch nicht weiter, und vielleicht war auch schon die Berufswahl falsch. Eine Umorientierung ist jedoch zu beschwerlich oder zu bedrohlich. Der demoralisierte «Lebensüberdrüssige» leidet am Leben, so wie er es führt. Der Alkohol soll seine früheren Träume und zerronnenen Hoffnungen vergessen machen.

Vielleicht ist «Mr. X» auch ein «Melancholiker», der nichts Spektakuläres erlebt hat, sondern wie ein Tintenfisch, der das Wasser trübt, eine schleichende, nicht enden wollende depressive Stimmung verbreitet.

«Mr. X» kann also in verschiedenen Varianten auftreten. Er ist aber immer jemand, der so viel schlechte Stimmung auf der inneren Bühne macht, dass man ihn nur schwer aushalten kann. Ein guter Umgang mit «Mr. X» wäre, den Stier bei den Hörnern zu packen und sich ihm zu stellen. Das ist jedoch leicht gesagt und schwer zu leben.

Scheint dieser Weg zu schwer, als dass man ihn allein gehen könnte, so kann unter Umständen ein Psychotherapeut oder Coach dabei hilfreich sein, das Oberhaupt des Inneren Teams so zu stärken, dass man sich «Mr. X» nähern kann und der Mensch genug Kraft und Mut findet, sich den unangenehmen Gefühlen und Schmerzen zu stellen.

Weil «Mr. X» von so destruktiver, dominanter und vitaler Kraft ist, greift der Süchtige jedoch zu einer Notlösung. Er möchte «Mr. X» im Zaum halten. Da der Alkoholkranke sich und sein Gefühlsleben in den Griff kriegen will, gehört «Mr. X» hinter Schloss und Riegel. «Mr. X» wird im seelischen Gefängnis eingesperrt, aus dem er nicht heraus soll. Der Alkoholiker hat sich selbst nicht im Griff – aber er versucht das in den Griff zu bekommen, was sein Seelenleben zerstört. Aber auch wenn «Mr. X» im Kerker gefangen ist, seine Stimme ist immer noch zu hören.

Deshalb müssen die unangenehmen Gefühle, die «Mr. X» verbreitet, so stark betäubt und abgelöscht werden, dass man den seelischen Schmerz vorübergehend nicht mehr spürt. Diese Aufgabe übernimmt ein innerer «*Löscher*»*. Der «Löscher» soll nicht den Durst, sondern das Feuer der Gefühle löschen – und das mit Alkohol. Die Betäubung durch Alkohol leistet einen wichtigen Dienst: Man muss nicht Selbstmord begehen und braucht den seelischen Schmerz nicht mehr zu spüren. Akute Zahnschmerzen kann man auch nicht immer sofort behandeln – man kann sie aber mit Schmerzmitteln betäuben. So kann man wenigstens schlafen. Wenn ich den Schmerz nicht an der Wurzel packen kann, bin ich gut beraten, das Symptom zu kurieren, wenn ich den Schmerz nicht aushalten kann. Das Betäubungsmittel für seelische Schmerzen sind häufig Alkohol und andere Drogen. Die Chance des Alkohols liegt darin, dass der Erfolg kurzfristig das Vorgehen bestätigt. Zwar kommt der Katzenjammer später wieder, aber zunächst einmal ist das Betäubungsmittel die Rettung: Nicht nur die Nachtruhe ist gesichert.

Mit dieser «Lösung» sind jedoch Probleme verbunden, die weitere Spieler die innere Bühne betreten lassen. Was sind das für Probleme? Haben wir Zahnschmerzen, so können wir dazu stehen, dass wir Schmerztabletten nehmen. Aber der Gefühlslöscher ist eine zwielichtige Gestalt. Er darf sowohl aus moralischen als auch aus psychohygienischen Gründen nicht sein. Moralisch ist er verwerflich, da Alkoholmissbrauch in den meisten Kulturen abgelehnt wird. Auch wenn es in unserer männerdominierten Gesellschaft üblich und in bestimmten Kreisen sogar zur Männlichkeit selbst gehört, viel Alkohol vertragen zu können (*«Sei kein Weichei, einen Schnaps schaffen wir noch!»*), so wird der Alkoholmissbrauch doch abgelehnt.

Aber der «Löscher» ist nicht nur moralisch eine zwielichtige Gestalt. Er darf auch deshalb nicht offen agieren, weil sonst seine Funktion offensichtlich wäre und damit auch sofort die Bewusstheit des Eingesperrten für das Oberhaupt deutlich würde. Da das Oberhaupt von «Mr. X» und seinen schlimmen Gefühlen nichts wissen will, darf es auch vom «Löscher» und seiner Rolle nichts wissen. Deshalb muss der Vorgang

---

* R. C. Schwartz (1997, S. 85) spricht von einem «Feuerbekämpfer», allerdings in umfassenderem Sinne, als wir es hier tun.

des Löschens für das Oberhaupt aus psychohygienischen Gründen vernebelt werden und unbemerkt bleiben. Nur dann funktioniert die Verdrängung. Das Oberhaupt braucht also nicht nur einen «Löscher», um mit den schlimmen Gefühlen fertig zu werden, sondern auch ein Teammitglied, das einen Vorhang davor hält, einen «Verschleierer». Nur so bleibt die innere Dynamik unbemerkt und unbewusst. Das ist eine wichtige Erkenntnis: Die Verschleierung ist notwendig und liegt sozusagen in der Natur der Sache, denn ohne Verschleierung würde der ganze innere Vorgang nicht funktionieren.

Dieser «Verschleierer» hat eine doppelte Funktion. Er muss im Innendienst und im Außendienst seine Arbeit verrichten, da der Alkoholiker jemanden braucht, der das Problem vor allem vor sich selbst verheimlicht, aber auch vor den anderen verschleiert. Nach innen muss er dem Oberhaupt helfen, damit es weiterhin an das Selbstbild eines lebenstüchtigen Menschen glauben kann. Dazu greift er zum Beispiel zur Finte des Umdefinierens und deutet den Alkoholmissbrauch so um, dass man vor sich selbst als jemand dasteht, den man nicht so leicht unter den Tisch trinken kann – ein männlicher Held. Das Löschen ist dann kein Griff zum Betäubungsmittel in der Not, sondern eine ruhmreiche Tat. Sonst käme es zur moralischen Selbstverurteilung: Ich habe so unangenehme Gefühle, weil ich vom Alkohol abhängig und darauf angewiesen bin, die seelischen Schmerzen auf diesem Weg zu betäuben.

Die Arbeitsweise des «Verschleierers» besteht aber nicht nur darin, die Notlösung zu einer Heldentat umzudefinieren, sondern vor allem auch darin, die Tragweite der Notmaßnahme zu bagatellisieren.

Nach außen muss der «Verschleierer» dafür sorgen, dass keiner den «Löscher» entdeckt. Der innere «Löscher» ist der Trinker, der den Alkoholiker zur Flasche greifen lässt, um den Seelenbrand zu löschen. Er kann zwar nicht im Verborgenen arbeiten und ins seelische Gefängnis eingesperrt werden, aber seine Funktion und Rolle müssen unbemerkt bleiben. Dazu kann der «Verschleierer» verschiedene Register ziehen, da er ein ganzes Arsenal an Techniken zur Verfügung hat, die individuell unterschieden sein können. Er sorgt dafür, dass sich der Alkoholiker an sein soziales Umfeld anpasst, denn je unauffälliger er ist, umso größer wird die Chance, dass seine Strategie nicht entdeckt wird. Er kann verleugnen, verharmlosen, lügen, bagatellisieren, beschwichtigen, Ge-

Der innere «Löscher» bekämpft «Mr. X»

Mr. X

«Das Leben ist Scheiße»

Gefühllöscher

Alkohol

schichten erzählen («*Das war damals ja nur so, weil Peter unbedingt dahin wollte und weil Petra dann gesagt hat ...*»).

Durch den «Gefühlslöscher» und den «Verschleierer» hat sich der Alkoholiker ein doppeltes Kontrollsystem aufgebaut, das ihn nach innen vor den Gefühlsbomben des «Mr. X» und nach außen vor den Entlarvungsversuchen der Mitmenschen schützt. So ist auch die Abwehr des Alkoholkranken mehr als verständlich. Spricht man ihn in wohlmeinender Absicht direkt auf diesen psychischen Mechanismus mit der Haltung an, wir müssen den Stier bei den Hörnern packen und «Mr. X»

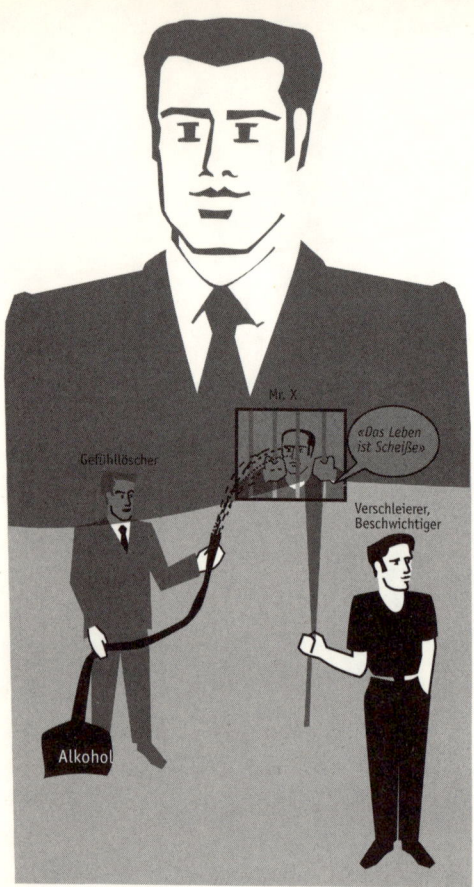

Der Verschleierer vernebelt
das Geschehen

kennen lernen («*Warum trinken Sie denn? Das muss doch einen Grund haben?*»), so bekommt man es mit der vollen Wucht des Abwehrarsenals des «Verschleierers» zu tun. Seine größte Angst ist, dass «Mr. X» zu vital wird, sich aus dem seelischen Gefängnis befreit und die schlimmen Gefühle spürbar werden. Wenn ich «Mr. X» nun von außen befreien will, so werden sofort die Kontrollbedürfnisse des «Löschers» geweckt, die genau das verhindern sollen. Seine Aufgabe besteht ja darin, den Riegel vor der Tür zu halten und alles zu ersticken, was noch durch die Türritzen herausdringen könnte. Diese seelische Arbeit soll aber nicht entdeckt werden. Dafür muss der «Verschleierer» sorgen, der es gut versteht, im Kontakt zu anderen Menschen Nebelbomben zu werfen.

Aus diesen Gründen hatten Sie, Herr Sorge, das Gefühl, an Ihren Mitarbeiter nicht heranzukommen, konnten ihn nicht recht verstehen. Die Visualisierungen sollen Ihnen helfen, sich die innere Dynamik vorzustellen.

Das, was ich bisher beschrieben und gezeichnet habe, gehört zum System der Bewältigung. Im Seelenleben des Alkoholkranken tobt jedoch eine Schlacht. Es gibt noch einen anderen Teil der inneren Bühne. Dort halten sich sehr viele Teammitglieder auf, und deren Stimmenchor ist ebenfalls nicht zu überhören. Da hört man vielleicht einen inneren «Moralhüter», der sagt: «Oh, das ist aber zweifelhaft, was du da tust!», einen «Verzweifelten», der in seiner Ohnmacht sagt: «Es ist furchtbar und erbärmlich, was du da machst!, einen «Vernünftigen», der sagt: «Du musst aufhören – sofort!», und vielleicht einen «Realisten», der meint: «So geht das nicht weiter! Such dir Hilfe, wenn du es alleine nicht schaffst!»

Da ist also eine Mannschaft, die die Gesundungsfahne hochhält. Dieses zweite System beäugt kritisch das Bewältigungssystem auf der anderen Bühnenseite, verurteilt es und plädiert einhellig dafür, dass es mit seiner destruktiven Dynamik aufhören muss, damit die Person wieder gesund wird. Der «Verschleierer» hat somit noch eine dritte Aufgabe: Er muss «Mr. X» und den «Gefühlslöscher» verstecken, er muss nach außen alles ableugnen und verheimlichen und muss zum Dritten die gesunden Kräfte beschwichtigen.

In der Begegnung mit anderen Menschen kommt sowohl der «Verschleierer» als auch einer aus dem «gesunden System» an die Kontaktlinie: *«Ja, ja. Ich höre jetzt auf!»* Und der Alkoholkranke glaubt es wirklich – da er es selbst ja auch findet – jedenfalls eine Seite in ihm. Deshalb kann der Gesprächspartner nur schwer herausfinden, mit wem er gerade spricht und ob er den Worten, die er hört, trauen kann. Das Misstrauen besteht auch zu Recht. Der «Verschleierer» ist nämlich wirklich äußerst geschickt. Ist der Alkoholmissbrauch aufgedeckt, so greift er zu einer neuen List, zum Beschwichtigen. Dazu instrumentalisiert er seinen inneren «Realisten» und lässt ihn sagen, dass er alles einsieht und sofort aufhören wird. Der innere «Realist» ist zwar authentisch in seiner Aussage, wird

Zwei Systeme des Inneren Teams beim Alkoholkranken

aber gleichzeitig vom «Verschleierer» instrumentalisiert. Mit anderen Worten: Die Einsicht des Realisten ist zwar echt und authentisch, aber sie bedeutet (noch) nicht, dass sich die inneren Kräfteverhältnisse verändert hätten.

Lieber Herr Sorge,
    ich hoffe, ich konnte Ihnen durch die Metapher des Inneren Teams verdeutlichen, was im Seelenleben eines Alkoholkranken geschieht. Wahr-

scheinlich ist es noch komplexer und komplizierter, aber aus Gründen der Prägnanz wollen wir es für heute dabei belassen.

Liebe Grüße

Karl Benien

Sehr geehrter Herr Benien,

vielen Dank für Ihre Antwort. Mit dem Modell des Inneren Teams wird mir einiges deutlich. Vor allem das, was sich inzwischen hier ereignet hat. Daraus ergeben sich jedoch für mich neue Fragen. Zunächst möchte ich Ihnen jedoch berichten, was bisher geschehen ist.

Ich habe den Mitarbeiter direkt auf seinen Alkoholmissbrauch angesprochen. Zuerst hat er mehrmals sein Alkoholproblem abgestritten und geleugnet; inzwischen hat er es aber zugeben müssen, da ich ihn zweimal mit einer Fahne erwischt habe. Der «Verschleierer» wurde also enttarnt. Ich habe daraufhin mit seinen Kollegen und seinem Gruppenleiter gesprochen und sie gefragt, ob sie von dem Alkoholproblem ihres Kollegen wüssten. Deren Antworten waren zum Teil nebulös, verschwommen und bagatellisierend, zum Teil aber auch entlarvend. Ein Satz des Gruppenleiters klingt mir noch besonders im Ohr: «*Wenn er unter Strom steht, leistet er besonders viel!*» Ich habe den Verdacht, dass solche Aussagen der Kollegen eine Entschuldigung für ihre Passivität und ihr Nichthandeln sein könnten. Als verantwortlicher Vorgesetzter fühlte ich mich jedoch veranlasst, aktiv zu werden und Maßnahmen zu ergreifen. Ich bot dem Sorgenkind meine Hilfe an, und in den folgenden Gesprächen war es zwischen uns weniger schwierig, er war eher willig und zeigte konstruktive Einsicht.

Das ist nun schon wieder etwas länger her; heute drehen wir uns irgendwie im Kreis. Um ihn zu unterstützen und um Zeit zu gewinnen, war ich einverstanden, seine Fehltage in Urlaubstage umzuwandeln – nicht zuletzt, um ihn vor schlimmen Konsequenzen zu schützen. Da ich nicht belehrend wirken wollte, habe ich versucht, vorsichtig auf ihn einzureden, und er hat mir versprechen müssen, mit dem Trinken aufzuhören und endlich vernünftig zu werden. Auf dem letzten Betriebsfest habe ich zwei Mitarbeitern gesagt, dass sie auf ihn aufpassen und dafür sorgen sollen, dass er nichts trinkt. Das ging auch ganz gut. Eine Zeit lang habe ich mir Hoffnungen gemacht, aber dann musste ich feststellen, dass er nach wie vor trinkt. All meine gut gemeinten Ratschläge (zum Beispiel einen guten Arzt, Therapeuten oder unseren Suchtberater aufzusuchen) und Appelle an seine Vernunft und sein Ehrgefühl (sich doch endlich zusammenzureißen und zu versprechen, mit dem Trinken aufzuhören) haben nichts genützt. Im direkten Gespräch sieht er alles ein und verspricht mir einen neuen Anlauf, aber dann bleibt es letztlich doch beim alten Muster. Ich bin von seinen leeren Versprechungen enttäuscht und von seinen ausweichenden Erklärungen genervt. Ich habe scheinbar hauptsächlich mit dem «Verschleierer» Kontakt bekommen.

Dann habe ich ihm die gelbe Karte gezeigt und ein generelles Alkoholverbot in unserer Abteilung angeordnet. Jetzt fahre ich die harte Linie, lasse ihn meist links liegen oder stauche ihn bei Fehlverhalten ordentlich zusammen. Im Moment überlege ich, ob ich ihm nicht bald die rote Karte zeigen soll. Gleichzeitig möchte ich ihn aber auch behalten, da er ein hoch qualifizierter Mitarbeiter ist und gute Arbeit leisten kann. Außerdem gibt es ja noch das soziale Moment. Er ist Familienvater, dessen Existenz hier auf dem Spiel steht und an dem ich nicht schuldig werden möchte.

Ich bin jedoch enttäuscht, dass ich bisher nichts bei ihm erreicht habe. Ich bekomme den Eindruck, dass wir uns im Kreise drehen, und bin ziemlich hilflos, weil ich keine wirklich gute Lösung finde und nicht weiß, wie ich diesem Menschen helfen kann. Bisher scheine ich einige Fehler gemacht zu haben, und mein Eindruck ist: Man richtet doch nichts aus!

So weit zum Stand der Entwicklung. Ich wäre Ihnen dankbar, wenn Sie mir mitteilen würden, wie es zu solch einer Verstrickung kommen kann und was ich falsch mache oder was mein Anteil an der Verstrickung ist.

Mit herzlichen Grüßen

Paul Sorge

Sehr geehrter Herr Sorge,

bevor ich auf Ihre Frage antworte, möchte ich zunächst erwähnen, dass in manchen Therapiegruppen für Alkoholiker und nach meinem Wissen auch bei den Anonymen Alkoholikern die Regel gilt, dass jeder Teilnehmer sich zu Beginn eingestehen muss, dass er Alkoholiker ist und dass es einen Gegner in seinem Leben gibt, den er nicht besiegen kann, den Alkohol.

Im Modell des Inneren Teams gesprochen, wird dadurch der «Verschleierer» außer Kraft gesetzt. Der Schleier des Vernebelns nach innen und Verschweigens nach außen wird weggerissen: Ich habe dieses Leiden, und ich bin auf die Löschung angewiesen. Mein Bewältigungssystem ist stärker als mein gesundes System. Diese innere Ausgangslage ist meine Realität – und das akzeptiere ich. Danach muss ich «Mr. X» ausfindig machen. Dies ist dann therapeutische Arbeit, die man nur selten allein im stillen Kämmerlein bewältigen kann. Darüber hinaus kann ich mein gesundes System stärken, damit ich die Kraft finde, nicht wieder rückfällig zu werden.

Ihr Unternehmen, lieber Herr Sorge, ist aber keine Selbsthilfegruppe, sondern ein profitorientierter Konzern. Deshalb haben Sie andere Voraussetzungen und Ziele im Umgang mit Alkoholkranken. Unter diesen Bedingungen gibt es vermutlich mehrere Phasen, in denen sich der Kontakt zwischen Alkoholkranken und Vorgesetzten entwickelt:

1. Phase: Verleugnung, Verharmlosung und Bagatellisierung. In dieser Phase bekamen Sie es mit dem gesamten Arsenal der Verschleierungstechniken zu tun. Sie hatten keinen Kontakt zu «Mr. X», nicht zum «Gefühlslöscher», sondern zum «Verschleierer». Sie hatten ja schon selbst diesen Verdacht. Der «Verschleierer» streitet natürlich alles ab – das ist ja auch seine Aufgabe. Damit müssen Sie als Vorgesetzter sogar fest rechnen. Dass der Alkoholkranke einen belügt und kein Vertrauen zu einem hat, sollte man nicht moralisch bewerten und hängt auch nicht mit schlechter Gesprächsführung und einem Versagen Ihrerseits zusammen. Die Nebelbomben sind zum überwiegenden Teil notwendig, damit der Alkoholkranke die Verschleierung vor sich selber aufrechterhalten kann. Die Nebelbomben gehören also zum Bewältigungssystem des Alkoholkranken. Die Erkenntnis daraus lautet: Nehmen Sie es sich nicht selber übel, dass Sie nicht in Kontakt mit dem «wahren Ich» des Alkoholkranken sind. Seine Verschleierungsmechanismen müssen so sein; sie liegen in der Natur der Sache und in der Natur dieser Art von Systembewältigung. Sie müssten überrascht und misstrauisch werden, wenn es anders wäre!
Häufig wird der Alkoholkranke jetzt mit Fakten und Beweisen konfrontiert. Dies ändert allerdings zunächst nicht viel, da wir nach wie vor nur mit dem «Verschleierer» Kontakt bekommen, der jetzt das Arsenal

seiner Techniken erweitert. Auch das Bewusstsein davon kann Sie als Vorgesetzter entlasten. Hat doch der Alkoholkranke einen großen Übungsvorsprung in derartigen Gesprächen. Der Vorgesetzte führt vielleicht zum ersten Mal ein Gespräch zum Thema Alkoholmissbrauch. Der Alkoholkranke jedoch hat häufig schon jahrelange Übung in den Formulierungen der Verschleierung und hat sich zum sozial kompetenten Schlawiner entwickelt.

2. Phase: Scheinbar konstruktive Einsicht. In dieser Phase muss man sehr kritisch bleiben, da man nicht weiß, ob man mit dem «Verschleierer» oder mit einem «Gesundheitswilligen» (einem Anteil, der wirklich einen starken Willen hat, gesund zu werden) spricht. Man weiß also nicht, ob Antworten wie: «*Ja, Sie haben völlig Recht. Ich muss wirklich aufhören. Das sehe ich selber auch ein. Es wird zwar schwierig werden, aber das ist ja kein Grund, so wie bisher weiterzumachen. Ich werde es jetzt ernsthaft versuchen!*» Nebelbomben oder ehrlich gemeint sind.

Wahrscheinlich ist es keine Entweder-oder-Frage (Entweder ich spreche gerade mit dem «Verschleierer» oder mit dem «Gesundheitswilligen»), sondern eher ein Sowohl-als-auch. Wir bekommen es mit einem Duo zu tun, das Hand in Hand oder sogar in enger Umarmung eine Personalunion eingeht. Beide singen ein grandioses Duett und verführen den Gesprächspartner dazu, an die Wirksamkeit des Gesprächs zu glauben. Man bekommt den Eindruck, dass man einen guten, ehrlichen Draht zum Alkoholkranken gefunden hat, und denkt mit seinem wahren und willigen Ich in Kontakt gekommen zu sein. Das stimmt aber nicht, jedenfalls nur zum Teil.

Meine Empfehlung lautet hier: Lassen Sie sich nicht durch Gutwilligkeit und durch konstruktive Einsicht zum verfrühten Optimismus verführen. Der Alkoholabhängige selbst möchte es auch nur allzu gerne glauben, aber das System in ihm und dessen Schutztruppen sind stärker. Davon kann man in den meisten Fällen ausgehen. Wäre eine Veränderung so leicht, wie die Worte über die Lippen gehen, dann hätte der Alkoholkranke schon längst eine Veränderung eingeleitet.

3. Phase: Eskalative Zuspitzung. Schon in der ersten und zweiten, aber vor allem in der dritten Phase entwickelt sich häufig ein Teufelskreis: Je mehr der Vorgesetzte den Alkoholmissbrauch zum Thema macht – umso mehr muss der Alkoholkranke sein Problem verschleiern.

Genauer gesagt: Der Vorgesetzte äußert Vorhaltungen und macht den Alkoholmissbrauch zum Thema – der Alkoholkranke fühlt sich bedroht, entlarvt, erwischt und ertappt. Deshalb muss er den inneren «Verschleierer» an die Kontaktlinie schicken und alles ableugnen. Der Vorgesetzte reagiert entweder irritiert und fragt sich, ob er nicht doch übertrieben hat, oder er wird wütend und reagiert entrüstet darauf, dass man seine Beweise einfach ignoriert. Um seine Irritation zu klären und als Ausdruck seiner Empörung legt er neue Beweise vor und verstärkt den Druck. Der Alkoholiker fühlt sich noch stärker bedroht. Daraufhin leugnet er nicht nur erneut alles ab, sondern er verfeinert und verbessert das Arsenal seiner Abwehrtechniken. Jetzt zeigt der Vorgesetzte die gelbe Karte – auch der Alkoholkranke baut seine Abwehrkompetenz aus.

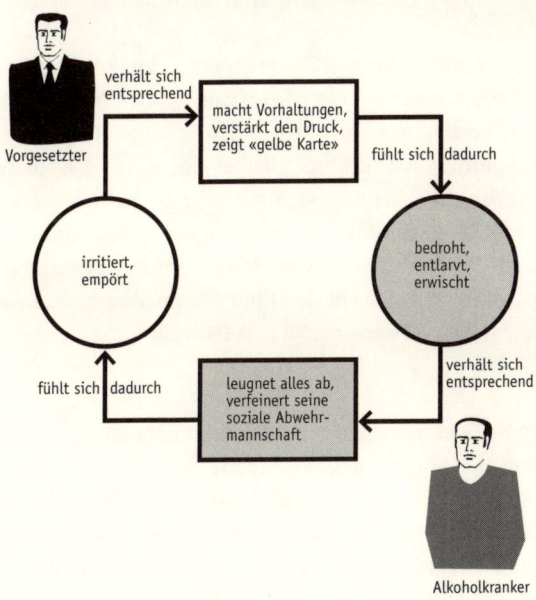

Teufelskreis zwischen Vorgesetztem und Alkoholkrankem

Drei Grundgedanken möchte ich Ihnen, lieber Herr Sorge, dazu ans Herz legen:

1. Gefahr der Unterstützung des Abwehrsystems,
2. Unausweichlichkeit des Teufelskreises und
3. Verewigungsgefahr

Zu 1.: Die Verstrickung im Teufelskreis liegt im Kern darin: Je gröbere Geschütze der Vorgesetzte auffährt, umso stärker fühlt sich der Alkoholkranke herausgefordert, seine Raffinesse und Sozialkompetenz zu vervollkommnen. Diese Verstrickung im Teufelskreis beinhaltet die Gefahr, dass der Vorgesetzte durch seine verschärften Vorhaltungen lediglich die Abwehrkompetenz des Alkoholkranken verbessert. Die Führungskraft wird zum Sparringspartner der Abwehrkompetenz und zum Trainer des «Verschleierers». Das ist natürlich für beide Seiten ein unerfreuliches Spiel.

Zu 2.: Bei Teufelskreisen stellt man sich als verantwortliche Führungskraft schnell die Frage: «*Wie komme ich da wieder raus?*» oder besser: «*Wie komme ich da gar nicht erst hinein?*»
Was das Hineinkommen betrifft, so glaube ich, dass man diesen Teufelskreis nicht verhindern kann, und man sollte es auch nicht versuchen. Er scheint im Kontakt mit Alkoholkranken ein unausweichlicher zwischenmenschlicher Teufelskreis zu sein. Man kommt notwendigerweise in ihn hinein, wenn man sich auf den Kontakt zum Alkoholkranken ernsthaft einlassen will. Das Abwehrsystem des Alkoholkranken erzwingt ihn.

Zu 3.: Bei dem in S. 292 beschriebenen Teufelskreis handelt es sich also nicht um einen Kommunikationsfehler, sondern um eine unausweichliche Kontaktbrücke. Jedoch besteht die Gefahr, dass sich dieser Teufelskreis verewigt – und dann wäre es ein Kunstfehler der Führung. Diese Gefahr ist besonders dann gegeben, wenn der Vorgesetzte die Gefühle von Irritation und Empörung nicht professionell überwindet und somit selbst verstrickt bleibt.
Was bedeutet «professionell überwinden»? Da Sie damit rechnen können, dass Ihr Sorgenkind alles leugnet und Sie *wissen*, dass er dieses

Verhalten braucht, um sein Abwehrsystem aufrechtzuerhalten, sollten Sie nicht irritiert oder empört reagieren. Ihr emotionales Engagement in der Interaktion kann sich verändern, wenn Sie folgende innere Haltung einnehmen könnten: Wenn ich das Abwehrsystem des Alkoholkranken kenne und außerdem berücksichtige, dass sich deshalb zunächst einmal ein Kontakt ergibt, der zu einer teufelskreisartigen Verstrickung führen wird, dann brauche ich nicht irritiert und moralisch empört zu sein. Ich halte mich an die Fakten und rechne damit, dass der Alkoholkranke sich jetzt wieder so verhalten wird – bleibe jedoch innerlich ruhig, souverän und abgegrenzt.

Ich meine damit nicht, dass Sie das Verhalten Ihres Sorgenkindes entschuldigen sollten. Dass Ihr Sorgenkind Sie belügt, führt mit der obigen Haltung jedoch nicht zur moralischen Entrüstung und zu verhärtetem Kontakt. Verstrickt sind Sie dann, wenn Sie nicht aus Ihren Gefühlen herauskommen. Mit der oben skizzierten Haltung könnte Ihnen innerlich ein professioneller Abstand gelingen, und der ermöglicht Ihnen, andere Gefühle zu entwickeln. In dieser professionellen Distanz liegt die Chance der Anteilnahme. Nur wenn Sie in diesem Sinne abgegrenzt sind, können Sie auch Ihr Herz für Ihr Sorgenkind bewahren.

In der Hoffnung, dass Sie durch diese Anregungen einen professionellen Umgang mit den Teufelskreisen finden können, verbleibe ich

mit freundlichen Grüßen

Karl Benien

Sehr geehrter Herr Benien,

vielen Dank für Ihre schnelle Antwort. Ich weiß nicht, ob ich Sie noch einmal behelligen darf, aber ich habe doch noch eine Frage zu den Teufelskreisen. Ich habe das Prinzip und die geforderte Haltung für eine Führungskraft verstanden. Aber was ist Ihrer Meinung nach kommunikativ der häufigste Fehler von Führungskräften? Da Sie mich nicht persönlich kennen, verspreche ich mir durch Ihre Antwort, dass ich selbstkritisch überprüfen kann, ob ich dieser Gefahr auch erliege.

Mit freundlichen Grüßen

Paul Sorge

Sehr geehrter Herr Sorge,

Ihre Frage ist schwer zu beantworten, da ich häufig erlebe, dass eine Fähigkeit, die dem einen fehlt, sich bei einem anderen im Übermaß findet und umgekehrt. Was die meisten Führungskräfte jedoch gut beherrschen, sind Appelle. Diese Fähigkeit kann aber im Teufelskreis zum Verhängnis werden, vor allem dann, wenn die Führungskraft starke Helferimpulse empfindet und Retterideen anhängt. Dann verfallen nach meiner Erfahrung viele Führungskräfte zu stark ins Appellieren und reden dem anderen ins Gewissen: «*Nun seien Sie doch einsichtig! Sie sollten wirklich …! So geht das doch nicht weiter. Deshalb müssen Sie ab heute …*» usw.

Zwischenmenschliche Gespräche sind aber auch immer eine Trainingssituation für innere Teammitglieder. Wenn die Führungskraft nun beispielsweise sehr stark an den vernünftigen Anteil des Alkoholkranken appelliert und dieses Teammitglied mit Engelszungen bearbeitet, dann wird dieses Teammitglied nicht wirklich gestärkt, letztlich sogar geschwächt. Seine Arbeit, nämlich für Vernunft, Realität und Verantwortlichkeit zu stehen, wird ihm von der Führungskraft abgenommen. Jetzt besteht wieder die Gefahr der Verstrickung. Diese Gefahr und wie man ihr entgehen kann, möchte ich an einem Beispiel verdeutlichen.

Nehmen wir einmal an, Sie sprechen mit Ihrem Sorgenkind und appellieren:

Paul Sorge: «*Seien Sie doch vernünftig. Sie müssen wirklich aufhören!*»

Sorgenkind: «*Sie haben Recht. Ich nehme mir jetzt ernsthaft vor, nicht mehr zu trinken.*»

Kommentar: Sie wissen hier nicht, mit welchem Teammitglied Sie gerade sprechen. Vielleicht mit dem «Beschwichtiger» aus dem Bewältigungssystem oder mit dem «Einsichtigen» aus dem gesunden System. Beim «Beschwichtiger» bringen weitere Appelle sowieso nichts. Der «Beschwichtiger» wird alles dransetzen, Sie zufrieden zu stellen – in Wirklichkeit jedoch will er Sie wieder loswerden, damit er mit heiler Haut davonkommt.

Beim «Einsichtigen» sollte Ihre Reaktion etwa die folgende sein:

Paul Sorge: «*Oh, da haben Sie sich aber ordentlich was vorgenommen. Denken Sie daran, Sie haben einen starken Gegner. Sind Sie sich dessen bewusst, und wie wollen Sie das schaffen? Was gibt Ihnen und mir die Hoffnung, dass dies möglich ist?*›

Kommentar: Der Kampf im Alkoholkranken zwischen dem gesunden System und dem Abwehrsystem ist ein Kampf zwischen David und Goliath. Wie will David, der kleinere, schwächere Anteil, gegen den größten, stärkeren und bisher immer siegreichen Goliath gewinnen? Das wird schwierig und scheint fast aussichtslos. Wenn Sie dem Sorgenkind mit dieser Haltung begegnen, liegt jetzt die Verantwortung in seinen Händen. Er muss sich seine Schwierigkeiten bewusst machen und die Verantwortung für die Mühen übernehmen, die damit zusammenhängen. Dies ist ein anderer Ansatz, als zu appellieren: «Du musst David stärken! Nur mit David wirst du es schaffen!! Usw.»

Die erwachsenen und verantwortlichen Anteile des Alkoholkranken müssen Muskeln bekommen. Die bekommen sie aber nicht, wenn man an sie appelliert. Die bekommen sie nur, wenn sie selber mühevolle Klimmzüge vollziehen. Die Führungskraft darf nicht zum Vorturner werden – das gesunde System im Alkoholkranken braucht Eigentraining.

Mit freundlichen Grüßen

Karl Benien

Sehr geehrter Herr Benien,

Sie haben mir bisher wirklich gut geholfen. Das mit den Appellen trifft wahrscheinlich auch für mich zu. Dass ich das so häufig mache, liegt vermutlich daran, dass ich in den meisten Situationen, mit denen ich im Beruf konfrontiert werde, entweder eine Entscheidung fällen muss oder sagen soll, wer was wie zu tun hat – also einen Appell äußere. Da diese Kommunikationsart Routine wird, fällt es mir schwer, die Situationen zu erkennen, in denen ein Appell kontraproduktiv ist.

Ich melde mich wahrscheinlich zum letzten Mal. Mir fehlt aber noch etwas, nämlich einige konkrete Hinweise für ein gutes Vorgehen mit Alkoholkranken im Beruf, bei dem man möglichst wenig Verstrickungen in Kauf nehmen muss. Was schlagen Sie dafür vor?

Mit freundlichen Grüßen

Paul Sorge

Sehr geehrter Herr Sorge,

Sie fragen mich, welches Vorgehen sich für den Umgang mit alkoholkranken Mitarbeitern eignet. Zunächst stellt sich hier die Frage: Was muss beim Gespräch mit einem Alkoholabhängigen beachtet werden?

Sie müssen davon ausgehen, dass es sich immer um mehrere Gespräche handeln wird, die in ihrer Gesamtheit eine «gestufte Interventionskette» bilden (siehe auf S. 309 ff.). Die konkrete Vorgehensweise müssen Sie natürlich auf Ihr Unternehmen zuschneiden. Wenn die Gespräche auf sicherem Boden geführt werden sollen, müssen alle Beteiligten konstruktiv zusammenwirken. Als Rahmen sind ein völliges Alkoholverbot am Arbeitsplatz und eine entsprechende Betriebsvereinbarung für das gesamte Unternehmen hilfreich, da unklare Bedingungen das Suchtverhalten des Alkoholikers verstärken. Gespräche dürfen natürlich nur dann geführt werden, wenn der Mitarbeiter nüchtern und aufnahmefähig ist.

Insgesamt folgen die Gespräche dem Prinzip des konstruktiven Drucks. Durch den konstruktiven Druck soll einerseits dem Alkoholiker seine Lage klar und deutlich vor Augen geführt werden: «Wie ist die Situation und welche Konsequenzen hat Ihr Verhalten?» Aber es werden ihm auch Hilfen angeboten und Möglichkeiten aufgezeigt, wie er etwas verändern kann. Dadurch wird dem Alkoholkranken deutlich, dass er dann, wenn er nicht bereit ist, die Hilfen zur Veränderung anzunehmen, *konsequent mit den Folgen seines Verhaltens konfrontiert wird*. Letztlich soll der konstruktive Druck so auf den Süchtigen einwirken, dass ihm deutlich wird, dass eine fachkundige Behandlung nötig ist.

Die erste Maßnahme in der gesamten Interventionskette ist ein vertrauliches 4-Augen-Gespräch zwischen Führungskraft und Mitarbeiter. In diesem Gespräch soll dem Mitarbeiter deutlich werden,

1. welche konkreten Verhaltensweisen **Anlass** zur Sorge geben und welche arbeitsrechtlichen Pflichtverletzungen beanstandet werden,
2. welche **Folgen** das Verhalten auf Arbeitsprozesse hat und wie sein soziales Umfeld darauf reagiert,
3. welche (disziplinarischen) **Konsequenzen** drohen, wenn sich sein Verhalten nicht ändert,
4. welche **Möglichkeiten** zur Verhaltensänderung es gibt und welche Hilfsangebote gemacht werden können,

5. wer für was die **Verantwortung** übernehmen muss.

Dieses Gespräch stellt an die Führungskraft eine hohe Anforderung, da der Alkoholabhängige wahrscheinlich versuchen wird, sich dem Konflikt zu entziehen und alles zu verschleiern. Er stellt sich nicht seiner Situation, sondern versucht immer wieder die Vorwürfe des Vorgesetzten zu leugnen, zu entkräften oder zu widerlegen.

Typische Ausweichmanöver könnten sein:

– Verharmlosen: *«So viel trinke ich gar nicht!»*
– Ausweichen auf Erklärungen: *«Ich hatte die Nacht vorher gefeiert.»* Oder: *«Ich habe Probleme in der Ehe.»*
– Abtauchen in der Menge: *«Hier trinken doch alle!»*
– Gegenangriff: *«Sie sind doch auf Betriebsfeiern selbst immer der, der als Letzter geht!»* Oder: *«Ich wende mich an den Betriebsrat und zeige Sie wegen Verleumdung und übler Nachrede an!»* Oder: *«Warum haben Sie einen Pik auf mich?!»*
– Schuld weiterreichen: *«Der Kollege X. trinkt viel mehr als ich. Den sollten Sie mal zur Rede stellen!»*
– Verschwörungstheorie: *«Ein Komplott der Kollegen, die mir eins auswischen wollen.»*
– Verharmlosen: *«Ja, stimmt, mit der Arbeit bin ich ein paar Mal im Rückstand gewesen. Sie müssen wissen, ich bin sehr wetterfühlig und habe deshalb große Schlafprobleme.»*

Aus diesen Gründen sollte jedes Gespräch gut vorbereitet sein. Zur Gesprächsvorbereitung und Durchführung kann folgende Checkliste hilfreich sein:

Gesprächsvorbereitung

Das 4-Augen-Gespräch sollte in Ruhe vorbereitet werden, damit man sich mental auf eine bestimmte Strategie einstellen kann. Ein Gespräch mit mehreren Gesprächsteilnehmern (Vorgesetzter, Betriebsrat, Personalabteilung usw.), welches in der Interventionskette folgen kann, bedarf einer gemeinsamen Vorbereitung zur Abstimmung der Ziele und des Vorgehens. Folgende Aspekte und Fragestellungen gehören in die Vorbereitung:

Situation und Gesprächseinstieg
- Ist eine ungestörte Gesprächssituation gesichert? (Tür geschlossen, keine Anrufe zwischendurch etc.)
- Wie will ich beginnen? Passt es, das Gespräch positiv zu beginnen? Wie leite ich das Gespräch positiv ein? (Lob der guten Zusammenarbeit, als gutes Team ...)

Selbstklärung
- Was kann ich tun, damit es mir im Gespräch gut geht? (Wenn ich mich wohl fühle, kann ich besser ein gutes Gespräch führen!)
- Wie ist meine grundsätzliche Einstellung zu diesem Gespräch? Hier helfen die selbstkritischen Fragen
  • Wollen wir dem Mitarbeiter die Chance bieten, seinen Arbeitsplatz zu erhalten, oder wollen wir ihn auf eine Art loswerden, die bei uns möglichst wenig Schuldgefühle hinterlässt?
  • Können wir einen trockenen, aber alkoholabhängigen Mitarbeiter als Kranken akzeptieren?
  • Werden wir Rückschläge bei unserer Vorgehensweise und unseren Hilfsangeboten ertragen und mittragen können?
- Was muss ich tun, um die zwei wichtigen Prinzipien zu leben:
  1. Beurteilen: Ja! – Verurteilen: Nein!
  2. Höre den Mitarbeiter nicht an – höre ihm zu!
- Mit welcher inneren Mannschaftsaufstellung (Inneres Team) gehe ich in das Gespräch? Welche inneren Stimmen melden sich in mir, wenn ich an den betroffenen Kollegen und das Thema Alkohol denke? Beispielsweise
  • der «Genervte», der sagt: «*Ewig diese leeren Versprechungen! Ich mach das nicht mehr mit!*»
  • der «Menschenfreund», der sagt: «*Na ja, wenn er nüchtern ist, ist er ganz in Ordnung, und jemanden mit Problemen darf man nicht einfach fallen lassen!*»
  • der «Konfliktscheue», der sagt: «*Ich will mich nicht unbeliebt machen, und vielleicht wird es ja doch ein nettes Gespräch!*»

- der «Firmenverantwortliche», der sagt: «*Die Produktion muss laufen!*»
- der «Ungeduldige», der sagt: «*Jetzt hilft nur noch die Kündigung!*»
- der «Helfer», der sagt: «*Vielleicht sollte ich mit ihm das dahinter liegende Problem erforschen?*»
- der «Moralapostel», der sagt: «*Wie kann einem nur so etwas passieren? Reine Willensschwäche!*»

– Welche Inneren Teammitglieder könnten mich verführen, Du-Botschaften zu benutzen, die mich in eine unfruchtbare Eskalation und langwierige Diskussion verwickeln? Beispielsweise könnte die innere Stimme des «Anklägers» den Vorgesetzten verführen, eine Diagnose abzugeben:

Vorgesetzter: «*Sie haben Alkoholprobleme?*»

Mitarbeiter: «*Wieso!*»

Vorgesetzter: «*Na ja, jemand, der so viel trinkt wie Sie, hat doch wohl Probleme mit dem Alkohol – oder?*»

Mitarbeiter: «*Ich trinke nicht mehr als andere auch!*»

Vorgesetzter: «*Aber das ist doch offensichtlich!*»

Mitarbeiter: «*Nein, das stimmt nicht!*»

Vorgesetzter: «*Aber Herr M., machen Sie sich selbst und mir doch nichts vor!*» Usw. usf.

– Zur Vorbereitung auf angemessene Ich-Botschaften können folgende Selbstklärungsfragen hilfreich sein:

«*In welche Schwierigkeiten bringt mich sein unberechenbares Verhalten?*»

«*Welche Ausreden musste ich schon für den Kollegen erfinden?*»

«*Wie oft habe ich schon lügen müssen?*»

«*Welche Dinge musste ich schon tun, die ich eigentlich nicht tun wollte?*»

Erst nach Klärung solcher Fragen kann der Gesprächsführer seine Reaktionen und seine Last mitteilen und deutlich aussprechen. Häufig erfährt der Betroffene dadurch zum ersten Mal, wie die Umwelt auf ihn reagiert.

Fakten

- Welche Fakten, welches Fehlverhalten und welche arbeitsrechtlichen Pflichtverletzungen aus den letzten Wochen kann ich konkret anführen? (Fehlzeiten, Kundenbeschwerden, Leistungsmängel, Terminversäumnisse, Verhaltensauffälligkeiten)
- Welche Fakten oder Erinnerungsstützen sind wichtig, sodass ich sie als schriftliche Gesprächsnotizen mit in das Gespräch bringen sollte?

Thema Alkohol

- Wie will ich konkret das Thema «Alkohol» ansprechen? Wie kann ich Ross und Reiter benennen, ohne zu diagnostizieren und ohne Vorwürfe und Pauschalvorhaltungen zu machen?
- Welche arbeitsrechtlichen und disziplinarischen Konsequenzen kann und will ich ziehen, wenn die Auffälligkeiten nicht abgestellt werden? Müsste ich sie vorher mit der Personalabteilung und dem Betriebs-/Personalrat absprechen?
- Welche Hilfsangebote bestehen? Muss ich mich vorher sachkundig machen? Welche will ich anbieten?

Ziele und Vereinbarungen

- Was könnte ein realistisches Ziel für das Gespräch sein?
- Mit welcher festen Vereinbarung will ich das Gespräch beenden?
- Wann könnte der Termin für das nächste Gespräch sein?

Während der Gespräche in der Interventionskette gelten folgende Gesprächsregeln:

- Keine wohlmeinenden Appelle oder «guten Ratschläge».
  Appelle wie «*Sie müssen sich zusammenreißen und weniger trinken. Am besten Sie verzichten ganz auf den Alkohol!*» bringen wenig. Diese Versuche scheitern, da der Betroffene wahrscheinlich selbst oft genug versucht hat, weniger zu trinken oder ganz aufzuhören. Die Gefahr liegt hier darin, dass der Gesprächsführer entweder blauäugigen Versprechungen vertraut und sich auf Absichtserklärungen einlässt («*Ich habe aus diesem Gespräch sehr viel gelernt. Nun ist endgültig Schluss mit der Trinkerei. Ich will Ihnen und dem Betrieb keinen Kummer mehr*

machen!») oder der erneuten Verführung unterliegt, sich auf endlose Diskussionen über Alkoholmengen oder Ursachen einzulassen, die zu nichts führen.

– Rollenklarheit
Die Aufgabe des Gesprächsführers ist es, seine betriebliche Rolle beizubehalten und sich vor der «Einladung» zu schützen, Retter oder Helfer zu spielen. Als Vorgesetzter kann man Hilfen für den Veränderungsprozess anbieten und sich selbst durch klare Absprachen und konsequente Einhaltung der Vereinbarungen vor «Rückfällen» schützen.

– Verantwortungsklarheit
Auch der alkoholabhängige Mitarbeiter besitzt ein Recht auf seine Autonomie. Er ist für sein Leben, seine Gefühle und seine Probleme selbst verantwortlich. Der Vorgesetzte kann dem Betroffenen die Chance verdeutlichen, die diese Gespräche für ihn bedeuten – er sollte aber keine Verantwortung für notwendige Veränderungsschritte übernehmen, sondern notfalls immer wieder die Opferhaltung des Betroffenen aufdecken. Nur der Betroffene selbst kann sich verändern! Er muss die notwendigen Veränderungsschritte selbst gehen – der Vorgesetzte kann ihn bei den ersten Schritten allenfalls unterstützen. Als Voraussetzung gilt, dass der Vorgesetzte die Illusion aufgibt, den Süchtigen kontrollieren zu können.

– Akzeptieren der eigenen Hilflosigkeit bei diesem Problem
Der Vorgesetzte muss sich vom Problem des Alkoholabhängigen lösen und sich auf sich selbst konzentrieren. Er hat in seiner Rolle bei diesem Thema genug eigene Schwierigkeiten und Aufgaben. Zu seiner Hauptaufgabe gehört es jetzt, dem Abhängigen durch Auflagen und Vereinbarungen Grenzen zu setzen und bei Grenzverletzungen einzuschreiten.

Das Kritikgespräch als erstes Interventionsgespräch

Der Ablauf des ersten Gesprächs zwischen Führungskraft und Mitarbeiter lässt sich mit einem Rampenmodell verdeutlichen.

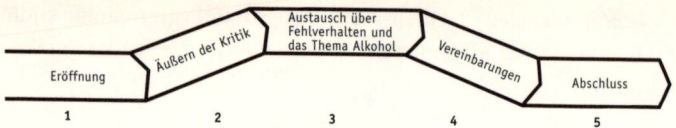

Erstes Interventionsgespräch: Das Kritikgespräch

1. Eröffnung

Nach einer respektvollen Begrüßung sollte ohne große Umschweife der Anlass des Gesprächs offen gelegt werden. Schon jetzt sollte die Führungskraft die Gelegenheit nutzen, auf die Bedeutung und den Ernstcharakter des Gesprächs hinzuweisen. Insgesamt sollte die Art der Gesprächseröffnung einerseits deutlich machen, wie bedrohlich die Situation ist, und zum anderen eine Gesprächsatmosphäre schaffen, die es möglich macht, offen über das Tabuthema Alkohol zu sprechen. Der Mitarbeiter sollte während der Gespräche fühlen können, dass er nicht abgelehnt oder fertig gemacht werden soll, sondern dass der Wunsch, ihn auf dem Weg aus der Sucht zu unterstützen, das Motiv für die Gespräche ist.

Beispiel: «*Guten Tag, Herr Müller, ich habe Sie zu diesem Gespräch gebeten, da ich mit Ihnen ein wichtiges Thema besprechen möchte. Sie sind jetzt seit sieben Jahren in dieser Abteilung und haben sich zu einer guten Fachkraft auf Ihrem Gebiet entwickelt. Wie Sie aus den bisherigen Mitarbeitergesprächen und auch sonstigen Kontakten entnehmen konnten, schätze ich Ihre Arbeitsleistungen sehr. Außerdem sind Sie freundlich, zuverlässig und springen bereitwillig für andere ein. In letzter Zeit sind mir jedoch einige Verhaltensweisen aufgefallen, über die ich gerne mit Ihnen sprechen möchte. Es ist mir in diesem Gespräch wichtig, offen mit Ihnen über die Schwierigkeiten reden zu können und am Schluss zu Vereinbarungen zu kommen, die eine Veränderung möglich machen. Da wir bisher gut und kooperativ zusammengearbeitet haben, biete ich Ihnen auch gerne meine Unterstützung an. Ich habe mir einige Aspekte notiert, auf die ich jetzt im Einzelnen zu sprechen kommen möchte. Ich bin dabei jeweils sehr an Ihrer Meinung und Stellungnahme interessiert. Alles, was wir hier besprechen, werde ich vertraulich behandeln. Ich werde das Ergebnis dieses Gesprächs schriftlich festhalten und Ihnen die Gesprächsnotiz zukommen lassen ...»*

2. Äußern der Kritik

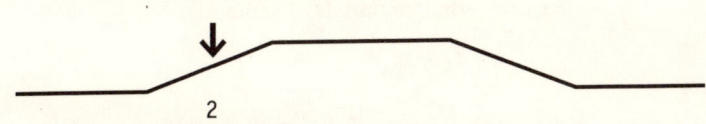

An dieser Stelle kann der Vorgesetzte benennen, welche konkreten Verhaltensauffälligkeiten und Pflichtverletzungen beanstandet werden (nachlassende Arbeitsleistung, Häufung von Arbeitsfehlern und Fehlentscheidungen, gravierende Leistungsschwankungen, häufige Abwesenheit vom Arbeitsplatz aus unklaren Gründen, Unzuverlässigkeit bei getroffenen Absprachen, Versäumen von Terminen, zu spät zur Arbeit kommen, Unpünktlichkeit etc.).

Der Vorgesetzte kommt also ohne Umschweife zum Thema und bemüht sich um eine konkrete Darstellung der Auffälligkeiten, möglichst mit genauer Angabe über Ort, Datum, Tageszeit und andere anwesende Personen. Nachdem er mehrere Fakten genannt hat, sollte er ohne Scheu das Wort «Alkohol» erwähnen. Dabei sollte er Begriffe wie «Alkoholiker» «alkoholkrank» oder «süchtig» möglichst vermeiden. Er ist zu diesen Diagnosen nicht berechtigt, da er keine Kompetenz besitzt. Er ist jedoch zu der Vermutung berechtigt, dass die Probleme alkoholbedingt sind. Deshalb sollte er sich bemühen, objektive Fakten und beobachtete Verhaltensauffälligkeiten von subjektiven Vermutungen über Ursachen und Hintergründe zu trennen. Er sollte also nicht sagen: «*Sie sind Alkoholiker!*» (vermutende Diagnose), sondern: «*Ich habe den Eindruck, dass Ihre Schwierigkeiten alkoholbedingt sind.*» Hinzufügen kann er noch: «*Ob Sie ernsthafte Alkoholprobleme haben oder nicht, können Sie am besten selbst beurteilen, mir ist jedoch aufgefallen, dass Sie am ... (Datum und Uhrzeit) und am ... (Datum und Uhrzeit) stark nach Alkohol gerochen haben, und am ... (Datum und Uhrzeit), als ich abends nach Hause gehen und noch einige Papiere auf Ihren Schreibtisch legen wollte, habe ich zufällig eine Flasche hochprozentigen Alkohol entdeckt. Wie Sie wissen, ist Alkohol bei uns am Arbeitsplatz verboten.»*

Zum Schluss kann er auch noch vorhandene Dienstvereinbarungen aushändigen.

3. Austausch über Fehlverhalten und das Thema Alkohol

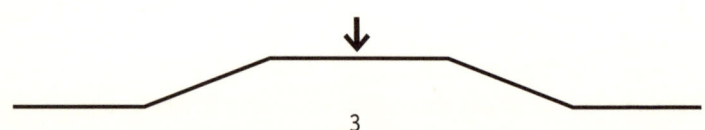

3

Sich interessieren und zuhören
Nachdem der Vorgesetzte Ross und Reiter benannt und eine klare Grenzsetzung vollzogen hat, bekommt der Mitarbeiter die Gelegenheit zur Stellungnahme. Hier sollte der Vorgesetzte zunächst einmal aktiv zuhören und dem Mitarbeiter die Chance geben, seine Sichtweise offen zu legen. Dazu muss er an der Stellungnahme des Mitarbeiters wirklich interessiert sein und dieses Interesse auch zeigen. Sollte der Mitarbeiter abschweifen, so ist es Aufgabe der Gesprächsführung, beim Thema zu bleiben und sich nicht auf Nebengleise locken zu lassen. Außerdem gilt das Motto «Ein Thema zu einer Zeit».

Indem der Vorgesetzte dem anderen wirklich zuhört, erwirbt er wichtige Kenntnisse. Vielleicht erfährt er schon an dieser Stelle etwas darüber, welche Lösungswege sich der Betroffene ausgedacht hat. Sie können dann gemeinsam mit dem Vorgesetzten durchgesprochen werden. Dabei gilt es zu beachten, dass zu großes Verständnis für vermeintliche Ursachen der Alkoholabhängigkeit dazu verführen kann, langsam und unbemerkt in das Spiel «Verantwortungsabgabe» einzusteigen.

308

Arbeitsrechtliche Konsequenzen aufzeigen

Hier kann die Führungskraft auf die realen Schwierigkeiten und die aus dem Verhalten des Mitarbeiters resultierenden Probleme hinweisen. Diese Probleme können im Arbeitsablauf oder im sozialen Umfeld liegen. Eventuell kann die Führungskraft auch ansprechen, zu welchem Verhalten sie sich bisher genötigt gesehen hat (den Mitarbeiter schützen, schonen, für ihn lügen etc.).

Auch wenn es sich um das erste offizielle Gespräch zu diesem Thema handelt, das somit noch keine arbeitsrechtlichen Konsequenzen nach sich zieht, sollte die Führungskraft schon hier derartige Konsequenzen ansprechen. Vor allem soll auf die realen Schwierigkeiten eingegangen werden, die aus dem Verhalten des Mitarbeiters resultieren. Der Mitarbeiter wird damit von Beginn der Interventionskette an darüber informiert, was geschieht, wenn er sein Verhalten nicht ändert. Er trägt vor allem deswegen die Verantwortung für sein Verhalten, weil ihm die Konsequenzen seines Verhaltens schon vorher deutlich gemacht wurden. Jede Verhaltensentscheidung von ihm ist damit auch die eigenverantwortliche Entscheidung eines erwachsenen Menschen.

Hilfe anbieten

Damit der Betroffene erkennt, wo nach Meinung des Vorgesetzten das Problem liegt und welche Schritte zur Problemlösung geeignet sind, kann der Vorgesetzte vorhandenes Informationsmaterial über Hilfsangebote anbieten und zum Beispiel einen Testbogen zur Selbsteinschätzung aushändigen. Er kann die einzelnen Hilfsmöglichkeiten und Beratungsangebote mit dem Betroffenen durchsprechen, sodass im Dialog deutlich wird, welche Hilfsmöglichkeiten geeignet erscheinen und welche nicht.

Der Vorgesetzte sollte den Mitarbeiter dabei ruhig ermutigen, etwas für sich und für die Erhaltung seiner Arbeitsfähigkeit zu tun. Er muss dabei allerdings die Balance herstellen zwischen Respekt gegenüber den häufig auftretenden ausweichenden Erklärungsversuchen des Mitarbeiters und Festigkeit in seinem Anspruch auf Änderung in den Problembereichen.

4. Vereinbarungen

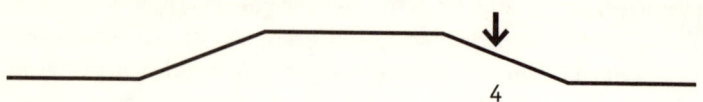

4

Durch Nachfragen und Zuhören kann die Führungskraft erfahren, welche Lösungsmöglichkeiten der Betroffene sich vorstellt. Das Gespräch sollte auf keinen Fall beendet werden ohne

- eine Zusammenfassung der wichtigsten Punkte,
- die Festsetzung einer Zeitspanne für die geforderten Änderungen,
- die Ankündigung von Leistungskontrollen,
- eine klare Vereinbarung über weitere Maßnahmen und Konsequenzen,
- eine Ankündigung des nächsten Gesprächs (klarer Zeitraum) für den Fall, dass es wieder zu Verletzungen des Arbeitsvertrags kommt.

5. Abschluss

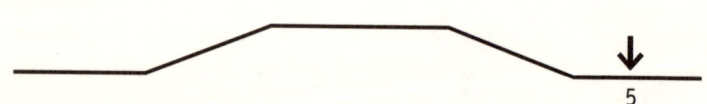

5

Mit respektvollen Worten an den Mitarbeiter, aber ohne Floskeln, Verharmlosungen, Verkleinerungen oder Bagatellisierungen kann, nachdem noch einmal auf das Gesprächsprotokoll eingegangen und eventuell darauf hingewiesen wurde, dass es noch keine Eintragung in die Personalakte geben wird, das erste Gespräch beendet werden.

Ziel dieses ersten Gesprächs war es, beim Alkoholkranken die häufig unzureichende Problemeinsicht zu fördern, ihn zu aktivieren, sich Hilfe zu holen, und ihm unmissverständlich klar zu machen, dass er sich seinen Arbeitsplatz erhalten muss. Dabei gilt es zu bedenken, dass bei Alkoholkranken die Veränderungsmotivation nicht Voraussetzung, sondern häufig Ergebnis der gesamten Interventionskette ist.

Das gesamte Vorgehen entlang der Interventionskette führt nicht immer zum Happy End – also zu einem langfristig trockenen Alkoholiker mit Arbeitsplatz und tragfähigem sozialem Umfeld. Rückfälle sind die Regel, sie führen aber nicht automatisch wieder auf das alte Niveau, sondern können einen Entwicklungsschritt bedeuten. Die Grundeinstellung der Führungskraft sollte vom ehrlichen Wunsch getragen sein, den Mitarbeiter zu ermutigen, die Verantwortung für sein Verhalten zu übernehmen.

Diese Haltung im ersten Kritikgespräch eröffnet nach meiner Erfahrung häufig eine längere Phase mit mehreren Interventionsschritten. Das Abwehrsystem des Alkoholkranken erfordert dies. Die einzelnen Schritte des gestuften Vorgehens für den Umgang mit Alkoholikern in der Berufssphäre könnten folgendermaßen aussehen, wobei es nicht immer bis zur 6. Stufe kommen muss:

Schrittfolgen	Beteiligte	Themen (Was und Wie)
1. Stufe: Kritikgespräch	Vorgesetzter, Betroffener	Vertrauliches 4-Augen-Gespräch führen und hier – offene Atmosphäre in Bezug auf Abhängigkeit herstellen, – Verhaltensveränderung und Auffälligkeiten im Arbeits-, Sozial- und Trinkverhalten ansprechen, – Fehlverhalten und die sich daraus ergebenden Auswirkungen auf das Arbeitsumfeld konkret aufzeigen, – auf Beratungsmöglichkeiten hinweisen, – Betroffenen ermutigen, etwas für sich und für die Erhaltung seiner Arbeitsfähigkeit zu tun, – Aushändigen der Dienstvereinbarung des Unternehmens, – Suchtliteratur zur Selbsteinschätzung anbieten, – Leistungskontrolle ankündigen.
2. Stufe:		

Wenn das alkoholbedingte Fehlverhalten weiter andauert, nach ca. 8 Wochen:

Ermahnung	Vorgesetzter, Betroffener, Suchtberater	Zweites nachdrückliches Gespräch, um Verschleppungstaktik des Betroffenen nicht zu unterstützen. Der Betroffene wird ermahnt und ihm wird mitgeteilt, dass bei fortdauernder Auffälligkeit die Personalabteilung eingeschaltet wird und arbeitsrechtliche Konsequenzen eingeleitet werden.

312

Schrittfolgen	Beteiligte	Themen (Was und Wie)
2. Stufe		Suchtberater zeigt Wege zur Hilfe auf, händigt Adressen der örtlichen Selbsthilfegruppen und Beratungsstellen aus und macht selbst Gesprächsangebote Der Eintrag in die Personalakte.

Wenn der Abhängige weiter trinkt, ca. 8 Wochen später:

Schrittfolgen	Beteiligte	Themen (Was und Wie)
3. Stufe: Verwarnung	Vorgesetzter, Betroffener, Personalabteilung, Betriebsrat, Suchtberater	Vorgesetzter weist erneut auf das Fehlverhalten hin, der Vorgesetzte und die Personalabteilung sprechen eine offizielle Verwarnung aus, dabei wird deutlich auf weitere arbeitsrechtliche Folgen der bisherigen Uneinsichtigkeit hingewiesen. Erneut betriebliche Hilfsangebote erklären und besprechen. Diese Hilfen werden, unter Berücksichtigung einer angemessenen Bedenkzeit, zur Auflage gemacht (schriftlich). Vereinbarung über die Annahme eines Therapieangebotes treffen. Ankündigung, dass bei Ablehnung des Hilfsangebotes unmittelbar nach der Bedenkzeit konkrete arbeits- oder dienstrechtliche Konsequenzen gezogen werden.

Schrittfolgen	Beteiligte	Themen (Was und Wie)

Wenn keine Änderung eintritt und die konkreten Hilfsangebote abgelehnt wurden, nach ca. 12 Wochen:

4. Stufe: 1. Abmahnung	Vorgesetzter, Betroffener, Personalabteilung, Betriebsrat, Suchtberater	Die in Stufe 3 angekündigten Maßnahmen werden ergriffen: – der Vorgesetzte weist auf die bisherige Uneinsichtigkeit hin, – die Personalabteilung händigt die 1. schriftliche Abmahnung aus, – die 2. schriftliche Abmahnung und weitere arbeitsrechtliche Maßnahmen werden angekündigt, falls die konkreten Hilfsangebote weiterhin abgelehnt werden.

Wenn keine Veränderung, nach ca. 6 Wochen:

5. Stufe: 2. Abmahnung	Vorgesetzter, Betroffener, Personalabteilung, Betriebsrat	Die Personalabteilung händigt die 2. angekündigte schriftliche Abmahnung aus. Vorgesetzter, Personalabteilung und Betriebsratsmitglied machen gemeinsam dem Betroffenen deutlich, dass es nun keinen Zweifel mehr darüber geben kann, dass die erneuten Verletzungen der arbeitsvertraglichen Verpflichtungen suchtbedingt sind. Es wird dem Betroffenen unmissverständlich deutlich gemacht, dass es bei erneuter Pflichtverletzung zur Kündigung kommen wird.

Schrittfolgen	Beteiligte	Themen (Was und Wie)

Wenn keine Veränderung, nach ca. 6 Wochen:

| 6. Stufe: Kündigung | Vorgesetzter, Betroffener, Personalabteilung, Betriebsrat | Der Vorgesetzte benennt die erneuten Verletzungen. Die Personalabteilung spricht die Kündigung aus. Eventuell Hinweis, dass sich der Mitarbeiter binnen eines Jahres nach der Kündigung sowie nach erfolgreichem Abschluss einer Therapie und mindestens sechsmonatiger Abstinenz vom Alkohol wieder bewerben kann. |

Sollte ein Rückfall eintreten, folgt ein Gespräch wie in Stufe 3 vorgesehen. Das weitere Vorgehen kann bis zur 6. Stufe führen.

Es wäre nun fatal, würde man nur diese Vorgabe korrekt abarbeiten. Der gesamte Ablauf sollte getragen sein von Respekt gegenüber dem Betroffenen und von der Einsicht in die jeweilige Situationswahrheit. Das entscheidende Moment bei dieser gestuften Interventionskette ist die Möglichkeit des Betroffenen, das weitere Vorgehen mitbestimmen zu können. Er entscheidet mit seinem Verhalten sowohl über seine berufliche Zukunft als auch über seine Gesundheit. Willigt er in eine Behandlung ein, sind externe Hilfsangebote notwendig.

Der Behandlungsplan einer Therapie als letztes Glied der gesamten Interventionskette sieht in vielen Fällen fünf Schritte vor:

1. Kontakt- und Beratungsphase: Hier wird mit dem Betroffenen über die geeignete Behandlungsform und über die Kostenfragen entschieden.
2. Körperliche Entgiftungsphase: Dies ist häufig eine stationäre Therapie in einer Fachklinik für Suchtkranke.
3. Therapiephase: Die Entwöhnungsbehandlung findet ambulant und stationär in psychosozialen Beratungs- und Behandlungsstellen statt.

4. Integrationsphase: Der nun abstinent lebende Mitarbeiter soll hier wieder in das soziale Umfeld des Unternehmens integriert werden. Wenn der Betroffene einverstanden ist, werden seine Kollegen über die Krankheit Alkoholismus informiert und mit den wichtigsten Verhaltensweisen gegenüber dem Betroffenen vertraut gemacht. In begleitenden Rückkehrgesprächen mit dem Betroffenen soll abgeklärt werden, wie belastbar er ist und wo er wieder eingesetzt werden kann.

5. Nachsorgephase: Die abstinente Lebensweise des Betroffenen muss unterstützt werden. Hier können vor allem (betriebliche) Selbsthilfegruppen (Anonyme Alkoholiker, Blaues Kreuz, Guttempler, Kreuzbund) mitwirken.

Das konsequente Verhalten des gesamten sozialen Umfelds ist meiner Meinung nach der Schlüssel zum Gelingen. Nur so kann der Alkoholabhängige für eine Verhaltensveränderung motiviert werden. Im Lauf der Suchtentwicklung erlebt der Abhängige immer wieder, dass er Abstinenzversprechungen nur schwer halten kann und rückfällig wird. Seine Umgebung jedoch wird ebenfalls ständig rückfällig, wenn Partner, Vorgesetzte und Kollegen Auflagen und angedrohte Konsequenzen nicht durchsetzen. Damit wird die Abhängigkeit nur verlängert und verschlimmert. Hilfreich kann es jedoch sein, wenn in einem abgestuften Konzept, wie es hier beschrieben und von vielen Firmen schon erfolgreich praktiziert wird, das einseitige Versprechen des Abhängigen in einen zweiseitigen Vertrag umgewandelt wird, worin auch Vertragsbrüche und entsprechende Konsequenzen festgehalten sind. Dabei kommt es natürlich darauf an, individuelle Auflagen zu finden, die den Abhängigen nicht über- oder unterfordern oder ihn nicht durch zu großen Druck in eine ausweglose Lage bringen.

Vielleicht erscheint Ihnen das hier beschriebene Vorgehen ernüchternd. Als Anteil nehmende Mitmenschen halten wir es häufig nur schwer aus, wenn ein Mensch sich so verhält, dass er sich selbst schadet und immer tiefer in eine psychische Krankheit oder Lebenskrise gleitet.

Der Mensch in einer Lebenskrise
(vgl. Thomann, Schulz von Thun, 1988, S. 307)

Erahnen wir, dass Alkoholabhängigkeit ein «Spiel mit dem Tod» ist, und müssen wir zusehen, wie der Abhängige immer tiefer in eine Lebenskrise abrutscht, dann möchten wir helfen. Häufig so, indem wir ihn aus dem «Jammertal» herausziehen wollen.

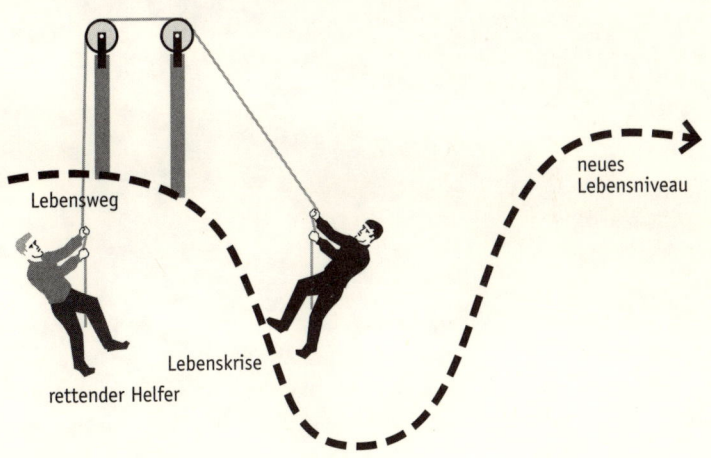

Fragwürdiges «Helfen» in einer Lebenskrise

Vielleicht muss dieser Mensch für seine persönliche Entwicklung die Lebenskrise jedoch erst wirklich durchleben und auch durchleiden. Das Krisental muss man aber nicht allein und mit zusammengebissenen Zähnen durchschreiten. Es ist hilfreich, wenn es im sozialen Umfeld Menschen gibt, die einen verstehen und professionell begleiten können. Was der Betroffene selbst dazu beitragen kann, ist, mit seinen Gefühlen neu umzugehen lernen.

Wir können währenddessen nur unseren bescheidenen Teil dazu beitragen; Sie, lieber Herr Sorge, indem Sie ihn klar und deutlich mit den Konsequenzen seines Verhaltens konfrontieren und ihm Hilfsangebote (soziale Dienste, Betriebsarzt, Suchtberater, interne Suchtarbeitsgruppen, externe Beratungsstellen, Selbsthilfegruppen, Therapieangebote) machen. Ihr nächster Schritt sollte dann sein, dass Sie sich mit der Personalabteilung zusammensetzen und gemeinsam überlegen, welche Schritte in Ihrem Unternehmen angemessen sind.

Mit freundlichen Grüßen

Karl Benien

Anhang

Kurzfassungen zum Kopieren

Mitarbeitergespräch
Checkliste zur Vorbereitung für den Vorgesetzten

Allgemeines
1. Was sind die Aufgabenschwerpunkte des Mitarbeiters?
2. Gab es Veränderungen oder besondere Ereignisse in seinem Tätigkeitsgebiet?
3. Mit welchen Veränderungen ist in Zukunft zu rechnen?
4. Mit welchen Beispielen lässt sich meine persönliche Einschätzung belegen?

Zielerfüllung
1. Wie weit wurden vereinbarte Ziele erreicht?
2. Welche besonderen Arbeitsergebnisse, Verhaltensänderungen oder Leistungen (Zusatzaufgaben, Projektarbeit) sollte ich besonders hervorheben?
3. Welche Ziele wurden nicht erreicht?
4. Was weiß ich über die Hintergründe? (zum Beispiel Rahmenbedingungen, äußere Umstände)

Zusammenarbeit
1. Wie ist der Mitarbeiter im Team integriert?
2. Wie ist sein Kontakt zu anderen Abteilungen und zu Kunden?
3. Wie beurteile ich meine persönliche Beziehung zum Mitarbeiter?
4. Beziehe ich ihn in Entscheidungen ein, die seinen Arbeitsbereich berühren?
5. Gibt es Probleme, die immer wieder auftauchen? (Beispiele)
6. Bin ich schuldlos daran und welche Erwartungen hat der Mitarbeiter dabei an mich?
7. Muss ich mir als Vorgesetzter Fehler eingestehen und bin ich bereit, sie zuzugeben?

Zielvereinbarungen

1. Welche neuen Leistungs- und Verhaltensziele sollten vereinbart werden?
2. Was könnten neue mögliche Aufgabenschwerpunkte sein?
3. Müssen und können zusätzliche Kompetenzen übertragen werden?
4. Mit welchen Schwierigkeiten ist bei der Zielverfolgung zu rechnen?
5. Welche Unterstützung braucht der Mitarbeiter von mir oder von anderen?

Entwicklungsstand und Fördermaßnahmen

1. Wo liegen die Stärken des Mitarbeiters?
2. Wo liegen die Schwächen?
3. In welchen Bereichen könnte sich der Mitarbeiter noch weiter entwickeln?
4. Welche Schulungen in welchem Zeitraum sind erforderlich?

Mitarbeitergespräch
Checkliste zur Vorbereitung für den Mitarbeiter

Allgemeines

1. An welchen Aufgaben und Arbeitszielen habe ich in dem zurückliegenden Zeitraum hauptsächlich gearbeitet und welche Arbeitsergebnisse wurden dabei erzielt?
2. Haben sich in letzter Zeit in meinem Arbeitsumfeld Veränderungen ergeben?
3. Wie erlebe ich die derzeitigen Arbeitsbedingungen (Arbeitsplatz, Arbeitszeit, personelle Unterstützung und materielle Ausstattung)?
4. Welche Veränderungen möchte ich anregen?
5. Wo tauchen Schwierigkeiten auf und was ist im internen Arbeitsablauf zu verbessern?
6. Was gefällt mir an meiner gegenwärtigen Arbeit besonders gut und was weniger gut?

Zielerfüllung

1. Welche vereinbarten Ziele habe ich in welchem Umfang erreicht?
2. Welche vereinbarten Ziele konnte ich nicht erreichen? Welche Gründe gibt es dafür?
3. Wodurch wurde ich bei meiner Arbeit gefördert? Behindert?
4. Wie schätze ich meine Arbeitsleistung insgesamt ein?

Zusammenarbeit

1. Wie erlebe ich die Zusammenarbeit in meiner Gruppe?
2. Arbeite ich in einer respektvollen Kommunikationsatmosphäre, in der Aufgeschlossenheit für meine Ideen herrscht und in der meine Ansichten gewürdigt werden?
3. Wie beurteile ich die Zusammenarbeit mit meinem Vorgesetzten?
4. Erkennt er meine guten Leistungen an?
5. Hört er mir zu und lässt er mich ausreden?
6. Bin ich über alle Angelegenheiten, die meine Arbeit unmittelbar und mittelbar betreffen, rechtzeitig und ausreichend informiert?

7. Bekomme ich genügend Rückmeldungen über meine Arbeitsweise, sodass ich erkennen kann, was gut und was verbesserungsfähig ist?
8. Ist die Art, wie er mich kritisiert, für mich in Ordnung?
9. Kann ich so selbstständig arbeiten, wie es für mich und meine Aufgaben gut ist?
10. Werde ich in die Entscheidungen einbezogen, die meinen Arbeitsbereich betreffen?
11. Durch welche Maßnahmen könnte die Zusammenarbeit verbessert werden?

Zielvereinbarung
1. Welche Leistungsziele erscheinen mir künftig besonders wichtig?
2. An welchen Verhaltenszielen sollte ich stärker arbeiten?
3. Woran wird man bemerken können, dass ich mein Ziel erreicht habe?
4. Welche Voraussetzungen brauche ich für das Erreichen meiner Ziele?

Entwicklungspotenziale und Fördermaßnahmen
1. Auf welche besonders guten Leistungen will ich meinen Vorgesetzten hinweisen, falls ich den Eindruck gewonnen habe, dass er davon nichts erfahren hat?
2. Kann ich bei der gegenwärtigen Aufgabe meine Fachkenntnisse und Fähigkeiten voll einsetzen?
3. Welche zusätzlichen Kenntnisse würden mir helfen, meine Aufgaben noch besser zu erledigen?
4. Was müsste an meinem Arbeitsplatz verändert werden, damit ich meine Stärken noch besser einsetzen kann?
5. Wie stelle ich mir meine weitere berufliche Entwicklung vor und welche Unterstützung (zum Beispiel Schulung) brauche ich dafür?

Vorgehen in Besprechungen und Konferenzen

Gesprächsphasen	Vorgehensempfehlung
1 Kontakt- und Situationsklärung	**Aufgabe: Situationswahrheit verdeutlichen und Arbeitsbündnis herstellen** 1. Begrüßung durch den Einladenden. 2. Sinn- und Zielklärung: Worum geht es und wie kam das Treffen zustande? 3. Wer ist aus welchem Grunde, in welcher Rolle, mit welchem Interesse anwesend? 4. Zielklärung: Abklären, ob alle der Begegnung denselben Sinn beimessen. 5. Rollenklärung: Welche spezifischen Aufgaben (z. B. Moderation, Protokollant) sollen hier von wem übernommen werden? 6. Anfangsrunde (Ich-Runde): Persönliche Ausgangslage und Stimmung erkunden.
2 Themenfindung	**Aufgabe: Situationsplanung und gemeinsamen thematischen Rahmen schaffen** 1. Klären: Wer braucht welche Informationen, um hier arbeitsfähig zu sein? 2. Das Wie besprechen und Spielregeln absegnen lassen. 3. Themenerhebung (Visualisieren). 4. Einigung über Thema herbeiführen. 5. Ziele und grobe Zeitplanung für die einzelnen Themen festlegen. 6. Reihenfolge bestimmen. 7. Gewähltes Thema zum roten Faden machen.
3 Themenbesprechung	**Aufgabe: Dialog und inhaltliche Auseinandersetzung mit den Themen** Moderationsaufgaben: – Bei jedem Thema die Startfrage formulieren. – Die Folgerichtigkeit der Gesprächsbeiträge beachten. – Unterschiedliche Meinungen ermöglichen und anfragen. – Evtl. Zwischenresümee geben. – Den roten Faden und die Zeit im Auge behalten. – Für Einhaltung der Gesprächsregeln sorgen.
4 Gemeinsame Lösungssuche	**Aufgabe: Beschlüsse fassen und Ergebnisse sichern** 1. Ergebnisse zusammenfassen. 2. Unterschiedliche Meinungen identifizieren und Grundkonflikte definieren. 3. Schon angebotene Entscheidungen und Lösungen aufgreifen. 4. Bei Entscheidungsbedarf den Entscheidungsmodus klären. 5. Lösungen erarbeiten. 6. Verbindliche Vereinbarungen sicherstellen und Verantwortlichkeiten abklären. Gefahr: Diskussionsleiter fasst lenkend zusammen, sodass seine Meinung als gemeinsamer Beschluss erscheint.
5 Abschluss	**Aufgabe: Zukunftsblick und Abschluss** 1. Sachliche Ebene: Was wurde erreicht und was ist noch offen? 2. Beziehungsebene: Wie haben Sie die Zusammenarbeit erlebt? 3. Dank und Würdigung des Einladenden (nicht zu dick auftragen). 4. Abschied.

Mitarbeitergespräch

Gesprächsphasen	Vorgehensempfehlung
1 **Eröffnung**	1. Begrüßung und Kontakt, positives Gesprächsklima schaffen. 2. Sinn, Bedeutung und Wichtigkeit des Gesprächs verdeutlichen. 3. Vertraulichkeit des Gesprächs zusichern. 4. Rahmen schaffen: Störquellen? Voraussichtliche Dauer, Protokollfrage klären.
2 **Soll/Ist-Vergleich**	**Das erste Mitarbeitergespräch** 1. Zusammenfassung der bisherigen Entwicklung und jetziger Stand der Dinge. 2. Allgemeines Feedback des Vorgesetzten und Sichtweise des Mitarbeiters. **Das zweite und alle folgenden Mitarbeitergespräche:** 1. Die einzelnen bisher vereinbarten Ziele gemeinsam durchsprechen und mit den realen Leistungen und Verhaltensweisen vergleichen. 2. Zusätzliche Auffälligkeiten (positive und negative) ansprechen (Beurteilung des Vorgesetzten, nur Überblick ohne Details). Gefahr: Es wird eine «Generalabrechnung» vorgelegt und der Mitarbeiter wird in eine Verteidigungsrolle gedrängt! 3. Die jeweilige Stellungnahme des Mitarbeiters abwarten/abfragen. 4. Feedback des Mitarbeiters an den Vorgesetzten über die Zusammenarbeit.
3 **Ursachen- und Hintergrundserforschung**	1. Gemeinsam die Hintergründe für negative Zielabweichungen und Verhaltensmängel im Einzelnen ergründen. 2. Unterschiedliche Auffassungen erörtern. Beachte: Je größer die Abweichung der Einschätzungen, desto wichtiger ist der jetzt beginnende Klärungsprozess. Gefahr: Die Regel «Im Konfliktfall gilt das Urteil des Vorgesetzten!» wird überstrapaziert. 3. Austausch über das Feedback des Mitarbeiters und seine Wünsche.
4 **Planung und neue Zielvereinbarungen**	1. Eigene Erwartungen und Vorstellungen über Verbesserungsmöglichkeiten äußern. 2. Den Mitarbeiter bitten, seine Ziele und Zukunftsvorstellungen darzulegen. 3. Neue Zielvereinbarungen für den bevorstehenden Beobachtungszeitraum abstimmen. 4. Unterstützungsmaßnahmen für die einzelnen Ziele besprechen. Gefahr: Zeitliche und inhaltliche Realisierbarkeit wird nicht beachtet!
5 **Abschluss**	1. Versuchen, einen Konsens über die Gesamtbeurteilung zu finden. 2. Zusammenfassung der neuen Zielvereinbarungen und Unterstützungsmaßnahmen. 3. Eine zur Firmenkultur passende Form der schriftlichen Ergebnisdokumentation vereinbaren. 4. Würdigung des Gesprächsverlaufs und Abschied.

325

Kritikgespräch

Gesprächsphasen	Vorgehensempfehlung
1 Eröffnung	**Aufgabe: angemessenes Klima und Rahmen schaffen** 1. Begrüßung und Kontakt. 2. Situationsklärung: Anlass, Bedeutung und Ziel des Gesprächs. 3. Zeitrahmen klären. 4. Kontakthindernisse ausräumen. 5. Vorgehensweise verabreden.
2 Äußern der Kritik	**Aufgabe: Kritik klar äußern und konkretisieren** 1. Möglichst ohne Umschweife, höflich aber bestimmt auf das Thema kommen, da übertriebene Vorsicht Unklarheit auslöst. 2. Den wesentlichen Kritikpunkt formulieren (nicht mit einer «Beschwerdeliste» erschlagen). 3. Auf konkrete Beispiele zurückgreifen (Vermutungen als solche kennzeichnen). 4. Kritik auf Verhalten und nicht auf die Gesamtperson beziehen. 5. Aufzeigen, wo Stärken liegen, und Positives betonen.
3 Austausch über die Kritik	**Aufgabe: zur Stellungnahme auffordern und Hintergründe erforschen** 1. Nach jedem Kritikpunkt Gelegenheit zur Stellungnahme geben und dazu auffordern: «Wie ist Ihre Sichtweise?» 2. Ursachen und Hintergründe erforschen. 3. Folgen des Fehlverhaltens verdeutlichen und Auswirkungen darlegen. 4. Unterschiedliche Auffassungen erörtern und Übereinstimmendes betonen.
4 Veränderungsvereinbarungen treffen	**Aufgabe: Veränderungsmaßnahmen besprechen** 1. Vorstellung über Verbesserungsmöglichkeiten erfragen. 2. Eigene Ziele verdeutlichen und eigene Veränderungsideen einbringen. 3. Künftiges erwartetes Verhalten/Leistungen präzisieren. 4. Verantwortung für Veränderung besprechen und genau hinhören, ob Veränderungen realistisch und «innerlich gedeckt» sind. 5. Klären, welche Unterstützung man als Vorgesetzter geben kann und will. 6. Klare Vereinbarungen mit realistischem Zeitrahmen treffen und überprüfen, ob Verabredungen für beide Teile wirklich annehmbar sind.
5 Abschluss	**Aufgabe: Zukunftsblick und Abschluss** 1. Gesprächsergebnis und Vereinbarungen zusammenfassen. 2. Zustimmung des Mitarbeiters einholen. 3. Zeitpunkt vereinbaren, um Tragfähigkeit der Vereinbarungen zu überprüfen. 4. Hoffnung auf gute Zusammenarbeit zum Ausdruck bringen. 5. Abschied.

Konfliktgespräch

Gesprächsphasen	Vorgehensempfehlung
1 Eröffnung	**Aufgabe: Wahrheit der Situation verdeutlichen (Transparenz)** 1. Begrüßung und Kontakt. 2. Situationsklärung (vor Konfliktklärung): Anlass, Inhalt und Ziel des Gesprächs. 3. Rahmen schaffen. Störquellen wie Telefon, andere Kollegen? 4. Wie viel Zeit brauchen wir wahrscheinlich und wer hat wie viel Zeit mitgebracht? 5. Kontakthindernisse ausräumen.
2 Einstieg in den Konflikt	**Aufgabe: Klare Selbstaussagen ohne Dialog** 1. Konfliktanlass: Kurze, klare Darstellung der eigenen Sichtweise: *«Worum geht es mir?»* – Mich zeigen: mit Klarheit in der Sache und Wahrheit in der Beziehung. – Die eigene Position so aufrichtig wie möglich darstellen und dabei den wichtigsten Punkt und seine Bedeutung hervorheben. – Dies alles ohne Entwertung des anderen und mit Verzicht auf Beziehungspfeile, Anschuldigungen, Vorhaltungen, Empfehlungen, verdeckte Appelle etc. 2. Die Sichtweise des anderen genau verstehen wollen: *«Worum geht es dir?»* – Haltung: Wie sieht deine Wahrheit aus? Was sind deine Beweggründe? – Aktiv zuhörend die innere Position des anderen mit interessierter Gründlichkeit studieren und kennen lernen wollen. – Nicht den «falschen» Standpunkt im Keim ersticken wollen: *«Ich verstehe, aber ...»* – Besser: Verständnisüberprüfung und Zusammenfassung.
3 Konfliktdialog	**Aufgabe: Aussprache durch einen verlangsamten Streitdialog** 1. Ständiger Wechsel zwischen eigener Reaktion und aktivem Zuhören. Was sind die sachlichen und emotionalen Gründe des Konflikts? 2. Hintergrund ausleuchten. Vom vordergründigen Problem zum Kern des Konflikts vorstoßen. *«Was mich im Grunde immer wieder «stört, enttäuscht, kränkt, zornig macht ...»* Wahrheitssuche: langsam auf den wahren (schlimmen) Punkt kommen. Bei immer wieder auftauchenden Konflikten: Beziehungsklärung vor Sachklärung! Bei festen Positionen auf die dahinter liegenden Bedürfnisse und Interessen schauen!
4 gemeinsame Lösungssuche	**Aufgabe: tragbare Lösungen für beide finden** 1. Zusammenfassung des Gesprächsstandes. Gemeinsamkeiten und Unterschiede benennen. 2. Wünsche ausdrücken, gemeinsames Lösungsbrainstorming und Mut zu unverschämten Wünschen. Beachte: Was ausgesprochen wurde, behindert nicht mehr! Haltung: Mein Wunsch ist dir Information! 3. Wünsche bewerten und konkretisieren. 4. Realistische Lösungen verhandeln und tragbare Vereinbarungen treffen.
5 Abschluss	**Aufgabe: Zukunftsblick und Abschluss** 1. Vereinbaren, im Gespräch zu bleiben: *«Wie wollen wir verbleiben?»* 2. Eventuell Termin für Wiedertreffen zur Überprüfung der Praxisbewährung. 3. Eventuell Metakommunikation über das Gespräch: *«Wie verändert sich unser Kontakt, wenn wir so miteinander reden?»* 4. Abschluss und Abschied.

327

Beratungsgespräch

Gesprächsphasen	Vorgehensempfehlung
1 Eröffnung	**Aufgabe: Auftrags- und Situationsklärung** 1. Beratungsauftrag holen. 2. Überprüfen: Bin ich der richtige Gesprächspartner? 3. Organisatorischen Beratungsrahmen besprechen.
2 Information	**Aufgabe: Exploration** 1. Klärung der äußeren Situation. 2. Klärung der inneren Situation. 3. Klärung der Problembereiche (struktureller – zwischenmenschlicher – innermenschlicher Bereich).
3 Bearbeitung	**Aufgabe: Durcharbeiten, Tiefen und Ausprobieren** 1. Auf einen Problembereich fokussieren. 2. Welche Zielvorstellungen bestehen und welche Lösungsschritte sind realistisch? 3. Welche Ressourcen sind vorhanden und welche Kompetenzen können verstärkt werden? 4. Welche Fragen und Themenaspekte müssen wir jetzt durcharbeiten?
4 Integration	**Aufgabe: Lösungen und Fazit** 1. Kritische Würdigung der bisherigen Lösungen. 2. Auf den Alltag schauen, Transfer-Blick. 3. Training und Übungen.
5 Abschluss	**Aufgabe: Metakommunikation über den Prozess und Abschied** 1. Wie haben Sie den Prozess erlebt? 2. Wie habe ich ihn als Vorgesetzter erlebt? 3. Wie wollen wir verbleiben?

Mitarbeitergespräch

Name der Firma

Name des Mitarbeiters:	Pers.Nr.	Gesprächsdatum
Funktion des Mitarbeiters:	Name und Funktion der Führungskraft:	
Beurteilungszeitraum vom bis	letztes Gespräch erfolgte mit:	

Gesprächsanlass:

☐ jährl.Beurteilungsgespräch   ☐ Wunsch des Mitarbeiters   ☐ Wunsch der Führungskraft
☐ Anforderung durch PA   ☐ geplante Entwicklung/Versetzung   ☐ sonstiges:

1. Aufgabenschwerpunkte des Mitarbeiters

Aufgaben aus Sicht des Mitarbeiters: Aufgaben aus Sicht der Führungskraft:

2. Zielerreichung

Ziele aus dem vorhergenden Zeitraum   Zielerreichungsgrad   Kommentar zur Zielerreichung

1.
2.
3.
4.
5.

3. Einstufung der Beobachtungen

Beispiele für Schlüsselkriterien	Nennung ausgewählter aufgabenrelevanter Kriterien	Einstufung der Beobachtungen				
Die Kriterien müssen relevant für das Aufgabengebiet des Mitarbeiters sein.	Konkret beobachtete Beispiele aus der Praxis	Der Mitarbeiter hat durch seine gezeigten Leistungen bzw. sein Verhalten die Anforderungen...				
		ständig übertroffen	zeitweise übertroffen	jederzeit erfüllt	teilweise erfüllt	kaum bzw. nicht erfüllt
1. Arbeitsergebnisse Arbeitsmenge Arbeitsgüte Termintreue		☐ *Begründung/Bemerkungen*	☐	☐	☐	☐
2. Fachkompetenz Fachkenntnisse, Kenntnisse der (Verbund-)Produkte, Softwarekenntnisse		☐ *Begründung/Bemerkungen*	☐	☐	☐	☐
3. Methodenkompetenz Zielgerichtetes Vorgehen, Projektmanagement-Kenntnisse, Arbeitstechniken, Zeitmanagement, Visualisierung, Dokumentation, Moderations- und Präsentationsfähigkeit, Verkauftechniken, Abschlußorientierung,		☐ *Begründung/Bemerkungen*	☐	☐	☐	☐
4. Soziale Kompetenz Kommunikation, Einfühlungsvermögen, Kritik- u. Konfliktfähigkeit, Team- u. Kooperationsfähigkeit, aktive Hilfsbereitschaft, Durchsetzungsverhalten, Motivation, persönl. Einsatz,		☐ *Begründung/Bemerkungen*	☐	☐	☐	☐

5. Personale Kompetenz		ständig übertroffen	zeitweise übertroffen	jederzeit erfüllt	teilweise erfüllt	kaum bzw. nicht erfüllt
Glaubwürdigkeit, Verlässlichkeit, Termintreue, Selbstvertrauen, Zuversicht, Emotionale Stabilität, Belastbarkeit, Selbstkontrolle, realistische Selbsteinschätzung, Humor, Engagement, Selbstmotivation, Auffassungsgabe, Flexibilität, Kreativität, Selbständigkeit, Selbständiges Erneuern von Fachwissen, Streßverhalten, Entscheidungsfähigkeit, Einforderung von Informationen, Übernahme von Verantwortung,		☐	☐	☐	☐	☐
		Begründung/Bemerkungen				
6. Führungs- und Managementkompetenz (nur bei Führungskräften)		☐	☐	☐	☐	☐
		Begründung/Bemerkungen				
Unternehmerisches Denken und Handeln, sicheres Auftreten, Motivation der Mitarbeiter, Ergebnisorientierung, Vorbildfunktion, Informationsverhalten, Motivierung der Mitarbeiter, Delegationsfähigkeit, Koordination, Kontrolle, Kundenorientierung, Moderationsfähigkeit, Mitarbeiterförderung, Problemlöseorientierung, Projektmanagement-Kenntnisse, realistische Selbsteinschätzung						

4. Zielvereinbarungen für die Zeit vom   bis

	Grobziel	Zwischenziel	Zeithorizont	Messkriterien
1.				
2.				
3.				
4.				
5.				

5. Förder- und Entwicklungsmaßnahmen

1.
2.
3.

6.	Gesamtbild sonstige Bemerkungen der Führungskraft	Stellungnahme und Bemerkungen des Mitarbeiters (einschließlich Wünsche/Erwartungen)

Gesprächsdauer: Datum:

Unterschrift Mitarbeiter   Unterschrift Vorgesetzter   Zur Kenntnis Vorvorgesetzter

Literatur

Fatzer, G.: Supervision und Beratung. Köln 1990

Fischer, M., Graf, P.: Coaching, ein Fernworkshop. Alling 1998

Fischer-Epe, M.: Coaching: Miteinander Ziele erreichen. Reinbek 2002

Frankel, V.: Ärztliche Seelsorge. München 1975

Hager-van der Laan, J., van der Laan, K.: Beurteilungsverfahren in kooperativen Arbeitsbeziehungen. In: R. Selbach und K.-K. Pullich (Hg.): Handbuch Mitarbeiterbeurteilung. 1992

Hellwig, P.: Charakterologie. Freiburg im Breisgau 1967

Reimann, H., u. a.: Basale Soziologie: Hauptprobleme. München 1975

Schulz von Thun, F.: Miteinander reden 1. Störungen und Klärungen. Reinbek 1981

Schulz von Thun, F.: Miteinander reden 2. Stile, Werte und Persönlichkeitsentwicklung. Reinbek 1989

Schulz von Thun, F.: Lehrgang: Kommunikation und Führung. Universität Hamburg, 1991

Schulz von Thun, F.: Praxisberatung in Gruppen. Weinheim und Basel 1996

Schulz von Thun, F.: Miteinander reden 3. Das Innere Team und situationsgerechte Kommunikation. Reinbek 1998

Schulz von Thun, F., Ruppel, J., Stratmann, R.: Miteinander reden: Kommunikationspsychologie für Führungskräfte. Reinbek 2000

Schwartz, R. C.: Systemische Therapie mit der inneren Familie. München 1997

Stahl, E.: Dynamik in Gruppen. Weinheim, Basel, Berlin 2002

Thomann, C., Schulz von Thun, F.: Klärungshilfe. Handbuch für Therapeuten, Gesprächshelfer und Moderatoren in schwierigen Gesprächen. Reinbek 1988 (Neuausgabe 2003)

Thomann, C.: Klärungshilfe: Konflikte im Beruf. Reinbek 1998

Tolstoi, L. N.: Anna Karenina, Goldmann, 1997

Friedemann Schulz von Thun

**Schweigen ist Silber,
miteinander reden ist Gold**

Friedemann Schulz von Thun

Miteinander reden 1
*Störungen und Klärungen
Allgemeine Psychologie der
Kommunikation*
3-499-17489-8

Miteinander reden 2
*Stile, Werte und
Persönlichkeitsentwicklung
Differentielle Psychologie der
Kommunikation*
3-499-18496-6

Miteinander reden 3
*Das «Innere Team» und situa-
tionsgerechte Kommunikation*
3-499-60545-7

**Schulz von Thun/
Ruppel/Stratmann
Miteinander reden:
Kommunikationspsychologie
für Führungskräfte**
3-499-60687-9

Miteinander reden: Praxis

**Thomann/Schulz von Thun
Klärungshilfe 1**
*Handbuch für Therapeuten,
Gesprächshelfer und Moderatoren
in schwierigen Gesprächen*
3-499-61476-6

**Karl Benien
Schwierige Gespräche führen**
*Modelle für Beratungs-, Kritik- und
Konfliktgespräche im Berufsalltag*
3-499-61477-4

**Christoph Thomann
Klärungshilfe 2:
Konflikte im Beruf** *Methoden
und Modelle klärender Gespräche
bei gestörter Zusammenarbeit.* 3-
499-60462-0

**Maren Fischer-Epe
Coaching: Miteinander Ziele
erreichen** *Eingeleitet von
Friedemann Schulz von Thun*
3-499-61326-3

Foto: VCL/Bavaria

Führungsstil & Management bei rororo

Mit optimalem Zeitmanagement und motivierten Mitarbeitern zum Erfolg

Kenneth Blanchard et al.
Führungsstile
*Wirkungsvolleres Management
durch situationsbezogene
Menschenführung*
3-499-61435-9

**Management durch
Empowerment**
*Das neue Führungskonzept:
Mitarbeiter bringen mehr, wenn
sie mehr dürfen.*
3-499-60771-9

**Der Minuten-Manager:
Führungsstile**
*Wirkungsvolleres Management
durch situationsbezogene
Menschenführung.* 3-499-19934-3

**Der Minuten Manager schult
Hochleistungs-Teams**
3-499-61437-5

**Der Minuten Manager und der
Klammer-Affe**
*Wie man lernt, sich nicht zuviel
aufzuhalsen*
3-499-61439-1

**K. Blanchard/Sheldon Bowles
Gung Ho!**
*Wie Sie jedes Team in Höchstform
bringen.* 3-499-61479-0

**Blanchard/Johnson
Der Minuten Manager**
3-499-61434-0

**Spencer Johnson
Ja oder Nein. Der Weg zur
besten Entscheidung**
*Wie wir Intuition und Verstand
richtig nutzen* 3-499-19906-8

Eine Minute für mich
3-499-61436-7

**Spencer Johnson/Larry Wilson
Das Minuten Verkaufstalent**
3-499-61438-3

**Nadina-Maria Kress/
Andreas von Studnitz
Teamführung:
Gemeinsam zum Ziel**
*Ein Handbuch für alle, die
Führungskraft geworden sind
oder werden* 3-499-60928-2

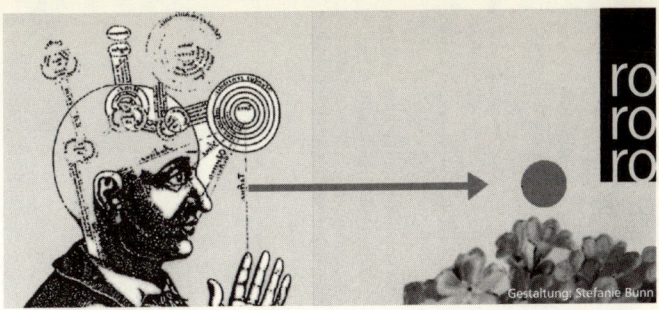

Gestaltung: Stefanie Bunn

Psychologie bei rororo

Hilflos, unfähig, k.o. – oder doch lieber o.k.?

Eric Berne
Spiele der Erwachsenen
Psychologie der menschlichen
Beziehungen 3-499-61350-6

Shakti Gawain
Stell dir vor
Kreativ visualisieren
3-499-18093-6

Thomas A. Harris
Ich bin o.k. – Du bist o.k.
Wie wir uns selbst besser verste-
hen und unsere Einstellung zu
anderen verändern können.
Eine Einführung in die Trans-
aktionsanalyse 3-499-16916-9

Amy Bjork Harris/
Thomas A. Harris
Einmal o.k. – immer o.k.
Transaktionsanalyse für den
Alltag 3-499-18788-4

Laurence J. Peter/
Raymond Hull
Das Peter-Prinzip
oder Die Hierarchie der Unfähigen
3-499-61351-4

Wolfgang Schmidbauer
Hilflose Helfer
Über die seelische Problematik
der helfenden Berufe
3-499-19196-2

Raymond Hull
Alles ist erreichbar
Erfolg kann man lernen

3-499-61352-2